国家社会科学基金重大项目成果

主编　杜建录

西夏通志

文献志

彭向前　撰

人民出版社

教育部人文社会科学重点研究基地
宁夏大学西夏学研究院重大项目

目　录

序　一 ·· 1

序　二 ·· 6

序　三 ·· 11

凡　例 ·· 1

概　论 ·· 1

　一、西夏文献的出土与刊布 ·························· 2

　二、西夏文献的分类 ································ 3

　三、西夏文献的价值 ································ 7

缩略语 ·· 1

上篇：出土西夏世俗文献卷

一、西夏译汉文典籍 ····································· 3

　（一）儒家经典 ···································· 4

　　孝经传 ··· 4

　　孝经注 ··· 6

　　论语全解 ······································· 6

孟子 ·· 7

孟子章句 ·································· 7

孟子传 ······································ 8

（二）道家典籍 ·························· 8
孔子和坛记 ······························ 8

（三）兵书 ································ 9
孙子兵法三注 ···························· 9

孙子兵法 ·································· 10

六韬 ·· 10

黄石公三略 ······························ 11

将苑 ·· 12

（四）史书 ································ 12
孙子传 ······································ 12

贞观政要 ·································· 13

类林 ·· 13

列女故事 ·································· 14

十二国 ······································ 14

德行集 ······································ 15

新集慈孝传 ······························ 16

（五）蒙书 ································ 17
经史杂抄 ·································· 17

太宗择要 ·································· 17

二、西夏语文类著作 ·················· 18
文海宝韵 ·································· 19

同音 ·· 20

同音背隐音义 …………………………………………………… 22

同音文海宝韵合编 ……………………………………………… 22

五音切韵 ………………………………………………………… 23

同义 ……………………………………………………………… 24

三、蒙书 …………………………………………………………… 25

（一）西夏文类 ……………………………………………… 26

番汉合时掌中珠 ………………………………………………… 26

三才杂字 ………………………………………………………… 27

新集置掌碎金 …………………………………………………… 28

纂要 ……………………………………………………………… 29

（二）汉文类 ………………………………………………… 29

杂字 ……………………………………………………………… 29

四、法典 …………………………………………………………… 31

天盛改旧新定律令 ……………………………………………… 31

天盛改旧新定律令名略 ………………………………………… 33

亥年新法 ………………………………………………………… 33

法则 ……………………………………………………………… 34

贞观玉镜统 ……………………………………………………… 34

五、社会文书 ……………………………………………………… 35

（一）西夏文户籍文书 ……………………………………… 37

1. 户籍 …………………………………………………………… 37

平尚氏阿明等户籍长卷 ………………………………………… 37

2. 户籍手实 ……………………………………………………… 38

移讹千男户籍手实 ·························· 38

行监梁□助户籍手实 ························ 38

浑姓户籍手实 ···························· 38

（二）西夏文租税文书 ······················· 39

1. 耕地税账 ····························· 39

罗般若乐等户租粮账 ···················· 39

户耕地纳粮账 ·························· 39

2. 租役草税账 ·························· 40

梁吉祥有等户耕地租役草账 ··············· 40

里溜吾移□宝等户耕地租役草账 ············ 40

天盛二十年纳粮收据 ···················· 41

3. 人口税账 ··························· 41

里溜梁肃寂局分人口税账 ················· 41

4. 耕地水税账 ························· 41

嵬移狗山水耕地水税账 ·················· 41

（三）西夏文粮物计账文书 ··················· 42

1. 粮账 ······························ 42

监军司粮账 ··························· 42

里溜粮账 ····························· 42

2. 物品账 ····························· 43

钱物账 ······························ 43

（四）西夏文商贸文书 ······················· 43

1. 买卖物价账 ························· 43

卖粮账 ······························ 43

卖牲畜账 ····························· 44

卖酒账 ······························ 44

卖绢帛账 ……………………………………………… 45

卖毡账 ………………………………………………… 45

2. 买卖税账 ……………………………………………… 45

西夏牛羊买卖税账 …………………………………… 45

3. 贷钱物利账 …………………………………………… 46

大石商人贷钱利账 …………………………………… 46

4. 贷粮账 ………………………………………………… 46

董正月狗等贷粮账 …………………………………… 46

（五）西夏文契约文书 …………………………………… 47

1. 借贷契约 ……………………………………………… 47

天庆寅年普渡寺粮食借贷契约 ……………………… 47

光定卯年梁十月狗贷粮契 …………………………… 48

乾定申年二月二十五日没水隐藏犬贷粮契 ………… 48

光定庚辰十年贷钱契 ………………………………… 48

2. 卖地契约 ……………………………………………… 49

天盛二十二年寡妇野货氏宝引等卖地契 …………… 49

天庆寅年普渡寺土地房舍买卖契约 ………………… 49

天庆丙辰年六月十六日梁善因熊鸣卖地房契 ……… 50

天庆戊午五年正月五日麻则老父子卖地房契 ……… 50

天庆庚申年小石通判卖地房契 ……………………… 51

3. 卖畜契约 ……………………………………………… 51

天庆寅年卖畜契 ……………………………………… 51

天庆亥年卖畜契 ……………………………………… 51

天庆甲子年卖畜契 …………………………………… 52

天庆丑年卖畜契 ……………………………………… 52

光定西年卖畜契 ……………………………………… 53

光定亥年卖畜契 ……………………………………… 53

光定子年卖畜契 ……………………………………… 53

乾定酉年卖牛契 ……………………………………… 54

乾定戌年卖驴契 ……………………………………… 54

4. 卖人契约 …………………………………………… 54

乾祐甲辰二十七年三月二十四日卖使军奴仆契约 ……… 54

天庆未年三月二十四日卖使军契约 ………………… 55

皇建午年二月三日卖使军契约 ……………………… 55

5. 租赁契约 …………………………………………… 56

天庆寅年普渡寺土地租赁契约 ……………………… 56

应天辰年押畜租地契 ………………………………… 57

6. 雇佣契约 …………………………………………… 57

光定卯年腊月雇工契 ………………………………… 57

天庆寅年雇畜契 ……………………………………… 58

7. 交换契 ……………………………………………… 58

天庆午年换畜契 ……………………………………… 58

8. 众会契 ……………………………………………… 59

光定寅年十一月十五日众会条约 …………………… 59

众会条约残叶 ………………………………………… 59

天庆寅年"七五会"集款单 ………………………… 60

(六)西夏文军事文书 ……………………………… 60

应天丙寅元年黑水属军首领律移吉祥有纳军籍文书 ……… 61

天庆乙丑十二年黑水属军首领嵬移拉灌黑纳军籍文书 …… 62

嵬移乌犬等首领军抄文书 …………………………… 62

军抄人员除减续补文书 ……………………………… 63

军抄钱粮账 ·· 63

西夏骑兵队列人马装备账 ······················ 64

西夏驮账 ·· 64

（七）西夏文告牒文书与审判记录 ··················· 65

黑水守将告近禀帖 ································· 65

乾定酉年黑水副将上书 ······················ 66

瓜州监军司审判记录 ···························· 67

（八）汉文社会文书 ···································· 67

西夏天庆年间裴松寿典粮契 ··················· 68

西夏光定十二年正月李春狗扑买烧饼房契 ······ 68

西夏乾祐五年验伤单 ···························· 69

西夏天庆元年三司设立法度文书 ··············· 69

西夏天盛十五年王受贷钱契等 ··················· 70

收支钱账 ·· 70

天盛十五年令胡阿典借钱账 ··················· 70

西夏典地契 ·· 71

贷钱契残卷 ·· 71

西夏榷场文书 ·· 71

西夏乾祐二年材料文书 ······················ 72

西夏马料账 ·· 72

光定七年祭文 ·· 73

千户刘寨呈乾定元年杀了人口状 ··············· 73

请假条残叶 ·· 74

经略司文书残叶 ······································· 74

欠款条残叶 ·· 74

光定二年西路乐府签勾管所申文残叶 ········· 74

杂物账 ·· 74

收支钱账 ··· 75

某月初十日赵猪狗捍纱文书 ·· 75

六、医方、卜辞、历书 ···76

明堂灸经（甲种） ··· 77

明堂灸经（乙种） ··· 77

未知名灸经残叶 ··· 78

敕赐紫苑丸 ··· 78

"芍药柏（檗）皮丸"等医方 ·· 78

"消风散"等医方 ·· 79

"萆薢散"等医方 ·· 79

治热病要门等方 ··· 79

"厚罗辛麻汤"等医方 ··· 80

英藏未知名医方残叶 ·· 80

敦煌出土未知名医方残叶 ··· 80

曼遮散 ·· 81

西夏元德二年庚子岁至应天二年丁卯岁夏汉合璧历书 ········· 81

西夏正德三年己酉岁及大德元年乙卯岁历书 ·················· 81

西夏正德七年癸丑岁夏汉合璧历书 ······························ 82

西夏大德四年戊午岁夏汉合璧历书 ······························ 82

西夏大庆元年庚申岁历书 ··· 83

西夏人庆二年乙丑岁历书 ··· 83

西夏乾祐二年辛卯岁历书 ··· 83

西夏乾祐十三年壬寅岁历书 ·· 84

西夏皇建元年庚午岁历书 ··· 84

西夏光定元年辛未岁历书 …………………………… 84

大白高国光定四年甲戌岁及五年乙亥岁御制具注历 ……… 85

西夏光定六年丙子岁历书 …………………………… 85

西夏光定七年丁丑岁历书 …………………………… 85

西夏光定八年戊寅岁至十一年辛巳岁历书 ………… 86

西夏残历 ……………………………………………… 86

二十四气 ……………………………………………… 86

西夏应天元年梁签判批命书 ………………………… 87

西夏乾祐二十四年生男命造 ………………………… 87

六十四卦象等 ………………………………………… 88

乌鸣占 ………………………………………………… 88

七、文学作品（骈体文、诗词、谚语）…………………89

（一）西夏文类 ……………………………………………89

赋诗 …………………………………………………… 89

大诗 …………………………………………………… 90

月月乐诗 ……………………………………………… 90

道理诗 ………………………………………………… 91

聪颖诗 ………………………………………………… 91

宫廷诗集 ……………………………………………… 91

五更转 ………………………………………………… 92

虞美人等词 …………………………………………… 92

曲子辞 ………………………………………………… 93

贤智集 ………………………………………………… 93

三代相照言集 ………………………………………… 94

新集锦合辞 …………………………………………… 95

（二）汉文类 ·· 96

　　拜寺沟西夏方塔诗集 ·································· 96

八、史书 ··· 98

　　圣立义海 ··· 98

　　杂史 ·· 99

　　西夏官阶封号表 ···································· 100

中篇：出土西夏佛教文献卷

一、西夏文类佛教文献 ································· 106

（一）译自汉文的佛教文献 ······················· 106

　　二十七品之诠疏 ·································· 106

　　二十唯识记 ··· 106

　　十一面神咒心经 ·································· 107

　　十二缘生祥瑞经 ·································· 107

　　十八契印 ··· 107

　　十王经 ··· 108

　　七佛八菩萨所说大陀罗尼神咒经 ········· 108

　　八斋近住戒经 ···································· 108

　　三十五佛等共十三部 ·························· 108

　　三观九门枢钥 ···································· 109

　　三宝加赞颂 ··· 109

　　大方广佛华严经 ·································· 110

　　大方广佛华严经海印道场十重行愿常徧礼忏仪 ··········· 111

　　大方广佛华严经随疏演义钞 ················ 112

大方广佛华严经普贤行愿品 ……………………………… 112

大方广佛华严经普贤行愿品并科文 …………………… 113

大方广圆觉修多罗了义经 ……………………………… 113

大方广圆觉修多罗了义经并科文 ……………………… 113

大方广菩萨藏文殊师利根本仪轨经 …………………… 114

大方等大集经 …………………………………………… 114

大方等无想经 …………………………………………… 114

大庄严论经 ……………………………………………… 115

大宝积经 ………………………………………………… 115

大乘大集地藏十轮经 …………………………………… 116

大乘本生心地观经 ……………………………………… 116

大乘百法明门论略释 …………………………………… 117

大乘百法明镜集 ………………………………………… 117

大乘百法明镜集之要释诠义 …………………………… 117

大乘庄严经论 …………………………………………… 117

大乘阿毗达磨集论 ……………………………………… 118

大般若波罗蜜多经 ……………………………………… 118

大般涅盘经 ……………………………………………… 121

大唐三藏西天 …………………………………………… 122

大悲心陀罗尼经 ………………………………………… 123

大智度论 ………………………………………………… 123

广大供养典 ……………………………………………… 124

广大宝楼阁善住秘密陀罗尼经 ………………………… 124

无量寿经 ………………………………………………… 124

不空羂索神变真言经 …………………………………… 124

中华传心地禅门师资承袭图 …………………………… 125

仁王护国般若波罗蜜多经 ………………………… 125

六吽要门 …………………………………………… 127

六祖大师法宝坛经 ………………………………… 127

六道典 ……………………………………………… 128

文殊师利问地经 …………………………………… 128

文殊师利所说不可思议佛境界经 ………………… 128

方广大庄严经 ……………………………………… 129

心地法门 …………………………………………… 129

正行集 ……………………………………………… 129

龙树菩萨为禅陀迦王说法要偈 …………………… 129

占察善恶业报经 …………………………………… 130

发菩提心论 ………………………………………… 130

圣广大宝楼阁善住秘密释王总持经 ……………… 130

圣无能胜金刚火陀罗尼经 ………………………… 131

圣六字增寿大明陀罗尼经 ………………………… 131

地藏菩萨本愿经 …………………………………… 132

过去庄严劫千佛名经 ……………………………… 132

西方净土十疑论注 ………………………………… 135

百千印陀罗尼经 …………………………………… 136

达摩大师观心论 …………………………………… 136

华严金师子章云间类解 …………………………… 138

华严法界观门科文 ………………………………… 138

华严经玄谈决择记 ………………………………… 138

观心法 ……………………………………………… 139

观弥勒菩萨上生兜率天经 ………………………… 139

志公大师十二时颂注解 …………………………… 140

佛为海龙王说法印经 ……………………………… 141

佛本行集经 ………………………………………… 141

佛顶心观世音菩萨大陀罗尼经 …………………… 141

佛顶放无垢光明入普门观察一切如来心陀罗尼经 ……… 142

佛前烧香偈 ………………………………………… 142

佛说一切如来悉皆摄受三十五佛忏悔仪轨 ……… 143

佛说了义般若波罗蜜多经 ………………………… 143

佛说大人八觉经 …………………………………… 144

佛说大方广善巧方便经 …………………………… 144

佛说大迦叶问大宝积正法经 ……………………… 144

佛说大威德炽盛光调伏诸星曜消灾吉祥陀罗尼经 ……… 144

佛说无常经 ………………………………………… 145

佛说长寿经 ………………………………………… 145

佛说长阿含经 ……………………………………… 145

佛说父母恩重经 …………………………………… 146

佛说月光菩萨经 …………………………………… 147

佛说甘露经 ………………………………………… 148

佛说四人世间出现经 ……………………………… 149

佛说圣佛母般若波罗蜜多经 ……………………… 149

佛说圣曜母陀罗尼经 ……………………………… 149

佛说百喻经 ………………………………………… 150

佛说决定毗尼经 …………………………………… 151

佛说观无量寿佛经膏药疏 ………………………… 151

佛说坏阿鼻地狱智炬陀罗尼经 …………………… 151

佛说来生经 ………………………………………… 151

佛说佛母出生三法藏般若波罗蜜多经 …………… 152

佛说疗痔病经 ……………………………… 153

佛说阿弥陀经 ……………………………… 153

佛说金轮佛顶大威德炽盛光如来陀罗尼经 ……… 154

佛说金耀童子经 …………………………… 155

佛说宝雨经 ………………………………… 155

佛说首楞严三昧经 ………………………… 155

佛说除一切疾病陀罗尼经 ………………… 156

佛说除盖障菩萨所问经 …………………… 156

佛说除瘟病经 ……………………………… 156

佛说息除贼难陀罗尼经 …………………… 156

佛说斋经 …………………………………… 157

佛说诸佛经 ………………………………… 157

佛说菩萨修行经 …………………………… 157

佛说最上意陀罗尼经 ……………………… 158

佛说释帝般若波罗蜜多经 ………………… 158

佛说遍照般若波罗蜜经 …………………… 158

佛说解百生冤结陀罗尼经 ………………… 159

佛说瞻婆比丘经 …………………………… 159

究竟一乘圆明心义 ………………………… 159

阿毗达磨大毗婆沙论 ……………………… 160

阿毗达磨顺正理论 ………………………… 160

妙法圣念处经 ……………………………… 160

妙法莲华经 ………………………………… 161

妙法莲华经心 ……………………………… 162

妙法莲华经观世音菩萨普门品 …………… 163

妙法莲华经集要义镜注 …………………… 163

现在贤劫千佛名经 ………………………………… 163

拔济苦难陀罗尼经 ………………………………… 165

郁伽长者问经 ……………………………………… 166

明异解脱经之科 …………………………………… 166

金光明总持经 ……………………………………… 166

金光明最胜王经 …………………………………… 166

金刚般若义解记 …………………………………… 170

金刚般若波罗蜜多经 ……………………………… 170

金刚般若波罗蜜多经颂科 ………………………… 172

金刚般若经颂科判纂要义解略记 ………………… 172

金刚般若经纂 ……………………………………… 173

金刚般若略记 ……………………………………… 173

金刚萨埵说频那夜迦天成就仪轨经 ……………… 174

放施水食法要门 …………………………………… 174

河南裴休禅师缘随录 ……………………………… 174

注华严法界观门通玄记 …………………………… 174

宝藏论 ……………………………………………… 175

经律异相 …………………………………………… 175

药师琉璃光七佛本愿功德经 ……………………… 176

显扬圣教论 ………………………………………… 176

毗俱胝菩萨一百八名经 …………………………… 176

修习止观坐禅法要 ………………………………… 177

修华严奥旨妄尽还源观 …………………………… 177

洪州宗师教仪 ……………………………………… 177

洪州宗趣注解记 …………………………………… 178

真道心照 …………………………………………… 178

根本说一切有部目得迦 ·······178

根本说一切有部百一羯磨 ·······179

根本说一切有部毗奈耶杂事 ·······179

根本萨婆多部律摄 ·······179

圆觉注之略钞 ·······179

高王观世音经 ·······180

唐忠国师住光宅寺中时众人问佛理二十五问答（外序）·······180

诸法一心圆满定慧不可思议要门 ·······181

通理大师性海圆明镜知足 ·······181

菩萨业之二节科 ·······181

菩萨业记 ·······181

菩萨业初注 ·······182

菩萨业空义记 ·······182

菩萨地持经 ·······182

乾祐乙巳年施经愿文 ·······182

曼殊室利咒藏中校量数珠功德经 ·······183

阎魔成佛授记经 ·······183

添品妙法莲华经 ·······183

维摩诘所说经 ·······183

悲华经 ·······184

景德传灯录 ·······184

释摩诃衍论 ·······185

禅修要门 ·······185

禅源诸诠集都序 ·······185

禅源诸诠集都序择炬记 ·······186

禅源诸诠集都序科文 ·······186

瑜伽师地论 ……………………………………………… 186

瑜伽集要焰口施食仪 …………………………………… 186

慈悲道场忏法 …………………………………………… 187

增一阿含经 ……………………………………………… 188

摩诃般若波罗蜜多心经（注）………………………… 188

镜（镜心录）…………………………………………… 189

（二）非译自汉文的佛教文献 ……………………… 189

一切如来百字要门 ……………………………………… 189

二十一种行 ……………………………………………… 190

十二宫吉祥偈 …………………………………………… 190

十五天母赞 ……………………………………………… 190

七功德谭 ………………………………………………… 191

七种道恐以四种要义句 ………………………………… 191

入二谛论之义解记 ……………………………………… 191

入二谛法 ………………………………………………… 192

入风气心法 ……………………………………………… 192

入菩提勇识行法 ………………………………………… 192

入菩提勇识行法记 ……………………………………… 193

入察显明庄严 …………………………………………… 193

八明满 …………………………………………………… 193

八种麄重犯堕 …………………………………………… 193

九曜供养典 ……………………………………………… 194

三十五佛忏罪要门 ……………………………………… 194

三身九乘诠注 …………………………………………… 194

三身亥母之略记 ………………………………………… 194

三宝简略供养典 ………………………………………… 195

三昧四灌顶法 ································ 195

三昧集品 ···································· 195

三摩地之修次 ······························ 196

大手印十三种法喻 ·························· 196

大手印八镜要门 ···························· 197

大手印九种光明要门 ························ 197

大手印之三种义喻 ·························· 197

大手印伽陀支要门 ·························· 198

大手印究竟要集 ···························· 198

大手印定引导要门 ·························· 199

大手印定引导略 ···························· 199

大手印要门 ································ 199

大手印顿入要门 ···························· 199

大凤凰空明疏 ······························ 200

大白伞盖母之三面八手供养记 ·············· 200

大白伞盖母之烧施仪轨 ···················· 200

大师龙树精要之有情 ······················ 200

大自在之供养法实践次第 ·················· 201

大宝顶注 ·································· 201

大狮子四行华疏 ···························· 201

大乘六聚中道之庄严真性释大宝璎珞 ········ 201

大乘圣无量寿经 ···························· 201

大乘修习者入中道大宝纂集要门 ············ 204

大虚空智诠疏 ······························ 204

大密咒受持经 ······························ 204

大悲心总持 ································ 204

大寒林经 ……………………………………………………205

兀路赞讹说混谛法义记 ………………………………205

天险桑星力镜 …………………………………………205

无心真义要门 …………………………………………206

无垢净光总持 …………………………………………206

五部法界之总序 ………………………………………207

五部经 …………………………………………………207

不二解慧品 ……………………………………………209

不动总持 ………………………………………………209

止身坛城而四灌顶法广典 ……………………………210

中有身要门 ……………………………………………210

中道真性典释 …………………………………………210

见顺伏文 ………………………………………………210

六幼母供养典 …………………………………………211

六法自体要门 …………………………………………211

六法圆融道次 …………………………………………211

心习法次第 ……………………………………………211

正立放施食法要门 ……………………………………212

正法义次第 ……………………………………………212

正理空幢要门 …………………………………………212

正理空幢要门解惑 ……………………………………212

正理意除暗之文略释 …………………………………212

正理滴义释记 …………………………………………213

正理滴之句义诠 ………………………………………213

正理滴论 ………………………………………………213

世俗胜义二谛之义释要集传 …………………………214

本佛会等之名诵敬礼忏悔法要门 …………………………………… 214

四十种空幢要门 …………………………………………………… 214

四天王烧施坛典 …………………………………………………… 214

令身语意风息止法 ………………………………………………… 214

出有坏母胜慧到彼岸心经 ………………………………………… 215

发菩提心及常所做仪轨 …………………………………………… 215

发菩提心及常所做仪轨注 ………………………………………… 216

圣一切如来顶髻中出白伞盖佛母余无能敌者大回遮明咒
　　大荫王总持 …………………………………………………… 216

圣一切如来顶髻中出白伞盖佛母余无能敌者大回遮明咒
　　大荫王总持启请偈 …………………………………………… 217

圣一切如来顶髻中出白伞盖佛母余无能敌总持 ………………… 218

圣大求记 …………………………………………………………… 219

圣大乘大千国守护经 ……………………………………………… 219

圣大乘不空羂索咒心经 …………………………………………… 219

圣大乘胜意菩萨经 ………………………………………………… 220

圣大悟荫王随求皆得经 …………………………………………… 220

圣出有坏母胜慧到彼岸之大乘心经 ……………………………… 221

圣观自在大悲心供养法 …………………………………………… 221

圣观自在大悲心总持功能依经录 ………………………………… 221

圣观自在之二十七种要门为事 …………………………………… 224

圣观自在之千眼千手供养法 ……………………………………… 224

圣妙吉祥之赞 ……………………………………………………… 224

圣妙吉祥真实名诵 ………………………………………………… 224

圣金刚能断圣慧到彼岸大经诠义灯炬记 ………………………… 225

圣空行母金刚帐本续之相说钞 …………………………………… 225

圣胜相顶尊母供养法 ……………………………………… 225

圣胜慧到彼岸八千经 ……………………………………… 226

圣胜慧到彼岸功德宝集偈 ………………………………… 226

圣胜慧到彼岸集偈 ………………………………………… 227

圣般若佛母心经诵持要门 ………………………………… 228

圣摩利天母总持 …………………………………………… 229

圣曜母密道仪轨供养典 …………………………………… 229

吉祥世尊之总持紧魔断施调伏法 ………………………… 229

吉祥护法大全供修 ………………………………………… 229

吉祥恶趣令净本续科文 …………………………………… 230

吉祥遍至口合本续 ………………………………………… 230

吉祥遍至口合本续之广义 ………………………………… 230

吉祥遍至口合本续之科文 ………………………………… 231

吉祥遍至口合本续之解用喜解钞 ………………………… 231

百字咒诵法要门 …………………………………………… 231

师次因缘 …………………………………………………… 232

因圣观自在为大供养善事法 ……………………………… 232

伏藏变化锁钥 ……………………………………………… 232

自入法略要门 ……………………………………………… 232

后热佛名诵镜 ……………………………………………… 233

次智佛请 …………………………………………………… 233

亥母耳传记 ………………………………………………… 233

亥母供养典 ………………………………………………… 234

忏罪千种供养奉法集录 …………………………………… 234

忏罪法偈 …………………………………………………… 234

守护大千国吉祥偈 ………………………………………… 234

守护大千国经中五种守护吉祥偈 ·················· 235

安立总集 ··· 235

那若六法诸要门合集一 ····························· 235

那若六法诸要门合集二 ····························· 235

如来应供真实圆满正觉一切恶趣真清净威德王释 ·········· 236

求生西方念佛法要门 ································ 236

求生极乐净土念定 ·································· 236

求生极乐净土偈 ····································· 237

求生净土礼佛加赞偈等 ····························· 237

求生净土法要门 ····································· 237

听受师说随合略记要门 ····························· 238

佛说圣大乘三归依经 ································ 238

佛说圣佛母般若波罗蜜多心经 ···················· 239

奉敕广大三宝供养法 ································ 241

现证记 ··· 241

顶尊总持 ·· 241

明咒母王大孔雀经 ·································· 242

岸供养法略集要门 ·································· 242

依大白伞盖母护国舍法要门 ························ 243

依五佛亥母略供养次第 ····························· 243

依五佛亥母略供养典 ································ 243

依不动佛广大供养典 ································ 243

依不动佛作坛城法 ·································· 244

依不动佛供养次第 ·································· 244

依白伞盖母施食仪轨要门 ·························· 244

依圣幼母供养法 ····································· 244

依圣多闻天王之宝藏本续总十八部供养法 ……………………244

依圣观自在大悲心烧施仪轨 ……………………………………245

依圣观自在意轮要门手揲定次 …………………………………245

依圣曜母总持坛城仪轨 …………………………………………245

依吉祥上乐轮于死相已现必死时诵稀迦字而令迁识入定法

要门 …………………………………………………………245

依吉祥上乐轮于死相已现必死时唯诵耶稀字而心入于本佛

令迁识入定法要门 …………………………………………246

依吉祥上乐轮于死相已现时左右而踏而令迁识直修定法要门 …246

依吉祥上乐轮于死相已现时诵阿稀字而令迁识直修定法要门 …247

依吉祥上乐轮于死相已现定死时唯诵耶稀字而心入于真如

令迁识入定法要门 …………………………………………247

依吉祥上乐轮于死相已现定死时唯诵耶稀字而心生净土令

迁识入定法要门 ……………………………………………247

依吉祥上乐轮中有身入定法次第 ………………………………248

依吉祥上乐轮中有身入定法要门 ………………………………248

依吉祥上乐轮中有身入定法要门之要方解释法 ………………248

依吉祥上乐轮心入于真如先前学则灭时令迁识入定法要门 …249

依吉祥上乐轮如尸内之神情入令迁识入定法要门 ……………249

依吉祥上乐轮观阿吽二字而先前学则灭时令迁识入定法要门 …249

依吉祥上乐轮观脐下短阿字而令迁识直修定法要门 …………250

依吉祥上乐轮坐起不能随愿住而令迁识直修定法要门 ………250

依吉祥上乐轮狮子卧而令迁识直修定法要门 …………………250

依吉祥上乐轮狮子解脱印而令迁识直修定法要门 ……………251

依吉祥上乐轮诵欢字而先前学则灭时令迁识入定法要门 ……251

依吉祥上乐轮诵耶稀迦稀字而先前学则灭时令迁识入定法要门 …251

依吉祥上乐轮诵稀迦字而先前学则灭时令迁识入定法要门 ······252

依吉祥上乐轮端坐而令迁识直修定法要门 ················252

依金刚亥母日夜发愿求教法要门 ··················252

依金刚亥母手面等洗澡法要门 ··················253

依金刚亥母以净瓶亲诵法 ····················253

依金刚亥母饮食承受法要门 ···················253

依金刚亥母究竟定法要门 ····················253

依金刚亥母略烧施法要门 ····················253

依金刚亥母睡眠定法要门 ····················254

依金刚瑜伽母智烧施法要门 ···················254

依金刚瑜伽母集轮供养法次第 ··················254

依喜金刚九佛坛城灌顶法次第 ··················254

依瑜伽士胜住法要门 ······················254

依瑜伽母作大手印烧施要门 ···················255

依解脱道令灌顶法要门 ·····················255

所学总集之讲论 ·········232·········256

所学总集记 ···256

金刚大勇识空虚诠偈 ······················256

金刚亥母之烧施仪轨 ······················256

金刚亥母处奉施食法要门 ····················256

金刚亥母处悉皆忏悔文 ·····················257

金刚亥母求修法要门 ······················257

金刚灯炬心中所持 ·······················257

金刚体坛城赞叹十四偈 ·····················257

金刚空行亥母之供养法要门 ···················257

金刚乘十四种根犯堕 ······················258

金刚断裂之功德 ································· 258

金刚瑜伽母之作念定法 ························· 258

金翅龙王供养法 ······························· 259

念定百字等要门 ······························· 259

庙开典 ······································· 259

持诵大白盖母总持之要门 ······················· 259

药师琉璃光七佛之烧施仪轨 ····················· 260

药光海生金刚 ································· 260

毗庐遮那法身顶相印轮文众生三灾怖畏令物取作恶业救拔 ····· 260

香仁波切师造至道竟要门 ······················· 261

种善相加赞 ··································· 261

复略问答二十五品 ····························· 261

复清说取仪轨 ································· 261

胜住仪轨 ····································· 262

胜相顶尊佛母之千遍自供养法 ··················· 262

胜相顶尊佛母供养典 ··························· 262

胜相顶尊佛母等之供养作忏悔法 ················· 263

胜相顶尊总持功能依经录 ······················· 263

胜慧到彼岸八千颂 ····························· 264

胜慧到彼岸之最要修教现证庄严 ················· 264

胜慧到彼岸之释明 ····························· 264

胜慧到彼岸要门修教现证庄严之注 ··············· 265

胜慧到彼岸要门修教现证庄严论诠偈 ············· 265

胜慧到彼岸要门修教现证庄严注疏钞 ············· 266

养云总持咒 ··································· 266

除正理意之障 ································· 266

绝时要门 …………………………………………………… 267

莲华顶冠本续 ………………………………………………… 267

真性智实成就中自摄受次第 ………………………………… 267

秘密供养典 …………………………………………………… 267

留伊波之广义 ………………………………………………… 268

离世七道仪轨 ………………………………………………… 268

烧施仪轨 ……………………………………………………… 268

涤罪礼忏要门 ………………………………………………… 268

诸本二谛义释要集记 ………………………………………… 269

弱宅 …………………………………………………………… 269

菩提心 ………………………………………………………… 269

菩提心及常所做仪轨 ………………………………………… 269

菩提心及常所做仪轨门都记合文 …………………………… 270

菩提心及常所做仪轨注 ……………………………………… 270

菩提心之念定 ………………………………………………… 270

菩提心念定六义 ……………………………………………… 270

菩提勇识所学道和果同一诠释宝炬 ………………………… 271

菩提勇识所学与道和果同一诠释宝炬之记 ………………… 271

盛火以大安与□混令法要门 ………………………………… 271

常所做仪轨略解记 …………………………………………… 272

常所做解义记 ………………………………………………… 272

第三忏悔偈 …………………………………………………… 272

欲乐圆融法要门 ……………………………………………… 272

断三乘烦恼法 ………………………………………………… 273

断毒示道仪轨 ………………………………………………… 273

断魔问答要门 ………………………………………………… 273

断魔要门 ……………………………………………………………… 273

断魔要门之科文 ………………………………………………… 273

深广双入七枝仪轨 ……………………………………………… 273

续六法供养善根 ………………………………………………… 274

喜金刚本续记 …………………………………………………… 274

凿手供养次第 …………………………………………………… 274

黑色天母供养法续说记 ………………………………………… 274

集轮供养次第 …………………………………………………… 275

集轮供养次第略许诠解要门 …………………………………… 275

集品 ……………………………………………………………… 276

尊者圣妙吉祥增智慧觉之总持 ………………………………… 276

尊者后文之广供养法 …………………………………………… 277

道之间休止法要门 ……………………………………………… 277

瑜伽仰渴要门 …………………………………………………… 277

瑜伽自心自恋要门 ……………………………………………… 278

解释道果语录金刚句记 ………………………………………… 278

新译留伊波现证之问释记 ……………………………………… 278

新译常做略记 …………………………………………………… 279

静虑心性顿悟要门 ……………………………………………… 279

慧本入番中常忏悔 ……………………………………………… 279

慧本番忏悔典 …………………………………………………… 279

增寿定次第灌顶次第要门 ……………………………………… 280

灌顶故求教法 …………………………………………………… 280

二、汉文类佛教文献 …………………………………………… 281

　（一）西夏汉译藏传佛教文献 ……………………………… 281

八种麁重犯堕 ……………………………………………281

九事显发光明义 …………………………………………281

于大手印十二种失道要门 ………………………………282

大手印十三种法喻 ………………………………………282

大手印八镜要门 …………………………………………282

大手印九种光明要门 ……………………………………282

大手印九喻九法要门 ……………………………………283

大手印三种法喻 …………………………………………283

大手印引定 ………………………………………………283

大手印伽支要门 …………………………………………283

大手印修习人九法 ………………………………………284

大手印修习人九种留难 …………………………………284

大手印除遣增益损减要门 ………………………………284

大手印顿入要门、心印要门 ……………………………285

大手印顿入真智一决要门 ………………………………285

大手印湛定鉴慧觉受要门 ………………………………285

大手印静虑八法 …………………………………………285

大佛顶白伞盖心咒 ………………………………………286

大乘秘密起发 ……………………………………………286

大黑求修并作法 …………………………………………286

大黑根本命咒 ……………………………………………287

大黑赞 ……………………………………………………287

大集轮□□声颂 …………………………………………287

无生上师出现感应功德颂 ………………………………288

中有身要门 ………………………………………………288

六字大明王功德略 ………………………………………288

文殊菩萨修行仪轨（拟）……………………………289

甘露中流中有身要门………………………………289

四字空行母记文……………………………………289

白色圣观自在修习要门……………………………290

圣大乘胜意菩萨经…………………………………290

圣观自在大悲心总持功能依经录…………………291

圣妙吉祥真实名经…………………………………291

圣者文殊师利一百八名赞…………………………292

圣者文殊师利赞……………………………………292

圣者文殊利发菩提心愿文…………………………293

圣胜慧到彼岸功德宝集偈…………………………293

吉祥上乐轮略文等虚空本续注……………………294

多闻天施食仪轨……………………………………294

观音菩萨六字大明王秘密神咒禅定………………294

寿定仪………………………………………………295

求佛眼母仪轨………………………………………295

佛说圣大乘三归依经………………………………295

佛说圣佛母般若波罗蜜多心经……………………297

佛眼母仪轨…………………………………………298

拙火能照无明………………………………………298

依三十五佛昼夜时□□□□□重罪剂门…………298

依吉祥上乐轮方便智慧双运道玄义卷……………298

舍寿要门……………………………………………299

金刚亥母自摄授要门………………………………299

金刚亥母修习仪……………………………………299

金刚亥母略施食仪…………………………………299

金刚亥母集轮供养次第录 ……………………………………… 300

金刚亥母禅定 …………………………………………………… 300

金刚剂门 ………………………………………………………… 300

金刚修习母究竟仪 ……………………………………………… 300

金刚修习母摄授瓶仪 …………………………………………… 301

金刚乘八不共犯堕 ……………………………………………… 301

念一切如来百字忏悔剂门仪轨 ………………………………… 301

持诵圣佛母般若多心经要门 …………………………………… 302

显密十二因缘庆赞坛城法事仪轨 ……………………………… 302

修持仪轨 ………………………………………………………… 302

胜相顶尊总持功能依经录 ……………………………………… 302

亲诵仪 …………………………………………………………… 304

梦幻身要门 ……………………………………………………… 304

常所作仪轨八种不共 …………………………………………… 305

密教仪轨之一 …………………………………………………… 305

密教仪轨之二 …………………………………………………… 305

密教咒语 ………………………………………………………… 305

黑色天母求修次第仪 …………………………………………… 305

集轮法事 ………………………………………………………… 306

解释道果语录金刚句记 ………………………………………… 306

解释道果逐难记 ………………………………………………… 306

新译大手印不共义配教要门 …………………………………… 307

新译大手印金璎珞等四种要门 ………………………………… 307

新译大手印顿入要门 …………………………………………… 308

新译吉祥饮血王集轮无比修习母一切中最胜上乐集本续显释记 … 308

慈乌大黑要门 …………………………………………………… 308

（二）西夏刊汉传佛教文献 ……………………………………………… 309

　　三十五佛名经 ……………………………………………………… 309

　　大方广佛华严经入不思议解脱境界普贤行愿品 ………………… 309

　　大方广佛华严经卷第四十 ………………………………………… 310

　　大方广佛华严经普贤行愿品 ……………………………………… 311

　　大乘无量寿决定光明王如来陀罗尼经 …………………………… 312

　　圣六字增寿大明陀罗尼经 ………………………………………… 312

　　夹颂心经 …………………………………………………………… 313

　　观弥勒菩萨上生兜率天经 ………………………………………… 313

　　佛说父母恩重经 …………………………………………………… 314

　　佛说转女身经 ……………………………………………………… 315

　　佛说金轮佛顶大威德炽盛光如来陀罗尼经 ……………………… 316

　　妙法莲华经 ………………………………………………………… 317

　　金刚经 ……………………………………………………………… 318

　　注华严法界观门 …………………………………………………… 319

　　弥勒上生经讲经文 ………………………………………………… 320

（三）西夏编集佛教文献 ………………………………………………… 320

　　大方广佛华严经海印道场十重行愿常遍礼忏仪 ………………… 320

　　四分律行事集要显用记 …………………………………………… 322

　　礼佛大忏悔文 ……………………………………………………… 322

　　华严经海印道场仪 ………………………………………………… 323

　　华严海印道场九会请佛仪 ………………………………………… 323

　　佛说三十五佛名礼忏文 …………………………………………… 323

　　佛说大白伞盖总持陀罗尼经 ……………………………………… 324

　　显密圆通成佛心要集 ……………………………………………… 325

　　亲集耳传观音供养赞叹 …………………………………………… 325

密咒圆因往生集 ·· 325

瑜伽集要焰口施食仪 ·································· 327

三、藏文类佛教文献 ······························· 328

入中论注疏 ··· 328

八十四大成就者传 ···································· 328

圣观自在大悲心总持功能依经录 ··············· 329

圣胜慧到彼岸功德宝集偈 ·························· 329

胜相顶尊总持功能依经录 ·························· 330

四、梵文类佛教文献 ······························· 331

不空羂索陀罗尼经 ···································· 331

下篇：传统汉文典籍中的西夏文献卷

一、表 ··· 337

（一）西夏上宋奏表 ··································· 337

李继迁上宋归顺表 ···································· 337

李继迁乞宋禁属羌抄掠表 ·························· 337

李继迁上宋乞夏州表 ································ 337

李继迁上宋让恩命表 ································ 338

李德明上宋归顺表 ···································· 339

李德明上宋誓表 ······································· 339

李德明乞宋禁边臣违约招纳逃亡表 ··········· 339

元昊上宋请称帝改元表 ····························· 340

元昊上宋誓表 ·· 341

谅祚上宋乞赎大藏经表 ……………………………… 342

谅祚上宋乞用汉仪表 ………………………………… 342

谅祚上宋乞买物表 …………………………………… 343

谅祚上宋乞赎大藏经表 ……………………………… 343

谅祚上宋乞工匠表 …………………………………… 343

惠宗秉常乞宋给还绥州表 …………………………… 344

惠宗秉常再乞宋给还绥州表 ………………………… 345

惠宗秉常上宋乞以二砦易绥州表 …………………… 345

惠宗秉常谢宋恩表 …………………………………… 346

惠宗秉常上宋进马乞赎大藏经表 …………………… 346

惠宗秉常上宋请修贡事表 …………………………… 346

崇宗乾顺上宋谢罪表 ………………………………… 347

崇宗乾顺上宋誓表 …………………………………… 347

（二）西夏上金奏表 …………………………………… 348

崇宗乾顺遣使诣金上誓表 …………………………… 348

崇宗乾顺贺金正旦表 ………………………………… 349

仁孝以诛任得敬上金谢表 …………………………… 349

仁孝上金请受百头帐表 ……………………………… 350

（三）西夏上本朝皇帝奏表 …………………………… 350

御史中丞薛元礼上乾顺请兴汉学表 ………………… 350

衙头都统军察哥上乾顺请强武备表 ………………… 350

御史大夫芭里祖仁上乾顺请立皇后表 ……………… 351

静州统军任得敬上仁孝请讨夏州李合达表 ………… 351

楚王任得敬上仁孝请废学校表 ……………………… 352

御史中丞梁德懿上遵项罢兵表 ……………………… 352

二、书 ·· 354

元昊嫚书 ··· 354

梁太后与崇宗乾顺遗宋鄜延路经略使书 ··········· 355

夏西南都统、星昂嵬名济乃遗卢秉书 ············· 355

仁孝回刘锜等檄书 ··· 356

仁孝报宋将吴璘檄书 ······································ 357

三、状 ·· 359

仁孝乞金止约理索人口财畜状 ························· 359

四、疏 ·· 360

御史大夫谋宁克任上乾顺请隆文治修武备疏 ······· 360

五、图 ·· 361

西夏地形图 ··· 361

附录一：历代编撰的党项西夏文献 ················· 362

（一）宋代及其以前编撰的党项西夏文献 ········· 363

《隋书》和《北史》党项传 ····························· 363

新旧《唐书》党项传 ······································ 363

新旧《五代史》党项传 ··································· 364

《东都事略》西夏传 ······································ 364

《隆平集》夏国赵保吉传 ································ 364

（二）元明时期编撰的党项西夏文献 ··············· 365

《宋史》党项传 ··· 365

《宋史》夏国传 ··· 365

《辽史》西夏外记 ·· 366

《金史》西夏传 ·· 366

宋西事案 ·· 366

（三）清代编撰的西夏文献 ·························· 367

西夏书 ·· 367

西夏书事 ·· 367

西夏纪事本末 ·· 368

西夏地图 ·· 368

西夏姓氏录 ·· 368

西夏志略 ·· 369

西夏文缀 ·· 369

西夏艺文志 ·· 370

（四）近代编撰的西夏文献 ·························· 370

西夏纪 ·· 370

宋史夏国传集注 ·· 371

附录二：亡佚西夏文献 ·························· 372

（一）西夏时期 ·························· 372

实录 ·· 372

夏国世次 ·· 372

国史 ·· 373

周易卜筮断 ·· 373

论语小义 ·· 373

尔雅 ·· 373

四言杂字 ·· 374

论语注 ·· 374

（二）宋代 ·· 374

夏国枢要 ·· 374

西夏须知 ·· 375

羌尔雅 ·· 375

西夏杂记 ·· 375

夏台事迹 ·· 376

契丹夏州事迹 ······································ 376

契丹西夏录 ·· 376

聚米图经 ·· 377

（三）明代 ·· 377

韩范经略西夏始末纪 ································ 377

西夏析支录 ·· 378

西夏民隐志 ·· 378

西夏图略 ·· 378

（四）清代 ·· 378

西夏国志 ·· 378

西夏书 ·· 379

西夏书 ·· 379

西夏地理考 ·· 379

西夏事略 ·· 379

后　　记 ··· 381

序　一

在西夏陵入选世界文化遗产名录之际，以宁夏大学杜建录教授为首的西夏研究团队，凭借着对学术的执着追求与深厚积淀，又推出一部重磅成果——《西夏通志》。这部多年精心编纂的大型西夏史著作共 11 卷（12 册），包括《西夏史纲》（2 册）《西夏地理志》《西夏经济志》《西夏职官志》《西夏军事志》《西夏人物志》《西夏部族志》《西夏风俗志》《西夏语言志》《西夏文献志》《西夏文物志》，共 400 余万字。首卷《西夏史纲》以全景式的视角，为读者徐徐展开西夏王朝兴衰更迭的历史长卷，其余各卷则从不同维度分别展示西夏历史的一个重要侧面。

《西夏通志》为 2015 年国家社科基金重大项目成果，立项前我和建录教授多次交换意见，立项后我们的交流就更多了，我还参与《部族志》的撰写、《职官志》的审读，书稿付梓前又得以先睹，感到此书的编纂意义重大，功力深厚，贡献良多。

众所周知，宋辽夏金之后的元朝为前代修史时，只修了《宋史》《辽史》和《金史》，未修西夏史，仅在这三史的后面缀以简约的"夏国传""西夏纪""西夏传"，概略地介绍了西夏主体民族党项族和西夏建国后的大事简况，以及各自与西夏的交聘争战。历史资料的稀缺，使得人们对西夏历史和社会的认识模糊不清，感到西夏史在中国历史链条中似乎是个缺环。清代以来，有识之士拾遗补阙，先后编撰《西夏书事》《西夏事略》《西夏纪》等著作，均是对传统典籍中文献资料的编年辑录，不是一部完整的西夏史。20世纪80年代以来，学界推出多部重要的西夏史著作，尤以吴天墀《西夏史稿》影响最为深远。但一方面章节体很难容纳更多的内容，另一方面出土的文献资料特别是西夏社会文书尚未公布和释读，很难弥补元代没有编纂西夏史的缺憾。

为此，《西夏通志》在系统占有资料特别是近年公布考释的西夏社会文书的基础上，将我国古代史书中的纪传史志和近代以来的章节体专史结合起来完成的一部大型西夏史著作，如"西夏史纲"是西夏王朝兴衰更迭的历史长卷；"西夏史志"，相当于"正史"中的《志》，包括地理志、经济志、职官志、军事志、部族志、语文志、文献志、文物志等，但内容和"正史"中《志》不大相同，而是根据资料和当代学术的发展，赋予新的内容，显示出新的活力，如"经济志"中的经济关系、阶级结构和社会形态；"职官志"中蕃汉官名；"军事志"中的战略、战术与战役；"语文志"中的语音和文字；"文献志"已不是传统《艺文志》中的国家藏书，而是所有地下出土文献和传世典籍文献；"人物志"，相当于人物传记；"表"包括世袭、帝号、纪年、交聘、大事、战事、词汇以及名物制度异译对照等。由此可见，《西夏通志》在一定程度上弥补了元朝没有纂修一部西夏史的缺憾。

《西夏通志》的特点是内容丰富而平实。正如首卷《西夏史纲》在凡例中所提出的"本史纲在百年西夏学基础上，系统阐述西夏建国、发展和衰亡过程以及西夏政治、经济、军事和文化面貌，不是资料考辨和某种观点的阐述。"其他各卷也都在各自的凡例中规定，该卷是在前人研究的基础上，进行客观叙述，不是资料考辨和某种观点的阐述。这样明确的自我约定，表明了作者们的科学、客观的治学态度和大众化的表述理念，充分彰显了作者团队严谨的治学态度和致力于学术大众化传播的理念。他们十分注重吸收近些年来在西夏法律、经济、军事、文化诸多方面的最新研究成果，把认真搜罗的相关文献、文物资料展陈于前，将成熟的学术观点归纳于后，没有佶屈聱牙、艰涩难懂的争辩，只是客观地叙述历史，娓娓道来，毫无强加读者之意，却能收平易推介之功，让读者在轻松愉悦的阅读体验中，自然而然地接受西夏历史知识。这种独特的写作风格，真正实现了学术著作的传播，让高深的学术知识走出象牙塔，走进大众视野。

《西夏通志》的另一个特点是系统而全面。全卷不仅多方位地涵盖了西夏历史，即便是每一卷也都能做到在各领域中尽量搜罗各种资料，做到全面系统。如《西夏文献志》收入西夏世俗文献 167 种，出土西夏佛教文献 556 种，传统汉文典籍中的西夏文献 41 种，历代编撰的党项西夏文献 21 种，还有亡佚的西夏文献 25 种，共达 810 种之多，同时对每一种文献都有介绍，为读者提供了翔实的西夏文献盛宴，可谓西夏文献的集大成之作。

《西夏通志》还有一个亮点是多数卷的末尾附有《表》，如《史纲》卷的《世袭表》《帝号表》《纪年表》《交聘表》《大事年表》《西夏学年表》，《地理志》的《党项与西夏地名异译表》，《职官志》的《党项与西夏职官异名对照表》《西夏蕃名官号一览表》《夏汉官职异名对照表》《机构异名对照表》，《语言志》的《词汇表》等。这些《表》以简洁明了的形式，将复杂的历史信息清晰地呈现出来，如《西夏学年表》呈现出百年西夏学发展脉络，《词汇表》以 2000 条的篇幅分门别类地展示出西夏语的常用词，每条词有西夏文、国际音标和汉译文三项，非常方便读者检索使用。这些附录有的是对正文的补充，有的是对正文的提炼，有的则与正文相呼应，成为各卷不可或缺的有机组成部分，充分体现了作者对各研究领域的深入理解、长期积累以及对读者需求的贴心考量。我想，只有作者对该领域的全面了解和深耕细作才能做出这样既专业，又方便读者的附录，我们应该对作者们为读者的精细考量致以诚挚的感谢。

本书作者团队阵容强大，领衔的杜建录教授为长江学者，他一人担纲了《西夏史纲》《西夏经济志》及部分《西夏军事志》的重担。其他各卷作者均是这些年成长起来的学术带头人和学术骨干，据我所知，他们大多数主持完成两项以上国家社科基金项目，有的主持国家社科基金重大项目和国家社科基金冷门绝学团队项目。这个研究团队经过多年历练，有良好的研究基础与合作传统，十多年前也是由杜建录教授主持的 4 卷本《党项西夏文献研究——词目索引、注释、异名对照》（中华书局 2011 年出版），这个团队的大部分成员就参加了这项基础资料建设工作，使他们在对党项西夏文献整理过程中打下了坚实的基础。他们中有的还参与《西夏文物》整理出版，看得出《西夏通志》是在坚实的基础上厚积薄发，他们的学术积累得到了充分的运用和表达。

他们还有一个特点，就是多熟悉西夏文。随着近代西夏文文献的大量发现，特别是近些年来黑水城出土文献的系统刊布，使西夏文文献成为解读西夏历史文化的重要资料基础。掌握西夏文成为解读西夏历史文化的关键。熟悉西夏文译释的本书作者们凭借这一优势，在研究中可以将汉文史料和西夏文资料以及文物资料充分同时利用，相互印证，有机地融汇在一起，做出特殊的深层次解读，从而取得新的符合史实的客观认识。他们如同穿越时空的使者，借助古老的文字，与历史对话，从而得出更符合史实的客观认识。揆诸各卷内容，都不乏利用新的西夏文资料展现该卷历史内容的实例，这种在中国史研究中大量利用民族文字资料的特殊手段彰显出本书的特点，展现出作者们经过艰苦学习、训练而能熟练应用西夏文的亮丽学术风采。

最后，我要说的是《西夏通志》作者无论研究环境优劣，都能正确把握国家对"冷门绝学"长远战略，以研究西夏历史文化为己任，以彰显其在中华文明中的价值为使命，坚守岗位，坚持学术，默默耕耘、潜心研究，努力发掘西夏文化在中华文明发展中的历史性贡献，用实际行动和优秀成果推动着西夏学的发展。对他们这种难能可贵的学术坚守点赞，对他们的学术品格表示尊敬！

随着西夏陵入选世界文化遗产名录，西夏研究将愈加受到有关部门、学术界和社会的关注和重视。此重要成果的推出无疑将会给方兴未艾的西夏学

增添新的热度，对关心西夏的读者们有了认识西夏历史的新途径，为读者打
开西夏历史知识的全新窗口，助力大众深刻理解西夏文化在中华文明中的重
要地位，对铸牢中华民族共同体意识发挥积极的作用。

史金波

2025 年 7 月 15 日

（史金波　中国社会科学院学部委员　中国社会科学院学部委员工作室专家）

序　二

西夏史学史研究表明，西夏学一百多年的发展史，大体经历了两个阶段。第一阶段从 20 世纪 20 年代至 80 年代。从俄国探险家掠走黑水城西夏文献开始，苏联学者因资料上的优势，率先开始了西夏文献的整理研究，出版了一批论著。日本及欧美的学者也开始了西夏文献的研究。这个阶段，我国学者在西夏文文献资料有限的情况下，开始着手对西夏语言文献、社会历史及宗教文化等方面的研究。总体来讲，这一时期国外西夏学特别是俄罗斯西夏文献研究具有十分重要的地位。第二阶段从 20 世纪七八十年代开始，中国西夏学的研究开始出现了新的变化。70 年代开始，西夏陵等一批西夏遗址的考古发掘，90 年代以来的俄、中、英、法、日等国藏西夏文献的整理出版，西夏学的主战场逐渐由国外转移到国内，西夏学的内涵从早期的黑水城文献整理与西夏文字的释读，拓展成对党项民族及西夏王朝的政治、经济、军事、地理、宗教、考古、文物文献、语言文字、文化艺术、社会风俗等全方位的研究，完整意义上的西夏学逐渐形成，和敦煌学、简牍学一样，成为一门涵盖面非常广泛的综合性学科。西夏学取得的丰硕成果，表明已开始走出冷门绝学的境地，出现了初步的繁荣局面，学界给予了更多的关注和赞誉。2007 年，在北京召开的《中国藏西夏文献》出版座谈会上，史学大师蔡美彪先生曾说，"我深切的感到 30 年来，我国西夏学、西夏史的研究取得的成绩非常大，甚

至可以说，将这 30 年的中国历史学的各个领域比较起来的话，西夏的文献
整理和西夏学研究的成绩，应该是最显著的领域之一"（《西夏学》第 3 辑，
2008 年）。

西夏学在新的发展进程中，研究机构及学术团队的建立发展壮大，是必
要的条件和基础工作。西夏故地在宁夏，宁夏大学一直把西夏学作为重点建
设的学科，2001 年，宁夏大学西夏学研究中心被教育部批准为高校人文社会
科学重点研究基地，2008 年教育部批准更名西夏学研究院。基地建设二十多
年来，他们立足当地，着眼长远，培养队伍，积极开展具有学科发展意义的
重点项目研究，已成长为国内外西夏学领域一支有科研实力、能够承担重大
项目并起到领军作用的学术团队。在这个过程中，我作为亲历者和见证者，
看到杜建录教授带领的基地和团队之所以能取得突出成效，缘于他们坚持正
确的学术导向，具有长远的学术眼光，尊重学术发展规律，在推动西夏学学
科体系建设方面采取了一系列必要的举措：

一是重视基础建设，组织文献整理、集成和出版。二十多年来，他们以
教育部人文社会科学重点研究基地为平台，联合中国社会科学院西夏文化研
究中心等单位，整理出版大型文献丛书《中国藏西夏文献》《中国藏黑水城汉
文文献》《中国藏黑水城民族文字文献》《西夏文献丛刊》，建设大型西夏文献
文物资料数据库；参与承担并完成国家社科基金特别委托项目《西夏文献文
物研究》；将西夏文献研究由西夏文延伸到拓跋政权和西夏时期的汉文、西夏
文、吐蕃文、回鹘文等多语种文献，拓展了西夏文献研究的深度和广度。

二是倡导"大西夏史"。跳出西夏看西夏，从唐五代辽宋夏金元大背景下
研究西夏，推动多学科交叉综合研究，揭示中华民族"多元一体"格局形成
的历史轨迹，揭示西夏多元杂糅的文化特点。将西夏学研究拓展到中华民族
"三交"史的研究。

三是重视和推进民族史学理论建设。二十多年前建在宁夏大学西夏学研
究院的中国少数民族史博士点就设立了中国民族史学理论专业方向。以"多

元一体"为核心的史学理论建设推进和指导了西夏研究,专业人员的史学理论素养和分析概括能力明显提高,和近年来习近平总书记提出的铸牢中华民族共同体意识的理论创新思想紧密衔接。

四是重视学术团队建设和拓宽研究视域。宁夏大学西夏学研究已形成了有一定数量、结构配置合理的团队,研究方向涵盖了西夏历史、文化、语言、文献、文物等主要领域,近十多年迅速发展起来的西夏文化和西夏艺术研究,进一步丰富了西夏学的内涵,具有填补空白和创新的学术意义。运用中华民族史观和多学科综合研究方法,成为西夏学新的增长点。

五是重视国际合作研究,提升国际话语权。2010年成立中俄西夏学联合研究所,开展黑水城文献合作研究,形成中俄联合研究机制。连续举办八届国际学术论坛,促进国际西夏学的交流和学术资源共享;利用国家社科基金外译项目等各种途径,组织出版西夏研究外译著作十多种。

这些举措的坚持和落实,使宁夏大学西夏学研究基地积累了经验,扩大了视野,历练了队伍,完成了一系列重大项目,展示了"西夏在中国,西夏学也在中国"的厚实基础。这也正是他们能够承担并高质量完成国家社科基金重大攻关项目《西夏通志》的主要原因。

杜建录担任主编的《西夏通志》2015年获批国家社科基金重大项目,2022年完成结项,2025年正式出版,十年磨一剑,是迄今为止西夏学各个领域研究成果的集大成者。在学术指导思想上,贯穿了中华民族历史观和中华民族共同体意识;在历史资料运用上,充分吸收了迄今国内外发现刊布的各类文字资料及实物资料以及近年考古新发现;在叙述内容上,尽可能涵盖了西夏社会的各个方面和各个领域,力求全方位呈现一个真实、生动、立体的历史上的西夏;在编纂体例上,将我国传统的史志体和近代以来的章节体结合起来,作了有益的探索。从上述意义上看,《西夏通志》不仅是目前西夏学全面的创新性成果,而且是具有中国自主话语权和自主知识体系的学术成果。

在这里,特别要提到的是《西夏通志》所采用的编著体例。在中国悠久

的治史传统中，不仅保留了各种记述历史的文献资料，也创造了编著史书的
体例，形成了以纪传体（如《史记》为代表的二十四史）为主流以及编年体、
纪事本末体等体例的史书编纂方式，与此同时形成的还有志书体例。志基本
属于史的范畴，"郡之有志，犹国之有史"（宋·郑兴裔《广陵志·序》），"方
志是地方之史"（白寿彝《史学概论》）。志更侧重于资料内容的分类编纂。以
历史纵向为主线的"史"和以横向分类为主线的"志"，构成了中国传统史学
的主要记述模式。传统史志体例作为中国历史庞大复杂内容的主要载体，数
千年来不断改进完善，其功能和作用不可低估。但传统史著体例也有其历史
局限性，如以王朝政治史为中心，忽视社会多元性；以儒家史观主导，难避
片面性；以人物和事件描述为中心，缺乏历史发展内在联系及因果分析；史料
的选择有局限，民间、地方、民族方面的史料缺失等等。上个世纪随着西方
史学理论和方法的引入，史著的章节体体例渐成现代历史著作的主要形式，
它以历史演进为基本线索，以科学分类和逻辑分章的形式，将传统史志的叙
事方式赋予了现代学术规范，具有结构清晰、内容涵盖面广、可以跨学科综
合、便于阅读和传授的特点。但史家在运用章节体书写历史中，与传统史著
相比，也感到有不足之处，如对人物、典籍、制度、文化等专项内容的描述
不够，一般的处理方法是简要地概括在章节的综合叙事中。白寿彝先生主编
的12卷《中国通史》作了新的尝试，用传统与现代相融合的创新编纂体例，
采用甲、乙、丙、丁四编结构，甲编"序说"整合文献与研究成果，乙编"综
述"以时序勾勒朝代脉络，丙编"典志"解析政治经济文化制度变迁，丁编
"传记"通过人物纪传现史实。这种创新体例将专题考据与宏观叙事结合，
史料评介、制度分析、人物纪传、考古发现、研究动态等在章节体中不易展
开的内容都有了一定的位置呈现。

　　作为以断代史和王朝史为叙述对象的西夏历史，《西夏通志》大胆采用了
传统史志体例与现代章节体例相融合的方式，将史、志、传、表作为基本结
构，"史"为"西夏史纲"，以纵线时间脉络为主，集中阐述从党项到西夏政

权的治乱兴衰和社会各方面的演进;"志"为"西夏史志",采用传统地理志、职官志、军事志、部族志、语文志、文献志、文物志等分类编纂叙述的方法,但充分运用了新资料,内容更充实,阐释更有新意;"传"即"人物志",对见于记载的西夏人物逐个立传;"表"包括世袭、帝号、纪年、交聘、大事、战事、词汇以及名物制度异译对照等。全书在中华民族史观的统领下,继承考证辨析的严谨治学方法,以现代学术规范为基本要求,充分吸收传统体例的元素,力求作到史论结合、史志结合、出土文献和实物与典籍文献结合、西夏文文献与汉文文献及其他民族文字文献结合、国内研究与国外研究结合,尽可能吸收国内外研究的新成果。这种编纂体例,虽然带有试验性,但体现了学术上守正创新的精神,体现了构建自主知识体系的积极探索。

经过 10 年的不懈努力,煌煌 12 卷 400 多万字的《西夏通志》终于呈现在读者面前,可以说,《西夏通志》的出版,在西夏学发展史上具有里程碑意义,对于西夏学的过往来讲,是一次全面的总结和收获;对于西夏学的未来来讲,是进一步研究的起点。正如编著者在"序"中所言,《西夏通志》的完成不是收官,而是起点!

陈育宁

2025 年 7 月 6 日

(陈育宁 宁夏大学教授 宁夏大学原党委书记 校长)

序 三

元朝修宋辽金三史，没有给西夏修一部纪传体专史，给后人留下很多缺憾。现存的资料无法编纂一部纪传体《西夏史》，当代章节体的《西夏史》又无法容纳更多内容。鉴于此，2008 年就开始策划编纂多卷本历史著作《西夏通志》，2015 年获批国家社会科学基金重大项目，2022 年完成结项，2025 年正式出版。该多卷本著作体裁介于"纪传体"断代史和"章节体"专史之间，将我国的史论和史志结合起来，在西夏史乃至中国古代史研究体例和方法上都是创新，这是本通志纂修的意义和价值所在。

自明、清以来，封建史家有感于西夏史的缺憾，筚路蓝缕，拾遗补阙，撰写出多种西夏专史，重要的有明代《宋西事案》、清代张鉴《西夏纪事本末》、吴广成《西夏书事》、周春《西夏书》、陈崑《西夏事略》，民国初年戴锡章《西夏纪》等等。这些著作梳理了西夏史资料，特别是参考了当时能见到、现已不存的文献资料，值得我们重视。不过从总体上来看，明、清两代学者对西夏史的研究有较大的局限性：一方面采取的是传统的封建史学观点、方法和体例；另一方面黑水城文献尚未发现，西夏陵等重要考古尚未开展，所使用的资料仅限于传世典籍，因此，这些著作都不能够全面阐释西夏社会面貌。

20 世纪 70 年代以来，西夏史的研究又得到学界的重视，先后出版林旅芝《西夏史》（1975）、钟侃等《西夏简史》（1980）、吴天墀《西夏史稿》（1981）、李蔚《简明西夏史》（1997）、李范文主编《西夏通史》（2005），这些成果各有所长，大大推动新时期西夏史的研究，如果从研究的全面性来看，仍有一定的局限，一是章节体例无法容纳更多历史事实，前四种都在四十万字以内，其中《西夏简史》不足10万字，即使由专家集体完成的《西夏通史》也是几十万字；二是地下出土文献尚未完全公布，特别是数千件俄藏西夏社会文书近年才公布，所利用的资料有限。因此，有必要运用新资料、新体例完成一部多卷本的西夏史。

国外西夏研究的重点集中在西夏文献，西夏历史方面的成果相对较少，主要有苏联克恰诺夫的《西夏史纲》（1968），日本冈崎精郎的《党项古代史研究》（1972），美国邓如萍的《白高大夏国：十一世纪夏国的佛教和政体》（1998），《西夏史纲》比较简略，且汉文资料使用上有较多错误；《党项古代史研究》侧重西夏建国前的历史；《白高大夏国：十一世纪夏国的佛教和政体》过分强调西夏佛教的地位，国外的西夏史代表作虽有较高的参考价值，但也不能反映西夏历史全貌。此外，《中国通史》《辽宋西夏金代通史》《剑桥辽夏金史》也都有西夏史的内容。该成果或作为中国通史的一部分，或是辽金西夏断代史的组成部分。

除通史外，文献资料和专史研究也取得了很大成绩，文献资料整理研究方面，相继出版《俄藏黑水城文献》《英藏黑水城文献》《法藏敦煌西夏文文献》《中国藏西夏文献》《中国藏黑水城汉文文献》《斯坦因第三次中亚考古所获汉文文献》《日本藏西夏文文献》《西夏文物》（多卷本）。韩荫晟《党项与西夏史料汇编》，陈炳应《西夏文物研究》，史金波《西夏经济文书研究》《西夏军事文书研究》，史金波等译《天盛改旧新定律令》，杜建录等《党项西夏文献研究——词目索引、注释与异名对照》《西夏社会文书研究》等。所有这些，将西夏历史文献整理研究推向了新阶段。

西夏专史方面，史金波《西夏文化》《西夏佛教史略》《西夏社会》，白滨

《元昊传》《党项史研究》，周伟洲《唐代党项》《早期党项史》，汤开建《党项西夏史探微》，杜建录《西夏经济史》《西夏与周边民族关系史》，李华瑞《宋夏关系史》，杨浣《宋辽关系史》，陈育宁、汤晓芳《西夏艺术史》，韩小忙《西夏美术史》，鲁人勇《西夏地理考》等。这只是百年西夏学论著的一部分，还有大量论著收录在《西夏学文库》《西夏学文萃》两套大型丛书中，不一一列举。这些研究成果，为多卷本《西夏通志》的撰写奠定坚实的基础。

《西夏通志》约四百万字，从内容上看，可分为四部分，一是"西夏史纲"，包括党项内迁与夏州拓跋政权建立、西夏建国与治乱兴衰、西夏人口与社会、西夏农牧业和手工业、西夏通货流通与商业交换、西夏赋役制度、西夏社会形态与阶级结构、西夏文化、西夏遗民等。

二是"西夏史志"，相当于"正史"中的《志》，包括地理志、经济志、职官志、军事志、部族志、语文志、文献志、文物志等，但内容和方法和"正史"中《志》大不相同，而是根据资料和当代学术的发展，赋予新的内容，显示出新的活力，如"地理志"中的地的西夏地图；"经济志"中的经济关系、阶级结构和社会形态；"职官志"中蕃汉官名；"军事志"中的战略、战术与战役；"语文志"中的语音和文字；"文献志"已不是传统《艺文志》中的国家藏书，而是所有地下出土文献和传世典籍文献（含典籍中记载而已佚失的文献），既包括西夏文文献，又包括西夏时期产生汉文文献和其他民族文字文献。

三是"西夏人物志"，相当于人物传记，对目前见于记载的所有西夏人物立传，由于资料不一，每个传记多则近千字，少则数十字。

四是附表，包括《西夏世袭表》《西夏帝号表》《西夏纪年表》《西夏交聘表》《西夏大事年表》《党项与西夏地名异译表》《党项与西夏职官异名对照表》《西夏蕃名官号一览表》《夏汉官职译名对照表》《机构译名对照表》《西夏战事年表》《西夏人物异名对照表》《西夏部族名称异译表》《西夏沿边部族名称异译表》《西夏词汇表》《西夏学年表》等。

为了高质量完成书稿，课题组结合西夏文献资料特点，尽可能多重证据，将地下出土文献和传世典籍文献相结合，西夏文文献和汉文文献及其他民族文字文献相结合，《天盛律令》《亥年新法》《法则》《贞观玉镜将》等制度层面上的资料和买卖、借贷、租赁、军抄、户籍等操作层面上的资料相结合，国内研究和国外研究相结合。例如，《天盛律令》规定"全国中诸人放官私钱、粮食本者，一缗收利五钱以下，及一斛收利一斛以下等，依情愿使有利，不准比其增加。"过去对这条律令不好理解，通过和黑水城出土西夏天盛十五年贷钱文契结合研究，可知一缗收利五钱为日息，一斛收利一斛为年息。

郡为秦汉以来普遍设置的地方机构，相当于州一级，下辖县，有时是州县，有时是郡县。一般情况下县级名称不变，而州郡名称互换，如灵州与灵武郡，夏州与朔方郡，凉州与武威郡，甘州与张掖郡，肃州与酒泉郡。西夏立国后承袭前代，在地方上设州置郡，以肃州为蕃和郡，甘州为镇夷郡。这条资料出自清人吴广成《西夏书事》，由于该书没有注明史料来源，往往为史家所诟病，研究者不敢确认西夏设郡。黑水城出土西夏榷场文书明确记载镇夷郡，为西夏在地方设郡找到了确凿证据，其意义不言自明。

二是考证辨析，对异见异辞、相互矛盾的史料，加以辨正，以求其是；辨析不清者，两存其说、存疑待考。例如，《天盛律令》记载有石州、东院、西寿、韦州、卓啰、南院、西院、沙州、啰庞岭、官黑山、北院、年斜等十二个监军司，有的名称和《宋史》《续资治通鉴长编》记载相同，有的不相同，要逐一考辨清楚。还如，汉文文献中的党项西夏地名、人名、官名、族名，有的是意译，有的是用汉语音写下来，不同的译者往往用字不同，出现了大量的异译；有的在传抄、刊印过程出现讹、衍、误。以上种种现象，造成将一人误做两人，将一地误做两地，将一官误做两官，为此，在全面系统搜集资料的基础上，对汉译不同用字以及讹、衍、误逐一进行甄别和考辨，表列党项与西夏地名、人名、官名、族名异名对照。

三是分三步完成，第一步为按卷编纂"西夏通志资料长编"，将所有出土文献、传世典籍、文物考古资料，按照时间和门类编成资料长编；第二步对搜集到西夏文献资料辨析考证，完成西夏史考异，对当代专家不同的认识，也要加以辨析，有的问题两存其说；第三步在资料长编和文献考异的基础上，删繁就简、去误存真、存疑待考，完成资料详实、内容丰富、观点鲜明的多卷本《西夏通志》。

教育部西夏学重点研究基地建设伊始，确立了西夏文献整理出版、西夏文献专题研究以及西夏社会面貌阐释的"三步走"战略。《西夏通志》的纂修是该战略的重要环节，它的完成不是收官，而是起点！

杜建录

2025 年 6 月 1 日

（杜建录　教育部人文社科重点研究基地

宁夏大学西夏学研究院院长　民族与历史学院院长）

凡　例

一、本志有别于正史中的《艺文志》，收录的西夏文献包括出土和传世的图书、出土的社会文书以及传统汉文典籍中的西夏文献，另附宋元明清时期和近代编撰的西夏历史文献、亡佚西夏文献。

二、传统典籍中的西夏文献以独立成篇（册）为条目，含留存至今和亡佚的文献。

三、出土文献以完整的文献为条目，一种文献分若干残件，或由不同国家和单位收藏，或有若干版本，只列一个条目，同时注明版本和收藏情况。

四、全书分为西夏世俗文献、出土西夏宗教文献、传统汉文典籍中的西夏文献三部分，每部分根据西夏文献的具体内容分成若干大类，各大类所包含的内容按照西夏文献的文字载体西夏文、汉文、其他民族文字顺序排列。对互有关联的文献，以"并书"的形式予以指出。

六、为使读者了解类目设置原由、所收文献的总体情况，在每一类目前设有"类序"或"小序"。

五、对无法确定准确名称的文献残件，暂不收录。大量西夏社会文书，内容多有重复，酌取有代表性者以见其概貌。

六、每一文献条目解题一般包括六个部分：①准确的汉文题名与年代（为确保文献定名的准确性，涉及译名时，沿用给出西夏文、藏文、梵文原文题的办法）；②著者姓名；③存佚和版本流传；④主要内容（含书籍序跋，用西夏文撰写的，则给出汉译）；⑤出土地和收藏单位；⑥文献的史料价值简评。

七、解题中对文献的客观描述，参考了戈尔巴乔娃、克恰诺夫《西夏文写本和刊本》、克恰诺夫《西夏佛典目录》，不再一一出注。关于整理或研究情况，如吸收已有成果的主要观点，则出注说明。

八、目录中佛教文献题名，以汉字笔画为序。

概　论

　　囿于狭隘的民族观和封建正统思想，辽、宋、金、元诸朝无不摆出一副居天下之正的模样，视偏居西北的西夏王朝为"僭伪"，致使西夏灭亡后，在所谓"正史"中竟无一部西夏专史流传后世。如所周知，班固首创纪传体断代史《汉书》，并扩大志书的范围，所增《艺文志》按"六艺""诸子""诗赋""兵书""数术""方技"六大部类，将西汉一代有关图书典籍，汇编成目。此后，历代正史撰写《艺文志》遂相沿成例，仅《隋书》《旧唐书》改称《经籍志》，性质相同，只是在分类上，自《隋书》始则改为经、史、子、集四部。西夏王朝既有国无史，反映当代著述情况的志书也就无从谈起。最早为之补阙的是清人王仁俊，他从《宋史》《金史》《续文献通考》《大藏经》以及元人虞集的《道园学古录》等文献中，辑得西夏人撰译之书 18 种，附宋人谈西夏之事的书 4 种，依照传统史志目录的分类方法将其分为经、史、子、集四部，成《西夏艺文志》一卷。俄藏黑水城文献目录公布后，聂鸿音先生又作《补〈西夏艺文志〉》，辑录西夏人翻译或撰写的文献，共得 74 种，其中经部 22 部，史部 9 种，子部 37 种，集部 6 种。[①] 此类辑补工作，算是在一定程度上弥补了西夏一朝无《艺文志》的缺憾。但辑补而成的《西夏艺文志》仅部分

---

① 聂鸿音:《补〈西夏艺文志〉》,《古籍整理研究学刊》1990 年第 4 期。

反映西夏一代之著述，较之于全部西夏文献如九牛之一毛。

一、西夏文献的出土与刊布

西夏文献的出土发现，自上个世纪以来可谓层出不穷。1908—1909 年俄国的科兹洛夫（П. К. Козлов）在内蒙古额济纳旗黑水城掘走大量西夏文献，现藏于俄罗斯科学院东方文献研究所，占世界西夏文献总量的80% 以上。1914 年英人斯坦因（Stein）步其后尘，也到黑水城寻找挖掘，得到不少西夏遗物。1917 年宁夏灵武县出土两大箱西夏文经卷，除一部分为地方官吏所瓜分而散失各地外，大部分于 1929 年运抵北京，收藏于当时的北京图书馆（今中国国家图书馆）。1941—1943 年张大千在敦煌莫高窟北区挖掘中，发现了一批西夏文献。1972 年甘肃武威张义乡下西沟岘亥母洞中出土一批西夏文献。1972 年以来，宁夏银川西夏帝陵出土大批夏汉文残碑，有的文字比较完整。1983—1984 年，内蒙古文物考古研究所对黑水城进行系统清理发掘时重新发现一批西夏文献。1990 年宁夏贺兰县拜寺沟内一座西夏时期的方塔被不法分子炸毁，经清理，在方塔的废墟中出土一批西夏文献。1988—1995 年敦煌研究院在对莫高窟北区进行系统考察时又发现一批西夏文献。2016—2019 年，甘肃省对武威亥母寺遗址进行支护加固，这是西夏时期一处藏传佛教遗址，有大量发现，堪称继黑水城、西夏陵、拜寺沟方塔、敦煌莫高窟之后，出土数量最多、最集中的一次。最新从英方得到的消息，英国国家图书馆又发现一批新的西夏文献，数量不少，共有两大箱，是从库房里找到的。笔者在英访学期间，亲见这批文献用 70 多个牛皮纸信封分装八大纸盒，整理修复工作进展缓慢。20 世纪 50 年代以来，陕西、内蒙古等省区相继发现大量党项与西夏碑刻题记，达数千件之多。西夏出土文献数量之多、内容之丰，丝毫也不逊色于甲骨、敦煌、简牍文献。俄罗斯科学院东方文献研究所藏西夏文献居世界之首，共有 9000 多编号，约有 500 种文献，20 多万面。其次为中国国家图书馆藏西夏文文献，共有 110 多卷册，约有 8000 多面。国内其他各地所藏也有 3000 面左右。英藏文献有数千个编号，残页、残片居多。日本、法国、德国、瑞典、美国也有多少不等的收藏。在已知有明确纪年的出土西夏文献中，年代最早的是署夏惠宗大安十一年（1085）的俄藏 Инв.No.4773《佛说阿弥陀经》，年代最晚的是中国藏 G31·002［6726］夏献宗乾定戌年（1226）卖驴契，前后跨越 142 年之久。除西夏前期外，出土文献几乎遍布西夏王朝的各个阶段。

　　近年来世界五大藏地的西夏文献相继公之于世，如《俄藏黑水城文献》目前已满 29 册，计划出到 30 余册。原本打算自第 12 册以后，开始收录西夏文佛教文献及其他民族文字文献，一大批西夏社会文书的发现打破了这一出版计划，出版者将西夏文世俗文献增加三册，即第 12 册至第 14 册为西夏文世俗文献中的社会文书部分。《俄藏黑水城文献》的出版带动了整体西夏文献的出版，后来陆续出版的有《中国藏西夏文献》，全书共分北京、宁夏、甘肃、内蒙古、陕西、新疆、台湾、金石等 8 编 17 卷，分装 20 册；《英藏黑水城文献》5 册；《法藏西夏文献》1 册；《日本藏西夏文献》2 册等。上述诸书共计60 余巨册，从根本上改变了西夏文献资料相对匮乏的状况，为人们从总体上了解西夏文献奠定了坚实的材料基础，同时也为编修西夏文献志书提供了丰富的素材。

二、西夏文献的分类

　　俄罗斯得"近水楼台"之便，在文献的整理编目工作中取得的进展最大。克恰诺夫、戈尔巴乔娃合著的《西夏文写本和刊本》[①]，在世俗著作解说目录部分，涉及西夏的写本与刊本书籍 60 种，在体例上简单地分作"汉籍西夏文译本，字典和语音表，西夏文学原著，历书、图表、图样，咒文、医书，西

---

　　①　З. И. Горбачева и Е. И. Кычанов, Тангутские рукописи и ксилографы, Москва: Издательство восточной литературы, 1963.［苏］戈尔巴乔娃、克恰诺夫：《西夏文写本和刊本》，白滨中译本，载中国社会科学院民族研究所历史研究室资料组编译：《民族史译文集》第 3 集，1978 年。

夏法律文献”六大类予以编排，不足以反映大量西夏文献的收藏情况，而且某些文献归属不当。克恰诺夫著《西夏佛典目录》[1]，主要是在《西夏文华严经》第3卷[2]的基础上编撰而成的，其中西夏文藏传佛教文本漏录、误录者所在多有，很大一部分并没有找出确切的出处。

以大型系列文献丛书的形式陆续刊印的出土西夏文献，诸书分类则各行其是，不相统一，甚者仅停留在“账号”的水平上，每一卷都包含着不同时代不同类别的文献。至于中国藏、英藏、法藏、日藏西夏文献，即便是简明目录，亦无人编撰。由于西夏文献目录工作的滞后，大量西夏文献，尤其是西夏文文献受西夏文字的阻隔，学界知之甚少，导致这批文献仍局限在一定范围之内，相邻学科对之多有“养在深闺人未识”之感，与其在学术研究中应有的地位很不相称。直到2015年，才出现一部关于西夏文献的综合性目录《西夏文献解题目录》，[3]这种情况始得到改观。该书堪称迄今为止收录文献较为全面、考证较为严谨、编目分类较为合理的一部力作，但该书分西夏文卷、汉藏文卷两大部分，各文种之下将文献分为佛教文献及非佛教文献两大类，再次根据文献的具体内容，分成若干小类。按照这个编例，同类文献受文种的限制而被分割开来，不利于类序的撰写。

由上述可见，国内外关于西夏文献，迄今尚无一个合乎其实际体量的分类体系，更没有一个得到国际西夏学界所普遍认可的编修体例。鉴于此，有必要对西夏文献，包括传统典籍和世界各地出土文献分门别类加以全面、系统地整理，建立符合西夏文献实际情况的科学分类体系，编制一部反映全部西夏文献的目录，使之成为西夏学研究的“津梁”，西夏学研究者必从此问途，方能得其门而入。

本志共收西夏文献810种，在以往分类的基础上，将全部西夏文献分为

①　Е. И. Кычанов, Каталог тангутских буддиских памятников, Киото: Университет Киото, 1999.

②　［日］西田龙雄:《西夏文华严经》第3卷，日本京都大学文学部1977年版。

③　惠宏、段玉泉编:《西夏文献解题目录》，黄河出版传媒集团、阳光出版社2015年版。

出土西夏世俗文献（167 种）、出土西夏佛教文献（556 种）、传统汉文典籍中的西夏文献（41 种）三部分，附历代编撰的党项西夏文献（21 种）、亡佚西夏文献（25 种）。每部分下辖若干大类，各大类根据情况再设子目和细目，每一类目前设有类序或小序。各类目所包含的内容以文字载体西夏文、汉文以及其他民族文字为别。之所以按文种排列，是考虑到快速查找的需要。遇有特殊情况，如不同文种之同名文献，同一作者之不同文献，从"诸经合抄"中析出的文献等等，借鉴编年体史书因一事而并书相关之事的做法，以"并书"的形式予以指出。

西夏文献是指全部与西夏王朝有关的文献，而非仅限于西夏一代的著述情况，因此类目的设置上一定要体现西夏文献实际内容的特点，立目既要合理，又不能牵强。从西夏文献自身实际情况出发，在上篇"出土西夏世俗文献"部分，析出八大类，包括西夏译汉文典籍，西夏语文类著作，蒙书，法典，社会文书，医方、卜辞、历书，文学作品以及史书等。有些分类情况复杂，有必要略作解释。"西夏译汉文典籍"简称"夏译汉籍"，有广义和狭义之分。狭义仅指世俗文献，包括译自汉文的儒经《论语全解》《论语注》《孟子》《孟子传》《孟子章句》《孝经传》《孝经注》，道家典籍《孔子和坛记》，兵书《孙子兵法三注》《六韬》《黄石公三略》《将苑》，医书《明堂灸经》（移入"医方、卜辞、历书"类），史书《十二国》《类林》《贞观政要》，童蒙读本《经史杂抄》《太宗择要》《四言杂字》，辞书《尔雅》，以及西夏人依据汉文典籍编译而成的《新集慈孝传》《德行集》等。其中西夏文《论语注》《四言杂字》《尔雅》未见传世（移入"亡佚西夏文献"类）。广义上的"夏译汉籍"还包括译自汉文的佛经，这里仅取狭义上的"夏译汉籍"。"西夏语文类著作"包括《文海宝韵》《同音》《五音切韵》《同义》等专释文字形音义的字书（也可以包括《番汉合时掌中珠》《杂字》《纂要》等启蒙教材，为彰显启蒙教材的特性，本志将其单独成类）。西夏"社会文书"内容十分丰富，本志将其再分为八大类，包括西夏文户籍文书、西夏文租税文书、西夏文粮物计账文书、西夏文商贸文书、西夏文契约文书、西夏文军事文书、西夏文告牒文书与审判记录等以及汉文社会文书。这些社会文书中，西夏文租税文书、契约文书、军事文书较为复杂。"西夏文租税文书"下分四小类，包括耕地税账、租役草税账、人口税账和耕地水税账。"西夏文契约文书"下分八小类，包括借贷契约、卖地契约、卖畜契约、卖人契约、租赁契约、雇佣契约、交换契和众会契。"西夏文军事文书"下分五小类，包括军籍文书、军抄文书、军抄人员除减续补和实有实无文书、军抄户籍账和军抄财物账、骑账和驮账等五小类。

在中篇"出土西夏佛教文献"部分，鉴于西夏佛教文献内容庞杂，分类困难，本志只简单的区分为四大类，包括西夏文类佛教文献、汉文类佛教文献、藏文类佛教文献、梵文类佛教文献。"西夏文类佛教文献"部分下设两小类，包括译自汉文的佛教文献、非译自汉文的佛教文献。"汉文类佛教文献"部分下设三小类，包括"西夏汉译藏传佛教文献""西夏刊汉传佛教文献"和"西夏编集佛教文献"。

在下篇"传统汉文典籍中的西夏文献卷"部分，下分五大类，包括表、书、状、疏、图等。并附"历代编撰的党项西夏文献"和"亡佚西夏文献"。有关反映早期党项羌的资料，主要集中在各纪传体断代史的传记中。其中《隋书》最早为党项作传，此后《北史》《旧唐书》《新唐书》《旧五代史》《新五代史》《宋史》均有《党项传》。宋、辽、金三史分别为西夏立传，与《隆平集》中的《夏国传》、《东都事略》中的《夏国赵保吉传》合称"西夏五传"，五传中以《宋史·夏国传》最为详细、系统，《隆平集》与《东都事略》，系宋人纪宋事，信而有征。《宋史》中既有《党项传》，又有《夏国传》，二者的区别在于：前者记述宋初境内党项族的活动，后者则记载以党项族为主体建立的西夏国家及其历史。只有到了清代，才出现了真正意义的西夏专史著作。

综上所述，《西夏文献志》所收文献，远比正史《艺文志》广泛，正史《艺文志》是国家藏书，反映一代之著述情况，《西夏文献志》则包括出土和传世的图书、出土的社会文书以及传统汉文典籍中的西夏文献，反映西夏社会的方方面面。

三、西夏文献的价值

西夏文献在整体上可以分为两大类：一是传统典籍中的西夏文献（旧资料）。在浩如烟海的传统典籍中，保存着大量与党项、西夏有关的历史文献，绝大部分是汉文文献，还有少量的蒙、藏、回鹘文史籍。遍及各种史书体裁，包括正史、编年、本末、政书、方志、类书、文集、笔记、小说等等。受传统史学的限制，汉文史籍中的西夏史料，多与西夏政治、军事有关。二是上述大量的出土西夏文献（新资料）。这些"新资料"则多反映西夏经济、文化和宗教等方面的内容。陈寅恪先生曾对新材料与旧材料之间的关系作过精辟的阐述："必定旧材料很熟，而后才能利用新材料，因为新材料是零星发现的，是片断的。旧材料熟，才能把新材料安置于适宜的地位。正像一幅古画已残破，必须知道画的大概轮廓，才能将其一山一树置于适当的地位，以复旧观。"①这段话完全可以移植到西夏学研究领域，用以处理传统典籍中的西夏文献与出土西夏文献之间的关系。近代大量西夏文文献的发现不但未减弱汉文西夏文献的价值，反而凸显汉文西夏史料的不可替代性。新旧两大类文献不可偏废，尤其是宋元时期的著述，与出土西夏文文献一道，相互补充，回环互证，同属我们研究西夏学的基本史料。

出土文献中有些文献种类特色鲜明，为西夏所特有，如"夏译汉籍"、西夏语文类著作、社会文书、军事文书等。"夏译汉籍"主要有两大方面的价值，一是语文学价值。明代中叶以后，西夏文字成为无人可识的死文字，"夏译汉籍"堪称打开西夏语法大门的钥匙。因其在返译的过程中有原文可资参照，使得研究工作有据可依，有利于总结西夏语中复杂的语言现象，对西夏

---

① 蒋天枢：《陈寅恪先生编年事辑》（增订本），上海古籍出版社1997年版，第96—97页。

文汉译的规范化将起推动作用。一是文献学价值。由于"夏译汉籍"多系对宋代乃至唐末五代书籍的翻译传抄，或底本早已亡佚，或为流传至今的那些古籍的祖本，从中可以反映出未经宋人编辑的汉文古本原貌，具有重要的学术价值。借助"夏译汉籍"对汉文古籍加以整理研究，与传统的"以书校书"做法迥然不同，可以解决许多以往"校勘四法"所不能解决的问题，从版本、校勘、训诂、辑佚等方面全方位促进中华传统典籍研究。其意义已然超出西夏学研究范围，达到启迪相邻学科的目的。

西夏语文类著作，几乎囊括了传统小学字书的各种形式，是西夏对古汉语字书的继承和发展，在我国辞书发展史上具有十分重要的地位。其一，西夏字书是我国少数民族文献中保存数量最多、种类最全的一类民族古文字字书资料，是我国辞书发展史上的一个重要组成部分。西夏字书，在编排体例上，对古汉语字书有继承、也有发展；在形式上，相对古汉语字书有拓展、也有创新，是我国辞书学史值得关注的一个重要研究领域。其二，对西夏语言文字研究具有重要价值。出土西夏字书是西夏语言文字研究的基础性材料，西夏文字的字形研究离不开《文海》的字形解说，西夏语音的构拟离不开《文海》与《同音》这两种内部资料，字词意义的辨识更离不开综合运用各种字书的解释。其三，西夏字典辞书对西夏文字的解释，涉及民族、姓氏、地理、历史、政治、经济、军事、文化、宗教、教育以及家族、亲属、婚姻、物产、舆服等西夏社会和历史的各个方面，也具有重要的史料价值，可以加深我们对西夏社会全貌的了解。

西夏社会文书约有3000余件，出土地以内蒙古自治区额济纳旗黑水城为主，甘肃武威、敦煌等地也有出土。此类文献主要是在对已经出土的西夏文献进行整理、修复的过程中发现的。由于"正史"中缺一部西夏专史流传后世，有关西夏社会诸层面的记录很少，特别是反映西夏基层社会经济的资料更为寥寥，这使得西夏社会文书显得特别重要，它们在很大程度上可以弥补史籍的不足，深化对西夏社会的认识。如关于西夏郡级地方行政机构，以往主要有两处记载：一见《西夏书事》，一见《黑河建桥敕碑》汉文碑铭。
《西夏书事》系清人吴广成依据汉文西夏资料撰述的，属第二手资料，不
堪征引。《黑河建桥敕碑》汉文碑铭虽然是第一手资料，但石刻中的地名不可
用以校勘，这是因为士大夫出于好古情结多喜写古地名。于是以往研究者出
于谨慎，多不敢确认西夏设有郡级行政机构。黑水城汉文西夏榷场文书 Инв.
No.351 号中发现有"镇夷郡"字样，从而为西夏在地方设郡找到了确凿的证
据。① 再如西夏盛行高利贷，法典规定"全国中诸人放官私钱、粮食本者，一
缗收利五钱以下，及一斛收利一斛以下等，依情愿使有利，不准比其增加。"②
这条律令不大好理解。黑水城汉文西夏天盛十五年（1163）贷钱文契 Инв.
No.7779A 载偿还期限为"一百三十夜"，Инв.No.7779E 载偿还期限为"六十五
夜"。"一百三十夜"和"六十五夜"都不能折合成整月，利息只能按"夜"
亦即"天"来计算。由此可知所谓"一缗收利五钱"为货币借贷之日息，"一
斛收利一斛"则为粮食借贷之年息。③ 有关西夏户籍、人口的文书则是我们
打开西夏社会家庭大门的钥匙。从中可以了解到西夏黑水城地区的家庭类型、
人口姓名、男女比例、民族居处、婚姻状况以及不同家庭土地、畜物占有状
况。还可以证实西夏番、汉民族互相通婚，并存在一夫多妻和姑舅表婚现
象。④ 通过对新发现的部分草书西夏文租税文书的译释和研究表明，西夏黑水
城地区有以耕地多少缴纳农业税的固定税制，缴纳杂粮和小麦的比例为 4∶1，
每亩缴纳粮食地租为 1.25 升；西夏的"役"和有地区特点的"草"也以耕地
多少负担，农户的租、役、草账逐户登记，以迁溜为单位统计造册；西夏农
户还有负担较重的人头税。⑤ 英藏 Or.12380—2349"天盛二十年纳粮收据"，

---

① 杜建录、史金波：《西夏社会文书研究》，上海古籍出版社 2010 年版，第 11、234 页。
② 史金波、聂鸿音、白滨译：《天盛改旧新定律令》卷三《催索债利门》，法律出版社 2000 年
版，第 188 页。
③ 杜建录、史金波：《西夏社会文书研究》，上海古籍出版社 2010 年版，第 41—42 页。
④ 杜建录、史金波：《西夏社会文书研究》，上海古籍出版社 2010 年版，第 70—86 页。
⑤ 杜建录、史金波：《西夏社会文书研究》，上海古籍出版社 2010 年版，第 92—115 页。

正面残存西夏文字 4 行，第 3 行刻本文字"天盛"，墨书填写"二十"，采用印本填空的形式，将文书结构固定化，用语格式化，便于操作、管理，是古代经济文书史上的一大进步。[1] Инв. № 5949—32 "西夏光定卯年（1219）腊月雇工契"，内容完备，包括了立契时间、立契人（雇工）、雇主、雇佣时间、工价、雇工要求、违约和反悔处罚，以及立契人和证人的签名和画押，具有完整的契约形式，真实地反映出西夏时期雇工的丰富内涵，从一个侧面折射出西夏农业经济的部分运行特点，填补了中国历史上 10 至 13 世纪雇工契的空白。[2] 西夏文军事文书在中国历史文献中属首次发现，可分为军籍文书、军抄文书、军抄人员除减续补和实有实无文书、军抄户籍账和军抄财物账、骑账和驮账等，这些西夏文军事文书是解开西夏军事组织和军事组织管理的锁钥，是了解西夏基层军事状况最真实、最直接的资料。如关于军抄的构成，"负赡"处于正军之副从的重要地位，无疑是一个重要组成部分。"负赡"，汉文文献又写作"负担"，"担"乃"赡"之形讹。西夏军抄文书中的"𗗓𗾊（辅主）"相当于"负赡"。"𗗓（辅）"字，"军上众全"[3]，在字形上与军队有关，其本义应该就是汉文文献中所说的"随军杂役"，进而引申出"辅佐""供给"的意思。汉文文献中的"负赡"，字面意思是"（正军的）供养人"，而"负担"是"挑担子"，军抄文书中的"𗗓𗾊（辅主）"可以佐证"负赡"的写法是正确的。西夏的军抄由"正军、负赡、𗿒𗢶（副兵）"构成，而非"正军、辅主、负担"。此外以"甲""溜"为单位的军抄文书，显示西夏基层的社区和基层军事组织自然地连接在一起，可以加深我们对西夏基层行政与军事结合、兵民相结合的基本制度的认识。尤其是一大批夏籍帐文书，包括与人口管理有关的户籍文书，与赋税征收有关的地籍、税册及畜册，与军籍管理有关的军籍文书，以及其他涉及地方政府运作的人员、帐单等。此类文书详细登记人、

---

① 史金波:《西夏经济文书研究》，社会科学文献出版社 2017 年版，第 101—103 页。

② 史金波:《西夏经济文书研究》，社会科学文献出版社 2017 年版，第 349—352 页。

③ 史金波、白滨、黄振华:《文海研究》，中国社会科学出版社 1983 年版，第 192、441 页。

力、财、物的名目与数量，及以此为基础展开的计量核算，可据以考察西夏官僚行政体系是如何有效实现对基金社会管理的。总之，对新发现的西夏社会文书作史学上的深层次研究，可以填补西夏文献品种和西夏历史研究内容上的诸多空白。

西夏法典中的《天盛律令》是中国历史上第一部用少数民族文字印行的法典，也是少数民族政权所修法典中唯一幸存下来的一部，内容涉及西夏社会的各个方面，给研究西夏史提供了大量资料，对研究西夏法制更是具有重要意义。《新法》是西夏晚期面对内忧外患，为调整社会矛盾而对《天盛律令》所做的修订，以《亥年新法》为主，有多种写本。近年来对《新法》的译释和研究也开始为学界所关注，这将有助于我们了解西夏法律阶段性的演变，并加深我们对西夏晚期社会状况的认识。西夏法典对《唐律疏议》既有继承，又有发展。包括党项族在内的少数民族，在吸收汉族法律文化的基础上制定出本民族的法典，为世界五大法系之一的中华法系的形成与发展做出了重要贡献。

西夏文医药文献主要包括针灸类文献和医方类文献，其来源大致有三：一是中原汉文医籍，主要为唐宋时期官修医书及名家名方；二是辽金时期的名家名方；三是西夏本民族的医药文献。西夏文医药文献既具有本民族的独特性，更具有唐宋时期的医学特色。西夏占卜文献起码有近百个卷号，有汉文的，也有西夏文的。从中可以看出西夏占卜流派众多，种类齐全。诸如易占、测字、六壬、星占、相面、看阴阳宅、择日、算命、事项占等，应有尽有。对理解古代西北地区的婚姻家庭、丧葬、医疗、避讳等社会生活习俗大有裨益，也可以弥补占卜在向宋代以后大发展的缺环。西夏历日文献内容丰富，种类多样，有西夏文历书，有汉文历书，还有夏汉合璧历书；有手写本历书，有刻本历书，还有活字本历书；有每月一行、每年一页的年历，也有每日一行、具注历日的月历。不仅涉及朔日、月大小、二十四节气、闰月、二十八宿直宿、九曜星宿的运行周期等天文历法知识，还涉及纳音五行、八卦配年、男女九宫等术数知识。Инв. № 8085 西夏历日，历经西夏崇宗、仁宗、桓宗、襄宗四朝、连续 88 年，是目前所知中国保存至今历时最长的古历书。复原西夏历谱，进而编制西夏朔闰表，建立起一个最大程度真实反映西夏历史的时间坐标，使有年可稽的史料各就其位，无年可稽而有事可附者可进入相对乃至绝对的时间坐标位置，可以极大地提高西夏纪年的精确性，这对西夏文物、文献的定年，对西夏历史的科学研究具有十分重要的意义。

现存和发现的西夏文学作品，主要包括西夏文和汉文两个部分，还有少量的藏文作品；这些作品的创作主体包括党项羌、汉族和其他少数民族文人；这些作品的类型以骈体文、诗词和谚语为主。其中西夏文佛教发愿文部分尤其富有中原文学的骈体文特征，带有明显的西夏国家层面的贵族文体气质；就诗歌而言，它们中主要是基于汉地诗歌的拟作，党项本民族风格的作品为数很少，后者表明面对中原汉文化的大规模输入，党项人在某些特殊场合仍然固守着他们基于民间格言影响下的俗文学创作传统。

西夏除了完成汉文大藏经的翻译外，还翻译了不少藏传佛教典籍，为后人留下大量的西夏文佛经。西夏王朝前期流行汉传佛教，早期西夏佛教是汉传佛教在西夏地区的翻版。西夏先后六次从宋朝求得《大藏经》并译成西夏文本。形成于隋唐时期的禅宗、净土宗、华严宗、天台宗等佛教宗派在西夏境内并存，这些宗派为印度佛教所无，是佛教完成中国化进程的重要标志。此外，形成于中原的观音信仰、弥勒信仰、地藏信仰及儒家孝悌思想也十分流行。西夏中期开始流行藏传佛教，出现汉藏并行的局面。藏传佛教在西夏的流行与西夏统治阶层的支持密切相关，这不仅表现在西夏传播藏传佛教以及藏传密教的僧人多被冠以"帝师""国师"等头衔，且隶属于功德司，还表现在西夏统治者对藏传佛教有着浓厚兴趣，不仅出面组织翻译了一批藏传佛经，还在组织的佛事活动中，举办了各种藏传佛教的仪轨。西夏后期在法会上诵经时同时使用藏文、西夏文、汉文佛经，藏文经典被排在首位。在俄藏黑水城出土文献中，仅关于藏传佛教"大手印"法修法的经典就有 20 多种，他们与元代藏传佛教经典《大乘要道密集》所收汉文本同源，而该书有一半的文献则是西夏时期翻译而成的。俄藏编号 XT67 的西夏藏文佛教文献《胜相顶尊总持功能依经录》与《圣观自在大悲心总持功能依经录》，是目前所知最早的藏文刻本。当年西夏人翻译所据的藏文原本有些已经亡佚，通过存世西夏文文献，人们不仅可以考知藏传佛教在西夏的流传情况，还可以部分还原西藏本土各个宗派所传教法，从而弥补藏文佛教史料记载的缺失。西夏开创了藏族之外的民族接受藏传佛教的先例，尤其是藏文佛经在向西夏传播的过程中往往采取夏、汉两译的方式，一批汉文藏传佛教经典的出现，如《大乘要道密集》《中有身要门》《金刚亥母集轮供养次第录》《八种粗重犯堕》等，使汉族信徒便于接受、信奉，对后来元代藏传佛教以西夏故地为跳板向中原内地发展起了推动作用。① 吐峪沟石窟出土的元代西夏佛经表明，藏传佛教以西夏故地为跳板向西域也有一定的发展。尤其是宁夏拜寺沟方塔出土的西夏文《吉祥遍至口合本续》，成文不晚于天盛元年（1149），是现存世界上最早的木活字印本实物，它将木活字的发明和使用时间从元代提早了一个朝代，对研究中国印刷史和古代活字印刷技艺具有重大价值。

　　传统典籍中保存着大量与党项、西夏有关的历史文献，遍及正史、编年、本末、政书、方志、类书、文集、笔记、小说等。有几部书值得一提，其中《续资治通鉴长编》所保存的西夏史料数量最大，是搜辑有关党项与西夏的人名、族名、地名和官名等专名的渊薮。今本系清修《四库全书》时，从《永乐大典》中辑出，四库馆臣对专名的改译，为后人阅读史籍多增了一重障碍。标点本《长编》系 1979 年中华书局以浙江书局本为底本，校以他书，分册印出。标点本《长编》着手将那些经清人改译的专名予以回改，意在便利学人对该书的使用，但在回改中也存在不少问题。从对专名校勘的角度而言，影印本《长编》的价值要超过现有的标点本。《宋大诏令集》政事门四裔类西夏目，分四卷辑录北宋皇帝降给西夏的各种诏令共计 66 条。从时间跨度上来

---

　　①　史金波：《西夏的藏传佛教》，《中国藏学》2002 年第 1 期。

看，最早的一篇诏令是北宋太宗淳化二年（991）七月丙午所降《赵保吉赐姓名除银州观察使诏》，最晚的一篇是哲宗元符三年（1100）所降《赐夏国主历日诏》，汇编了北宋太宗、真宗、仁宗、英宗、神宗、哲宗六朝皇帝 100 余年所降诏令。就内容而言，涵盖赐官、赐物、赐佛经、质问、诫饬、答应等诸多方面，多取材于各朝官私所修政书及有关档案。尤为难得的是，《宋大诏令集》所收诏令都是完整的，并不像文集那样往往掐头去尾，仅收录著者自撰的诏令正文，因此一些西夏奏表部分内容，"省表具悉"的形式被套引在诏令的开头，得以保存至今。西夏文献散佚殆尽，这在有限的西夏文存中弥足珍贵。① 在清末学者撰写的西夏历史著作中，吴广成的《西夏书事》问世最早②，篇幅也最大，加之该书的编写采用了编年纲目体，以编年的形式叙事，但每事皆分为纲要和细节两部分，"立纲仿《春秋》，叙目效《左传》"，阅读起来比较方便。从史源学的角度来讲，吴广成的《西夏书事》属第二手资料，是不能当作第一手资料直接征引的，但该书的确保存有一些我们今天见不到的史料。

综上所述，目前国内外馆藏西夏文献多已刊布问世，为适应学术界的需要，着手纠正以往西夏文献定题中的种种错误，对文献残篇、残片予以拼合、定名，进而对西夏文献，包括传统典籍中的西夏文献和出土西夏文献予以正确分类和编目，编撰一部内容全面、分类合理、要素齐全、方便检索的《西夏文献志》，可以扭转西夏文献目录工作滞后的现状，使西夏文献更好地为西夏学及相邻学科所利用，以发挥其更大的科研价值，从而进一步推动西夏学及其相邻学科向前发展。需要强调的是，西夏文献纷繁复杂，语言有夏汉之别，版本有写刻之分，题目有具缺之异，《西夏文献志》的编写过程是一个无止境的探索过程。为达到上述目的，这项工作需要一代又一代西夏学研究者甘作人梯，发扬吃苦奉献精神，不断地加以完善。

---

① 彭向前：《〈宋大诏令集〉西夏目诏令系年考》，《宁夏社会科学》2006 年第 2 期。
② （清）吴广成：《西夏书事》，道光五年（1825）小岘山房刻本。

缩 略 语

B11	中国国家图书馆藏
B21	北京大学图书馆藏
B31	中国国家博物馆藏
B41	中国社会科学院考古所藏
B51	故宫博物院藏
G11	敦煌研究院藏
G21	甘肃省博物馆藏（含定西市安定区文化馆藏）
G31	武威市博物馆藏
M11	内蒙古博物馆藏
M21	内蒙古考古研究所藏
M31	额济纳文管所藏
N11	宁夏博物馆藏
N21	宁夏考古所藏
N31	罗雪樵藏
S21	西安市文物局藏
下西沟岘	甘肃武威市张义下西沟岘西夏修行洞
山嘴沟	宁夏贺兰山山嘴沟石窟
天图	日本天理大学附属天理图书馆藏

日藏	日本各图书馆所藏
中藏	中国境内各文博单位所藏
龙大	日本龙谷大学图书馆藏
民博	日本国立民族学博物馆藏
台北故宫	台北故宫博物院藏
老高苏木	内蒙古额济纳旗老高苏木遗址
吐峪沟	新疆维吾尔自治区鄯善县吐峪沟石窟
亥母洞	甘肃武威市新华乡缠山村亥母洞
阪大	日本大阪大学外国学图书馆（石滨文库）藏
宏佛塔	贺兰县潘昶乡王澄村宏佛塔
灵武	宁夏灵武旧城墙内
英藏	英国国家图书馆藏
京大一	日本京都大学文学研究科图书馆藏
京大二	日本京都大学人文科学研究所东亚人文情报学研究中心藏
法藏	法国国家图书馆东方文献资料部及法国吉美博物馆藏
柏孜克里克	新疆吐鲁番市柏孜克里克石窟
拜寺沟	宁夏贺兰山拜寺沟方塔遗址
俄藏	俄罗斯科学院东方文献研究所藏
莫高窟	甘肃敦煌莫高窟北区石窟
莫高窟（D）	甘肃敦煌莫高窟附近佛塔
黑水城	内蒙古额济纳旗西夏古城遗址
傅图	"中研院"历史语言研究所傅斯年图书馆藏
瑞典藏	瑞典斯德哥尔摩民俗博物馆藏
德藏	德国柏林民俗博物馆藏

上篇：出土西夏世俗文献卷

一、西夏译汉文典籍

　　"夏译汉籍"指西夏文翻译的汉文典籍，有广义和狭义之分。狭义仅指世俗文献，包括译自汉文的儒经《论语全解》《论语注》《孟子》《孟子传》《孝经传》《孝经注》，道家典籍《孔子和坛记》，兵书《孙子兵法三注》《六韬》《黄石公三略》《将苑》，医书《明堂灸经》，史书《十二国》《类林》《贞观政要》，童蒙读本《经史杂抄》《太宗择要》《四言杂字》，辞书《尔雅》，以及西夏人依据汉文典籍编译而成的《新集慈孝传》《德行集》等。其中西夏文《论语注》《四言杂字》《尔雅》未见传世（参见"亡佚西夏文献"类）。广义上的"夏译汉籍"还包括译自汉文的佛经，这里仅取狭义上的"夏译汉籍"。

　　明代中叶以后，西夏文字成为无人可识的死文字，"夏译汉籍"因为有汉文原文参考，成为解读西夏文的钥匙，其语文学价值不言自明。在文献学价值方面，"夏译汉籍"多系对宋代乃至唐末五代书籍的翻译传抄，或底本早已亡佚，或为流传至今的那些古籍的祖本，从中可以反映出未经宋人编辑的汉文古本原貌，具有重要的学术价值。借助"夏译汉籍"对汉文古籍加以整理研究，与传统的"以书校书"做法迥然不同，可以解决许多以往"校勘四法"所不能解决的问题，从版本、校勘、训诂、辑佚等方面全方位促进中华传统典籍研究。夏译汉籍目前均已获得公布和解读，已有成果多注重利用语言学的研究方法，构拟西夏字音，分析西夏字义以及对夏译文标点断句等，较少顾及其文献学价值。

（一）儒家经典

西夏王朝为维护其封建统治，多次向宋朝求赐儒经。儒家典籍在西夏的广泛传播，对西夏社会产生了深远的影响。西夏人在对宋交往中，多次引用孟子的话以维护本国的利益。如《宋大诏令集》裴叙西夏誓表"非不知畏天而事大，勉坚卫国之献，背盟者不祥，寅凛奉君之体。若乃言亡其实，祈众神而共诛；信不克周，冀百殃而咸萃。自敦盟约，愈谨守于藩条；深愧愆尤，乞颁回于誓诏"，① 夏惠宗秉常在誓表中所谓"畏天而事大，勉坚卫国之献"，语出《孟子·梁惠王下》"以大事小者，乐天者也；以小事大者，畏天者也。乐天者保天下，畏天者保其国"。这里西夏主动承认自身是"天下"的一个组成部分，在空间上将本民族政权与北宋王朝纳入同一个"天下"之中，表明儒家的"天下观"业已为西夏王朝所接受。西夏对儒家典籍的重视，实际上是对汉族传统文化认同的一种体现。这种文化认同是中国之所以成为一个历史悠久的、统一的多民族国家的思想基础，也是中华民族凝聚力的内在底蕴。

孝经传

夏译儒家经典。一卷。宋绍圣二年（1095）资政殿大学士吕惠卿原撰，夏译佚名。文中"䡄"（孝）字缺末笔以避夏仁宗仁孝讳，知其成稿当不早于仁宗在位时（1149—1193）。手写稿本，草书，半叶7行，行20字，传文低一格，行19字。77面，尾残1面，57和58面之间上下文内容不相连属，缺两面②，其余保存良好。书中另有数百处朱笔校改。该书卷首残存绍圣二年吕惠卿序言一篇，从中可以了解到该书的编写缘起，即吕惠卿外知大名府时，作为主政一方者，以教化百姓为己任，自撰《孝经传》一书。在该书的撰写

---

① 《宋大诏令集》卷二三五《赐夏国主给还绥州誓诏》。
② 彭向前：《西夏文〈孝经传〉草书初探》，《宁夏社会科学》2014年第2期。

过程中，吕惠卿参考了唐明皇为《孝经》所作的注。写作目的在于打着"孝治"的旗号，为宋哲宗对神宗所实行新法的继承提供理论支持。序言末尾有吕惠卿系衔。[①] 格林斯蒂德对西夏文草书《孝经传》全文作了楷书转写，[②] 迄今未见全文解读。西夏文《孝经传》草书规范，是现存字数最为集中的草书文献，堪称破解西夏文草书的一把钥匙。《宋史·艺文志》著录吕惠卿《孝经传》一卷，原书久佚，可据以复原《孝经》吕惠卿注本这部亡佚已久的古书。西夏文题：𘕚𗀓𘝞。

黑水城出土。俄藏编号：Инв. № 2627。

附吕惠卿《孝经传序》译文：

此《孝经》者，昔孔子与曾参论圣人之孝，能长善救失，及希为万世法故也。夫其德立于妙本之初，其教扬名然后成。五孝之集，使依于一性；三才之聚，使监以一道。爱敬尽于全家，和平遍于海外；睦顺起始于人道，至终通达于神明，故谓圣人之孝也。若参知此，乃为士大夫，助忧人主，天下□□□□□□□依于其之善，非使顺乎？夫参之为人也，□□□□□□□至有，曾守丧不食七日，故不可遇□□□解，使不调以从权，虽失哀而不动，但不至于毁灭。因彼之失而救之，非顺乎？此亦非直为曾参故，为求万世法故也。故起于三代，传而至今。秦之火不能焚，汉之辩何能乱？礼家为士之本，后使为经，武夫村人闻时知敬顺。故其言与言尽可发于人心，天地神人之所共佩，何不为也？若学者于幼时学，长复常算而变言，违而不论，则先王之治尽矣，法岂可知乎？夫圣人之微言妙道，皆在于此也。心惟：当今皇帝始继志述事，能光神考之

---

① 彭向前：《西夏文草书〈孝经传序〉吕惠卿系衔考》，载《吴天墀教授百年诞辰纪念文集1913—2013》，四川人民出版社 2013 年版。

② Eric Grinstead, "Analysis of the Tangut Script," *Scandinavian Institute of Asian Studies Monograph Series* No. 10. Lund: Studentlitteratur, 1972, pp.300–376.

功。容颜敬顺，而能尽喜于两宫。明堂祀祖，严配顺而备至；山川郊祀，明察义皆能显。所谓至德要道者，因性尽得，复上方躬行，诸守土者亦受德教，而达于士民，乃□□职也。今惠卿实往昔助忧，为他京留守，主政一方，其教职者，应先思分之也。此故当依仲尼为本，系于明皇御章而传，悟之，复使显于畿属士民。圣主之当实行者，皆先王以孝治本之意也。惟能教，后时皆光天下。察至上之德，美惊幻之时，趋于治之尽处，则人臣愿足矣，此岂非乎？①

孝经注

夏译儒家经典。一卷。译自唐玄宗御注《孝经》，夏译佚名。草书，卷子装。前后皆残。成书时间不详。从翻译风格判断，英藏本的译出时间要早于俄藏本。② 原文字迹辨识颇难，迄今未见全文解读。西夏文简题：𗰖𗧓。

黑水城出土。英藏编号：Or. 12380—3858。

论语全解

夏译儒家经典。十卷。宋元祐年间（1086—1094）太常博士陈祥道原撰，借《论语》阐发修身义理。佚名夏译。刻字司刻本，蝴蝶装。半叶 8 行，行 17 至 18 字，注文行 16 字。白口，口题西夏文"𗙁𗄀"（论语）二字、刻工名及汉文叶次。刻工有三人又见于夏乾祐十二年（1181）刻字司印本《类林》，且文中"𗟲"（孝）字缺末笔以避夏仁宗仁孝讳，故知此亦为乾祐年间（1170—1193）刻字司印本。残存 26 叶，内容分属《公冶长》《先进》《卫灵公》《子张》《尧曰》五篇，保存良好。③ 夏译文有多处可补今汉文本之缺。西

---

① 彭向前：《西夏文草书〈孝经传序〉译释》，《宁夏社会科学》2017 年第 5 期。
② 孙颖新：《英国国家图书馆藏〈孝经〉西夏译本考》，《宁夏社会科学》2017 年第 5 期。
③ 聂鸿音：《西夏译本〈论语全解〉考释》，载《西夏文史论丛》（一），宁夏人民出版社 1992 年版。

夏文简题：𗇋𘀝。

黑水城出土。俄藏编号：Инв. № 147、148、149、784、7215。

孟子

夏译儒家经典。十四卷，残。佚名夏译。其卷 5 首题"孟子文第五，滕文公章句上"，既言"章句"，当抄自西夏文《孟子章句》。然夏译本仅有经文，赵岐注则为译者所删，故卷 5 尾题又称"孟子母文"，以区别于注文。手写稿本，蝴蝶装，半叶 7 行，行 20 至 21 字。书中前后出现两个"孝"字，都没有缺笔避讳，疑其译作年代当在西夏前期。存 51 面，内容为卷四《公孙丑章句下》、卷五《滕文公章句上》、卷六《滕文公章句下》。各章均有不同程度的残缺，卷六最后一章，即第 10 章全佚。文中有朱笔圈点及校改。[①] 西夏文题：𗏵𘕳𗧘。[②]

黑水城出土。俄藏编号：Инв. № 6738。

孟子章句

夏译儒家经典。十四卷。译自东汉赵岐《孟子章句》。佚名夏译。西夏天盛九年（1157）写本，卷子装，草书，存 48 行，经文每行 18 字，注文小字单行，每行 28 至 30 字不等。内容相当于赵岐《孟子章句》卷十三《尽心上》最后六章半，自第 40 章赵注"君子独善其身"以上佚。尾题"孟子文第十三"（𗏵𘕳𗧘𘄡𗳵𗟭），另署"天盛丁丑九年二月二十日"，下有书字人姓名，难以辨识。[③] 迄今未获全文解读。

黑水城出土。俄藏编号：Инв. № 6850。

---

① 彭向前：《夏译〈孟子〉研究》，上海古籍出版社 2012 年版。
② 西夏文书题中的"𗧘（文）"字，原为书名后之衬字，不必译出。
③ 聂鸿音：《西夏译〈孟子章句〉残卷考》，《西夏研究》2012 年第 1 期。

孟子传

夏译儒家经典。14 卷。现存部分不署书题及撰人，或据文中有"传曰"字样及全书不事文字训诂，充满北宋新经学派风格，颇疑其译自北宋陈禾所撰《孟子传》。[①] 佚名夏译。译作年代不详。写本，蝴蝶装，半叶 9 行，行 16 字，注文行 14 字。存 22 叶，内容分属《孟子》卷八《离娄下》第 2 "子产听郑国之政"、第 3 "君之视臣如手足"、第 5 "君仁莫不仁"、第 6 "非礼之礼"、第 7 "中也养不中"、第 8 "人有不为"、第 24 "逢蒙学射于羿"、第 28 "君子所以异于人者"、第 29 "禹稷当平世"、第 30 "匡章通国皆称不孝"、第 31 "曾子居武城"诸章。《宋史·艺文志》著录陈禾《孟子传》十四卷，原书久佚，赖夏译本保存至今。

黑水城出土。俄藏编号：Инв. № 360、767、774、952、6753。

（二）道家典籍

孔子和坛记

西夏文译道家典籍。汉文底本一卷，是一部道家传人在《庄子·渔父》的启发下杜撰的作品。蝴蝶装，写本。前缺，共 73 面。汉文原本已佚。记录孔子、子路与一位道家"老人"间的问答，内容杂糅佛、道两家思想。[②] 该书与《庄子·渔父》叙事情节相似，但并非译本与底本之间的关系。更接近西夏抄本的是《老君行坛记》，"行"或为"杏"的假借字。西夏抄本的准确标题应是"夫子杏坛记"。[③] 西夏文题：𗼩𗆀𘃽𘏨𗏹。

黑水城出土。俄藏编号：Инв. № 3781。

---

① 聂鸿音：《西夏本〈孟子传〉研究》，载《国学研究》第 4 卷，北京大学出版社 1997 年版。

② 聂鸿音：《〈孔子和坛记〉的西夏译本》，《民族研究》2008 年第 3 期。［俄］Е.И. 克恰诺夫、聂鸿音：《西夏文〈孔子和坛记〉研究》，民族出版社 2009 年版。

③ 高奕睿：《西夏抄本〈孔子和坛记〉新探》，载余欣主编：《中古中国研究》第三卷，中西书局 2020 年版。

（三）兵书

迄今出土的夏译兵书的底本，要么为《武经七书》所不收（如《将苑》），要么为官本以外的别本。《武经七书》自北宋元丰年间颁布后，便确立起正统和支配地位。但把西夏译本与《武经七书》所收的《孙子兵法》《六韬》《三略》作比较，可以看出夏译者依据的底本却是久已亡佚的别本。这样导致夏译兵书较之于流传至今的汉文本，具有三个特点：一是篇目不同，二是文字有异，三是语义有别，反映出未经宋人编辑的汉文古本原貌，从而为我们探索唐宋时期今本的形成过程提供新的线索和启发。

孙子兵法三注

西夏文译汉文兵书。汉文《孙子兵法》三家注的西夏文译本，译者不详。分上、中、下三卷，有魏曹操、唐李筌、杜牧三家注解，附《孙子传》。刻本，残存中下两卷 7 篇（6—11、13），附《史记·孙子列传》。俄、英所藏刻本为同一版本，蝴蝶装。半叶 7 行，行 13 字；小注双行，行 21 字。共计 51 叶 92 面。现存诸本《孙子》无三家注本合刊者。经与宋本十一家注本对比，差异较大，特别是经文的重大差异，绝非一般文字讹误或译文出入所可解释，只能表明其所据文本与已知的各本不同，即夏译底本是一个我们今天不知道的"三家注本"。以往认为《孙子》版本虽然繁富，但追本溯源，不外乎三大系统：竹简本、武经本和十一家注本。西夏文《孙子兵法三注》是一个新的版本系统，可以与竹简本、武经本和十一家注本相提并论，号称"四大系统"，有助于弄清楚唐宋时代《孙子》完成向传世本演变的过程，具有重要的文献学价值。全文解读见林英津《夏译〈孙子兵法〉研究》[1]，彭向前《西夏文〈孙子兵法三注〉研究》[2]。西夏文题：𗹏𘕺𗴲𘉋𗢭𗾖。

---

① 林英津：《夏译〈孙子兵法〉研究》，"中研院"历史语言研究所单刊之 28，1994 年。
② 彭向前：《西夏文〈孙子兵法三注〉研究》，社会科学文献出版社 2023 年版。

黑水城出土。俄藏编号：Инв. № 579、772、943；771、773。英藏编号：
Or.12380—0660RV、0661RV、0662RV、0663RV、0664、3841、3842。

孙子兵法

西夏文译汉文兵书。汉文《孙子兵法》的西夏译本，译者不详。只有正文，没有注文。抄本，卷子装，行书。Инв. № 6757 号，存 79 行，行 17 至 21 字不等。内容主要为"谋攻第三"末尾、"形篇第四"、"势篇第五"、"虚实篇第六"、"军争篇第七"开头。Инв. № 3788 号，存 65 行，行 17 至 21 字不等。内容主要为"军争第七""九变第八""行军第九"三篇[1]。Инв. № 775 号，行 17 至 18 字不等。存卷下尾部及《史记·孙子列传》。系抄自西夏文《孙子兵法三注》，有改订，可补《孙子兵法三注》经文之缺，可改变以往认为写本作为草稿一定在刻本之前的习惯性错误认识[2]。西夏文题：𗷑𘗎𘅏𗥻。

黑水城出土。俄藏编号：Инв. № 6757、3788、775、4926。

六韬

西夏文译汉文兵书。汉文《六韬》的西夏文译本，译者不详。原文分上、中、下三卷，西夏译本存上、中两卷。刻本、蝴蝶装。版心题西夏文"六韬上"或"六韬中"，下有刻工名字及汉文叶次，两名刻工又见于乾祐十二年（1181）刻字司所印西夏文《类林》，故知此《六韬》刻本亦为刻字司印本。[3]现存部分为"卷上文韬第一"的"文师""盈虚""国务""大礼""明传""六守""守土""守国"，"卷中龙韬第三"的"兵征""农器"，"卷中虎韬第四"的"军用""军略""一战""临境"诸篇。译本的"文韬"和"虎韬"均保存有完整的目录，其中"文韬"篇目与汉文本全同，而"虎韬"却比汉文今本

---

①　孙颖新：《西夏写本〈孙子兵法〉残卷考》，《西夏研究》2002 年第 2 期。
②　崔彦娟：《西夏文写本〈孙子兵法〉研究》，宁夏大学 2023 年硕士毕业论文。
③　宋璐璐：《〈六韬〉西夏译本研究》，中国社会科学院研究生院 2004 年硕士学位论文。

的 12 篇多出了两篇，即在今本"军略"和"临境"之间另有"一战"篇，在今本"略地"和"火战"之间另有"攻城"篇。① 西夏文译《六韬》所据汉文底本当是宋代刊定《武经七书》之前的某个古本，处于从中古本向今本过渡的位置，表明对中古本《六韬》的整理简化实际上早就已经开始，官本《六韬》是在包括夏译底本在内的多个版本基础上整理校定的，其改变程度没有过去认为的那么大。② 西夏文题：𗦜𗾊。

黑水城出土。俄藏编号：Инв. № 139、140、141、142、768、769、770。英藏编号：Or.12380—0516RV。

黄石公三略

西夏文译汉文兵书。汉文《黄石公三略》的西夏文译本，含注释，译者不详。原文上、中、下三卷，西夏译本三卷俱残。刻本，蝴蝶装，版心刻有西夏文篇名、叶次。正文有朱笔句读。其正文既不同于宋代官定的《武经七书》本，也不是一个纯粹的宋以前的古本，而是与二者均有联系，但与古本契合程度更高，可能是处于从古本向《武经七书》过渡的位置。其注释与唐代《群书治要》《长短经》等本所保留古注比较，认定多袭引古注，但在文字上又常加扩充，又在此前未见有注的正文之下新加注释，篇幅上较此前之古注大大增加。③ 辑佚价值颇高。西夏文题：𗧘𗰖𗗥𗌭𗷓。

黑水城出土。俄藏编号：Инв. № 578、715、716。

---

① 聂鸿音：《〈六韬〉的西夏文译本》，《传统文化与现代化》1996 年第 5 期。
② 邵鸿、张海涛：《西夏文〈六韬〉译本的文献价值》，《文献》2015 年第 6 期。何伟凤：《西夏文〈六韬〉研究》，宁夏大学 2022 年博士毕业论文。
③ 钟焓：《〈黄石公三略〉西夏译本研究》，中国社会科学院研究生院 2005 年博士学位论文；《〈黄石公三略〉西夏译本正文的文献特征》，《民族研究》2005 年第 6 期；《〈黄石公三略〉西夏译本注释与〈长短经〉本注释的比较研究》，《宁夏社会科学》2006 年第 1 期；《〈黄石公三略〉西夏译本注释来源初探》，《宁夏社会科学》2007 年第 5 期。王凯：《西夏文〈黄石公三略〉研究》，宁夏大学 2023 年博士毕业论文。

将苑

西夏文译汉文兵书，又据西夏文题直译为"将军园林典"。汉文《将苑》的西夏文译本，译者不详。写本，楷书，卷子装，下部残损。有数处朱笔批点。汉文原本托名诸葛亮所著，今所见传世本共 50 篇，西夏译本前缺，自第 21 篇开始至结尾，存 115 行，有尾题。根据所存各篇标题，知西夏译本只有 37 篇，现今汉文本多篇未见译出，汉文本最后的四篇"东夷""南蛮""西戎"和"北狄"，西夏译本只译出"北狄篇"，且将其纳入"威令篇"之中。① 也有观点认为早期的《将苑》只有 41 篇或 37 篇，今本多出的十三篇，包括第 24、25、30、31、33、37、41、44、47、48、49、50 和前 20 篇中的某一篇，为后人所增补和改编。② 夏译本是目前已知的最早版本，汉文存世本最早的则为明刻本。除篇目和篇次有别外，个别字词亦有所不同，如清张澍辑本《机形》篇开头"夫以愚克智，逆也"，夏译本作"以愚克智者，命也"，一字之差，反映出中国古代军事学中兵阴阳家的衰落和唯物主义传统的确立。西夏文题：𗾔𗸐𗴪𗼨𗣼。③

黑水城出土。英藏编号：Or.12380—1840。

（四）史书

孙子传

西夏文译汉文作品。汉文史书《史记·孙子列传》的西夏译本，译者不详。原文附在西夏文《孙子兵法三注》之后，存刻本、写本。④ 汉文原本当

---

① Kepping Ksenia, Gong Hwang-cheerng, "Zhuge Liang's The General's Garden in the Mi-nia Translation", *Последние статьи и документы* [*Last Works and Documents*]. St Petersburg: Omega Publishers, 2003. 汉译本见彭向前译：《诸葛亮〈将苑〉的番文译本》，《宁夏社会科学》2008 年第 6 期。

② 聂鸿音：《诸葛亮〈将苑〉考补》，《文献》2018 年第 1 期。孙濛奇：《西夏文〈将苑〉研究》，宁夏大学 2023 年硕士论文。

③ 案"𗣼"字，本义为"根、本"，经常在书名中出现，如《明堂灸经》，西夏文译作《𗪊𗴪𗴪𗣼》；《孝经》，西夏文译作《𗾔𗣼》，表明书名中的"𗣼"，应该取其引申义"经典"。

④ 聂鸿音：《西夏译〈孙子传〉考释》，载《中国民族古文字研究》（第三集），天津古籍出版社 1991 年版；孙颖新：《西夏译本〈孙子传〉考补》，载《西夏学》（第六辑），上海古籍出版社 2010 年版。

来自《史记》卷六五《孙子吴起列传》，略有删减。西夏文题：𗧓𗧃𘃎𘒙。

黑水城出土。俄藏编号：Инв. № 771、773 ; 775。

贞观政要

西夏文译汉文政论性史书。唐吴兢《贞观政要》的西夏文译本。夏译本书名"𘝵𗥤𘑊𘕿（贞事要文）"，据《契丹国志》记载，辽圣宗耶律隆绪"好读《贞观事要》"，其中的"事"字恰与夏译相应，这表明在当时的中国北方确有把"贞观政要"称作"贞观事要"的。所存皆残本。俄藏存 12 叶及 6 个半叶，内容为卷四"教戒太子诸王第十一""规谏太子第十二"，卷五"仁义第十三""诚信第十七"。西夏文《贞观政要》是现存最古版本的《贞观政要》，也是目前所知唯一的少数民族文学译本，反映了《贞观政要》定型于戈直集论本之前的某种版本情况。西夏译本不仅与吴兢原本卷数不同，且系节译，原本之骈体奏章及典故铺陈几乎全被删去。①英藏残叶、残片共 220 枚，与俄藏版本一致。②西夏文题：𘝵𗥤𘑊𘕿。

黑水城出土。俄藏编号：Инв. № 122、123、2556、2557。英藏编号：Or.12380—3919。

类林

西夏文译汉文类书。唐代于立政同名汉文类书的西夏文译本，译者不详。汉文底本已佚，据《新唐书·艺文志》该书共十卷。夏译本完全存留卷三、四、六、七、八共 5 卷，卷二、五、九、十各卷皆有残缺，卷一全缺。③共计 219 叶。刻本，蝴蝶装，版口有书名、刻工名及汉文叶次。卷三尾题"乾祐辛丑

---

① 聂鸿音：《〈贞观政要〉的西夏本译本》，《固原师专学报》1997 年第 1 期。
② 王荣飞：《英藏西夏文译〈贞观政要〉研究》，北方民族大学 2013 年硕士学位论文。阎成红：《西夏文〈贞观政要〉研究》，宁夏大学 2022 年博士学位论文。
③ 孙颖新、宋璐璐：《俄藏 4429 号西夏文〈类林〉残页考》，《宁夏社会科学》2001 年第 1 期。

十二年六月二十日刻字司印”，是以知此为乾祐十二年（1181）刻字司之官刻本。今人据此西夏文译本并参照敦煌残叶以及存世金人王鹏寿增补本《增广分门类林杂说》，复原出已佚《类林》全 10 卷。^① 西夏文题：毞鈥。

黑水城出土。俄藏编号：Инв. № 125、126、127、128、129、130、131、2625、4429、6686。

列女故事

西夏文译汉文列女故事。夏仁宗年间抄本。故事原型可见《后汉书·列女传》中的《姜诗妻传》和《鲍宣妻传》，但不是直接译自《后汉书》，汉文原本可能是后人编辑的系列故事汇编类的著作，不排除其来自《类林》。^② 存 1 面，10 行，行 20 字。有校改，“孝”字缺笔，避仁孝皇帝讳。

黑水城出土。俄藏编号：Инв. № 0198。

十二国

西夏文译汉文史书。唐孙昱撰《十二国史》的西夏文译本，译者不详。汉文底本已佚，据《宋史·艺文志》该书共十二卷。西夏译本分上、中、下 3 卷，所存为卷上、卷中。刻本，蝴蝶装，版心有汉文书名和叶次。共计 63 叶，约 70 章，存“后齐”“鲁国”“晋国”“卫国”诸篇名。^③ 原书系撮抄古书拼凑而成，每篇前有小序，篇中故事来源计有《左传》《史记》《国语》《战国策》《说苑》《新序》《韩诗外传》《吕氏春秋》《韩非子》《列子》等。然西夏译本与上述著作相关内容出入较大，是以知孙昱原书非严守原著撮抄。^④ 西夏

---

① 史金波、黄振华、聂鸿音：《类林研究》，宁夏人民出版社 1993 年版。

② 聂鸿音：《俄藏 198 号西夏文列女故事残叶考》，载李晋有等主编：《中国少数民族古籍论》第四辑，巴蜀书社 2001 年版。

③ К. Ю. Солонин, *Двенадцать царств*, Санкт-Петербург: Центр Петербургское Востоковедение, 1995. 又见索罗宁著，粟瑞雪译：《十二国》，宁夏人民出版社 2012 年版。

④ 孙颖新：《〈十二国〉的西夏文译本》，中国社会科学院研究生院 2004 年硕士学位论文。

文题：𗀆𘂤𗦻。

黑水城出土。俄藏编号：Инв. No 132、133、4173。

德行集

西夏文编译汉文修身执政类资料集。番大学院教授曹道乐译编，成书于桓宗朝（1194—1205）。刻本，蝴蝶装。10 叶。全书是从十余种汉文古籍中挑选"德行可观"的文字翻译汇编在一起的急就之作，意在对西夏帝王和贵族进行教育。节亲讹计奉敕为该书作序，正文设定"学习奉师""修身""事亲""为帝难""从谏""知人""用人""立政"八章。[①] 尾题残存"此德行集者本上汉□也……智足……"。西夏文献中另有一篇同名文献，译自汉文佛教文献《正行集》，[②] 参见《正行集》目。西夏文题：𗦻𘃡𗦻。

黑水城出土。俄藏编号：Инв. No 0799、3947。

附嵬名讹计《德行集序》译文：

> 臣闻古书云："圣人之大宝者，位也。"又曰："天下者，神器也。"此二者，有道以持之，则大安大荣也；无道以持之，则大危大累也。伏惟大白高国者，执掌西土逾二百年，善厚福长，以成八代。宗庙安乐，社稷坚牢，譬若大石高山，四方莫之敢视，而庶民敬爱者，何也？则累积功绩，世世修德，有道以持之故也。昔护城皇帝雨降四海，百姓乱离，父母相失。依次皇帝承天，袭得宝位，神灵暗祐，日月重辉。安内攘外，成就大功，得人神之依附，同首尾之护持。今上圣尊寿茂盛，普荫边中民庶；众儒扶老携幼，重荷先帝仁恩。见皇帝日新其德，皆举目而视，俱侧耳而听。是时慎自养德，抚今追昔：恩德妙光，当存七朝庙内；无尽大功，应立万世

---

① 聂鸿音：《西夏文曹道乐〈德行集〉初探》，载《文史》（第 56 辑），2001 年。聂鸿音：《西夏文德行集研究》，甘肃文化出版社 2002 年版。

② 孙伯君：《西夏文〈正行集〉考释》，《宁夏社会科学》2011 年第 2 期。

嗣中。于是颁降圣旨，乃命微臣："纂集古语，择其德行可观者，备成一本。"臣等忝列儒职而侍朝，常蒙本国之盛德。伊尹不能使汤王修正，则若挞于市而耻之；贾谊善对汉文所问，故帝移席以近之。欲使圣帝度前后兴衰之本，知古今治乱之原，然无门可入，无道可循，不得而悟。因得敕命，拜手稽首，欢喜不尽。众儒共事，纂集要领。昔五帝三王德行华美，远昭万世者，皆学依古法，察忠爱之要领故也。夫学之法：研习诵读书写文字，求多辞又弃其非者观之，中心正直，取予自如，获根本之要领，而能知修身之法原矣。能修身，则知先人道之大者矣。知无尽之恩莫过父母，然后能事亲矣。敬爱事亲已毕，而教化至于百姓，然后能为帝矣。为帝难者，必须从谏。欲从忠谏，则须知人。知其人，则须擢用。擢用之本。须慎赏罚。信赏必罚而内心清明公正，则立政之道全，天子之事毕也。是以始于"学师"，至于"立政"，分为八章，引古代言行以求其本，名曰《德行集》。谨为书写，献于龙廷。伏愿皇帝闲暇时随意披览，譬若山坡积土而成其高，江河聚水以成其大。若不以人废言，有益于圣智之万一，则岂惟臣等之幸，亦天下之大幸也。臣节亲讹计奉敕谨序。[①]

新集慈孝传

西夏文编译汉文慈孝故事集。番大学院教授曹道乐译编，成书于桓宗朝（1194—1205）。写本，蝴蝶装。36 叶。全书仿北宋名臣司马光《家范》编成，宣扬封建家庭伦理道德。[②] 现存卷下《婆媳》《叔侄》《姑妹》《兄弟》《姊

---

①　聂鸿音：《西夏诗文全编》，上海古籍出版社 2023 年版，第 312—313 页。

②　聂鸿音：《西夏文〈新集慈孝传〉考补》，《民族语文》1995 年第 1 期。聂鸿音：《西夏文〈新集慈孝传〉释读》，《宁夏大学学报》1999 年第 2 期；聂鸿音：《西夏文新集慈孝传研究》，宁夏人民出版社 2009 年版。

妹》《夫妇》《娣姒》《舅甥》八章，共有 44 则故事。西夏文题：𗹦𘝾𗤺𘕿𘓖。

黑水城出土。俄藏编号：Инв. № 0616。

（五）蒙书

经史杂抄

西夏文蒙书。原卷佚题，现题为今人依文本内容所拟。编者及成书时间不详。出土有多个卷号，皆刻本，蝴蝶装，纸幅大小不等。可拼配出 32 叶。全书撮抄征引多种汉文典籍而成，书中征引古语 200 余条，出处有《礼记》《左传》《周书》《论语》《毛诗》《孙子》《孝经》《孟子》《庄子》《淮南子》《尚书》《管子》《太公家教》《韩诗外传》《帝王世纪》《论衡》《周易》《孔子家语》《汉书》《楚辞》等等，还有不少出处有待继续核查。该书类似于敦煌出土的蒙书《新集文词九经抄》。①

黑水城出土。俄藏编号：Инв. № 135、136、137、138、798、2562、6465、6753。

太宗择要

西夏文蒙书。抄本，草书，缝缋装。共 5 叶。多由对仗工整的上下两句组成。书题中的"太宗"非西夏太宗李德明，应是唐太宗。底本是唐宋官宦之家的蒙书。② 西夏文题：𗦫𗥤𗾖𘋻𘕿。

黑水城出土。俄藏编号：Инв. № 5875。

---

① 黄延军：《西夏文〈经史杂抄〉研究》，中国社会科学院研究生院 2008 年博士学位论文。
② 聂鸿音：《西夏本〈太宗择要〉初探》，《宁夏师范学院学报》2012 年第 2 期。

二、西夏语文类著作

西夏语文类著作包括《文海宝韵》《同音》《五音切韵》《同义》等专释文字形音义的字书，以及《番汉合时掌中珠》《杂字》《纂要》等启蒙教材，几乎囊括了传统小学字书的各种形式，是西夏对古汉语字书的继承和发展，在我国辞书发展史上具有十分重要的地位。首先，西夏字书是我国少数民族文献中保存数量最多、种类最全的一类民族古文字字书资料，是我国辞书发展史上的一个重要组成部分。西夏字书，在编排体例上，对古汉语字书有继承、也有发展；在形式上，相对古汉语字书有拓展、也有创新，是我国辞书学史值得关注的一个重要研究领域。其次，于当前辞书的编纂有重要参考价值和资料价值，我们今天编著西夏字典、词典不可或缺的重要材料，对这些材料的准确解读很大程度上决定了这些字典、词典的质量。再次，于西夏语言文字研究具有重要价值。出土西夏字书是西夏语言文字研究的基础性材料，西夏文字的字形研究离不开《文海》的字形解说，西夏文音的构拟离不开《文海》与《同音》这两种内部资料，字词意义的辨识更离不开综合运用各种字书的解释。西夏字典辞书对西夏文字的解释，涉及民族、姓氏、地理、历史、政治、经济、军事、文化、宗教、教育以及家族、亲属、婚姻、物产、舆服等西夏社会和历史的各个方面，也具有重要的史料价值。

文海宝韵

西夏文韵书，简称《文海》。罗瑞智忠等编纂，成书于西夏前期（11 世纪中期）。原书有详、略本之分。详本为刻本，蝴蝶装，残，存平声及杂类之一部分；略本为写本，前有残序，正文基本为按详本顺序排列的西夏字表，分平声、上声和入声、杂类，偶有简略注释。合详、略两本，知有平声97 韵，上声和入声 86 韵。各韵所收西夏字以同音为纽，同韵类各纽大致以三十六字母次第编排，各纽间有圈发。韵末偶有所谓"独字"，即没有与之同音的字，不以字母次第列出。遇有西夏字音不合中原韵书类别者，则统一附于全书之末，另为一篇，名曰"杂类"。"杂类"释字体例与正篇相同。全书释字分为三部分：首以四字设限，分析字形构造；次列释义，多用同义相训，罕见具体描述；最后于诸纽首字义训下附注反切及本纽同音字数。《文海宝韵》兼具汉语韵书《广韵》及文字学著作《说文解字》的特点，为传统辞书领域所无。西夏文题：𘜶�769𗫭𘂤。

黑水城出土。俄藏编号：Инв. № 211，212，213，№ 7297（详本）；Инв. № 4154，8364（略本）。①

附惠宗秉常《文海宝韵序》译文：

……选集以□□□等为博士，加封彼仁荣为夫子，出内宫门，坐四马车，仪仗环绕，臣僚簇拥，乐人引导，送国师院宴请，学子三年之期正之。寅年十月十一日，风角城皇帝郊坛备礼，增其仪仗，为始文本武兴法建礼仁孝皇帝。文□□□佛法僧众……阳、算法、乐人、杂艺……用具种种……至于癸丑岁五年八月五日，四……行。今观看诸文，有西天、番汉……不忘番之文字，五音虽……天赐礼盛国庆元年七月……遣罗瑞智忠等始为《切韵》，选……等十六人，便利内宫中……大乃作。五音字母既明，清……

---

① No .4154 此前误入《五音切韵》条。见惠宏、段玉泉编：《西夏文献解题目录》，黄河出版传媒集团、阳光出版社 2015 年版，第 2 页。

别示重轻，明上下章，□□切字，斟酌□□，为文之本。凡所集存，永久传行不……新语新字增加。朕今《切韵》……成，国家敬重，智慧增盛处□□□□□功，上起王旨敕禁……儒诗……阴阳、吉凶、历……庆典集，行文之本源也。譬如大海……不竭不溢，随求皆得，日……智悉悟。诸山皆高，诸业……中字宝为上，《切韵》稍头……不显深广之语，晓日无限灯光……而量不尽。天上种类多，写释能……不自以为是。上智巧人校核，正误来哲辨之。[①]

同音

西夏文字书。初为令呁犬长、罗瑞灵长等编纂，后屡有修订，有学士浑嵬白、兀名犬乐改编本，学士讹啰文信整理本，梁德养校勘本和义长整理本等多种版本。讹啰文信整理本大字 6133 字，注字 6230 字。义长整理本共 56 叶，据序、跋可知，此本在讹啰文信整理本基础上，由义长重新校订，于西夏正德六年（1132）成书。全书按声母顺序，分为重唇音、轻唇音、舌头音、舌上音、牙音、齿头音、正齿音、喉音、来日音九类。每类之下，将同音字排列在一起，不同音者以小圆圈分隔；有些西夏字没有与之同音的字，独自记录一个音节，称之为独字，列于各声类之末，不再以圆圈分隔。每一字头（大字）下均以小字为注，注字排列或左或右，多为一字，间或二三字。注字与字头往往构成同义关系、反义关系或复合成词，亦有指明类属、用途和词性的注释等等。德养校勘本与义长整理本体例上大体一致，不同在于同音字的划分及独字的安排。前者平声、上声分设；后者不区分声调，平声、上声合为一起。[②]《俄藏黑水城文献》拼配出甲（义长整理本）、乙（德养校勘本）、丙、丁等多种文本，其中丁种本背面有手写背注，为正面每个字条的简略解释，系抄自《文海》，参见《同音背隐音义》目。西夏文题：虓毣。

---

① 聂鸿音：《西夏诗文全编》，上海古籍出版社 2023 年版，第 20—21 页。
② 李范文：《同音研究》，宁夏人民出版社 1986 年版。

黑水城、老高苏木、莫高窟（D）、亥母洞、山嘴沟等地出土。俄藏编号：Инв. № 207，208、209、4775、2619、2620、2902、4775、4776、7934、6183、8223，7934、X1。英藏编号：Or. 12380—0296、0306、0318、0320、0385、0388、0441、0462、0485、0489、0880—0886、0890—0892、2072、2698、2710、2909、3110+3111+3113+3116+3117+3205、3158、3482、3540。中藏编号：G11·004〔D.751—2〕、G31·001〔4732〕、M21·001〔F6：W48〕；内蒙考古所 F6：W57；宁夏考古所 K2：201、K2：218、K2：329。

附一：讹啰文信《同音序》译文：

依音设字，据语成词，为世间大宝，成庶民所观。先集者略杂，后新出另行。吾等失其助，学者不易寻。故而节亲主、德师、知中书枢密事、授正净、聚文武业、敬孝诸巧、东南族长、上皇座嵬名德照，检视少许文本，因略有杂乱，乃请御史正、谏官、考量文书、东南族长、上大荫学士讹啰文信，重正杂乱，依音合类，大字六千一百三十三，注字六千二百三十。遣匠雕刊，传行国内，劝民习之，为智之本，勿生懈怠。①

附二：义长《同音跋》译文：

今番文字者，祖帝朝之所搜集。为求其兴盛，故设刻字司，以诸番学士统领，雕刊版以使传行世间。后刊刻者不廉之人，因图小利，起意而另开书场，又迁至他方。其人不晓文字，不得其正，故雕版首尾缺失，左右舛杂，学者迷惑。义长见后，于心不安，乃细细校核，虽不同于旧本舛杂，然眼心未至，则或有失韵，智者勿哂。

正德壬子六年十月十五日阅毕。②

附三：梁德养《同音重校序》译文：

① 聂鸿音：《西夏诗文全编》，上海古籍出版社 2023 年版，第 249 页。
② 聂鸿音：《西夏诗文全编》，上海古籍出版社 2023 年版，第 65 页。

今《同音》者，昔切韵博士令吽犬长、罗瑞灵长等之所作。后又增新字时，学士浑吉白、兀名犬乐等别以新字，另作《同音》一本，是以新旧两部各自传行。其后节亲主嵬名德照深谙番文，因见旧本有讹，新字别出（本序中"先集者略杂"等四句也），故延请学士讹啰文信，结合新旧，集成一部（三才序中"大臣怜之"等四句也），即今日此本。其亦眼心未至，未离偏见。德养既见此书，存有杂乱，故与《文海宝韵》细细比对，以《手镜》《集韵》好好校雠，匡正疏失之外，亦增新造之字。巧智君子见此本时，勿生嫌恶，可为增删。①

同音背隐音义

西夏文字书残卷。作者不详。原文写在俄藏西夏文字书《同音》（丁种本）的背面，存33叶，无题，韩小忙拟为《同音背隐音义》。正文由一个个简短的注释组成，每条注释是对正面《同音》所列大字的解释，这一形式的出现可以看成《同音文海宝韵合编》的雏形。②

黑水城出土。俄藏编号 X1。

同音文海宝韵合编

西夏文字书残卷。著者不详。失题，现据文献内容拟定为《同音文海宝韵合编》。文献形式是将按韵排列的《文海宝韵》改用《同音》（乙种本）以声为纲的形式重新排列了一遍，既便于查找，又有较详细的解释，实用性很强。

黑水城、山嘴沟等地出土。俄藏编号 Инв. № 4153，4781，6685，8179，X2（甲种本）；7887、X3（乙种本）；4152（丙种本）。英藏编号 Or.12380—

---

① 聂鸿音：《西夏诗文全编》，上海古籍出版社 2023 年版，第 250 页。
② 韩小忙：《〈同音背隐音义〉整理与研究》，中国社会科学出版社 2011 年版。

3907、3908。中藏编号：宁考古所 K2 : 287、K2 : 306。

五音切韵

西夏文韵图。著者不详。编纂于西夏早期。现出土 6 种写本，其中甲种本序言称"是以建立《五音切韵》者，统摄《文海宝韵》之字"。知是书以《文海宝韵》为基础编成，分为韵表、韵图两部分。韵表名为"九音显门"，纵行为韵，横列为声，依九品音分类，每类一表。[①]韵图名为"众漂海入门"，自右而左以声分为唇、舌、牙、齿、喉 5 格，上下共分为 9 段，前 4 段为开、合口清音，5、6 两段为来、日元音，7、8 两段为平、上声韵的代表字。其中乙种本书叶之间加粘有《文海》所收本韵字表。西夏文题：𗵛𗫡𘂪𗏁。

黑水城出土。俄藏编号：Инв. № 620（甲种本），621（乙种本），622（丙种本），623（丁种本），624（戊种本），4154、4155、5867、7192（己种本），4947[②]。

附惠宗秉常《五音切韵序》译文：

今观看诸书，有西蕃、汉人之《切韵》。今文字之五音者，平上去入，各以字母明之，分析清浊平仄，别示重轻，明上下章，呼应切字，斟酌韵母，为文之本，凡所集存，永久不忘，是以传行。以朕之功德力，依时修成今之《切韵》。国家敬重，为智慧增盛之本。佛法经藏、王旨敕禁、诗文清浊、阴阳吉凶、历日正法、治人定律、赞庆典集等，为文之本源也。譬如大海深广，诸水所聚，不竭不溢，随求皆得，日月普照，智愚悉悟。诸山中须弥最高，诸业中无当之宝，一切内文宝最上。是以建立《五音切韵》者，统摄《文

---

① ［日］西田龙雄：《西夏语韵图〈五音切韵〉研究》（上、中、下），京都大学文学部研究纪要 20、21、22，1981—1983 年。李范文：《五音切韵与文海宝韵比较研究》，载李范文主编：《西夏研究》（第 2 辑），中国社会科学出版社 2006 年版。

② 此前未著录，由聂鸿音先生析出。

海宝韵》之字，名义不舛，共立纲目。当知此理。[1]

同义

西夏文简明同义词典。和尚梁勤宝撰，御史承旨番学士梁德养校定，成书于乾祐十九年（1188）。今存讹七舅茂势写本及无名氏写本各一种，蝴蝶装。共 34 叶 68 面，缺 2 叶 4 面。全书按全清、边清、半清浊、全浊分为 4 卷。每卷分为 7 或 8 篇，凡 30 篇。每篇以意义相同或相关之字合为一句，每句 7 字，间有 8 字。如卷 2 "边清"共 7 篇。第 1 篇《清》，分列海洋、湖泊、河流、草木、瓜果、蔬菜等词语。[2]这种体例的编排颇类似汉语中的一些童蒙识字著作。西夏文题：𗪸𗏁𗵃𗏇。

黑水城、山嘴沟等地出土。俄藏编号：Инв. № 2539（甲种本），2345（乙种本）。英藏编号：Or.12380—3704a。中藏编号：宁考古所 K2∶157、K2∶286、K2∶201—1。

———————

[1]　聂鸿音:《西夏诗文全编》，上海古籍出版社 2023 年版，第 22 页。
[2]　李范文、韩小忙:《同义研究》，载李范文主编:《西夏研究》（第 1 辑），中国社会科学出版社 2005 年版。

三、蒙书

西夏启蒙教育活动的记载很少，《宋史·夏国传》中仅有两处涉及相关内容，一则说元昊曾译《四言杂字》："教国人纪事用蕃书，而译《孝经》《尔雅》《四言杂字》为蕃语"①。一则说仁孝立小学于禁中："始建学校于国中，立小学于禁中，亲为训导"②。不过有证据显示西夏的启蒙教育颇有成效："公讳道冲，字宗圣，八岁以《尚书》中童子举，长通五经，为蕃汉教授"③。斡道冲八岁中童子举，固然与其年幼聪颖过人有关，但假若西夏没有成熟的启蒙教育制度，肯定不会开童子科，也不会出现像他这样的"神童"。西夏王朝十分重视启蒙教育，由政府组织或民间自发地编制了一大批西夏文启蒙教材，如《番汉合时掌中珠》《三才杂字》《新集置掌碎金》《纂要》《新集锦合辞》等。通过对西夏蒙书的研究，一是可以丰富西夏教育内容，并有助于了解西夏的文化特征。蒙学和作为其主体内容的蒙学读物，是一个时代文化的重要组成部分。通过西夏文蒙学教材这扇窗口，可以加深我们对西夏时代的精神风貌和文化内涵的了解。二是通过比较研究，有助于搞清楚西夏文启蒙教材的继承和创新问题，可以创造性地接续敦煌民间教育发展的链条。

---

① （元）脱脱等：《宋史》卷 485《夏国传上》，中华书局 1977 年版，第 13995 页。
② （元）脱脱等：《宋史》卷 486《夏国传下》，中华书局 1977 年版，第 14024 页。
③ 虞集：《道园学古录》卷 4《西夏相斡公画像赞》。

（一）西夏文类

番汉合时掌中珠

夏汉双解词语集，骨勒茂才著，成书于乾祐二十一年（1190）。出土发现多种，俄藏经整理拼合出甲、乙、丙三种，皆木刻，蝴蝶装。其中甲种本 37 叶。第 7 叶有"此掌中珠者三十七面内更新添十句"，知其为增补本。篇首序言有西夏文和汉文各一种，内容相同，其中关于君子"为物"还是"为己"的讨论，显然是受《论语》"古之学者为己，今之学者为人"的影响。

全书以天、地、人分类，每类又分上、中、下三品：天体上（天空等 8 条）、天相中（日月星辰等 158 条）、天变下（天体变化等 28 条）；地体上（大地等 5 条）、地相中（山川河海等 10 条）、地用下（矿物、植物、动物等 156 条）；人体上（君子、小人等 8 条）、人相中（人体各部等 40 条）、人事下（人事活动及用品等 410 余条）。"人事下"用品中的"刻叉"，西夏文"节肎"二字误倒。每一词语均排列 4 行，中间两行分别为西夏文和汉文，二者意义相同；左行以汉字注相邻西夏字的读音，右行以西夏字注相邻汉字的读音。是党项人、汉人相互学习对方语言及初学西夏语文的必备与入门工具书。[①] 西夏文题：級狳孈瓛苋斜钕。

黑水城、宏佛塔、莫高窟等地出土。俄藏编号：Инв. № 214、215、216、217、218、685、4777。中藏编号：N11·001〔09299〕、G11·181〔B184：9〕。

附《番汉合时掌中珠》汉文序言：

> 凡君子者，为物岂可忘己？故未尝不学；为己亦不绝物，故未尝不教。学则以智成己，欲袭古迹；教则以仁利物，以救今时。兼番汉文字者，论末则殊，考本则同。何则？先圣后圣，其揆未尝不一故也。然则今时人者，番汉语言可以俱备。不学番言，则岂和番

---

① 骨勒茂才著，黄振华、聂鸿音、史金波整理：《番汉合时掌中珠》，宁夏人民出版社 1989 年版。

人之众？不会汉语，则岂入汉人之数？番有智者，汉人不敬；汉有贤士，番人不崇。若此者，由语言不通故也。如此则有逆前言。故茂才稍学番汉文字，曷敢默而弗言？不避惭作，准三才，集成番汉语节略一本，言音分辨，语句昭然。言音未切，教者能整；语句虽俗，学人易会。号为"合时掌中珠"。贤哲睹斯，幸莫哂焉。

三才杂字

西夏文蒙书，编者不详。成书年代当在《同音》初刻本之后，重校本之前，不迟于 12 世纪 80 年代。[①] 全书以天、地、人"三才"分为三章，每章分为若干部，部下收录若干词语。各部目录为：上天第一，包括天、日、月、星宿、闪、雷、云、雪、雹、霜、露、风、天河；下地第二，包括地、山、河海、宝、绢、男服、女服、树、菜、草、谷、马、骆驼、牛、羊、飞禽、野兽、爬虫、昆虫；中人第三，包括族姓、人名、汉族姓、节亲与余杂义合、身体、舍屋、饮食器皿、□日略类、诸司与余用字合、军珂贝。[②] 书序中透露出西夏字构造方式"金石木铁为部首，分别取天地风水，摘诸种事物为偏旁"。《三才杂字》出土有多件，既有写本、又有刻本，皆残。俄藏 Инв. No 8081 卷尾有"新刻"二字，并署"乾祐十八年（1187）九月有者杨山"。目前流行李范文拼配整理本。[③] 西夏文题：𗾣𘝶𗊟𗏿。

黑水城、莫高窟、下西沟岘等地出土。俄藏编号：Инв. No 210、4151、6340、8081、2535V、4428、710。英藏编号：Or.12380—1006、1007、1008、1009、1010、1011、1843、2236、2400、2401、2402、2920、3031a、3031b。中藏编号：G11·001［第 465：5］、G11·002［B56：60］、G11·003［B184：

---

① 聂鸿音：《西夏文〈三才杂字〉考》，《中央民族大学学报》1995 年第 6 期。
② 王静如、李范文：《西夏文〈杂字〉研究》，《西北民族研究》1997 年第 2 期。
③ 李范文、中岛干起：《电脑处理西夏文杂字研究》，东京外国语大学国立亚非语言文化研究所，1997 年。

11〕、G21·001〔13194：1〕、M21·006〔F57：W10849〕、M21·007〔F6：W13〕。

附《三才杂字序》译文：

　　序曰：今文字者，番之祖代依四天而三天创毕。此者，金石木铁为部首，分别取天地风水，摘诸种事物为偏旁。虽不似仓颉字形，然如夫子诗赋，辩才皆可。后而大臣怜之，乃刻《同音》。新旧既集，平上既正。国人归心，便携实用。呜呼！彼村邑乡人，春时种田，夏时力锄，秋时收割，冬时行驿，四季皆不闲，又岂暇学多文深义？愚怜悯此等，略为要方，乃作《杂字》三章。此者准三才而设，识文君子见此文时，文□志使莫效，有不足则后人增删。①

新集置掌碎金

西夏文蒙书，西夏宣徽正息齐文智编，约成书于 12 世纪前。序言称"节略汇集眼前急用要义一本。不过千字，说释总涉万义"。编者巧妙地将 1000 个不重复的西夏字编成长达 200 句、100 联的五言诗，即无章节，也无类目。② 正文开始是自然现象、时节变化等，后为人事，包括帝族、官爵、番姓、汉姓、婚姻家庭、财务百工、禽兽家畜、社会杂项等。书题"新集"，当有旧本。类似于汉文《千字文》，但迄今未见用于西夏文大藏经函号。西夏文题：𗙴𗟲𗟨𗋡𗽻𘃸。

黑水城、莫高窟等地出土。俄藏编号：Инв. № 741、742V。英藏编号：Or.12380—1111、1112、2476、2477、2478、2581、2583、2623、2624、2625。中藏编号：G11·005〔B56：22〕、G11·005〔B56：14（正）-4~31〕、M21·008〔F6：W5〕、M21·009〔83H：76〕、额文管所 M1·235〔A679〕。

---

①　聂鸿音：《西夏诗文全编》，上海古籍出版社 2023 年版，第 205 页。
②　聂鸿音、史金波：《西夏文本〈碎金〉研究》，《宁夏大学学报》1995 年第 2 期。

附息齐文智《新集置掌碎金序》译文：

夫人者，未明文采，则才艺不备；不解律条，故罪乱者多。今欲遵循先祖礼俗，以教后人成功，故而节略汇集眼前急用要义一本。不过千字，说释总涉万义。方便结合，斟酌系联；类林头隐，非持明义。虽是如此，抑或求少求多，无不备述；寻易寻难，焉用旁搜？五字合句，四二成章，睿智弥月可得，而愚钝不过经年，号为《置掌碎金》。愚不揣浅陋，见疵勿哂！ ①

纂要

西夏文蒙书，旧译《要集》。编者、成文时间不详。刻本，蝴蝶装。仅存3叶。每半叶5行，每行释5—7字，小字双行注释。该书按门类编排，每个西夏文词语下面，皆以音译的方式给出汉语解释，如："𘊤𗠇，𗧓𗴡𗖰𗖻。[大鼓，汉语 tha² kwo¹（大鼓）。]" ② 内容为"乐器第六章""花名第七章"。称汉语"嵇琴"为"𘓣𗥥（提琴）"，表明胡琴由轧弦开始向拉弦转化，马尾胡琴有可能是西夏人发明的。西夏文题：𗿳𗭿。

黑水城出土。俄藏编号：Инв. № 124。

（二）汉文类

杂字

西夏蒙书。撰者不详。大约成书于12世纪中期。写本，蝴蝶装，首尾残。共17个整叶，2个半叶。是书为日常生活词语分类汇编，分汉姓名、番姓名、衣物部、斛斗部、果子部、农田部、诸匠部、身体部、音乐部、药物部、器用物部、屋舍部、论语部、禽兽部、礼乐部、颜色部、官位部、司分部、地分部、亲戚长幼，共20门。书中"番姓名第二"所载皆党项姓氏，首

---

① 聂鸿音：《西夏诗文全编》，上海古籍出版社2023年版，第342页。
② 聂鸿音：《列宁格勒藏本西夏文词书残叶考》，《民族语文》1990年第1期。

列西夏皇族姓嵬名，次列后族姓没藏，又有大臣姓浪讹、骨勒等，并将吐蕃一支"庄浪"列入。"官位第十七"收录"帝师"一词，位列"国师、法师、禅师"之前。

黑水城出土。俄藏编号：Дх. 2822。

四、法典

西夏法典中的《天盛律令》是中国历史上第一部用少数民族文字印行的法典，也是少数民族政权所修法典中唯一幸存下来的一部，全书 20 卷，分 150 门，1461 条，共计 20 余万言，内容涉及西夏社会的各个方面，给研究西夏史提供了大量资料，对研究西夏法制更是具有重要意义。《新法》是西夏晚期面对内忧外患，为调整社会矛盾而对《天盛律令》所做的修订，以《亥年新法》为主，有多种写本。近年来对《新法》的译释和研究也开始为学界所关注，这将有助于我们了解西夏法律阶段性的演变，并加深我们对西夏晚期社会状况的认识。西夏法典对《唐律疏议》既有继承，又有发展。包括党项族在内的少数民族，在吸收汉族法律文化的基础上制定出本民族的法典，为世界五大法系之一的中华法系的形成与发展做出了重要贡献。

天盛改旧新定律令

西夏天盛年间成文的一部西夏文法律文献，简称《天盛律令》。由北王兼中书令嵬名地暴等 19 人编修而成。成文时间一般认为在天盛二年（1150）。全书共 20 卷，卷下设门，每门又包括若干条。共 150 门，1461 条，20 余万字，内容涉及刑法、民法、行政法、经济法、军事法、宗教法等西夏社会的方方面面。《天盛律令》形式和内容深受唐、宋律书影响，但又结合本民族特点，特别是在经济法、军事法等方面，形成了具有西夏特色的法律条文。这是中国历史上第一部用少数民族文字刊行的法典。"颁律表"所载该书撰定者后四位"合汉文者奏副中兴府正汉大学院博士杨时中；译汉文者西京尹汉学士讹名□□；译汉文纂定律令者汉学士大都督府通判芭里居地；译汉文者番大学院博士磨勘司承旨学士苏悟力"，这里的"合汉文者"和"译汉文者"似乎表明《天盛律令》除西夏文本外，还有一个汉文本。西夏文题：� 𗀔𗰖𗗒 𗦻𗗼𗰖𗮔。存有甲乙丙丁等种本（注明写本和刊本），还有较多尚未公布的残件。

黑水城、莫高窟等地出土。俄藏编号：Инв. № 113、114、152—154、156—169、170c、171a、171 г 、173—180、180a、181—188、194—200、200a、201—204、219、710、713、785—787、789、2325—2332、2558、2569—2608、3810、4054、4180a、4180 б 、4181、4182、4184、4188、4429、4432、4542、4552、5040、5451、5793、6105、6239、6740、6741、6767、6995、7126、7214、7214a、7214 б ，7511、7932a、7932 б 、7933、8048、8084a、8084 б 、8084 в 、8084 г 、8084 д 、8084e、8084ж、8084 з 、8086—8089。英藏编号：Or.12380—0321、0355、1953、1959、2073、2151、2248—2285、2542、2543、2565、2567、2568、2583、2622、2642、2903、3173、3354、3376、3762、3774、3799。中藏编号：B11·005—03P［7.16］。

附嵬名地暴等《进改旧新定律表》：

奉天显道耀武宣文神谋睿智制义去邪惇睦懿恭皇帝，敬绍祖功，秉承古德，欲全先圣弘猷，能正大法文义。是以臣等共相商讨，校核新旧律令，见有不明疑碍，顺民众而取义，所成凡二十卷，奉敕名为《天盛革故鼎新律令》。雕版刊毕，敬献御前，依敕所准，传行天下，依此新旧兼有之律令为之。①

---

① 聂鸿音：《西夏诗文全编》，上海古籍出版社 2023 年版，第 74 页。

天盛改旧新定律令名略

《天盛改旧新定律令》的总目，原文可能是《天盛改旧新定律令》的一部分，也可以看成单独的一部分文献。《名略》分上、下两卷，卷上为《天盛律令》卷一至卷一〇的目录，卷下为《天盛律令》卷一一至卷二〇的目录。各卷题下先列本卷门数及条数，后详列各卷各门及每门之下各条内容之概括或代表文字。借助《名略》可知全书共 150 门，1461 条，可补《天盛改旧新定律令》之缺。所存有刻本、写本数种，合计 1300 余条，稍残。[①]《俄藏黑水城文献》分为甲、乙、丙、丁四种本子。西夏文题：�𗫦𗅆𗾾𗟲𗤁𗼃𗠁𗭼。

黑水城出土。俄藏编号：Инв. № 786、787、2558、5937、8084、789、7933[②]。

亥年新法

西夏晚期的一部法律文献，简称《新法》。编修者不详。存写本多种。据写本尾题光定四年（1214）款，是书当修成于此前。西夏晚期为调整社会矛盾而对《天盛律令》所做的修订。原书 20 卷，出土存 15 卷，缺第 5 卷、第 8 卷、19 至 20 卷。《俄藏黑水城文献》将《亥年新法》分为甲、乙、丙、丁、戊、己、庚、辛共 8 种本子，大多蝴蝶装，部分卷子装。西夏文题：𗤁𗼃𗫦𗟲。

黑水城出土。俄藏编号：Инв. № 5543、749、2565、3818、6098、6092、8071、2549、3809、4794、4795、748、945、2842、6096、7386、2819、5946、6549、4930、5210、5448、6084、7387、2565、2623、5591、826、2842、5369、6240、6739、6240、6739V、8218、8083、2890V、5955、5966、7629、7887。

---

① 史金波、聂鸿音、白滨：《西夏天盛律令》（中国珍稀法律典籍集成本），科学出版社 1994 年版；又见《西夏天盛律令》（中国传世法典本），法律出版社 2000 年版。

② 后三个编号《俄藏黑水城文献》未刊出。

法则

西夏法律条例，成书当在夏神宗光定猴年（1219）之后。是书体例仿效《天盛律令》，亦以"门""条"分例，每大条以"骹"开头，每"骹"条之下又有小条，用"杨孤"（一等）分列。为对《天盛律令》部分条文的补充及改订。《俄藏黑水城文献》刊布时，将《法则》从上述文献中独立出来，甄别出三个不同的版本，内容涉及卷二至卷九，共八卷。所存皆为写本。西夏文题：禚愢。

黑水城出土。俄藏编号：Инв. № 6374、827、2868、2872、8082。

贞观玉镜统

西夏文军事法典，共四卷，编著者不详。成书当在西夏崇宗贞观年间（1101—1113）。该书是一部"统兵法"，全书包括序言、政令篇、赏功篇、罚罪篇和进胜篇五个部分，内容涉及统兵体制、赏罚对象和物品、军事思想、兵书来源等诸多方面，是研究西夏兵制、军法、兵书及其源流的珍贵文献。书中显示夏崇宗贞观年间西夏军队成分已发生变化，其时的战斗辅助人员除了"蘨豩（负赡）"外，还有"蘿（役人）"、"纞敠（私人）"等。所存皆刻本。卷首题书名及卷次，版心题"繷"（统）及卷次、叶次。西夏文题：纰犰藗繗繷。

黑水城出土。俄藏编号：Инв. № 2616、2617、2618、3481、7766、6767、7931。

五、社会文书

　　西夏社会文书约有 3000 余件，出土地以内蒙古自治区额济纳旗黑水城为主，甘肃武威、敦煌等地也有出土。此类文献主要是在对已经出土的西夏文献进行整理、修复的过程中发现的。1997 年、2000 年中国学者赴俄整理、拍摄西夏文献，在圣彼得堡东方文献研究所查阅了此前尚未登录的 110 个文献盒，从数千件文献中搜剔爬梳，发现一大批未经整理、登录的西夏社会文书，计有 1500 余号，包括户籍、军抄状、账籍、契约、告牒、书信等。此外，2003 年在对国家图书馆珍藏的西夏文献进行大规模修复时，从一些文献的封面、封底裱衬纸张中意外地发现数十种新的文献残叶，共有 170 多纸，其中很多属于西夏时期的社会文书，如卖粮账、贷粮账、税账、户籍、人口簿、贷钱账、契约、军抄人员装备文书、审案记录、告牒文书等。其余零星发现，不再缕述。

　　由于"正史"中缺一部西夏专史流传后世，有关西夏社会诸层面的记录很少，特别是反映西夏基层社会经济的资料更为寥寥，这使得西夏社会文书显得特别重要，它们在很大程度上可以弥补史籍的不足，深化对西夏社会的认识。如关于西夏郡级地方行政机构，以往主要有两处记载，一见《西夏书事》，一见《黑河建桥敕碑》汉文碑铭。《西夏书事》系清人吴广成依据汉文西夏资料撰述的，属第二手资料，不堪征引。《黑河建桥敕碑》汉文碑铭虽然是第一手资料，但石刻中的地名不可用以校勘，这是因为士大夫出于好古情结多喜写古地名。于是以往研究者出于谨慎，多不敢确认西夏设有郡级行政机构。黑水城汉文西夏榷场文书 Инв. No.351 号中发现有"镇夷郡"字样，从而为西夏在地方设郡找到了确凿的证据。[①] 再如西夏盛行高利贷，法典规定"全国中诸人放官私钱、粮食本者，一缗收利五钱以下，及一斛收利一斛以下等，依情愿使有利，不准比其增加。"[②] 这条律令不大好理解。黑水城汉文西夏天盛十五年（1163）贷钱文契 Инв. No.7779A 载偿还期限为"一百三十夜"，Инв. No.7779E 载偿还期限为"六十五夜"。"一百三十夜"和"六十五夜"都不能折合成整月，利息只能按"夜"亦即"天"来计算。由此可知所谓"一缗收利五钱"为货币借贷之日息，"一斛收利一斛"则为粮食借贷之年息。[③]有关西夏户籍、人口的文书则是我们打开西夏社会家庭大门的钥匙。从中可以了解到西夏黑水城地区的家庭类型、人口姓名、男女比例、民族居处、婚姻状况以及不同家庭土地、畜物占有状况。还可以证实西夏番、汉民族互相通婚，并存在一夫多妻和姑舅表婚现象。[④] 通过对新发现的部分草书西夏文租税文书的译释和研究表明，西夏黑水城地区有以耕地多少缴纳农业税的固定税制，缴纳杂粮和小麦的比例为 4:1，每亩缴纳粮食地租为 1.25 升；西夏的"役"和有地区特点的"草"也以耕地多少负担，农户的租、役、草账逐户登记，以迁溜为单位统计造册；西夏农户还有负担较重的人头税。[⑤] 总之，对新发现的西夏社会文书作史学上的深层次研究，可以填补西夏文献品种和西夏社会研究内容上的诸多空白。

本志仅就已经定名的典型的社会文书略作提要，以勾勒其概貌。暂不涉

---

① 杜建录、史金波:《西夏社会文书研究》，上海古籍出版社 2010 年版，第 11、234 页。
② 史金波、聂鸿音、白滨译:《天盛改旧新定律令》卷三《催索债利门》，法律出版社 2000 年版，第 188 页。
③ 杜建录、史金波:《西夏社会文书研究》，上海古籍出版社 2010 年版，第 41—42 页。
④ 杜建录、史金波:《西夏社会文书研究》，上海古籍出版社 2010 年版，第 70—86 页。
⑤ 杜建录、史金波:《西夏社会文书研究》，上海古籍出版社 2010 年版，第 92—115 页。

及大量无法确定准确名称的社会文书残件。

（一）西夏文户籍文书

西夏文户籍文书约有 110 多号，包括简明户籍账、户口手实、人口计账、里溜户籍账、户口男女计账等。这些文书是研究西夏社会、家庭真实而可靠的第一手资料。户籍文书记录每户人口总数、户主及家庭成员姓名、性别、与户主的关系，记录家庭土地、畜物占有状况，反映西夏户籍和军抄的密切关系等等。

1. 户籍

平尚氏阿明等户籍长卷

西夏户籍文书长卷。西夏文草书。前后皆残，存留 30 户，其中 26 户完整。第 1 户前残、缺户主姓名，第 2 户户主为平尚氏阿明。每户先登记户主姓名及总人口，然后逐行分列男、女登记。如第 8 户登记首行登记为"一户没罗那征胜三口"，第二行降三格登记"男二"，第三行再降格登记"大一那征胜"；第四行与第二行"男二"平行登"女二"，下两行降格分登"大一妻子名氏窝变金""小一女小狗母"。户主为女性者，按照先女后男的顺序登记。一户多为两三口，最多者六口。据此户籍长卷可以分析西夏黑水城地区的家庭类型、人口姓名、男女比例、民族居处、婚姻状况，证实西夏番、汉民族互相通婚，并有一夫多妻和姑舅表婚现象。①

黑水城出土。俄藏编号：Инв. № 6342—1。

---

① 史金波：《西夏经济文书研究》，社会科学文献出版社 2017 年版，第 56—65 页。

2. 户籍手实

移讹千男户籍手实

西夏户籍手实，即向官府申报户口、土地的牒状类文书。一式两份，一为原件，一为誊写本。文书载移讹千男可能由于是其叔父移讹吉祥山的养子而重新立户登录土地、人口、畜物。文书申报了户主军抄的来源、结合始末，并报告了该户家庭人口、财产情况，其中包括土地位置、数量，人口名字、年龄，牲畜种类、数量以及其他价值较高的财物等，是一份典型的户籍统计手实，表明西夏军抄和户籍的密切联系，对研究西夏军抄和家庭都有重要价值。[①] 也反映了西夏的收养现象。

黑水城出土。俄藏编号：Инв. № 7629—1、8203。

行监梁□助户籍手实

西夏户籍手实。西夏文草书。户主为行监梁□助，行监是比边检校小，比盈能、溜首领大的低级军队官员。报告其户有地 4 块，马 3 匹、骆驼 32 峰，人口男女合计 19 人，并详细记载每块地的位置、牲畜的公母大小、人口的性别名字等。[②]

黑水城出土。俄藏编号：Инв. № 7893—9。

浑姓户籍手实

西夏户籍手实。西夏文草书。户主姓𥹥（浑），浑为西北汉族大姓，可能因为户主是汉族，所以才在关键处注出汉字，形成西夏文、汉文合璧手实。此户中有一正军、三负赡，在登录的财物中，除耕地、牲畜等外，还将房舍、衣服单独列项登记。在物品名称旁边用汉字标注出估算的价值，以合粮食多

---

① 史金波：《西夏经济文书研究》，社会科学文献出版社 2017 年版，第 72—75 页。
② 史金波：《西夏经济文书研究》，社会科学文献出版社 2017 年版，第 76—77 页。

少石来计算。如在"地一块六石撒处"旁注汉字"十八石"，又如在牲畜马的旁边注汉字"二十石"，在全齿骆驼旁注汉字"二十五石"，三条牛旁边分别注汉字"十五石""十五石""四石"，衣服旁边分别注明"二石""三石""六石""四石"等。[①]

黑水城出土。俄藏编号：Инв. № 4761—10V。

（二）西夏文租税文书

西夏文田赋税收籍账文书约有 140 多号，其中有耕地账、户租粮账、户耕地租粮账、户耕地租佣草账、里溜租粮计账和户租粮账、人口税账、耕地水税账、欠粮担保账、欠缴官粮账、差科供给账等，保存了西夏时期黑水城地区多种籍账资料。

1. 耕地税账

罗般若乐等户租粮账

西夏里溜租粮计账与户租粮账，系一长卷。西夏文草书，255 行，若加上残断 6 行共 261 行，由 4 段粘连而成。第一、二段多是纳粮统计账，第三、四段全是诸户纳粮账籍。文书证实西夏有以耕地多少缴纳农业税的固定税制，可考证出西夏实物地租的粮食种类以及缴纳杂粮和小麦的比例为 4：1。[②]

黑水城出土。俄藏编号：Инв. № 4808。

户耕地纳粮账

西夏户耕地纳粮账，西夏文草书，14 行。有地亩数，有粮食数，可计算出每亩缴纳粮食地租为 1.25 升，其中杂粮 1 升、小麦 0.25 升，揭示出西夏黑

---

① 史金波：《西夏经济文书研究》，社会科学文献出版社 2017 年版，第 77—79 页。
② 史金波：《西夏经济文书研究》，社会科学文献出版社 2017 年版，第 84—88 页。

水城地区的租粮税率。[1]

黑水城出土。俄藏编号：Инв. № 1755—4。

2. 租役草税账

梁吉祥有等户耕地租役草账

西夏农民按地亩缴纳租役草的籍账。西夏文草书，前后皆残，23行。逐户具体登记耕地数，纳杂粮、麦、佣、草数，并记每块地的方位、四至。残存3户，其中一户梁吉祥有内容完整，"册上十亩地有，税一斗二升半，杂一斗，麦二升半，役五日，草十捆"。反映出租役草与耕地有直接关系，如土地越多出工就越多。[2]

黑水城出土。俄藏编号：Инв. № 4067。

里溜吾移□宝等户耕地租役草账

西夏农民按地亩缴纳租役草的籍账。存西夏文草书21行，前稍残，后缺，上有朱印三方。每户开始第一行顶格书写，其余行次降多格书写各户主姓名、土地变化情况、现有耕地数、纳税粮总数，最后两行升两两格分四项记载此户应纳杂粮数、纳麦数、服役天数以及缴纳草捆数，有的还记每块地的四至。表明农户的租、役、草账是逐户登记，以里溜为单位统计造册。此文书记一里溜54户，可见具体每一里溜管辖的户口，视当地居民点的实际情况而定，可以少于法律规定的100户。

黑水城出土。俄藏编号：Инв. № 8372。[3]

---

① 史金波：《西夏经济文书研究》，社会科学文献出版社2017年版，第88—89页。
② 史金波：《西夏经济文书研究》，社会科学文献出版社2017年版，第93页。
③ 史金波：《西夏经济文书研究》，社会科学文献出版社2017年版，第99—100页。

天盛二十年纳粮收据

西夏纳粮收据。正背面皆有西夏文字，残留文字很少，第一行"今自……"；第二行墨书填写"利限大麦……"；第三行刻本文字"天盛"，墨书填写"二十"；第四行刻本文字"司吏耶和……"。另一面有印章，印文可译为"计量小监"，下有"手记"，即墨书画押。文书年代为天盛二十年（1168），"利限"下有"大麦"，即缴纳的粮食为大麦。采用印本填空的形式，将文书结构固定化，用语格式化，便于操作、管理，是古代经济文书史上的一大进步。①

黑水城出土。英藏编号：Or.12380—2349。

3. 人口税账

里溜梁肃寂局分人口税账

西夏以农户的人口缴纳的人口税账。西夏文草书。里溜负责人梁肃寂辖下农户人头税账，在同类文书中，此件最为集中，分别统计 59 户男女大小的人数和纳粮数，以及 39 人单身男、女纳粮数。根据其中男、女，大人、小孩纳税的量可以递推算出，纳税标准不论男女，只区分大小，每个大人纳税 3 斗，每个小人纳税 1.5 斗，反映出西夏还有负担较重的人头税。②

黑水城出土。俄藏编号：Инв. № .4991。

4. 耕地水税账

嵬移狗山水耕地水税账

西夏农户耕地缴纳水税帐。这是西夏的特殊税种，反映黑水城地区为农田灌溉所缴纳的税。西夏文草书，残存 14 行，记载 3 处耕地的灌溉面积和所应缴纳的水税，并且具体记录了土地的方位。可推断水税标准为每撒 1 石种

---

① 史金波：《西夏经济文书研究》，社会科学文献出版社 2017 年版，第 101—103 页。
② 史金波：《西夏经济文书研究》，社会科学文献出版社 2017 年版，第 111—112 页。

子的地需要缴纳水税 3.125 斗。①

黑水城出土。俄藏编号：Инв. № .1454—2V。

（三）西夏文粮物计账文书

出土的西夏文书中除缴纳耕地税的粮账外，尚有一些粮物计账，如军溜中士兵的粮食补贴账目、摊派给基础组织民众的运输粮食账目等，为我们了解西夏社会提供了可资参考的新资料。

1. 粮账

监军司粮账

监军司粮账为佛经函套中的残叶。西夏文草书。这些粮账是分军溜记录的，每溜为一单位。每条中都有"监军司""京师"，可能是黑水监军司以军溜为单位从当地黑水城向京师运送粮食的有关记录。残粮账是分年、分月计账的。有的粮账涉及粮食数量很大，有的为几百石，有的上千石，如Инв. № 2998 记为 3611 石之多。②

黑水城出土。俄藏编号：Инв. № 438、441、723、2998。

里溜粮账

里溜粮账可能是里溜人员负责转运的粮食账目。西夏文草书。按西夏社会基层组织里溜为单位登记。第一行首为里溜，然后是里溜头目的名字，最后是"局分"二字，表示以下人员皆归此里溜头目管辖。此后各行先记人名，人名下接记粮食数，每行记 2 人粮食数。每里溜粮账后有大字草书签署和画押。依据这些粮账每户粮食数目较大、多以有石为单位的特点，有可能是分

---

① 史金波：《西夏经济文书研究》，社会科学文献出版社 2017 年版，第 116—118 页。
② 史金波：《西夏经济文书研究》，社会科学文献出版社 2017 年版，第 131—135 页。

派给各户的运粮账。"粮食转者"，似乎更可佐证这些里溜粮账的性质。①

黑水城出土。俄藏编号：Инв. № 4762。

2. 物品账

钱物账

西夏买卖物品账单。西夏文草书 28 行。据其前后文字对照看，似为一名史阿善的人，与一赵姓人进行买卖的物品账单。官吏习判阿多作为官方人员参与，后有大字签署和画押，应是一种经政府部门登记认可的正式账目。一些带有标识性的物品如"绂绲（番布）""緂绲（汉布）"，说明党项有自己的纺织业。②

黑水城出土。俄藏编号：Инв. № 4761。

（四）西夏文商贸文书

有关商贸的西夏文文书约有 90 号，其中有买卖物品账、买卖价钱账、粮价账、贷粮账、贷粮利账、买卖税账、钱物账、财物统计账等。表明西夏有些地区买卖时不使用钱，而是实行物物交换。通过一些文书可知西夏物价、买卖税等。

1. 买卖物价账

卖粮账

反映西夏粮食价格的卖粮账。西夏文草书。分条记载，两次出现"杂一斗七十数"，即一斗杂粮 70 钱。如粮食 63 石 5 斗 7 升的价钱，按 70 钱 1 斗计算，计 44 贯 499 钱，与此账所记 44 贯 500 钱仅差 1 钱，应是被归纳成整数所致。这里的粮价明确记载是"铜钱"，而不是铁钱。文中并出现连续三年

---

① 史金波：《西夏经济文书研究》，社会科学文献出版社 2017 年版，第 135—138 页。
② 史金波：《西夏经济文书研究》，社会科学文献出版社 2017 年版，第 142—144 页。

的年干支"壬寅、癸卯、甲辰"。①

　　黑水城出土。俄藏编号：Инв. № 1167。

卖牲畜账

　　反映西夏羊价格的卖牲畜账。西夏文草书。此文书记载，共买卖山羊、绵羊100只，分两笔。第一笔卖山羊70只，其中有大山羊50只，小山羊20只。大小山羊价钱不等，一只大山羊价1石粮，共50石；一只小山羊价7斗，共14石，合计64石。另一笔较为单纯，所卖30只都是大绵羊，而且是母羊，价格最高，每只1石5斗，共45石。两笔共109石，账目相合。可见在西夏羊的品种不同，价钱不一。同是大母羊，绵羊每只1石5斗，山羊每只1石，山羊的价格相当绵羊的23。②

　　黑水城出土。俄藏编号：Инв. № 1219。

卖酒账

　　反映西夏酒价格的以粮换酒账。西夏文草书。所卖酒为米酒。此账目首行为"甘州米酒来，已卖数单子"，即从甘州运来的米酒所卖出数量的清单。尾残，近3米长，记录80多笔卖酒账，每一笔账首记"一人"，后记买酒的人名，再后是买酒的数量和价钱，价钱以粮食支付。账目中酒以斗为单位，但每斗酒有多少斤，文书并未告知。粮食中的大麦，属杂粮之类，有的直接记为"杂"。买酒时只要现交粮食，即为1斗酒价1斗杂粮；若是赊账，则酒价提高到1斗酒价1斗5升杂粮，且需记明担保人。③

　　黑水城出土。俄藏编号：Инв. № 4696。

---

①　史金波：《西夏经济文书研究》，社会科学文献出版社2017年版，第151—152页。
②　史金波：《西夏经济文书研究》，社会科学文献出版社2017年版，第155—157页。
③　史金波：《西夏经济文书研究》，社会科学文献出版社2017年版，第162—164页。

卖绢帛账

反映西夏绢帛价格的物价账。西夏文草书。上部 14 行为物价账。其中第 6 行记有 "绢一尺二斗七升数杂"，计每尺绢价格为二斗七升杂粮。[①]

黑水城出土。俄藏编号：Инв. № 3858。

卖毡账

反映西夏毡价格的物价账。存西夏文草书 7 行。其中第 1、2 行有毡的价钱。毡是西夏的特产。该文书第 12 行译文为 "卷梵毡各二石数十二石" "六卷白毡各一石五斗数共九石"。由此知两种毡的价格，梵毡一卷 2 石粮食，白毡一卷 1 石 5 斗粮。[②]

黑水城出土。俄藏编号：Инв. № 1219。

2. 买卖税账

西夏牛羊买卖税账

西夏买卖牛羊所缴纳的买卖税账。存西夏文草书 21 行。从第 3 行至第 21 行的译文知，每行记一次交易，有买者人名、买货品种、数量、缴税数量。缴税是实物粮食，而不是货币。第 3—6 行是前一天的买卖税，第 7—8 行是当日记账的人名，第 10 行是大字签署及画押；第 11 行记某月六日共收税数，为 3 石 4 斗 1 升；第 12—21 行为六日买卖税。由文书可知，买一只羊要缴税 6—9 升多。前述每只大母羊价 1 石 5 斗，大羊价 1 石，小羊价 7 斗，买卖税约为羊价的 5%—10%。买一头牛要缴税 3 斗 2 升。已知牛价每头 4 石杂粮，买卖税约为 8%。有西夏文买卖税院朱印，有签署、画押，特别还有库监的署名和画押，证明此文书系官文书，税收要纳入官库。[③]

---

① 史金波：《西夏经济文书研究》，社会科学文献出版社 2017 年版，第 168 页。
② 史金波：《西夏经济文书研究》，社会科学文献出版社 2017 年版，第 171 页。
③ 史金波：《西夏经济文书研究》，社会科学文献出版社 2017 年版，第 180—182 页。

黑水城出土。俄藏编号：Инв. № 6377。

3. 贷钱物利账

大石商人贷钱利账

该件贷钱文书介于借贷契约和计账之间。存西夏文草书 17 行。分条记录，每一条第 1 行顶格书写，自第 2 行后降两格。此文书存一条的后 4 行，从第 5 行后开始下一条。此条首记"一条乾祐壬辰三年六月五日文状为者大石□□"，"乾祐壬辰三年"为西夏仁宗乾祐三年（1172），"文状为者"为立契者，以"大石"为姓，可能是喀喇汗王朝的商人。此人借 700 贯本钱，每日每贯 8 钱的利息，一百日当还本利，日利率 0.8%。即每贯一百日利钱为 800 钱，利率为 80%，应是利率很高的高利贷。本钱 700 贯，百日后的利钱为 560 贯，本利共 1260 贯。过期不还时，每日每贯要罚不超过 5 钱的利钱。这是大宗现金借贷，利率很高，应该不是普通借贷而是商业借贷。西夏文献中的"大石"指喀喇汗王朝，文书反映西夏时期喀喇汗人在西夏经营商业的信息。[1]

黑水城出土。俄藏编号：Инв. № 1523—24。

4. 贷粮账

董正月狗等贷粮账

西夏董正月狗等贷粮账，是在对国家图书馆藏西夏文文献重新整理并进行修复时，在黑水城出土佛经裱糊纸张中发现的，计有十多纸，大多是同一账簿中的残叶，皆西夏文草书，记载放贷主的名字、借贷粮食的品类、原本数量以及利息等项。如 045 号残存 2 行，译文为"董正月狗麦本五斗，利二斗五升"。这类账目可能是经营放贷的质贷铺的底账。从残账叶可见，无论是

---

[1]　史金波：《西夏经济文书研究》，社会科学文献出版社 2017 年版，第 187—188 页。

何种粮食：麦、大麦、荜豆、豌豆，无论贷粮多少，利率都是 50%。[①]

黑水城出土。国图藏编号：039、042、043、045、051、055、056、061、062。

（五）西夏文契约文书

西夏文契约文书数量最多，有 150 余号，内有契约 500 多件，其中 200 多件有具体年代。类型也很多，包括贷粮契、贷物契、贷钱契、卖地契、卖人口契、卖畜契、租地契、雇畜契、雇工契、众会契（社条）等。

1. 借贷契约

借贷契约中以粮食借贷契约数量最多，有 110 多号 320 多件。粮食借贷契约包括立契约时间、借贷者、债权人、贷粮品类和数量、借粮利息和利率、偿付期和违约处罚、当事人和关系人签字、画押以及算码等。可透视西夏社会基层的民族居处、经济状况、农产品类别、生活水准、贫富差距等状况。

天庆寅年普渡寺粮食借贷契约

西夏天庆寅年（1194）正月二十九日的一件粮食借贷契约。西夏文草书。为借贷者梁功铁与普渡寺持粮者梁喇嘛等之间就粮食借贷签订的契约。双方约定，梁功铁从普渡寺借大小麦各十石，自二月一日始，一月有一斗二升利，至本利相等时还，逾期按官罚麦十石。最后是立契者、同立契者及证人的签字画押。[②]

黑水城出土。俄藏编号：Инв. № 4762。

---

① 史金波：《西夏经济文书研究》，社会科学文献出版社 2017 年版，第 192—197 页。
② 史金波：《西夏粮食借贷契约研究》，载《中国社会科学院学术委员会集刊》第 1 辑，社会科学文献出版社 2005 年版。

光定卯年梁十月狗贷粮契

西夏光定卯年（1219）的一件粮食借贷契约，西夏文草书。为借贷者梁十月狗与兀尚般若山持粮者老房势之间就粮食借贷签订的契约。双方约定，梁十月狗从兀尚般若山借麦一石五斗，每石五斗利，共计二石二斗五升，限同年八月一日还。逾期一石还二石。最后是立契者、同立契者及证人的签字画押。[①]

黑水城出土。俄藏编号：Инв. № 6377—16。

乾定申年二月二十五日没水隐藏犬贷粮契

西夏乾定申年（1224）二月二十五日一件粮食借贷契约，旧题《乾定申年典糜契》。[②] 西夏文草书。为借贷者没水隐藏犬与讹国师之间就粮食借贷签订的契约。双方约定，没水隐藏犬从讹国师处借糜一石，一石八斗利，本利一同限同年九月一日还。逾期除还所借糜数外，依官法罚交七十贯钱。最后是立契者、同立契者及证人的签字画押。契约内容完备，程式规范，堪称贷粮契中的典型。

甘肃武威亥母洞出土。中藏编号：G31.004〔6728〕。

光定庚辰十年贷钱契

西夏光定庚辰十年（1220）一件贷钱契约。西夏文草书。契约载某人以二百件物品，贷 7 贯钱以及 10 卷其他物品，十月十日将钱交来，所记是实，若反悔时，依文书所定实行，后有签署画押。明确显示西夏黑水城地区贷钱的事实，为西夏契约增添了新的种类。[③]

---

① 史金波：《西夏贷粮契约简论》，《汉藏语研究——龚煌城先生七秩寿庆论文集》，台北"中研院"，2004 年。

② 孙寿岭：《武威亥母洞出土的一批西夏文物》，《国家图书馆学刊》2002 年西夏研究专号。孙寿岭：《西夏乾定申年典糜契约》，《中国文物报》1993 年第 5 期。

③ 史金波：《西夏经济文书研究》，社会科学文献出版社 2017 年版，第 247 页。

黑水城出土。俄藏编号：Инв. № 986—1。

2. 卖地契约

买卖契约包括土地、牲畜、房屋甚至人口买卖契约。黑水城文献中至少有12件比较完整的土地买卖契约，这些契约提供了卖地数额、卖地价、耕地和院落、土地四至、渠道给水、农业租税等重要资料，是研究西夏耕地及其买卖的第一手重要资料。

天盛二十二年寡妇野货氏宝引等卖地契

西夏天盛二十二年（1170）的一件土地买卖契约。西夏文草书。为出卖人寡妇野货氏宝引等将自属土地一块，连同院落、草房、二株树等一并自愿卖与野货米千，议定价格二足齿骆驼一二齿、一老牛，共四头。此后其地上诸人不得有争讼，若有争讼者时，宝引等承责。若有反悔时，依《律令》承罪，且罚交三十石麦。然后规定地界四至。最后是立契者、同立契者及证人的签字画押。[1]

黑水城出土。俄藏编号：Инв. № 5010。

天庆寅年普渡寺土地房舍买卖契约

西夏天庆寅年（1194）正月末至二月初的一组土地租赁契约，西夏文草书。为《西夏天庆寅年普渡寺契约长卷》之一部分。长卷共23件，涉土地房舍买卖契约者8件，皆为土地房舍出卖者与普渡寺粮食经手者梁那征茂及梁喇嘛等之间签订的契约。具体包括：《天庆寅年正月二十四日邱娘犬卖地契》《天庆寅年正月二十九日梁老房西等卖地舍契》《天庆寅年正月二十九日恶恶显盛令卖地契》《天庆寅年二月一日梁势乐西卖地契》《天庆寅年二月一日庆

---

[1] 史金波：《黑水城出土西夏文卖地契研究》，《历史研究》2012 年第 2 期。

现罗成卖地契》《天庆寅年二月二日梁势乐娱卖地契》《天庆寅年二月二日每乃宣主卖地契》《天庆寅年二月六日平尚岁岁有卖地契》。契约的大致格式为，每份契约另行顶格书写，首列立契时间，立契者姓名，然后是普渡寺粮食经手者梁那征茂及梁喇嘛姓名，所卖地块数量，附属房舍及价格，如有争议出卖方承担责任，再接出卖土地四至界限，最后是立契者、同立契者及证人的签字画押。①

黑水城出土。俄藏编号：Инв. № 5124—1、2、3、4、5、9、10。

天庆丙辰年六月十六日梁善因熊鸣卖地房契

西夏天庆丙辰年（1196）六月十六日的一件土地买卖契约。夏文草书。为出卖人梁善因熊鸣等将自家土地七十亩卖与梁守护铁而签订的契约。地上诸人有争讼时，出卖人等承责。若有反悔时，依依官罚交十石杂粮，先前所取价数一石还二石。然后规定地界四至。最后是立契者、同立契者及证人的签字画押。②

黑水城出土。俄藏编号：Инв. № 4199。

天庆戊午五年正月五日麻则老父子卖地房契

西夏天庆戊午五年（1198）正月五日的一件土地买卖契约。为出卖人麻则老父子等将自家土地二十三亩及院落卖与梁守护铁而签订的契约。地上诸人有争讼时，出卖人等承责。若有反悔时，依依官罚交十石杂粮，先前所取价数一石还二石。然后规定地界四至。最后是立契者、同立契者及证人的签字画押。皆西夏文草书，史金波先生有全文解读。③

黑水城出土。俄藏编号：Инв. № 4193。

---

① 史金波：《黑水城出土西夏文卖地契研究》，《历史研究》2012 年第 2 期。
② 史金波：《黑水城出土西夏文卖地契研究》，《历史研究》2012 年第 2 期。
③ 史金波：《黑水城出土西夏文卖地契研究》，《历史研究》2012 年第 2 期。

天庆庚申年小石通判卖地房契

西夏天庆庚申年（1200）的一件土地买卖契约。为出卖人小石通判等将自家土地连同院舍卖与梁守护铁而签订的契约。地上诸人有争讼时，出卖人按原定价一石偿还二石，返还四百石杂粮；若有反悔时，依依官罚三两金。然后规定地界四至。最后是立契者、同立契者及证人的签字画押。皆西夏文草书，史金波先生有全文解读。①

黑水城出土。俄藏编号：Инв. № 4193。

3. 卖畜契约

西夏文献中有 20 多件卖畜契，其中有十多件保存完整，记录了西夏黑水城地区、武威地区的买卖骆驼、马、牛等大牲畜的实际情况。

天庆寅年卖畜契

西夏天庆寅年（1194）的一组牲畜买卖契约，西夏文草书。《西夏天庆寅年普渡寺契约长卷》之一部分。长卷共 23 件，涉牲畜买卖者 3 件，为出卖人嵬啰氏祥瑞宝等将自属牲畜卖与普渡寺梁喇嘛及梁那征茂等而签订的契约。第一件 12 行。立契时间为正月二十九日，出卖人嵬啰氏祥瑞宝，出卖牲畜牛三头，议定价格麦五石及杂粮二石；第二件 9 行，立契时间为二月三日，出卖人梁盛犬，出卖牲畜为全齿母骆驼及马一匹，议定价格麦二石、杂粮三石；第三件 9 行，立契时间亦二月三日，出卖人平尚讹山，出卖牲畜为一二齿公骆驼，议定价格为大麦二石、糜一石。三件契约均明确其畜若有他人、同抄子弟追争诉讼者时，按律令承罪、且依官罚交一定量粮食（三者分别为罚麦五石、三石、罚杂粮二石），最后皆立契人、同立契人、证人之签字画押。三件契约各有雇畜契一件。②

① 史金波：《黑水城出土西夏文卖地契研究》，《历史研究》2012 年第 2 期。
② 史金波：《西夏文卖畜契和雇畜契研究》，《中华文史论丛》2014 年 3 月总第 115 期。

黑水城出土。俄藏编号：Инв. № 5124—3（6、7）、4（4）、4（5）。

天庆亥年卖畜契

西夏天庆亥年（1203）的一组牲畜买卖契约，西夏文草书。共两件，为出卖人梁那征讹等将自属牲畜卖与他人而签订的契约。第一件 12 行。立契时间为二月二十五日，出卖人左哆犬孩子将自属马一匹卖与梁讹吉，议定价格为杂粮二石□斗；第二件 11 行，立契时间为二月三十日，出卖人梁那征讹将自属全齿母骆驼一头卖与嵬移十月犬，议定价格为杂粮六石。契约均明确其畜若有他人、同抄子弟追争诉讼者时，出卖人承担责任，且依官罚交杂粮（分为一石五斗、五石），最后皆立契人、同立契人、证人之签字画押。①

黑水城出土。俄藏编号：Инв. № 2546。

天庆甲子年卖畜契

西夏天庆甲子年（1204）的一组牲畜买卖契约。西夏文草书。共两件，为出卖人白清势功水等将自属牲畜卖与他人而签订的契约。第一件 9 行。立契时间为十一月十五日，出卖人□□盛将自属有辔母马一匹卖与郝那征奴，价杂粮五石；第二件 12 行，立契时间为十一月十六日，出卖人白清势功水将自属五齿栗马卖与嵬名□□，价杂粮四石。契约明确其畜若有他人、同抄子弟追争诉讼者时，出卖人承担责任，且依官罚交杂粮（分为五石、四石），最后皆立契人、同立契人、证人之签字画押。②

黑水城出土。俄藏编号：Инв. № 5404—8、9；10、7。

天庆丑年卖畜契

西夏天庆丑年（1205）腊月三十日的一件牲畜买卖契约。为出卖人郝隐

---

① 史金波：《西夏文卖畜契和雇畜契研究》，《中华文史论丛》2014 年 3 月总第 115 期。
② 史金波：《西夏文卖畜契和雇畜契研究》，《中华文史论丛》2014 年 3 月总第 115 期。

藏宝将自属四齿能用红母马自愿卖与涂千犬，议定价格杂粮七石。出卖人承担之规定以及立契人等残缺。原件西夏文草书，在一缝缋装佛经中，佛经以废弃契约档案等装订成书，背面抄写佛经。存4行。史金波先生有全文解读。①

黑水城出土。俄藏编号：Инв. № 2858—1。

光定酉年卖畜契

西夏光定酉年（1213）五月三十日的一件牲畜买卖契约。西夏文草书，有买卖税院朱印。为出卖人啰铺小狗酉向嵬移小狗子等卖一四竖生牛，议定价格四石杂粮。此后有同抄子弟诉讼者时，卖者承担责任，并罚交八石杂粮。后为立契人、同立契人、证人之签字画押。西夏文草书，背面抄写佛经。②

黑水城出土。俄藏编号：Инв. № 7630—2。

光定亥年卖畜契

西夏光定酉年（1215）三月二十七日的一件牲畜买卖契约。西夏文草书。立契人为啰铺博士，从张顺利处买一六竖牛，时价十石，实付一石，六月二十日付八石杂粮。后接出卖人之责任规定，结尾立契人等签字画押缺。③

黑水城出土。俄藏编号：Инв. № 7994—14。

光定子年卖畜契

西夏光定子年（1216）五月十六日的一件牲畜买卖契约。西夏文草书。立契人为梁犬势，将自属骆驼、马等卖与他人，共价九十两银，若有争讼，卖者承责，若反悔，依官罚交十贯钱。结尾为立契者、同立契者、证人等签

---

① 史金波：《西夏文卖畜契和雇畜契研究》,《中华文史论丛》2014年3月总第115期。
② 史金波：《西夏文卖畜契和雇畜契研究》,《中华文史论丛》2014年3月总第115期。
③ 史金波：《西夏文卖畜契和雇畜契研究》,《中华文史论丛》2014年3月总第115期。

字画押。①

黑水城出土。俄藏编号：Инв. № 6377—15。

乾定酉年卖牛契

西夏乾定酉年（1225）九月某日的一件牲畜买卖契约。西夏文草书。立契者为［尼则］寿长山，将自属一全齿黑牛卖与命屈服般若铁，议定价格为六十五贯钱。后规定双方所承之责，结尾有立契者、同立契者、证人等签字画押。②

亥母洞出土。中藏编号：G31·003［6727］1—2。

乾定戌年卖驴契

西夏乾定戌年（1226）四月八日的一件牲畜买卖契约。西夏文草书。立契人为哆祥瑞善，自愿将一麻黄驴子卖与提佛鸠，议定价格为五十贯钱。后规定双方所承之责，结尾立契者、同立契者、证人等签字画押缺。③

亥母洞出土。中藏编号：G31·002［6726］。

4. 卖人契约

黑水城文献中有 3 件买卖人口的契约，真实而具体地显示出西夏人口买卖这一典型的社会现实，反映了西夏封建社会内部还保留着奴隶制的残余。

乾祐甲辰二十七年三月二十四日卖使军奴仆契约

西夏乾祐二十七年三月二十四日的一件人口买卖契约。西夏文草书。为

---

① 史金波：《西夏文卖畜契和雇畜契研究》，《中华文史论丛》2014 年 3 月总第 115 期。
② 史金波：《西夏文卖畜契和雇畜契研究》，《中华文史论丛》2014 年 3 月总第 115 期。
③ 史金波：《西夏文卖畜契和雇畜契研究》，《中华文史论丛》2014 年 3 月总第 115 期。中藏 G31·002［6726］乾定戌年（1226）卖驴契，是已知注明年代最晚的西夏文献。

出卖人讹一吉祥宝将自属使军、奴仆共六人，卖与讹啰法宝而签订的契约。契约规定出卖6人总价为450贯铁钱，若出现争讼时，由出卖人讹一吉祥宝承担责任，若反悔时，罚交500贯钱，并依《律令》判罪。契约明确了所卖6人之性别、年龄。最后为立契人、同立契人、证人之签字画押。西夏乾祐至24年止，然此契约书为27年，当误。若将乾祐二十四年顺延三年至所谓"乾祐二十七年"，则为天庆丙辰三年（1196）。①

黑水城出土。俄藏编号：Инв. № 5949—29。

天庆未年三月二十四日卖使军契约

西夏天庆未年（1199）三月二十四日的一件人口买卖契约。夏文草书。为出卖人嵬啰软成有将自属使军五月犬等两人，卖与金刚王盛而签订的契约。契约规定出卖2人总价为50石杂粮，若家人出现争讼时，由出卖人嵬啰软成有承担责任，若有变更反悔时，依官罚交30石杂粮。最后为立契人、同立契人、证人之签字画押。②

黑水城出土。俄藏编号：Инв. № 4597。

皇建午年二月三日卖使军契约

西夏皇建午年（1210）二月三日的一件人口买卖契约。西夏文草书。为一苏姓出卖人将自属使军及家属等四人，卖与金刚王西而签订的契约。契约议定出卖4人总价为100贯钱，若各有官私争讼者，或有反悔者等时，依卖价一贯付二贯，且依官罚交50贯钱。最后为立契人、同立契人、证人之签字画押。③

黑水城出土。俄藏编号：Инв. № 7903。

---

① 史金波：《黑水城出土西夏文卖人口契研究》，《中国社会科学院研究生院学报》2014年第4期。
② 史金波：《黑水城出土西夏文卖人口契研究》，《中国社会科学院研究生院学报》2014年第4期。
③ 史金波：《黑水城出土西夏文卖人口契研究》，《中国社会科学院研究生院学报》2014年第4期。

5. 租赁契约

在黑水城出土的契约长卷俄 Инв. № 5124 中有 8 件西夏文租地契约，为西夏晚期天庆年间的文书，首次披露西夏租赁耕地的情况，直接反映出当地社会生活状况，证明了黑水城地区寺庙兼并土地的过程。此外农民为了得到所需粮食，在借贷粮食的同时，抵押自己的牲畜，实际是比贷粮契约更为复杂的借贷抵押行为。

天庆寅年普渡寺土地租赁契约

西夏天庆寅年（1194）正月末至二月初的一组土地租赁契约。西夏文草书。为《西夏天庆寅年普渡寺契约长卷》之一部分。长卷共23件，涉土地租赁者8件，皆为土地承租者与普渡寺粮食经手者梁那征茂及梁喇嘛等之间签订的契约。具体包括：《寅年正月二十四日苏老房子包租地契》《寅年正月二十九日梁老房势等包租契》《寅年正月二十九日梁老房西等租地契》《寅年二月一日梁老房茂租地契》《寅年二月一日日麻则羌移盛包租地契》《寅年二月二日梁老房茂包租地契》《寅年二月二日梁势乐茂包租地契》《天庆寅年二月六日梁小善麻等包租地契》。契约的大致格式为，每份契约另行顶格书写，首列立契时间，立契者姓名，土地出租人姓名，包租地数量，交纳地租数量，交租之期限，过期不还加倍处罚，最后是立契者、同立契者（同租者）及证人签字画押。①

黑水城出土。俄藏编号：Инв. № 5124—2（2）、3（2）、3（3）、3（5）、3（8）、4（1，2）、4（3）、4（7）。

---

① 史金波：《黑水城出土西夏文卖地契研究》，《历史研究》2012 年第 2 期。

应天辰年押畜租地契

西夏应天辰年（1208）押牲畜等租耕地契。原件为单叶契约，写本，西夏文草书 15 行。首行有"应天辰年腊月二十一日"年款。有签署、画押。立契者为耶和羌令狗，他将自属的牲畜驴子等典押，租用一块撒 1 石 5 斗种子的耕地，还要向地主人耶和显令等缴细内 1 石 5 斗杂粮，第二年的二月一日到期还付，逾期不还要进行处罚。①

黑水城出土。俄藏编号：Инв. № 5949—30。

6. 雇佣契约

西夏的雇佣契包括雇工契和雇畜契。雇工契是受雇者向雇主提供劳动力从事某种工作，由对方提供劳动条件和劳动报酬的契约。雇畜契是缺乏畜力的人向牲畜主人租雇牲畜的契约。

光定卯年腊月雇工契

西夏光定卯年（1219）腊月雇工契。为单叶契约，写本，西夏文草书 15 行，首行有"光定卯年腊月五日"年款，后有契约署名、画押。播盃犬粪茂来年正月一日起至十月一日做九个月雇工。工价五石，二石现付，秋上三石，夏衣三丈白布，耕五斗二升杂粮、三斗麦种子的地，如旷工，一日当还二日。雇工价秋后应付的三石，十月一日不还给，一石当还二石。双方若谁反悔，按官法罚交五石杂粮。契约包括了立契时间、立契人（雇工）、雇主、雇佣时间、工价、雇工要求、违约和反悔处罚，以及立契人和证人的签名和画押，具有完整的契约形式，真实地反映出西夏时期雇工的丰富内涵，从一个侧面折射出西夏农业经济的部分运行特点，填补了中国历史上 11 至 13 世纪雇工契的空白，具有重要的文献和学术价值。②

---

① 史金波：《西夏经济文书研究》，社会科学文献出版社 2017 年版，第 347—348 页。
② 史金波：《西夏经济文书研究》，社会科学文献出版社 2017 年版，第 349—352 页。

黑水城出土。俄藏编号：Инв. № 5949—32。

天庆寅年雇畜契

西夏天庆寅年（1194）的一组牲畜租雇契约。西夏文草书。《西夏天庆寅年普渡寺契约长卷》之一部分。共三件，为平尚讹山等人在将牲畜出卖后，从普渡寺梁喇嘛及梁那征茂等处租雇牲畜而签订的契约。第一件 10 行，立契时间为正月二十九日，立契者尼积力仁有及梁铁盛等将梁喇嘛属生用二牛及一全齿黑牛等雇用，议定力价三石五斗麦及一石二斗杂，八月一日给付，原畜等同返，逾期一石付二石；第二件 7 行，立契时间为二月三日，立契者平尚讹山自梁那征茂梁喇嘛等处租一母马，议定力价一石四斗麦及一石八斗杂粮，九月一日给付，原畜等同返；第三件 7 行，立契时间为二月三日，立契者梁盛犬自梁那征茂梁喇嘛等处租一二齿公骆驼，力价一石八斗杂粮，九月一日给付，原畜等同返。末尾皆立契人、同立契人、证人之签字画押。三件契约中，各雇畜者又互为证人。此组牲畜租雇契约与另外 17 件其他类型契约原为同一卷号。[①]

黑水城出土。俄藏编号：Инв. № 5124—3（6）、4（4—5）、4（5）。

7. 交换契

天庆午年换畜契

西夏天庆午年正月十日的一件牲畜交换契约，西夏文草书。立契人为没啰铁乐，自愿将一全齿花牛与梁守护铁？一全齿白牛互换，白牛增加一石杂粮，畜谷各自并无参差。若有争讼，铁乐承责，个人有反悔不实时，罚交二石杂粮。结尾为立契者、同立契者、证人等签字画押缺。[②]

黑水城出土。俄藏编号：Инв. № 4195。

---

① 史金波:《西夏文卖畜契和雇畜契研究》,《中华文史论丛》2014 年 3 月总第 115 期。
② 史金波:《西夏文卖畜契和雇畜契研究》,《中华文史论丛》2014 年 3 月总第 115 期。

8. 众会契

众会契即社条，为西夏时期民间互助组成"众会"的契约。这是中国古代 12—13 世纪新的社邑资料，表明西夏时期社会基层存在民间互助的结社组织。

光定寅年十一月十五日众会条约

西夏光定寅年十一月十五日的一件众会条约文书。全文草书，尾稍残，存 40 行。前列总叙，规定众会成员自愿参加，于每月十五日聚会；其次是对众会成员权利与义务的规定，共十三条约定（初列 11 条，又以小字加添 2 条）；最后有每位与会人的署名和画押，因残缺难以确定实际人数。条约规定众会成员生、老、病、死，家庭生活困难家属以及丧葬事宜等，其他成员应探视并给予帮助，并明确补助的粮食数量，众会成员如有违法犯罪者，给予惩罚，令其缴纳一定数量的粮食。此条约是要求多人共同遵守的互助保证书契，是民间结社组织及其运行的条规，具有契约的一定性质，是一种特殊的契约。[①]

黑水城出土。俄藏编号：Инв. № 5949—31

众会条约残叶

西夏文的一件众会条约文书残叶。西夏文草书。格式同《光定寅年十一月十五日众会条约》，残损较多，存条规四条及部分众会成员署名和画押。有"显价会已置日不聚日过时五斗杂""甲中已如中大众不议过时"等之相应西夏文字。[②]

---

① 史金波：《黑水城出土西夏文众会条约（社条）研究》，载《西夏学》（第 10 辑），上海古籍出版社 2014 年版。

② 史金波：《黑水城出土西夏文众会条约（社条）研究》，载《西夏学》（第 10 辑），上海古籍出版社 2014 年版。

黑水城出土。俄藏编号：Инв. № 7879。

天庆寅年"七五会"集款单

西夏时期凉州地区某个民间宗教会社的集款单。西夏文草书，存 8 行。内容为 10 个佛教信众于西夏桓宗天庆元年（1194）正月的某一天，在讹命狗儿宝处集会，凑足 750 钱，交到小西沟岘的寺庙里，并以"七五日"作为这一天的代称。"七五日"与佛教的八识有关。①

甘肃武威小西沟岘出土。中藏编号：G21·003［15512］。

（六）西夏文军事文书

西夏文军抄文书有多种，如军籍文书、军抄文书、军抄人员除减续补和实有实无文书、军抄户籍账和军抄财物账、骑账和驮账等。军籍文书可以佐证《天盛律令》中的"纳军籍法"，即对 15 岁至 70 岁的男性进行军籍登记，每年一次。军事文书显示，"抄"为西夏语译音词，西夏文写作"𗧘"，是西夏部落兵制中最基层的军事组织，由"正军"和"𗿒𗇋（辅主）"构成，若干个"抄"组成一"溜"，若干个"溜"组成一"头项"。"负赡"是西夏军事制度的一个重要术语，《宋史·夏国传》记载："其民一家号一帐，男年登十五为丁，率二丁取正军一人。每负赡一人为一抄。负赡者，随军杂役也。四丁为两抄，余号空丁。愿隶正军者，得射他丁为负赡，无则许射正军之疲弱者为之。故壮者皆习战斗，而得正军为多。"②"负赡"，汉文文献又写作"负担"，"担"乃"赡"之形讹。西夏军籍中只分正军和"𗿒𗇋"（辅主），而无负担。从构成成分来看，军籍文书中的"𗿒𗇋"（辅主）相当于"负赡"。"𗿒（辅）"

---

① 王荣飞：《甘肃省博物馆藏〈天庆寅年"七五会"集款单〉再研究》，《宁夏社会科学》2013 年第 5 期。

② 《宋史》卷四八六《夏国传下》。

字，"军上众全"①，在字形上与军队有关，其本义应该就是汉文文献中所说的"随军杂役"，进而引申出"辅佐""供给"的意思。"𗹬𗈶"看来是指随军杂役供给正军而言。而汉文文献中的"负赡"，字面意思是"（正军的）供养人"，相比之下，"负担"是"挑担子"，意思远不如"供养"贴切。西夏的军抄由"正军、负赡、𗑱𗩱（副兵）"构成，而非"正军、辅主、负担"。"𗑱𗩱（副兵）"应该是西夏军抄制度发展的产物，其性质与"𗹬𗈶（负赡）"相同，都是正军之副从，但在地位上要低于负赡。是故《天盛律令》和西夏军抄文书在"正军、负赡、副兵"相提并论时，要在"𗹬𗈶（负赡）"前加一"正"字，以示区别。此外以"甲""溜"为单位的军抄文书，显示西夏基层的社区和基层军事组织自然地连接在一起，使我们对西夏基层行政与军事结合、兵民相结合的基本制度，理解得更加清晰、深刻。总之，军抄文书对西夏军事制度和基层社会研究都具有重要意义。

应天丙寅元年黑水属军首领律移吉祥有纳军籍文书

西夏军籍文书。西夏文草书。为应天丙寅元年（1206）黑水属军首领律移吉祥有向上级告纳军籍的文书。文书包括四个部分。其一为总叙，记述黑水属军首领律移吉祥有向上级报告军籍登记的台头，台头之下为纳籍时间，并介绍一年来军籍有无注销，全溜人员和装备的总计：正军四、官马二、甲一、披一、印一、负赡二，共十一种；其二详细登记人员和装备情况，先记录全溜装备类型、后逐抄登记各抄人员装备情况，这里共登记了四抄；其三是相关人员在卷尾和卷背签署、画押，包括首领、主簿、案头、都案等；其四是朱点和押印。较为重要的文字旁边画有朱点，卷前、中、后部各押两方首领印。②

黑水城出土。俄藏编号：Инв.No.4196。

---

① 史金波、白滨、黄振华：《文海研究》，中国社会科学出版社 1983 年版，第 192、441 页。
② 史金波：《西夏军事文书研究》，甘肃文化出版社 2021 年版，第 48—59 页。

天庆乙丑十二年黑水属军首领嵬移拉灌黑纳军籍文书

西夏军籍文书。西夏文草书。为天庆十二年（1205）乙丑六月黑水属军首领嵬移拉灌黑向上级报告纳军籍的文书。文书形式与前文相同，包括四个部分。首先为总叙，记述黑水属军首领嵬移拉灌黑向上级报告军籍登记的台头，台头之下介绍一年来军籍有无注销，全溜几项数字之总和：正军二、官马一、甲一、披一、印一、负赡二，共八种；其次详细登记人员和装备情况，先记录全溜装备类型、后逐抄登记各抄人员装备情况，这里共登记了两抄；其三是签署，包括首领签名、主簿签名；最后是押印。①

黑水城出土。俄藏编号：Инв.No.4196。

嵬移鸟犬等首领军抄文书

西夏军抄文书，与正规登录的军籍文书相近，但格式简单，像是简明统计军抄基本情况的籍账。该件为西夏文草书，共有 30 多个残片，是记录一个军溜之下的各首领及其之下各军抄的明细账。卷首第一行顶格，有三字"一溜全"，即以下所记为一个整溜，包括多个首领之下的军抄。第二行降一格记首领姓名嵬移鸟犬，系此军溜的第一位首领。第三行开始记录此首领下的各抄情况，第一抄按惯例是首领本人鸟犬。以下残失，根据其他残片可推知这些文书的格式为：多处有较高的"首领"行，先记首领二字，后记首领姓名，最后有一"下"字，表示后为此首领下的军抄。"抄"行再降一格，记此抄正军人名，人员数目，有何种装备。然后再降格分行记录此抄的正军、负赡人名。负赡中有两名以上时还分为"正""副"两种。每抄第一行上面用竖线（算码）标识出本抄的人数。以溜为单位进行登记，表明西夏社区和军事组织有密切的联系。②

黑水城出土。俄藏编号：Инв. No.7760。

①　史金波：《英国国家图书馆藏西夏文军籍文书考释》，《文献》2013 年第 3 期。
②　史金波：《西夏军事文书研究》，甘肃文化出版社 2021 年版，第 134—136 页。

军抄人员除减续补文书

西夏文军抄文书，与西夏军抄人员损失后续补有关。西夏文 30 行，草书。文书分层书写，顶格书写的有第 1 行"除减"二字。另一顶格书写的是第 24 行"现有数实已减后"七字，即分别列出两大类：减员除掉的人员和现在实有的人员。在"除减"项下，又分为 4 项，皆降格书写，包括"六人正军死子弟续""三人负赡死""三抄死续绝""四人正军续往"。即其中有 6 名正军死亡，由其儿子或弟弟接续，3 名负赡死亡，3 抄死绝，4 人接续正军，前 3 项皆为死亡，第 4 项是转出，都属于要除减的范围。这 4 项中的前 3 项又可细分为若干小项，皆再退格书写。与除减并列的第二大类是"现有数实已减后"的统计，即减除死亡、到他处续抄以外现有人数的实际统计。项下分死利正军、官马、甲、披等数目，应是对实有人。员、官马、甲、披的登录，因后交残，无法知其全部内容。从现存内容看，可能还有印、负赡的总数，这与军籍中的总计次序、内容大体一致。① 此类文书重点记录军抄的变更，显示出西夏最小军事单位"军抄"的自我修复能力。

黑水城出土俄藏编号：Инв. No.5944—2。

军抄钱粮账

西夏文军抄财物账，与西夏军抄人员损失后续补有关。西夏文 12 行，草书。文书显示，正军和负赡下有钱和粮食两类，粮食又分杂粮和麦两类，每人的杂粮比麦多。正军、正负赡和副负赡钱数和粮食数量呈递减趋势，正军最多，正负赡其次，副负赡最少。这样一种递减的数量表明，钱和粮食不是上缴的而是他们得到的补助份钱和份粮。此前汉文文献记载，西夏建官置兵，不用禄食，该件文书提供了西夏对兵丁给予钱粮补贴的新内容，对深入理解西夏的军事管理情况有重要参考价值。②

---

① 史金波：《西夏军事文书研究》，甘肃文化出版社 2021 年版，第 154—157 页。
② 史金波：《西夏军事文书研究》，甘肃文化出版社 2021 年版，第 172—173 页。

黑水城出土。英藏编号：Or.12380—3356。

西夏骑兵队列人马装备账

西夏军事文书，有西夏骑兵组织和装备的文献。西夏文草书 12 行，有押印。首列"五十骑队人"，即五十骑兵为一队。第二行降格书写，为"十骑一列"，即下分列，十名骑兵为一列。第三四行再降格书写，首三字为"一骑甲"，应是将一列中的十骑一一登录介绍，此为第一骑兵，是十骑之首，他的名字为"移讹盛白"，职务为甲。此处的"甲"是户籍用的里甲之"甲"。他也是以正首领的身份兼甲首的，其马、甲、披三种装备皆有，马为红色。后列甲、披的具体形制、结构。对比军籍中士兵的甲、披结构，骑兵的甲、披与之有相同之处，也有不同之处。骑兵的甲、披构成项目较少，甲中缺少结连接、手头护、项遮、衣裙，也缺少更兜、关子、铁索等，而多出胁子、□大；披中缺少肩、尾、盖，而多出铁头盔。显示出西夏基层骑兵组织的层阶和队列严密有序的状况，使我们对西夏的骑兵具有很强的战斗力有进一步认识。①

黑水城出土。俄藏编号：Инв. No.3858—7。

西夏驮账

西夏军事文书，专门记载有关驮载内容的文献。西夏文草书 10 行。从不完整的记载看，似乎五抄共出一驮，其中有"二人驮领者"，应是此驮由二人牵领，后记他们属于谁，以及他们的姓名，又记有五抄驮属者的姓名。可见西夏驮运组织也是在抄的基础上组成的。带有"驮"的军事文书表明，西夏基层组织中的军事物资中，不仅有用于作战的马匹，还有用于运载的"驮"，补充了军队后勤保障的重要一环。②

---

① 史金波：《西夏军事文书研究》，甘肃文化出版社 2021 年版，第 176—177 页。
② 史金波：《西夏军事文书研究》，甘肃文化出版社 2021 年版，第 181—182 页。

黑水城出土。俄藏编号：Инв. No.6398。

（七）西夏文告牒文书与审判记录

黑水守将告近禀帖

西夏乾定申年（1224）黑水守城勾管谋宁仁勇写给宰相的呈文。西夏文草书。台头为"黑水城守城管勾持银牌赐都平宫走马谋宁仁勇禀"，正文言及七十七岁老母病重，请求调离黑水城，遣往老母近处司（院）（鸣沙地方）任大小职事。文中还涉及黑水城的守备及粮草短缺之情。《俄藏黑水城文献》拟题"乾定申年黑水城守将告牒"。[①]

黑水城出土。俄藏编号：Инв. No 2736。

附《黑水守将告近禀帖》译文：

黑水守城勾管执银牌都尚内宫走马没年仁勇禀：

兹仁勇曩者历经科举学途，远方鸣沙家主人也。先后任大小官职，历宦尚那皆、监军司、肃州、黑水四司，自子年始，至今九载。与七十七岁老母同居共财，今母实年老病重，与妻眷儿女一并留居家舍，其后不相见面，各自分离，故反复申请迁转，乞遣至老母住处附近。昔时在学院与先至者都使人彼此心存芥蒂，故未得升迁，而出任不同司院多年。其时以来，无从申诉。当今明君即宝位，天下实未安定，情急无所遣用，故仁勇执银牌为黑水守城勾管。今国本既正，上圣威德及大人父母之功所致也。微臣等皆脱死难，自当铭记恩德。仁勇自来黑水行守城职事时始，夙夜匪解，奉职衙门。守城军粮、兵器及砲大小五十六座、司更大鼓四面、铠甲等应用诸色原未足，所不全者，诸般准备，以特为之配全。又自黑水至肃州边界瞭望传告烽堠十九座，亦监造完毕。仁勇转运远方不

---

① 聂鸿音:《关于黑水城的两件西夏文书》，载《中华文史论丛》第 63 辑，2000 年。

同司院之鸣沙家主蓄粮，脚力贫瘠，惟恃禄食一缗，而黑水之官钱谷物来源匮乏，均分之执法人，则一月尚不得二斛。如此境况，若无变更，则恐食粮断绝，羸瘦而死。散人仁勇蒙恩以归宁母子，守城职事空额乞遣行将哆讹张力铁补之，依先后律条，于本地副将及监军司大人中遣一胜任者与共职，将仁勇遣至老母住处附近司中勾管大小职事。可否，一并乞宰相大人父母慈鉴。

乾定申年七月，仁勇。[1]

乾定酉年黑水副将上书

乾定酉年（1225）黑水副将苏哆浮屠铁写给"执金牌大人"的呈文。原文草书，19 行。台头为"黑水副将都尚苏哆浮屠铁禀"，正文为其向肃州边事勾管大人请示报告其对接纳鞑靼投诚人员的计划安排。[2]

黑水城出土。俄藏编号：Инв. № 8185。

附《乾定酉年黑水副将上书》译文：

黑水副将都尚苏哆浮屠铁禀：

兹本月十一日，接肃州执金牌边事勾管大人谕文，谓接伊州房安县状，传西院监军司语：执金牌出使敌国大人启程，随从执银牌及下属使人计议，引一干人畜经伊州来黑水入籍，令准备粮草。接谕文时，浮屠铁亲自火速先行启程前来，领取官职及附属耕地，守城勾管大人许之。其人距边界附近一日路程，当夕发而朝至。投诚者来谓，盖不迟于耕种时节出行边界入籍。恐内郊职事生住滞有碍，故准备接纳之法：一面以小城边检校城守鬼哆奴山行文，往沿途一驿驿准备接待，不为住滞，一面先差通判野货双山及晓事者执状文启程，至执金牌大人附近，其时浮屠铁亦火速前往。可否，一

---

① 聂鸿音：《西夏诗文全编》，上海古籍出版社 2023 年版，第 332 页。
② 聂鸿音：《关于黑水城的两件西夏文书》，载《中华文史论丛》第 63 辑，2000 年。

并告乞执金牌大人计议并赐谕文。

乾定酉年二月，浮屠铁。①

瓜州监军司审判记录

西夏天赐礼盛国庆年间瓜州（今甘肃省瓜州县）监军司审理民事经济纠纷案件的记录。已发现有十二纸残叶，其中有七叶记载有"天赐礼盛国庆元年腊月""天赐礼盛国庆二年正月""天赐礼盛国庆二年二月""天赐礼盛国庆二年六月""天赐礼盛国庆二年七月"等年款，是目前出土西夏文献中最早有确切年代的记载。文书系对同一案件反复多次审理的记录，涉及陈告、原告、审问、搜查、抓捕、服罪等司法程序，内容包括借贷、买卖、人命等经济社会关系，出现有监军司、农田司等官署，有瓜州、灵州等地点。文书背面为西夏文写本《六祖大师法宝坛经》。②

黑水城出土。中藏编号：B11·002［84192］、B21·004［X1-1（01639）］、B21·005［X1-2（01639）］、B21·006［622573（419.510.10a）］、B31·002［63.542］；罗氏藏（编号不详）、中研院傅图藏（编号不详）。日藏编号：龙大02-02。

（八）汉文社会文书

汉文社会文书也以黑水城所出土为主。俄藏如乾祐二年纳材植账、天盛十五年王受贷钱契、天盛十五年令胡阿典贷钱契、天庆年间裴松寿典麦契、光定十二年正月李春狗等赁租饼房契、卖地书信、典田地契、贷钱契、纳胶泥土账、收钱账、支钱账、短麻皮等物账、旧连袋等物账等。英藏如天庆年间裴松寿典麦契、马草料账、白毛凉子等物账等。敦煌莫高窟北区出土、藏于敦煌研究院的西夏文书中，也有关于经济方面的汉文文献，如嵬名法宝达

① 聂鸿音：《西夏诗文全编》，上海古籍出版社2023年版，第336页。
② 松泽博：《西夏文〈瓜州监军司审判案〉遗文》，《国家图书馆学刊》（西夏研究专号）2002年增刊。

卖地契、借粮契等。武威出土的西夏文书中，有的藏于甘肃省博物馆，其中也有汉文经济文书，如欠款条。这些汉文文书可与西夏文经济文书结合起来研究，相互印证，相互发明，可以提升两种文字文献的价值，对西夏经济研究大有裨益。

西夏天庆年间裴松寿典粮契

西夏天庆年间的一批典粮契约。为商人裴松寿在天庆六年、十一年及十三年借贷和典借粮食的契约底账。文契分藏英、俄两地，共三组。第一组见英藏 Or.8212727，共 15 残片，为天庆十一年（1204）的典麦契；第二组见俄藏 TK49P 与 TK16V，为西夏刻本《金刚般若波罗蜜经》裱纸，TK49P 共 12 残片，TK16V 存 4 行，涉及天庆六年（1199）及十一年（1204）两部分；第三组见英藏 Or.12380—3771，共 5 残片，为应天元年（1206）的典麦契。这批契约分借贷和典借两种。天庆六年为借贷文契，天庆十一年、应天元年为典借契。契约中所借粮食多为大麦和小麦，也有糜子。计息方式采用总和计息，一般是在青黄不接的三、四月借贷，收获后的七、八月偿还，利息有三利、四利、五利、六利、七利等等。①

黑水城出土。俄藏编号：TK16V、49P；英藏编号：Or.8212727、3771。

西夏光定十二年正月李春狗扑买烧饼房契

西夏十二年（1222）正月的一件烧饼房租赁契。为李春狗、刘番家等于王元受处扑到面北烧饼房舍一位的记载。除房屋本身外，烧饼房内的各种用器如炉鏊一富（副）、无底大小铮二口、铁匙一张、糊饼划一张、大小栏二个、大小岸（案）三面，升房斗二面，大小口袋二个以及小麦本柒石伍斗等

---

① 陈国灿：《西夏天庆间典当残契的复原》，《中国史研究》1980 年第 1 期。又载白滨编：《西夏史论文集》，宁夏人民出版社 1994 年版。杜建录：《黑水城出土的几件汉文西夏文书考释》，《宋史研究论丛》2008 年 11 月。

等一并在租赁之列。根据契约使用"扑到"一词以及其内容所载，这实际上是一件民间家庭作坊的承包经营契约或经济合同，带有"竞标"的性质。这是目前所见西夏汉文契约文书中最为完整的一件文书。①

黑水城出土。俄藏编号：Дx.18993。

西夏乾祐五年验伤单

西夏乾祐五年（1174）三月的一件医人验伤文书。原件为俄藏Инв. No 1381西夏文经折装写本《大般若波罗蜜多经》卷232封套裱纸，仅一面，有残缺，文书尾署"乾祐五年三月日"。文书上记载医人姓名、被伤害者姓名、受伤害时间及伤势情况以及对验伤结果的解释和如有异议可向有关机构申诉，最后是验伤日期。文书表明"医人看验"是西夏审判时的重要取证环节，"验伤单"是审判机关判案的重要证据。②

黑水城出土。俄藏编号：Инв. No 1381A。

西夏天庆元年三司设立法度文书

西夏天庆元年（1194）的一件三司设立法度等事务文书。原件为俄藏Инв. No 1381西夏文经折装写本《大般若波罗蜜多经》卷第109之封套裱纸，写本，共两片，文字不相连接。第一片编号Инв. No 2150A，共16行，行2—10字不等，下残。有"三司设立法度""天庆元年正月内""圣旨三司系管收""分司属繁""中书副提点""都司案案头司"等文字，内容大致记载中书副提点奉"御札子"对三司都案、案头、司吏之"行遣"依法度进行磨勘整顿。第二片编号Инв. No 2150B，共12行，上下皆裁去。有"违越恒制""书密院案头""都案案头""司选"等文字。两残片笔迹、字体、形制相同，应属同

---

① 杜建录、史金波：《西夏社会文书研究》，上海古籍出版社2010年版。李华瑞：《西夏社会文书补释》，载《西夏学》（第8辑），上海古籍出版社2011年版。

② 杜建录：《黑水城出土的几件汉文西夏文书考释》，《宋史研究论丛》2008年11月。

一件文书。①

　　黑水城出土。俄藏编号：Инв. № 2150A、2150B。

西夏天盛十五年王受贷钱契等

　　西夏天盛十五年（1163）的一件贷钱契。原件为经折装西夏文刻本《种咒孔雀明王经》的封套裱纸，为两件不同的契约。前两行应是上一件契约的末尾，从三行"天盛癸未十五年"开始则是"天盛十五年王受贷钱契"。一纸连书两个不同的借贷文书，应该不是正式契约原件，似是贷方底账。天盛十五年王受贷钱契内容较完整，存立文字人（借贷人）王受和同立文字人小受、周遇僧等签名画押。文书记载放贷钱为"课钱"，乃国家税赋收入，可见这是一件官府借贷文书。文书又载计息方式为按夜计息。②此件文书背面另有《收支钱账》一件。

　　黑水城出土。俄藏编号：Инв. № 7779A。

收支钱账

　　记录收钱、支使钱的底账残件。此为 Инв. № 7779A《天盛十五年王受贷钱契等》文书之背面，共6行。前两行分别记载某月十二日及十三日"收钱"数量，后四行为某日"支使钱"的各项记录。

　　黑水城出土。俄藏编号：Инв. № 7779AV。

天盛十五年令胡阿典借钱账

　　西夏天盛十五年（1163）的一件借钱账。楷书。共三块残片：第一片存字3行，有"天盛癸未十五年（1163）""令胡阿典借"等字，下残；第二片

---

① 杜建录、史金波：《西夏社会文书研究》（增订本），上海古籍出版社2012年版。
② 杜建录：《西夏天盛十五年贷钱文契考释》，载《第三届西夏学国际学术研讨会论文集》，2008年。孙继民、许会玲：《〈西夏天盛十五年王受贷钱契等〉考释》，《宋史研究论丛》2009年第9辑。

共 2 行，有"八日收现有钱伍贯文""续经叁贯文""限收钱肆伯肆拾文"等字，
上残；第三片高 19.3，宽 5.8，共 1 行，有"十日立了"等字，上残，下似签押。

黑水城出土。俄藏编号：Инв. № 7779B。

西夏典地契

典地契约，写本。前后残缺，所存标明所典土地四至，次及若典之后，
涉及其他亲属纠纷不干钱主之事，后标明典地人违约所承担责任。

黑水城出土。俄藏编号：Инв. № 7779C。

贷钱契残卷

西夏写本，择录文字有"贰拾文限陆拾伍夜为满""其人无信契只此"等。
第 3 行有 4 个签押。

黑水城出土。俄藏编号：Инв. № 7779E。

西夏榷场文书

西夏南边榷场使呈送给上级主管银牌安排官的一组上行文书。文书原为
西夏文《大方广佛华严经》经帙封套裱纸，被剪裁成若干片段，目前共发现
17 个卷号，一署大庆三年（1142）。文书是在榷场交易完成之后，由榷场使
向上级主管部门呈报交易过程所报送的。文书首书呈报者"南边榷场使（或
榷场使）申"，后接正文。完整的文书正文主要包括两大部分：一是榷场交易
的全部业务呈报（含对有关"住户"所带出口物品的依法检查；所带物品出
卖了绝；博买回货，依例扭算，收上税历），二是详列博买回货及税额扭算清
单。文书结尾署呈送机关、年款及呈送人，并签字画押。文书中榷场交易涉
及的物品种类很多。有丝织品川缣、小絁缣、小晕缣、中罗缣、大纱、小绫、
小绢子、紫绮、黄捍纱、紫捍纱等等，皮毛制品黄褐、白褐、毛罗、白缨、
水獭皮等等，此外还有姜、椒、蜜、茶叶，纸张、笔、墨等三十余物品。文

书提供了西夏南边榷场使汉文文书的实物样本，反映了西夏官方汉文公文制度、外贸统计制度和扭算制度、外贸管理体制和管理方式等。[1] 西夏以"赤"代"尺"的写法有可能受到宋代的影响，西夏 1 匹应为 35 尺。[2] 文书中的"三司"应为地方性财政管理部门"南院行宫三司"。[3]

黑水城出土。俄藏编号：Инв. № 307、308、313、315、316、347、348、348V、351、352A、352B、353、354。英藏编号：Or.12380—3638b、3673V。

西夏乾祐二年材料文书

西夏乾祐二年（1171）的一组材植、胶泥土等文书，系西夏的年度专项物资入库账。共三件：第一件 B.61 计 8 个残片，有"三月廿五日领""植处般驮到材""领讫"等文字；第二件 Дх.2828 计 18 个残片，涉及乾祐二年二月十二日、十七日、四月初八日、五月十九日、六月十日、十一日等等日起的驮运账目，有"右请库司依前项两驮材植交纳施行"以及"般驮到材壹拾贰片，计脚三支，其所遣材植至处寸尺丈段条并已合同，今领讫，令照会者"等字样；第三件 Дх.10279 计 4 残片，涉驮胶泥土事之账目。[4]

黑水城出土。俄藏编号：B.61、Дх.2828、10279。

西夏马料账

西夏马料供应文书。共五个残片，草书，残损严重。文书于马匹所有人或使用人名下逐条记录马匹的数量、食料的起止时间，每匹马食料的品种、

---

① 杜建录：《黑城出土西夏榷场文书考释》，《中国经济史研究》2010 年第 1 期。李华瑞：《西夏社会文书补释》，载《西夏学》（第 8 辑），上海古籍出版社 2011 年版。孙继民、许会玲：《西夏汉文"南边榷场使文书"再研究》，《历史研究》2011 年第 4 期。张玉海、陈瑞青：《黑水城出土西夏榷场文书整理与研究》，凤凰出版社 2022 年版。

② 孙继民、许会玲：《西夏榷场使文书所见西夏尺度关系研究》，《西夏研究》2011 年第 2 期。

③ 陈瑞青：《略论西夏的三司与榷场——以俄藏 инв. No.348 号文书为中心的考察》，《黄河科技大学学报》2013 年第 5 期。

④ 杜建录：《西夏乾祐二年材料文书考释》，《宁夏社会科学》2007 年第 2 期。孙继民：《黑水城所出西夏汉文入库账复原研究》，《宁夏社会科学》2013 年第 6 期。

数量等等。西蕃业示罗八（16 匹），左移泥巾腻（5 匹），军主讹藏嵬名（11匹），伽泥都崖（1 匹）。文书中涉及的马料主要是草，也出现有糜子。多人之马集中一地饲养，且时间较短，最长时间为"准二十日"，短则"壹日"。其时为"十一月""十二月""二月"，这正是一年内不宜牧养而实行喂养的"冬栏"时间。各种马匹所供应草料有多少之别，似有级别之分。因此这个畜养地不大可能是专事养马的"马院"和牧场，更像是专门为过往马匹供应马料的场所，当为驿站。这件文献佐证了《天盛律令》关于给公务人员提供粮饷草料的规定。[①]

黑水城出土。英藏编号：Or.12380—3178、3179。

光定七年祭文

西夏写本；共 2 块残片，分别存字共 9 行、6 行。择录文字有"更是黑流同日内外隔截""铙钹引路""孝子后随""六亲儿女痛哀哉""灵前中祭畔亡魂，礼酒浇茶都不闻。头边献下百味饭，不见已灵近□食"等。落款："光定七年（1217）七月十六日记"。背为女真文。

黑水城出土。俄藏编号：Инв. № 3775。

千户刘寨呈乾定元年杀了人口状

西夏乾定元年（1223）十月初四日杀了人口的呈状。写本，前缺，存 18行，行 13 字。楷书。此状由千户刘寨所呈，言及本户及杨青士、祁师子、王望喜等四户之下共杀了八口人。文状前残，难于确定杀人者及因何事杀人。文书中出现了"千户""驱奴"等珍贵西夏史料。[②]文字中又夹杂了部分西夏文字，然内容似与呈状无关。

---

① 杜建录：《英藏黑水城马匹草料文书考释》，《宁夏社会科学》2009 年第 2 期。
② 杜建录：《黑城出土的几件汉文西夏文书考释》，《中国史研究》2008 年第 4 期。陈瑞青：《黑水城所出西夏马料文书补释》，载《西夏学》（第 10 辑），上海古籍出版社 2014 年版。

黑水城出土。俄藏编号：Дx.2957、10280。

请假条残叶

西夏时期的汉文请假条残叶。共两件。第一件存字 2 行，"今申本卡先差司吏高践苟一名本人告称或有遣及诸处驱赶请假今目下见"；第二件存字 3 行，"患伤寒行履不能本卡并无□□手力不乐人惜文目行送之"。

甘肃武威下西沟岘出土。中藏编号：G21·026〔15538—1、2〕。

经略司文书残叶

西夏时期的汉文经略司文书残叶实物。墨写草书。存字 2 行，一行大字"经略司"，另一行小字"计料官通判白"。

甘肃武威下西沟岘出土。中藏编号：G21·024〔15536〕。

欠款条残叶

西夏时期的汉文欠款条残叶。汉文墨书。存字 2 行，"李伴初欠钱三贯伍百文刘的欠钱式贯式百伍拾文"。

甘肃武威下西沟岘出土。中藏编号：G21·025〔15537〕。

光定二年西路乐府签勾管所申文残叶

西夏光定二年西路乐府签勾管所上行文残叶。汉文墨书，行草。残存 5 行，有"右谨具申""西路乐府签勾管所""光定二年（1212）九月日监乐官西凉府"等字样。

甘肃武威下西沟岘出土。中藏编号：G21·027〔15538〕。

杂物账

系列人物所属杂物的登记账册。目前所见三件，俄藏两件、英藏一件。

皆写本，残叶。一件登记于裴没哩埋等、李家奴等人之下，登记物有"旧破小□""短麻皮□"，题"裴没哩埋等杂物账"；一件登记于□闹奴等人之下，登记物有"旧连袋""韦皮""黄褐"等，并标明数量、给付各人时间，题"杂物账"；一件登记于兀嚓吃怛、并尚勒麻等人之下，登记物有"镰""白褐""白毛凉子"等等，题"杂物账"。

黑水城出土。俄藏编号：Инв. № 8026、TK289。英藏编号：Or.12380—3291。

收支钱账

收支钱的登记账册。目前所见四件，皆写本，残叶。一件登记支出钱及其用途，如"支钱四贯文：一贯三百文，贴油价钱；一贯，贴锅价钱；一贯二百文，还酥钱。"一件为纳钱账目，文中出现"稠酒糟浆钱"等字。

黑水城出土。俄藏编号：Инв. № 925B、1158A、1158B。

某月初十日赵猪狗捍纱文书

西夏文《尊者圣妙吉祥增智慧觉之总持》的裱纸。上半被裁去，存"月初十日赵猪狗捍□纱伍疋，内紫叁疋，绿贰疋"等文字。

黑水城出土。俄藏编号：Инв. № 7465V。

六、医方、卜辞、历书

　　西夏文医药文献主要包括针灸类文献和医方类文献，其来源大致有三，一是中原汉文医籍，主要为唐宋时期官修医书及名家名方，二是辽金时期的名家名方，三是西夏本民族的医药文献。西夏文医药文献既有本民族的独特性，又具有唐宋时期的医学特色。在西夏药方中，多见西夏本土药材，如枸杞、青盐、硇砂、大黄、苁蓉等。药物炮制方法除了常用的炒、煨、炙、焙、煅、蒸、煮、发酵、埋、焙干、磨、烧灰、榨油、腌等方法外，还有尿制、奶制、醋制、酥油制等，带有显著的游牧民族特色。西夏占卜文献起码有近百个卷号，有汉文的，也有西夏文的。从中可以看出西夏占卜流派众多，种类齐全。诸如易占、测字、六壬、星占、相面、看阴阳宅、择日、算命、事项占等等，应有尽有。西夏的占卜在大量继承中原占卜文化的同时又有所创新，具有游牧民族的特色。西夏历日文献内容丰富，种类多样，有西夏文历书，有汉文历书，还有夏汉合璧历书；有手写本历书，有刻本历书，还有活字本历书；有每月一行、每年一叶的年历，也有每日一行、具注历日的月历。不仅涉及朔日、月大小、二十四节气、闰月、二十八宿直宿、九曜星宿的运行周期等天文历法知识，还涉及纳音五行、八卦配年、男女九宫等术数知识。复原西夏历谱，进而编制西夏朔闰表，建立起一个最大程度真实反映西夏历史的时间坐标，使有年可稽的史料各就其位，无年可稽而有事可附者可进入相对乃至绝对的时间坐标位置，可以极大地提高西夏纪年的精确性，解决以往学界无法解决的西夏纪年中的疑难问题。这对西夏文物、文献的定年，对西夏历史的科学研究具有十分重要的意义。

明堂灸经（甲种）

西夏文针灸作品。据汉文某种《黄帝明堂灸经》针灸著作翻译。所存为蝴蝶装写本，共存9纸，计16个半叶，每半叶5至8行，行16至19字不等。首叶为封面，题西夏文"𗟲𗼼𗿳𗾭𗤁"（明堂灸经第一），第3纸卷端先后题"𘟀𗖵𘝞𘎑𗉵𗟲𗼼"（新译铜人针灸经）、"𗥤𗟲𗟲𗼼𗉪𗄈"（益身灸经卷上），下面是另外一个长篇序言，到第6纸左半叶结束，其后相继谈及对灸疮的治疗和点灸时的诸般禁忌，至第8纸右半叶以后亡佚。此西夏文本译自当时流行的佚名所撰《黄帝明堂灸经》，内容原出北宋王怀隐主持编纂的《太平圣惠方》卷一百，但缺少了卷首序言的第一段，以及"贴灸疮法"后面的"人神所在不宜针灸"条，另有一段"益身灸经序文"不为《太平圣惠方》本所见。[1]

黑水城出土。俄藏编号：Инв. № 2630。

明堂灸经（乙种）

西夏文针灸作品。缝缋装。[2]据汉文某种《黄帝明堂灸经》针灸类著作翻译，所存2纸，写本。内容涉及人体的八个经穴，每条先用大字写出经穴名称，并在下面用双行小字注出汉语音译，然后依次说明取穴方法、点灸方法和主治病症。西夏文本最接近于元代窦桂芳所辑《针灸四书》中的《黄帝明堂灸经》，及北宋王怀隐主持编纂的《太平圣惠方》卷一〇〇。翻译当据某

---

① 聂鸿音：《西夏译本〈明堂灸经〉初探》，《文献》2009年第3期。
② 梁松涛：《黑水城出土西夏文医药文献整理与研究》，社会科学文献出版社2015年版。

个注释本，有些注释文字被误置放于正文。[①]

黑水城出土。俄藏编号：Инв. № 4167。

未知名灸经残叶

西夏文针灸作品。据汉文某种针灸类著作翻译，所存写本，1 纸，5 行。残损严重。文中有"灸""尺寸"等相应的西夏文字。[②]

黑水城出土。英藏编号：Or.12380—2458b。

敕赐紫苑丸

西夏文医方。据汉文《敕赐紫苑丸》方译，方中题"东宫司直贾所进，善治万病，无不应效矣。"综合方中出现的"黄门侍郎""崔湜"等职官和人物，判断原方诞生不晚于唐代大历三年（768）。此方共有 32 味中药配伍而成，详述其主治病症，记载了多个医案以及治疗不同疾病需要的不同药引。黑水城汉文文献中还保存有《敕赐紫苑丸》的一个简略本，传世文献中也有多个同类紫苑丸药方流传，唯西夏文《敕赐紫苑丸》最早、最为详尽。[③]

黑水城出土。俄藏编号：Инв. № 2251。

"芍药柏（檗）皮丸"等医方

西夏文医方集。草书。来源于金刘完素的《宣明论方》。组医方涉及治疗齿牙口疮、肠风下痢、消化不良、妇科以及眼科病等药方，共存 19 方。依次是：治齿龈风痛肿、牙齿松动出血之方，治肠风血痢四白丸，治赤痢不止之方，芍药柏（檗）皮丸，豆蔻香莲丸，返（回）阳丹，透冰丹，黄芪丸，治齿牙松动出血之方，治妇人乳房肿痛不止之方，治大人小儿等口疮方，治目

① 聂鸿音：《俄藏 4167 号西夏文〈明堂灸经〉残叶考》，《民族语文》2009 年第 4 期。
② 梁松涛：《黑水城出土西夏文医药文献整理与研究》，社会科学文献出版社 2015 年版。
③ 段玉泉：《西夏文医方〈敕赐紫苑丸〉初探》，《宁夏社会科学》2013 年第 5 期。

赤风疾眼角溃、热水洗滞、冷水洗苦之药，治目赤风疾、不分年月、眼角俱溃赤之方，五倍丸，洗红眼病之药，治眼赤、眼白布满血丝、冷热泪流、视物不全之方，治疗气噎痰积之方，治痰冷时时呕吐药，天雄散。①

黑水城出土。俄藏编号：Инв. № 911。

"消风散" 等医方

西夏文医方集。草书。此组医方涉及治疗调和脾胃、肠风痢血、偏头痛、男科病等药方，共存 14 方。其完整者有：治大人耳蜗内出血方，人参半夏散，治玉茎痿而不起等壮阳方，治肠风血痢不止之方，治肠风血痢经效散，治肠风血痢之方，治偏头痛之法（两方），消风散，宽中散等。②

黑水城出土。俄藏编号：Инв. № 4979。

"萆薢散" 等医方

西夏文医方集。草书。此组医方涉及补益养生之类，共存 13 方。其完整者有：萆薢散，茯苓散，三棱煎丸，车前子丸，五补丸，众香丸，八味丸等等。原件稍有错乱，各面大多相对独立，每面一般抄写一到两个药方，多为草书，亦有部分行书。Инв. № 4384 第 8 面与 4894 本为同卷断裂而分编为两号。③

黑水城出土。俄藏编号：Инв. № 4384、4894（4384—1，2，3，5，6，7+4，8+4894）。

治热病要门等方

西夏文医方集。汉文医书的西夏文译本，共有三部分：第一部分 "𗏁𗵜

---

① 梁松涛：《黑水城出土西夏文医药文献整理与研究》，社会科学文献出版社 2015 年版。

② 惠宏、段玉泉：《西夏文医方 "消风散" 考释》，载《西夏学》（第 8 辑），上海古籍出版社 2011 年版。梁松涛：《黑水城出土西夏文医药文献整理与研究》，社会科学文献出版社 2015 年版。

③ 梁松涛：《黑水城出土西夏文医药文献整理与研究》，社会科学文献出版社 2015 年版。

𘟽𘊝𗑛𗾫"（治热病要门），共 4 方；第二部分 "𗼻𘕜𘊟𗤫𗑛𗿷𘎑"（救妇人病病方），共 15 方；第三部分标题残存 "𗼰𘅜𗤋"（疳及疮），考其内容涉及疔疮、疳疮、烧疮、疥疮、风热疮、大风癞疾等各种疮类共 24 方。[①]

黑水城出土。俄藏编号：Инв. № 6476。

"厚罗辛麻汤"等医方

西夏文医方集。抄本。前后皆残。此组医方包含 3 个药方：第一方为治寒病之汤药，主要药物是厚罗与辛麻；第二方为治疗 "百种寒病" 之丸药，主要药物是牛膝和狼毒子；第三方主治寒气，为单味药裂口花椒。[②]

黑水城出土。中藏编号：G21 · 004［20487］

英藏未知名医方残叶

西夏文医方。抄本。当据汉文某种医方所译。此方前缺，所存共 7 行，行 21 字左右。内容是某个丸药方中针对不同病症而采用不同药引子饮服的方法，如用生苗汤下、蒲黄汤下、灯草汤下、老鱼熬汤下等等。[③]

黑水城出土。英藏编号：Or.12380—3497。

敦煌出土未知名医方残叶

西夏文医方。抄本。当据汉文某种医方所译。此方前后上下皆缺，所存共 7 行，每行 4—6 字不等。方中可识方药有 "甘草"，另有 "半两，去白" "半两，去粗皮" 等等小字。[④]

黑水城出土。中藏编号：G11 · 006［D.752—20］

---

①　梁松涛：《黑水城出土西夏文医药文献整理与研究》，社会科学文献出版社 2015 年版。
②　梁松涛：《黑水城出土西夏文医药文献整理与研究》，社会科学文献出版社 2015 年版。
③　许生根：《英藏黑水城出土医方初探》，《西夏研究》2010 年第 2 期。梁松涛：《黑水城出土西夏文医药文献整理与研究》，社会科学文献出版社 2015 年版。
④　梁松涛：《黑水城出土西夏文医药文献整理与研究》，社会科学文献出版社 2015 年版。

曼遮散

西夏文医方。抄本。当据汉文某种医方所译。此方共 7 行，大体完整。主治"白佗青"（？）等，方中有黄牵牛、墨香、白牵牛、胡椒等七味药。[1]

黑水城出土。中藏编号：宁考古所 K2 : 197。

西夏元德二年庚子岁至应天二年丁卯岁夏汉合璧历书

西夏历书。写本，以汉文为主，间或出现西夏文。写本，缝缋装，共 175 面，另有 56 个残片。为表格式，纵行 14 格，横行 12 格。每年一表占一叶，分左右两面。右上角为该年的干支纪年，右侧纵行表头自上而下为日、木、火、土、金、水、罗（罗睺）、孛（月孛）、炁（紫炁）九曜星宿，上部横行表头自右往左为十二个月份顺序。各曜占一横行，逐月以竖线隔开，网格中多为数字与地支的组合，用来记载九曜星宿运行周期情况。该历书所存从庚子年（1120）至丁卯年（1207），历经西夏崇宗、仁宗、桓宗、襄宗四朝，连续 88 年，这是目前所知中国保存至今历时最长的古历书。历书中包含多种计时方法，如纳音五行、游年八卦、男女九宫、二十八宿注历、行星位置注历等。封皮中有《天盛律令》印本残叶一片，为卷一三《派大小巡检门》中一段文字，《俄藏黑水城文献》漏刊。[2]

黑水城出土。俄藏编号：Инв. № 8085。

西夏正德三年己酉岁及大德元年乙卯岁历书

西夏历书残叶。写本，夏、汉文合璧年历，表格式。纵行 13 格，横行 14 格。与 Инв. № 8085 大体相似，表中右上角有干支纪年"己酉"、该年二十八宿的直宿"柳"、八卦中的"乾"。右侧纵行表头自上而下为日、木、火、

---

[1] 宁夏文物考古所编：《山嘴沟西夏石窟》，文物出版社 2007 年版。

[2] 史金波：《西夏的历法和历书》，《民族语文》2006 年第 4 期。彭向前：《俄藏西夏历日文献整理研究》，社会科学文献出版社 2018 年版。

土、金、水、罗（罗睺）、孛（月孛）、炁（紫炁）九曜星宿，上部横行表头自右往左为正、二、三等 12 个月份顺序。各曜占一横行，逐月以竖线隔开，网格中多为数字与地支的组合，用来记载九曜星宿运行情况。因属缝绘装的缘故，两面虽处一纸，但内容不相连接，分属两年，右半叶属夏崇宗正德三年（1129）上半年，左半叶属夏崇宗大德元年（1135）下半年。背面为七言诗句。①

黑水城出土。俄藏编号：Инв. № 5282。

西夏正德七年癸丑岁夏汉合璧历书

西夏历书残叶。写本，夏、汉文合璧年历。表格式，与 Инв. № 8085 大体相似，右上角为西夏文纪年干支"癸丑"、该年二十八宿的直宿"轸"、八卦中的"巽"。男女九宫"男九女三"。残存正月、二月朔日。此当为正德七年（1133）癸丑岁年历。

黑水城出土。英藏编号：Or.12380—2058。

西夏大德四年戊午岁夏汉合璧历书

西夏历书残叶。写本，全文西夏文为主、数字皆汉文。表格式，纵行 14 格，横行 11 格。与 Инв. № 8085 大体相似，表中右上角首列干支"戊午"2 字，右侧纵行表头自上而下为日、木、火、土、金、水、罗（罗睺）、孛（月孛）、炁（紫炁）九曜星宿，上部横行表头空白，但内容自右往左依次为每月一纵行。各曜占一横行，逐月以竖线隔开，网格中多为数字与地支的组合，用来记载九曜星宿运行情况。此当为大德四年（1138）戊午岁年历。后粘贴佛经咒语四行。

黑水城出土。俄藏编号：Инв. № 647。

---

① 史金波：《西夏的历法和历书》，《民族语文》2006 年第 4 期。彭向前：《俄藏西夏历日文献整理研究》，社会科学文献出版社 2018 年版。

西夏大庆元年庚申岁历书

西夏历书残叶。写本，全文西夏文。表格式，纵行 13 格，横行 12 格。与 Инв. № 8085 大体相似，表中右上角首列干支"庚申"二字，右侧纵行表头自上而下为日、木、火、土、金、水、罗（罗睺）、孛（月孛）、炁（紫炁）九曜星宿，上部横行表头自右往左为正、二、三等 12 个月份顺序。各曜占一横行，逐月以竖线隔开，网格中多为数字与地支的组合，用来记载九曜星宿运行情况。此当为大庆元年（1140）庚申岁年历。右半叶保存较好，左半叶上下皆残。[①]

黑水城出土。俄藏编号：Инв. № 5868。

西夏人庆二年乙丑岁历书

西夏历书残叶。写本，全文西夏文。表格式，与 Инв. № 8085 大体相似。残存七月至十二月，记有闰十一月。此当为人庆二年（1145）乙丑岁年历。[②]

下西沟岘出土。中藏编号：G21·028［15541］。

西夏乾祐二年辛卯岁历书

西夏历书残叶。写本，夏、汉两种文字书写。为表格式。存六至十二月份。第 1 行为月序，第 2 行为该月朔月日干支、月大小和朔日的直宿，第 3 行记二十四节气。第 4—9 行是数字与地支的组合，用来记载九曜星宿运行情况。旧将其判为西夏天授礼法延祚十年丁亥（1047），经笔者考订，实为乾祐二年（1171）辛卯岁年历。[③]

黑水城出土。英藏编号：Or.12380—3947。

---

① 史金波：《西夏的历法和历书》，《民族语文》2006 年第 4 期。
② 陈炳应：《西夏文物研究》，宁夏人民出版社 1985 年版，第 314—323 页。
③ 陈炳应：《西夏文物研究》，宁夏人民出版社 1985 年版。彭向前、李晓玉：《一件黑水城出土的夏汉合璧历日考释》，载《西夏学》（第 4 辑），宁夏人民出版社 2009 年版。

西夏乾祐十三年壬寅岁历书

西夏历书残叶。活字本，汉文。已裂成 4 段。首尾缺。上下被裁。残存正月、四月和五月的历日。历书"明"字缺笔，避西夏太宗德明的名讳。本号历书刻字齐整，刷墨均匀，表格横竖线大体贯通。邓文宽将其判为宋淳熙九年壬寅岁（1182）具注历日，后史金波先生根据讳字，将其改为西夏乾祐十三年壬寅岁（1182）具注历日。①

黑水城出土。俄藏编号：TK297。

西夏皇建元年庚午岁历书

西夏历书残叶。残存两天历日的内容，从上到下依次是：日序，纪日干支，该干支的纳音，该日所注的建除和二十八宿。图版见《斯坦因第三次中亚考古所获汉文文献（非佛经部分）》。② 此当为皇建元年（1210）庚午岁年历。③

黑水城出土。英藏编号：Or.12380—818。

西夏光定元年辛未岁历书

西夏历书残叶。活字本，汉文。第一格记日期、干支、五行。第二格记二十八宿。第三格记节气、月弦、被禊、八卦等，并三处注蜜日。第四格记当日物候。第五格记当日宜行或不宜之事。Инв. № 5469 中有大字"九月小"，下有月九宫文字 2 行"白白黑，黄绿紫"。再下"建戊戌"，表示月干支戊戌。历注中有关于"皇后大忌"的记载，"章献钦慈皇后"罗太后忌日笺注入历，表明此前关于罗氏在支持安全篡位后被流放黑水城的说法不成立。④

①　邓文宽：《黑城出土〈宋淳熙九年壬寅岁（1182）具注历日〉考》，《敦煌吐鲁番天文历法研究》，甘肃教育出版社 2002 年版；史金波：《西夏的历法和历书》，《民族语文》2006 年第 4 期。

②　沙知、吴芳思：《斯坦因第三次中亚考古所获汉文文献（非佛经部分）》（上册），上海辞书出版社 2005 年版，第 316 页。

③　邓文宽：《黑城出土〈西夏皇建元年庚午岁（1210）具注历日〉残片考》，《文物》2007 年第 8 期。

④　聂文华：《黑水城出土历书与西夏皇后》，《中国史研究》2024 年第 4 期。

Инв. № 8117 残存"四月大"，"明"字缺笔避讳。史金波先生考为西夏光定元年（1211）辛未岁具注历。①

黑水城出土。俄藏编号：Инв. № 5469、Инв. № 8117。

大白高国光定四年甲戌岁及五年乙亥岁御制具注历

西夏历书残叶。刻本，全文西夏文。两纸。第一纸前残，前四行每行上下分三格，每格为一节气，并有双行小字注释，末三行刻有小字，汉译"光定甲戌四年十月日太史令兼卜算院头监大典阅校者持信授紫金鱼袋臣杨师裕卜算院头监臣时国胥卜算院头监臣□□□"。此为光定四年（1214）甲戌岁具注历。第二纸第二行似为历书一小标题，汉译"大白高国光定五年乙亥岁御制皇光明万年具注历"，后记诸神位、九宫及吉凶，最后记月序、月大小并注该月朔日干支。此为光定五年（1215）乙亥岁具注历。②

原件出土于黑水城，俄藏编号：Инв. № 8214—1。

西夏光定六年丙子岁历书

西夏历书残叶。写本，全文西夏文。首行汉译"光定丙子六年大本始"，然后每一竖行各列两月，每月之下标明月大小、星宿、双行小字注明朔日甲子、节气。其中第五行还出现闰七月的记载。自第九行始详列十干支染病 6 行。西夏光定六年（1216）丙子岁具注历。③

原件出土于黑水城，俄藏编号：Инв. № 8214—2。

西夏光定七年丁丑岁历书

西夏历书残叶。写本，全文西夏文为主、数字皆汉文。共五行，前四行

---

① 史金波：《黑水城出土活字版汉文历书考》，《文物》2001 年第 10 期。
② 史金波：《西夏的历法和历书》，《民族语文》2006 年第 4 期。
③ 史金波：《西夏的历法和历书》，《民族语文》2006 年第 4 期。

首行写三个月份，每月份之下有小字说明，前三月份小字分别是大小建及双行小字朔日甲子，其余月份还标出节气。依内容知其为光定七年（1217）丁丑岁具注历。[①]

原件出土于黑水城，俄藏编号：Инв. № 8214—3。

西夏光定八年戊寅岁至十一年辛巳岁历书

西夏历书残叶。写本，全文西夏文为主、数字皆汉文。共三十八行，涉及四份年月历。每份之前标明甲子纪年，余皆每月之下用汉字表示大小建、以西夏文记月朔日甲子、节气等等。依内容推算，当分别为光定八年（1218）戊寅岁、九年（1219）己卯岁、十年（1220）庚辰岁、十一年（1221）辛巳岁具注历。[②]

原件出土于黑水城，俄藏编号：Инв. № 7926。

西夏残历

西夏历书残叶。写本，全文西夏文。表格式，残存文字 4 行。采用"七曜日"注历，在星期日下用西夏文加注"𗢞（蜜）"字，仅此一件。

黑水城出土。俄藏编号：Or.12380—16（K.K.II.0283.p）。

二十四气

西夏历日文献，二十四节气名称。写本，汉文。"立春正月节，雨水正月终（中）。（惊蛰）二月节，（春分二月）中。清明三月节，谷雨三月中。立夏四月节，小满四月中。芒种五月节，夏至五月中。小暑六月节，大暑六月中。立秋七月节，秋处（处暑）七月中。白露八月节，秋分八月中。寒露月九节，

---

① 史金波：《西夏的历法和历书》，《民族语文》2006 年第 4 期。
② 史金波：《西夏的历法和历书》，《民族语文》2006 年第 4 期。

霜降九月中。立冬十月节，小雪十月中。大雪十一月节，冬至十一月中。小寒（十）二月节，大寒（十）二月中。"该件表明以往"节气简称气"的说法是错误的。二十四节气原本称作"二十四气"，下分十二节与十二中。

黑水城出土。俄藏编号：A1—4。

西夏应天元年梁签判批命书

星命占术类文书，为西夏时期一位梁姓官员的占卜记录。西夏文写本，卷子装，行20字。文中有推卜图三幅。卷端题"憿㫰"（谨算），以图表形式展现整个推卜之过程。此文献保存完整，主要可分三部分：第一是命主梁签判生辰，据此画出星宫算命图，即星盘；第二部分是据星盘确立身宫、命宫、三方主等星命推算的重要因素；第三是排出命主各限历年吉凶祸福。命主九月十七生，属虎，生辰八字为"年庚寅木，月丙戌土，日甲午金，时戊辰木"，可推知其人生于夏仁宗天盛庚寅二十二年（1170），占卜记录成文于夏襄宗应天元年（1206）。

黑水城出土。俄藏编号：Инв. № 5722。

西夏乾祐二十四年生男命造

星命占术类文书。西夏文写本，共6行。汉译："命男癸丑岁十月二十四夜丑时承庆也，依三命本根四柱：年癸丑木　自身成柱　月癸亥水苗　日戊午火花　时癸丑木果。大轮七年寄巨蟹今记，坐酉木宫。"依次交代命主八字、胎元、流年、命宫等以及纳音五行等。据文书内容，可推命主生于西夏乾祐二十四年（1193）。文书最后一行中出现"大轮七年"一词，并非北元纪年，"大轮七年"与"巨蟹宫"在一起书写，是将黄道十二宫与传统的十二次联系在一起，"巨蟹"正好与十二次的"鹑首"相应。"大轮"是指岁星运行的轨道，由西向东，每12年绕天一周。"巨蟹""鹑首"正好对应于12年的第7年，"大轮七年"相当于说"岁在鹑首"，它实际上是一种变相的岁星纪年法，应该是民间星命术士在实践中的简便运用。[①]

黑水城出土。中藏编号：M21・005［F220：W2］。

六十四卦象等

西夏文易占类文献。当据汉文翻译，原作及译者不详。原文抄于西夏文写本《秘密供养典》部分叶面之后。所存内容依次为《卦愿指颂》《八卦体》《六十四卦象》《六旬空亡日》等以及一系列对空亡与人事之间关系的具体解释。其中的《八卦体》《六十四卦象》《六旬空亡日》可见于不同的汉文易占文献中。文献正面存有《秘密供养典》的抄经年款"某某年腊月一日始作，五日完毕"[②]

黑水城出土。俄藏编号：Инв. № 6771。

乌鸣占

西夏文译占卜文献。据汉文翻译，原作待考。译者及成文时间不详。写本，蝴蝶装。原文抄写于佛教文献之后。存文题《东方朔乌鸣占图》，内容为通过乌鸦鸣叫的声音即时辰、方位判断吉凶，不同于敦煌出土《乌鸣占吉凶书》，与南宋末年所刊大型日用型类书《事林广记》所载《鸦经之图》最为接近。[③] 西夏文题：𗼨𘋐𗵨𘃽𗁦𗊱𗊱𗽀𗰣。

黑水城出土。俄藏编号：Инв. № 2554。

① 史金波：《中国藏西夏文文献新探》，载《西夏学》（第 2 辑），宁夏人民出版社 2007 年版；杜建录、彭向前：《所谓"大轮七年星占书"考释》，载《薪火相传——史金波先生 70 寿辰西夏学国际学术研讨会论文集》，中国社会科学出版社 2012 年版。

② ［日］西田龙雄：《西夏语译六十四卦与针灸书》，载《西夏语研究新论》，日本松香堂书店 2012 年版。

③ 梁松涛：《西夏文〈乌鸣占〉考释》，载《西夏学》（第 16 辑），甘肃文化出版社 2018 年版。

七、文学作品（骈体文、诗词、谚语）

现存和发现的西夏文学作品，主要包括西夏文和汉语两个部分，还有少量的藏文作品；这些作品的创作主体包括党项羌、汉族和其他少数民族文人；这些作品的类型以骈体文、诗词和谚语为主。其中西夏文佛教发愿文部分尤其富有中原文学的骈体文特征，带有明显的西夏国家层面的贵族文体气质；就诗歌而言，它们中主要是基于汉地诗歌的拟作，党项本民族风格的作品为数很少。但这些为数不多的党项诗歌的形式与同时代的中原诗歌迥然不同。面对中原汉文化的大规模输入，党项人在某些特殊场合仍然固守着他们基于民间格言影响下的俗文学创作传统。

（一）西夏文类

赋诗

西夏文诗赋。一卷。乾祐十六年（1185）刻本。原三叶，存后半。残损严重，存尾题，汉译"赋诗文一卷"，另有乾祐十六年（1185）题记四行。汉译"乾祐乙巳十六年四月日，刻字司头监、御前金堂管勾、御史正、番学士昧浪文茂等，刻字司头监、番三学院百法师傅、座主骨勒善源，笔受和尚刘法雨"。原诗与《大诗》《月月乐诗》《道理诗》《聪颖诗》等合刻一本。① 纸背另抄宫廷诗集。西夏文题：𗷒𗷒𗹬。

黑水城出土。俄藏编号：Инв. № 121。

大诗

西夏文诗作。杂言体长诗一首。乾祐十六年（1185）刻本。一卷。6 面。首尾完整。尾题之后另有乾祐十六年（1185）题记四行："乾祐乙巳十六年四月一日刻字司头监殿前金堂管勾御史正番学士味浪文茂等，刻字司头监三学院百法师傅骨勒善源，笔受和尚刘法雨。"卷末补写一行，题光定四年（1214）此卷持有者姓名，下部漫漶。原诗与《赋诗》《月月乐诗》《道理诗》《聪颖诗》等合刻一本。纸背另抄宫廷诗集。西夏文题：𗷒𗤁。

黑水城出土。俄藏编号：Инв. № 121。

月月乐诗

西夏文诗作。乾祐十六年（1185）刻本。杂言体长诗，一首。6 叶，首尾完整，全诗分十三章，于序歌之后按月从正月至十二月依次叙述各月之物候及人事。诗中诸章起始有圈发。尾存题记一行："乾祐乙巳十六年（1185）四月日刻字司有"。这首诗实际上是用两种既相近又不相同的语言写成的，诗的每一章都由两段组成，两段诗所表达的内容基本一样，但用词大异，好像是一个人用一种语言"唱"了一遍，另一个人又用另一种语言"和"了一遍。这种特殊的体例在中国诗歌史上极其少见。② 原诗与《赋诗》《大诗》《道理诗》《聪颖诗》等合刻一本。纸背另抄宫廷诗集。西夏文题：𗤁𗤁𗣼𗣼。

黑水城出土。俄藏编号：Инв. № 121。

---

① ［俄］克恰诺夫、李范文、罗矛昆：《圣立义海研究》，宁夏人民出版社 1995 年版。

② ［日］西田龙雄：《西夏语〈月月乐诗〉之研究》，京都大学文学部研究纪要 25，1986 年。［俄］克恰诺夫、李范文、罗矛昆：《圣立义海研究》，宁夏人民出版社 1995 年版。聂鸿音：《关于西夏文〈月月乐诗〉》，《固原师专学报》2002 年第 5 期。

道理诗

西夏文诗作。乾祐十六年（1185）刻本。一卷，九面。首尾完整，首题汉译"道理诗一卷"，尾题稍不同，汉译"道理歌唱典"。全诗共计二千一百十七字。另有乾祐十六年（1185）题记三行："乾祐乙巳十六年五月日刻字司头监殿前金堂管勾御史正番学士味浪文茂，刻字司头监三学院百法师傅番座主骨勒善源。"原诗与《赋诗》《大诗》《月月乐诗》《聪颖诗》等合刻一本。纸背另抄宫廷诗集。西夏文题：𗴂𗹦𗏁𗴂𗹦𗷲𗢭𘂤。

黑水城出土。俄藏编号：Инв. № 121。

聪颖诗

西夏文诗作。乾祐十六年（1185）刻本。一卷，存八面。有首题，尾阙。原诗与《赋诗》《大诗》《月月乐诗》《道理诗》等合刻一本。纸背另抄宫廷诗集。西夏文题：𗳮𗴺𗏁。

黑水城出土。俄藏编号：Инв. № 121

宫廷诗集

西夏诗集。原题佚，现题系今人所拟。据文本内容，似为西夏大臣应制诗集。存两种抄本：一本行楷，抄于《赋诗》《大诗》《月月乐诗》《道理诗》及《聪颖诗》蝴蝶装合刻本背面，收杂言体诗三十余首，写作时间应在乾祐十六年（1185）至光定辛巳年（1221）之间 [①]。一本卷子装，存诗六首。部分诗作有作者姓名。主要诗作有《祖陵太平歌》《治至显相歌》《恭天乐歌》《夏圣根赞歌》《严驾西行烧香歌》《严驾山行歌》《护国寺歌》《同乐万花堂歌》《圣宫共乐歌》《新修太学歌》《天下共乐歌》《君臣和合歌》《君臣同德歌》《圣威镇夷歌》《敕牌赞歌》《夏比邻国德高歌》《照时智用歌》《夫子善仪

---

① 梁松涛：《〈宫廷诗集〉版本时间考述》，载《薪火相传——史金波先生 70 寿辰西夏学国际学术研讨会论文集》，中国社会科学出版社 2012 年版。

歌》《节亲大臣歌》《赞大臣德歌》《劝世歌》《劝诸歌》《贤臣巧式歌》《劝臣子禁歌》《勇智大臣歌》《有智无障歌》《赞净德臣歌》《劝臣子众歌》。[①] 抄本инв. № 5189《夏圣根赞歌》（𗗥𗙫𗰖𘜶𗢺）、《严驾山行歌》（𘝼𗃀𗵘𗾈𗢺）有对西夏近祖"啰都"和远祖"轩辕黄帝"的追溯。《严驾西行烧香歌》（𘝼𗃀𗉛𗵘𗸁𗎫𗢺），署夏献宗乾定酉年（1225）腊月五日抄写完毕，是现存注明年代最晚的俄藏黑水城西夏文献。[②] 西夏文题缺。

黑水城出土。俄藏编号：Инв. № 121V、876、5189。

五更转

以"五更"为序创作的一组组诗歌或曲子。共四首。两首为佛教修行题材，一武威出土，为般若华（𗙴𘜶𗏁）作；一黑水城出土，为瑜伽士天圣子师集，皆采用"三、五、五、五、三、七、七"言句式。另两首黑水城出土，同一编号，闺阁题材，作者不详。其一采用"四、三、六、三、四、三、六、三"言句式，其二采用"四、三、七、七、四、七、五"言句式。[③]

黑水城出土。俄藏编号：Инв. № 910、7840。中藏编号：G31.031〔6733〕。

虞美人等词

西夏文词曲。存两首，第一首词牌不详，句与句之间画圈；第二首仅存词牌"𗣼𗰜𗆟"（虞美人）。写本，卷子装，一面。西夏文题：𗣼𗰜𗆟。

黑水城出土。英藏编号：Or.12380—1938。

---

① 聂鸿音：《西夏文〈新修太学歌〉考释》，《宁夏社会科学》1990 年第 3 期。聂鸿音：《西夏文〈天下共乐歌〉〈劝世歌〉考释》，《宁夏社会科学》2000 年第 3 期。

② 聂鸿音：《公元 1226：黑水城文献最晚的西夏纪年》，《宁夏社会科学》2012 年第 4 期。《元史》卷一载太祖二十一年（1226）二月取黑水等城，乾定酉年腊月距离蒙古大军攻占黑水城仅有短短的两个月时间。

③ 聂鸿音：《西夏文〈五更转〉残叶考》，《宁夏社会科学》2003 年第 5 期。梁继红：《武威藏西夏文〈五更转〉考释》，《敦煌研究》2013 年第 5 期。

曲子辞

西夏文杂曲。存多种，或草书、或楷书、或行楷。有四言者，七言者，七、三言者等。多未解读。其中有一首文学史上仅存的西夏语"赠别词"，上阕汉译："劝君山侧无行逸。山谷口，进出难，千里识途无得一。去山崖水疾。还家昨夜小桥旁，月流光，周身溢。竹梅林内杜鹃啼，待几时归去？"下阕汉译："我君可拟天中日。圆满故，自去留，汝心似铁亦超轶。我思不在室。不畏吾侪入火边，多久逢，焉知悉？永将常理置于心，行是无需述。"①

黑水城出土。俄藏编号：Инв. № 4186、4431、4929、6377、7635、7759、7928。

贤智集

佛家劝世诗文集。亦名《鲜卑国师劝世集》，为鲜卑宝源诗文总集，西夏乾祐十九年（1188）皇城检视司承旨成嵬德进编，是目前字数最多的西夏本土僧人作品。刻本，蝴蝶装，不分卷1册，共43叶。卷尾题"〔乾〕祐戊申十九年二月十五日""〔捐〕刻发起者和尚杨慧广""印面御前笔受啰施忠持书"。卷首有版画一幅，为国师说法图，西夏文榜题"鲜卑国师"及"听法众"。有成嵬德进序言一篇。正文主旨在于劝人行善向佛，包括"辩""赞""颂""文""诗""三惊奇""意法""曲子辞"等多种文学体裁。具体篇目如下：《劝亲修善辩》《劝骄辩》《谗舌辩》《劝哭辩》《浮泡辩》《骂酒辩》《轻色辩》《骂财辩》《除肉辩》《不明调伏权贵赞》《忍乐颂》《心疾颂》《愚妇文》《三惊奇》《自在观德诗》《本因旨师论道复意法》《小乘意法》《惟识之意法》《中乘之意法》《富人贫之慈悲颂》《宣真性以劝修法（汉音杨柳枝）》。② 西夏文题：𗷲𘕯𗥃。

---

① 聂鸿音：《〈滴滴金〉：仅存的西夏语赠别词》，《天津学志》2023年第2期。
② 聂鸿音：《西夏文〈贤智集序〉考释》，《固原师专学报》2003年第5期；孙伯君：《西夏俗文学"辩"初探》，《西夏研究》2010年第4期。

黑水城出土。俄藏编号：Инв. № 3706、120、585、593、2538、2567、2836、5708、7016。

附皇城检视司承旨成嵬德进《贤智集序》译文：

> 夫上人敏锐，本性是佛先知；中下愚钝，闻法于人后觉。而已故鲜卑诠教国师者，为师与三世诸佛比肩，与十地菩萨不二。所为劝诫，非直接己意所出；察其意趣，有一切如来之旨。文词和美，他方名师闻之心服；偈诗善巧，本国智士见之拱手。智者阅读，立即能得智剑；愚蒙学习，终究可断愚网。文体疏要，计二十篇，意味广大，满三千界，名曰"劝世修善记"。慧广见如此功德，因凤夜萦怀，乃发愿事：折骨断髓，决心刊印者，非独因自身之微利，欲广为法界之大镜也。何哉？则欲追思先故国师之功业，实成其后有情之利益故也。是以德进亦不避惭怍，略为之序，语俗义乖，智者勿哂。[1]

三代相照言集

佛教劝善诗文集。为自清觉以下白云宗三代祖师的诗文汇编，包括白云释子、法雨尊者、人水道者、云风释子诸位的作品。"三代相照"即"三代交相辉映"的意思。此书为沙门慧照纂集发起，道慧助刻，陈杨金集活字而成，为活字印本。蝴蝶装，不分卷1册，41叶。诗体类似佛典偈颂，五、七言居多，有韵。卷首所收《白云释子道宫偈》《白云大师了悟歌》，与西夏文《三观九门枢钥》后附《道宫歌偈》《了悟歌》相近。文集后有跋文一篇。慧照即为"普宁藏"所收清觉《初学记》作注的僧人道安，疑此作或为元代白云宗之西夏后裔僧侣所编。[2] 西夏文题：𗤊𗰜𗊱𗼃𗢳𗘂。

黑水城出土。俄藏编号：Инв. № 4166。

---

①　聂鸿音：《西夏诗文全编》，上海古籍出版社 2023 年版，第 206 页。

②　孙伯君：《元代白云宗译刊西夏文文献综考》，《文献》2011 年第 2 期。

附《三代相照言集跋》译文：

谨闻：先贤曰："佛经开张，罗大千八部之众；禅偈撮略，就此方一类之机。"故我师祖，心心相续，遍来沙界支流；灯灯相传，展示无穷妙语。今本国不同他处，本门长盛不衰。三代相照，云雨飘零四海；二尊相助，风声响震八方。愚等入于妙会，多闻异事，依"宝山悉至，宁空手归"之语，尊亲慧照及比丘道慧等，互记深重誓愿：始于依止当今本师，力求前后教语，因体结合，略成五十篇。此等反复考校于师，定为品第。要言之，则古拍六偈，今赞三条，自韵十三，他顺内增二十□，外修六地，亦皆为人拔刺解窒句□□纯药也。又此集中或有眼心未至致缺，亦望智者异日搜取补全。以此善力，惟愿：与诸善友，世世同生。得遇德师，当作真经囊箧，得圆本愿，照明师祖真心。

又愿：当今皇帝，谨持佛位；诸王臣宰，愿证上乘。周国民庶，从正弃邪；法界众生，脱离苦海。普天率土，佛道齐成。

清信发愿者节亲主　慧照

清信发愿助缘　道慧

新集活字者　陈杨金 [1]

新集锦合辞

又译"新集锦合谚语"。西夏谚语集。夏乾祐七年（1176）御史承旨番学士梁德养初编，十八年晓切韵博士王仁持增补，梁氏刻版。全书共收录西夏谚语 364 条，三言至十五言不等，两句一联，对仗工整。所存有刻本、抄本，皆蝴蝶装。乾祐十八年（1187）梁氏刻本，后署"织褐商铺梁氏印赎"。有迹象表明西夏谚语也受到了佛教的影响，如"以石为米，煮百年不能成粥"，即

---

[1]　聂鸿音：《西夏诗文全编》，上海古籍出版社 2023 年版，第 376 页。

出自《首楞严义疏注经》。西夏谚语富有哲理性、劝世性，是研究党项族源历史、西夏社会生活、民族关系、科学技术、天文地理、文学艺术的重要资料。陈炳应有全文译释。① 西夏文题：慨煽愈鬟玢蓰。

黑水城出土。俄藏编号：Инв. № 765、6740、8019、826。英藏编号：Or.12380—1841。

　　附一：王仁持《新集锦合谚语序》译文：

　　　　序曰：今《谚语》者，人之初所说古语，自昔至今，妙句流传。千千诸人不舍古义，万万庶民岂弃谚语？虽然如此爱信，然因句数众多，诸本有异，致说者迷惑，而拈句失真，对仗不工。是以德养抽引各书中诸事，寻辩才句，顺应诸义，择要言辞。句句相承，说道于智；章章和合，宣法于愚。是以分说诸事诸义，已然集成《谚语》纲目，然题下未完，而德养寿终故去，此本于是置之不彰。今仁持欲□先哲之功，以成后愚利益，故合题下章节，全其序言，而世间……意是非，智者勿哂。②

　　附二：王仁持《新集锦合谚语跋》译文：

　　　　夫此《谚语》者，昔乾祐丙申七年内，番学士梁德养为之纂集书之纲目，未及完毕，而德养命终，故此本于是置之不彰……欲报先哲之功，以成后愚之利，故延请仁持，增补首尾，令其全备，以刊刻印刷，传行世间。智见勿哂。③

（二）汉文类

拜寺沟西夏方塔诗集

西夏汉文诗集。西夏乾祐末年作品。作者至少有三人，主要作者为某"侍

---

① 陈炳应：《西夏谚语——新集锦成对谚语》，山西人民出版社 1993 年版。
② 聂鸿音：《西夏诗文全编》，上海古籍出版社 2023 年版，第 140 页。
③ 聂鸿音：《西夏诗文全编》，上海古籍出版社 2023 年版，第 203—204 页。

行"，得到皇太子纯佑的礼遇，一跃成为翰林侍行学士[①]。写本，蝴蝶装，残损严重，文中有"孝"字缺末笔，当避仁孝皇帝讳。出土共 28 面，存诗 75 首，包括《重阳》《打春》《久旱喜雪》《王学士》《炭》《樵父》《孝行》《柳》《上招抚使》《冬候兰亭》《忠臣》《茶》《僧》《烛》《武将》《儒将》《渔父》《征人》《画山水》《梅花》《时寒》《冰》《日短》《冬至》《菊花》《早行》《晚》《善射》《窗》《人日》《春风》《春水》《上元》《春云》《皇大》《求荐》《灯花》《上经略相》《桃花》《梨花》《放霍篇（并序）》《雪晴》《闲居》等等。为近体诗，以七律为主。[②] 用典娴熟，以《冬至》为例："变泰微微复一阳，从兹万物日时长。淳推河汉珠星灿，桓论天衢璧月光。帝室庆朝宾大殿，豪门贺寿拥高堂。舅姑履袜争新献，鲁史书祥耀典章。"诗中"变泰微微复一阳"是对"一阳来复""三阳开泰"的概括，"淳推河汉珠星灿，桓论天衢璧月光"涉及与"五星连珠"有关的两个古人，"淳"指西汉的淳于陵渠，"桓"指东汉的无神论者桓谭。

宁夏贺兰山拜寺沟方塔出土。中藏编号：N21·014［F051］。

---

① 汤君《拜寺沟方塔〈诗集〉作者行迹考》，《四川师范大学学报》2017 年第 2 期。

② 聂鸿音：《拜寺沟方塔所出佚名诗集考》，《国家图书馆学刊增刊》（西夏研究专号），2002 年；孙昌盛：《方塔出土汉文"诗集"研究》，载宁夏文物考古研究所编：《拜寺沟西夏方塔》，文物出版社 2005 年版。

八、史书

西夏立国后，曾专设史官与修史机构。夏仁宗时，任蕃汉教授的斡道冲世代掌修国史。天盛十三年（1161），又设立翰林学士院，焦景颜、王佥等为学士，修撰李氏实录。夏献宗时，南院宣徽使罗世昌知国将亡，曾谱夏国世次20卷收藏。耶律楚才随成吉思汗入西夏后，收集西夏国史、实录等史籍文献。然而西夏人所修本朝史籍几乎全部亡佚，只有俄藏黑水城出土Инв. № 4225残卷，始记三皇五帝，中夹有多朝代的杂史，最后有西夏太祖继迁、太宗德明、景宗元昊、毅宗谅祚的简明生平事迹，此外未见一本传世。

圣立义海

西夏文类书。原书5卷，存3卷。著者不详。书前有诗序一篇，卷一尾题汉译为"乾祐壬寅十三年五月十日刻字司人新行印刻"，故知其为西夏乾祐十三年（1182）官刻本，是个重刻本。全书体例似仿汉文《艺文类聚》，分门别类地记载星宿、天象、时令、山川、草木、农田、物产、耕具、畜产、野兽、服饰、饮食、皇室、官制、佛法、司事、军事、人品、亲属、婚姻、贫富等方面，共15章142类。每类中有若干词语，每一词语下有双行小字注释，涉及西夏天文地理、花草树木、飞禽走兽、山川河流、亲属称谓、皇宫礼仪、人生等级、伦理道德等，书中诸多慈孝节义故事则源自中原古书。在"腊月之名义"条下有对西夏国家属性的记载"国属金"，即西夏王朝在五德行序中为"金德"，色尚白。西夏国名"大白高国"，系以色尚称国。[①] 所存皆刻本，蝴蝶装。一本版心阴刻、一本版心阳刻。[②] 西夏文题：𘜶𗗚𘕰𗹞。

黑水城出土。俄藏编号：Инв. № 143、144、145、684、2614。

附《圣立义海序》译文：

> 古生异相本同根，后时依色种名分。世多种类多至亿，下界有情生无情。上清有德皆有利，下浊孝慧承广功。阳力下晒除寒性，阴气上合暖具足。年中四季分谷熟，又生节气明盛衰。最强因旧福高下，依业众类禄不齐。人同禄异有贵贱，九品行性分种类。哲言愚怒生纷乱，圣慈定正帝国法。佛教道教化诸愚，王法设置使民事。财宝种种以义受，积财行猎要常为。世事多名记以文，治国多义名以字。佛法儒经德行礼，王仪赞歌诗赋中。慎择世典辩才法，谨选议论以知为。天下诸物齐天边，地上名号宽如海。臣等才疏智力少，论义不善来哲合。[③]

杂史

西夏的史书。草书写本。残卷始记三皇五帝，中夹有多朝代的杂史，特别是最后有西夏太祖继迁、太宗德明、景宗元昊、毅宗谅祚的简明生平事迹，[④] 他们的生卒年代、城号与汉文史书记载相符，如元昊称"风角城皇帝"，此外德明称"德城皇帝"、谅祚称"迫城皇帝"，可补史阙。该件是西夏人记录的第一手材料，是十分珍稀、重要的历史文献，尚未获全文释读。

黑水城出土。俄藏编号：Инв. № 4225。

---

① 王炯、彭向前：《"五德终始说"视野下的"大白高国"》，《青海民族学院学报》2009 年第 3 期。
② ［俄］克恰诺夫、李范文、罗矛昆：《圣立义海研究》，宁夏人民族出版社 1995 年版。
③ 聂鸿音：《西夏诗文全编》，上海古籍出版社 2023 年版，第 90—91 页。
④ 史金波：《西夏出版研究》，宁夏人民出版社 2004 年版，第 41 页。

西夏官阶封号表

西夏撰官阶封号等级次第的一组表格。原书失题，此题今人所拟。文献以表格形式排列，其一件中部有纵横栏界，书皇帝称号（相当于大皇帝及皇帝）与帝位继承人称号（相当于皇太子），次书封号名称，分上品、次品、中品、下品、末品、第六品、第七品。每栏上下列诸品封号，自左而右书字，若横持此卷，上栏字似倒置。除上列七品外，尚有皇后、公主及嫔妃封号，次为诸王封号（南、北、东、西院王）、国师封号、大臣（如枢密、中书）封号，又其次为统军等封号。原文存留四件。为研究西夏国家机构与职官制度，尤其是西夏蕃官名号提供了重要的资料。刻本，皆残，《俄藏黑水城文献》分为甲、乙、丙三种。[①]

黑水城出土。俄藏编号：Инв. № 4170 а 、4170 б 、4170 в 、5921。

---

① 李范文：《西夏官阶封号表考释》，《社会科学战线》1991 年第 3 期；史金波：《西夏文官阶封号表考释》，《中国民族古文字研究》第三辑，天津古籍出版社 1991 年版。

中篇：出土西夏佛教文献卷

　　自元昊时期便开始以西夏文翻译佛经，终西夏一朝，译经活动始终没有停止过。除了完成汉文大藏经的翻译外，还翻译了不少藏传佛教典籍，为后人留下大量的西夏文佛经。

　　西夏王朝前期流行汉传佛教，早期西夏佛教是汉传佛教在西夏地区的翻版。西夏先后六次从宋朝求得《大藏经》并译成西夏文本。形成于隋唐时期的禅宗、净土宗、华严宗、天台宗等佛教宗派在西夏境内并存，这些宗派为印度佛教所无，是佛教完成中国化进程的重要标志。此外，形成于中原的观音信仰、弥勒信仰、地藏信仰及儒家孝悌思想也十分流行。透过黑水城出土很多佛经都带有函号这一事实，以及梳理与桓宗母亲罗太后相关的佛经发愿文，可以发现西夏汉文佛经的翻译从景宗元昊开始，在崇宗天祐民安元年（1090）完成主体之后，历经仁宗（1140—1193）、桓宗（1194—1205）两朝的补译和校正，到桓宗末年（1205）前后，在罗太后的主持下，整部西夏文《大藏经》得以编订完成。①

　　随着金军的南下，昔日的旧霸主辽与北宋相继灭亡，又出现夏与金、南宋长期鼎足而立的局面。大概受此剧变的影响，西夏宗教信仰也随着发生了

---

① 孙伯君：《西夏文〈大藏经〉"帙号"与勒尼语〈千字文〉》，《文献》2020 年第 5 期。

变化，中期开始流行藏传佛教，出现汉藏并行的局面。藏传佛教在西夏的流行与西夏统治阶层的支持密切相关，这不仅表现在西夏传播藏传佛教以及藏传密教的僧人多被冠以"帝师""国师"等头衔，且隶属于功德司，还表现在西夏统治者对藏传佛教有着浓厚兴趣，不仅出面组织翻译了一批藏传佛经，还在组织的佛事活动中，举办了各种藏传佛教的仪轨。[1]西夏后期在法会上诵经时同时使用藏文、西夏文、汉文佛经，藏文经典被排在首位。在俄藏黑水城出土文献中，仅关于藏传佛教"大手印"法修法的经典就有 20 多种，他们与元代藏传佛教经典《大乘要道密集》所收汉文本同源，而该书有一半的文献则是西夏时期翻译而成的。当年西夏人翻译所据的藏文原本有些已经亡佚，通过存世西夏文文献，人们不仅可以考知藏传佛教在西夏的流传情况，还可以部分还原西藏本土各个宗派所传教法，从而弥补藏文佛教史料记载的缺失。

　　汉藏两传佛教同在西夏流行的结果，不可避免的导致宗密圆融现象的发生，这以禅宗与藏传新译密咒的大手印之交融最为突出。如分别以汉文形式收录于《大乘要道密集》和以西夏文形式保留在黑水城文书中的大手印文本，尽管没有直接引用禅宗文献，但字里行间充斥着大量禅宗语汇。

　　西夏开创了藏族之外的民族接受藏传佛教的先例，尤其是藏文佛经在向西夏传播的过程中往往采取夏、汉两译的方式，一批汉文藏传佛教经典的出现，如《大乘要道密集》《中有身要门》《金刚亥母集轮供养次第录》《八种粗重犯堕》等等，使汉族信徒便于接受、信奉，对后来元代藏传佛教以西夏故地为跳板向中原内地发展起了推动作用。[2]吐峪沟石窟出土的元代西夏佛经表明，藏传佛教以西夏故地为跳板向西域也有一定的发展。

　　值得注意的是，黑水城出土的佛经中以《大般若波罗蜜多经》数量最多，共有两千余号，约占全部西夏文献编号的四分之一。诸本皆为时人发愿分卷

---

① 　李若愚：《西夏文〈喜金刚现证如意宝〉考释与研究》，花木兰文化事业有限公司 2020 年版，第 22 页。

② 　史金波：《西夏的藏传佛教》，《中国藏学》2002 年第 1 期。

抄写，从写经的角度来看，在黑水城地区，汉传佛教的影响要大于藏传佛教。

西夏佛教文化是民族文化交融的典型产物。西夏文佛经译本所用的术语，至少有汉语和藏语两个不同的来源和两种不同的借用方式：西夏人在翻译汉本佛经时使用的术语大都是从汉语音译来的，而在翻译藏本佛经时使用的术语大都是从藏语意译来的。[①]大量佛教术语在西夏文献中有三种形式和多种译法，以"菩萨"这一重要而又常用的佛教术语为例，"𫟃𫟄"一词源自汉文的意译"觉有情"或"道众生"，"𫟅𫟆"是汉语"菩萨"的音译。"𫟇𫟈𫟉𫟊"源自藏语 byang chub sems dpa'，是个"藏式词"。"𫟅𫟆𫟉𫟊"则是个"汉藏混合词"，"𫟅𫟆"音译汉语"菩提"，"𫟉𫟊"字面意义是"勇识"，是对藏文 sems dpa'（识勇）的意译。尤其是这类带有"西夏风格"的混合词，为佛教术语增添了新的内容。佛典中的许多概念和术语本来就冷僻和晦涩，加之此类西夏佛教术语的出现，这种情形更加严重。期待学界能够早日编成《汉梵藏夏佛教术语大词典》，以推动西夏佛教文献研究。

鉴于西夏佛教文献内容庞杂，分类困难，本志主要按文种作了简单的划分，共收录西夏文类佛教文献 446 条，其中译自汉文的佛教文献 176 条，非译自汉文的佛教文献 270 条；汉文类佛教文献 104 条，其中西夏汉译藏传佛教文献 78 条，西夏刊汉传佛教文献 15 条，西夏编集佛教文献 11 条；藏文类佛教文献 5 条，梵文类佛教文献 1 条，合计 556 条。

---

① 聂鸿音：《西夏的佛教术语》，《宁夏社会科学》2005 年第 6 期。

一、西夏文类佛教文献

（一）译自汉文的佛教文献

二十七品之诠疏

西夏文译佛教文献。当据汉文本翻译，汉文原本待考。写本，卷子装。前缺，存尾题。西夏文题：𗗻𗾈𗑷𗎺𗏹𗄹𗗙。

黑水城出土。俄藏编号：Инв. № 4721。

二十唯识记

西夏文译佛教文献。《唯识二十论》之注。《唯识二十论》有大唐三藏法师玄奘的汉译本。译写年代当在夏献宗乾定年间。一本背面为《金刚般若科第经颂义解集》，存"集"作者题款，汉译"黑山沙门善信集"，当汉文底本之作者。一本存年款，汉译"乾定猴年（1224）六月七日""乾定鸡年（1225）"。① 西夏文题：𗗻𗾈𗙵𗾈𗬚。

黑水城出土。俄藏编号：Инв. № 5934、2535。

---

① Е. И. Кычанов, *Каталог тангутских буддийских памятников*, стр. 451.

十一面神咒心经

西夏文译佛教文献，据玄奘汉译本翻译，译者、成书年代不详。经折装，刻本，共存 44 折，孤本。刻工疑为汉人，除了按习惯用汉文写下的书题简称和雕版标号外，印本中还有一些刻错的西夏字。带有明显的元代版刻特征，有可能为黑水城古塔封闭于北元而非西夏时期的说法提供佐证。[1] 西夏文题：[illegible]。

黑水城出土。俄藏编号：Инв. № 6176。

十二缘生祥瑞经

西夏文译佛教文献，据宋施护同名汉译本翻译。译者及成书年代不详。写本，卷子装。以十二因缘之各支断人吉凶，保存有目前仅见的西夏语译印度纪月法。经题中“祥瑞”，西夏文作“[illegible]（瑞相）”。西夏文题：[illegible]。

黑水城出土。俄藏编号：Инв. № 891、4810V—1、4810V—2、4810V—3、7166。英藏编号：Or.12380—3584。

十八契印

西夏文译佛教文献，又作十八道契印、十八道。当据同名汉本翻译，译者及成书年代不详。刻本，残。内容为密教修行者观法时所采用的合掌方式。西夏文题缺。

黑水城出土。日藏编号：天图（183 イ 279）39—13b、14a、39a，天图（180 イ 1）03—02。

---

① 聂鸿音：《〈十一面神咒心经〉的西夏译本》，《西夏研究》2010 年第 1 期。

十王经

西夏文译佛教文献，当据汉文《佛说十王经》翻译，这是一部不为历代大藏经所收录的"疑伪经"。沙门法海译，成书年代不详。写本，译本存尾题，汉译"番本译者座主赐绯沙门迷宁法海"。经文内容与敦煌汉文本差别较大，且其中出现一些译自藏文的词语。① 西夏文题：𗗘𗾰𗈜𗄭。

黑水城出土。俄藏编号：Инв. № 819、4976。

七佛八菩萨所说大陀罗尼神咒经

西夏文译佛教文献。据同名汉译本翻译，原书四卷。西夏本译者及成书年代不详。写本，经折装，前缺。西夏文题：𗧓𗥦𗣼𗙻𗼋𗺓𗄻𗋽𗴲𗈜𗄭𗈛𗈜𗄭。

黑水城出土。俄藏编号：Инв. № 69、2343、3331、6039。

八斋近住戒经

西夏文译佛教文献。佛家斋戒仪轨。当据汉文翻译，原作不详。与敦煌出土 S.1306《佛说八斋近住净戒经》内容迥异。西夏文一本存施印年款，汉译作"天盛丁丑九年七月日施"，故其译成不晚于 1157 年。书中征引了不少引文，大多不引自原典，而来自《法苑珠林》。② 西夏文题：𗣼𗊱𗈜𗴴𗤁𗰖。

黑水城出土。俄藏编号：Инв. № 733、5964。

三十五佛等共十三部

西夏文译佛教文献集。共十三部文献，存十二部。刻本，经折装。包括《佛说一切如来悉皆摄受三十五佛忏悔仪轨》《金刚般若波罗蜜经》《佛说佛

---

① 　张九玲：《俄藏西夏本〈佛说十王经〉述略》，《首都师范大学学报》2019 年第 2 期。
② 　聂鸿音：《西夏本〈近住八斋戒文〉考释》，《台大佛学研究》第二十三期，台湾大学文学院佛学研究中心，2012 年。

母出生三法藏般若波罗蜜多经》等佛教文献及《瑜伽夜五更》。卷末存乾祐庚戌二十一年（1190）校印题记。正文附有版画。[①]西夏文题：𗖰𗟲𗉘𗃶𘊄𘄒𗖰𗆧。

黑水城出土。俄藏编号：Инв. № 7840。

三观九门枢钥

西夏文译佛教文献。原文署白云释子集。白云释子为北宋时期白云宗创始人白云清觉（1043—1121）。译写年代当在夏末元初。写本，保存基本完整。"三观九门"是对杜顺基于《华严经》三观、天台智者大师基于《法华经》三观、宗密基于《圆觉经》三观的高度概括。清觉在阐释它们之间关联的同时，所表明的主旨更倾向于宗密的圆觉三观，与宗密"直显心性"等观点相合。这一倾向进一步说明白云宗的教义乃"主述华严"，"圆通儒释道三教"，并将当时江南盛极一时的宗密华严观法奉为圭泉。[②]文中有"观心图"以及"三观九门图"，另附有《了悟歌》《道宫歌偈》等，内容分别与西夏文《三代相照言集》卷首所收"白云释子道宫偈"和"白云大师了悟歌"相近，其间的差异应是出自不同的译者之手所致。原文后附西夏文写本医方《敕赐紫苑丸》一则。西夏文题：𗖰𗄮𘕿𗆧𘃸𗗙。

黑水城出土。俄藏编号：Инв. № 2251。

三宝加赞颂

西夏文译佛教偈颂。来源不详，或译自汉文。译者及成书年代不详。出土皆写本，册叶装。有单件独立者，有作为《秘密供养根》系列偈颂合集之

---

① 孙伯君：《黑水城出土三十五佛名礼忏经典综考》，载《吴天墀教授百年诞辰纪念文集》，四川人民出版社 2013 年版。

② 孙伯君：《元代白云宗译刊西夏文文献综考》，《文献》2011 年第 2 期。《西夏文〈三观九门枢钥〉考补》，《宁夏社会科学》2019 年第 4 期。

组成者。西夏文题：𗙫𗙫𗙫𗙫𗙫。

黑水城出土。俄藏编号：Инв. № 6750、6771。英藏编号：Or.12380—3615。

大方广佛华严经

西夏文译佛教文献。依唐实叉难陀汉译本翻译，为八十卷本华严。此经又多处或现梁太后、秉常皇帝名号，或现仁宗皇帝名号，俄藏梁太后译经题款两种，译文为"天生全能禄番祐圣正国太后梁氏""天生全能禄番式法正国太后梁氏"；秉常皇帝译经题款一种，译文为"就德主国增福正民大明皇帝嵬名"；仁孝皇帝校经题款一种，译文为"奉天显道耀武宣文神谋睿智制义去邪惇睦懿恭皇帝"。故知此经至迟在惠宗朝梁太后1085年去世之前译成，在仁宗朝又重新校勘。卷首有说法图一幅，各卷经题之下有西夏文函号。函号有两套，一套来自经名"𗙫𗙫𗙫𗙫𗙫𗙫𗙫𗙫"，用于单行本。一套来自模仿汉文《千字文》的西夏文作品，汉译"晚资产铁生末河山"，应该用于西夏文大藏经本。俄藏多本前另有八十华严名略。现存有西夏本、元本多种，又有泥活字、木活字本以及大量写本。日藏卷五末尾有牌记二行，汉译"都发愿令雕碎字管勾印制者都罗慧性，复一切同发愿助缘随喜者，皆当共成佛道"。西夏文题：𗙫𗙫𗙫𗙫𗙫𗙫𗙫𗙫。

黑水城、灵武、莫高窟（D）、天梯山、下西沟岘出土。俄藏编号：Инв. № 2740、298、349、321、6457、249、90、334、89、8326、335、2444、336、337、339、338、340、297、342、4666、341、343、2719、3360、318、334、319、320、5929、299、322、4017、323、324、325、327、328、326、5900、329、3534、330、331、331、332、333；300（写本一，经折装。存第1、2、4、7、8、10、11、13—17、19—21、23—26、28、30—32、35、37、39、42、45、51—57、62、64、72、74、77—80等卷）；4271—4284、4295、4297、5322、5326、5333、5758、6330、6337、6338、7375、7650、7651（写本二，贝叶

经。保存完整）；3780（刻本，蝴蝶装。存 64 叶。人庆乙丑二年十月十七日施印）。英藏编号：Or.12380 1025、1050、1372、1996、2023、2025、2063、2179RV、3446RV、3702。中藏编号：B11·062［3.15］、B11·063［3.16］、B11·064［3.01］、B11·065［3.02］、B11·066［4.12-1］、B11·067［3.03］、B11·068［3.04］、B11·069［3.16］、B11·070［3.05］、B11·071［4.12-5］、B11·072［3.06］、B11·073［3.07］、B11·074［4.12-1］、B11·075［3.08］、B11·076［3.09］、B11·077［4.12-4］、B11·078-B11·081［3.10-3.13］、B11·082［6.17］、B11·083［6.18］、B11·084［5.14-1］、B11·085［6.19］、B11·086［3.14］、B11·087［di8jian］、B11·088［6.01］、B11·089［6.02］、B11·090［5.01］、B11·092［5.04］、B11·093［5.03］、B11·094［5.05］、B11·095-B11·098［6.03-6.06］、B11·099［5.14-2］、B11·100-B11·103［6.07-6.10］、B11·104-B11·107［5.06-1、2、3、4］、B11·108［6.11］、B11·109［6.20］、B11·110［5.06］、B11·111［6.12］、B11·112［4.12—2］、B11·113［5.07］、B11·114［6.21］、B11·115［6.13］、B11·116［6.22］、B11·117［6.14］、B11·118［6.23］、B11·119［1.01］、B11·120-B11·124［5.08-5.12］、B11·125［6.15］、B11·126［5.13］、B11·127［6.16］、B21·010［X2［419.5 10.10］］、B51·001、N11·004［03941］、N31·001、N31·002、G11·040［B53：10（正）］、G11·041［D.752—6］、G21·036［13221］、G21·056［T27］、G21·078［7.12］、M21·224［F14：W13］、S21·006［2gz59］；张思温藏［无编号］（共一函五卷，自卷 11 至卷 15）。日藏编号：京大一 19、21、23、15，京大二 20、17、15、12，阪大［无编号］，天图（183 亻279）39—09、15、19b、23、38，天图（183 亻153）。

大方广佛华严经海印道场十重行愿常徧礼忏仪

西夏文佛教文献。西夏遗僧一行沙门慧觉作。传世汉文本《大方广佛严经海印道场十重行愿常徧礼忏仪》题"唐兰山云岩慈恩寺护法国师一行沙门慧觉依经录，宋苍山载光寺沙门普瑞补注。"一行慧觉为夏末元初人，乃西夏遗僧。西夏文本《忏仪》所存对应于汉文本《忏仪》卷一三之一部分，所据经文为《华严经》卷九《华藏世界品第五》。西夏文本与汉文本有所出入，汉文本《忏仪》穿插《华严经》经文，西夏文本则无。① 另见汉文《大方广佛华严经海印道场十重行愿常徧礼忏仪》。西夏文题缺。

出土地不详。中藏编号：S21·002［2gz64］。

大方广佛华严经随疏演义钞

西夏文译佛教文献。据唐代澄观同名汉文本翻译，译者座主乃来法明。据 Инв. № 5130《胜慧到彼岸要门修教观证庄严论显颂》传译题记，神宗光定年间曾设有校译和刊印疏钞的专门机构，表明翻译时间应在夏神宗时期（1211—1223）。写本，卷子装。所存为卷十三下半残片。卷尾保留西夏文译抄者"译者中座主匠臣乃来法明，发愿者和尚慧□，书清样者内宿司司吏牢遇才明。一遍校同、二遍校同"。存世西夏遗僧一行慧觉译《大方广佛华严经海印道场十重行愿常徧礼忏仪》所列九位"大夏国弘扬华严诸师"中，有"南无大方广佛华严经中流传印造大疏钞者新圆真证帝师""南无大方广佛华严经中开演疏钞久远流传卧利华严国师"等记载，其中所及"疏钞"包括此《随疏演义钞》。② 西夏文题：𗹙𗤻𗗙𘄄𗤻𗗙𗠃𗩭𘏨𘄄𗗼𗶷𗏹。③

黑水城出土。俄藏编号：Инв. № 7211。

大方广佛华严经普贤行愿品

西夏文译佛教文献。《大方广佛华严经入不思议解脱境界普贤行愿品》的单行本。版口题西夏文的书名简称"𗤻𗗙"，即"普贤"，为经题简称。西夏

---

① 许鹏：《中藏 S21·002 西夏文〈华严忏仪〉残卷考释》，《五台山研究》2015 年第 1 期。

② 孙伯君：《澄观"华严大疏钞"的西夏文译本》，《宁夏社会科学》2014 年第 4 期。

③ 经题中的"𗏹"，有"补"义，对译"钞"。疏以通经，钞以通疏。

文题：𗹲𗴺𗹬𘄴𗹬𗖼𗖰𗗙𗴴𘃪𗹬𘝵�137𘉞。

黑水城、莫高窟出土。俄藏编号：Инв. № 226、746、777、778、2833、3697、4350、6171、6372、6874、7125。英藏编号：Or.12380 0058、0224、0254、0257、0378、0393RV、0623V、0393RV、0746、0754、0783、0693、0699、0700、0738、0803、1895RV、2230b、2244、2758、2869aRV、2869bRV、2942、2961、2964、2967、2968RV、3084aRV、3084bRV、3186、3203RV、3204RV、3212RV、3213RV、3215RV、3501。中藏编号：G21·055［10705］①。

大方广佛华严经普贤行愿品并科文

西夏文译佛教文献。内容为《大方广佛华严经入不思议解脱境界普贤行愿品》及其科判。科判当据宋遵式所治汉文本译，译者及成书年代不详。所存皆残叶。西夏文题缺。

黑水城出土。英藏编号：Or.12380—3483、3484。

大方广圆觉修多罗了义经

西夏文译佛教文献。依唐罽宾三藏佛陀多罗同名汉译本翻译，译者及成书年代不详。刻本，经折装，存2折。② 西夏文题缺。

宁夏贺兰山山嘴沟等地出土。中藏编号：宁考古所 K2 : 138。英藏编号：Or.12380—0431（K.K.II.0285.a.xxxiv）。

大方广圆觉修多罗了义经并科文

西夏文译佛教文献。内容为《大方广圆觉修多罗了义经》及其科判。前

---

① 此件文献系1966年至1967年，"破四旧"运动中，兰州市一些单位将收缴的古籍字画交到甘肃博物馆，陈炳应先生从中所发现。原件出土地不详。见《中国藏西夏文献综述》，《西夏学》（第二辑），宁夏人民出版社2007年版，第54页。

② 孙昌盛：《贺兰山山嘴沟石窟出土西夏文献初步研究》，载《黑水城人文与环境研究》，中国人民大学出版社2007年版。

者又简称《圆觉经》，依唐罽宾沙门佛陀多罗同名汉译本翻译；后者当依宗密之科判翻译。译者及成书年代不详。出土皆残叶。西夏文题缺。

黑水城出土。英藏编号：Or.12380—0054（K.K.II.0283.kkk）、0384（K.K.II.0285.jjj）、0399（K.K.II.0285.a.i）、2294RV（K.K.II.0282.ddd）、2762（K.K.II.0254.n）、2764R（K.K.II.0277.ff）。

大方广菩萨藏文殊师利根本仪轨经

西夏文译佛教文献。简称《文殊仪轨》《菩萨藏仪轨经》。据宋天息灾同名汉文本翻译，原本二十卷，译者及成书年代不详。存卷一三残片两纸。[①] 西夏文题缺。

黑水城出土。中藏编号：B41·002。

大方等大集经

西夏文译佛教文献。据北凉昙无谶同名汉文本翻译。写本，卷子装。译者及成书年代不详。原书属于各种大乘经籍的汇编，隋代增加了那连提耶舍等译的《日藏经》等作品，共30卷。夏译本存第七、八、九、十卷。西夏文题：𗹦𗸁𗈪𗹦𗰜𗣼𗙴。

黑水城出土。俄藏编号：Инв. № 5054、6882、5563。

大方等无想经

西夏文译佛教文献。据北凉昙无谶同名汉文本翻译。题款汉译"天生全能禄番式法正国皇太后梁氏御译，就德主国增福正民大明皇帝嵬名御译"，可知其在惠宗秉常（1068—1086）朝译成。卷六经题下有函号"娴"[②] 西夏文题：

---

① 杨志高：《考古研究所藏西夏文佛经残片考补》，《民族语文》2007年第6期。
② ［日］西田龙雄：《西夏译经杂记》，载《西夏文华严经》（Ⅱ），日本京都大学文学部，1976年，あとがき（后记）。

𗼃𗣼𗫋𗧾𗕥𗪛𗰜。

出土地不详。瑞典藏编号缺。

大庄严论经

西夏文译佛教文献。据后秦鸠摩罗什同名汉译本翻译，译者及成书年代不详。汉文原本共 15 卷，西夏文译本存卷一。写本，经折装。共 66 折。[①] 西夏文题：𗋾𗥃𗄜𗤭𗆊𗧃𗰜。[②]

黑水城出土。俄藏编号：Инв. № 91。

大宝积经

西夏文译佛教文献。据唐菩提流志同名汉译本翻译，题款汉译"天生全能禄番式法正国皇太后梁氏御译，就德主国增福正民大明皇帝嵬名御译"；一本题款汉译"奉天显道耀武宣文神谋睿智制义去邪惇睦懿恭皇帝"或"奉天显道"。故知此经至迟在惠宗（1068—1086）朝梁太后去世之前译成，在仁宗朝又重新校勘。存写本、刻本，有经折装、梵夹装多种。汉文原本共 120 卷，西夏文译本可拼配完整。各卷经题下有函号。Инв. № 363 卷尾题记，汉译"天盛壬午十四年（1162）七月十三日写毕，写经发愿者黑水转运嵬名酉牢，写者梁曼殊言，重校野利宝成。"[③] 西夏文题：𗼃𗤶𗦲𗰜。

黑水城、莫高窟、亥母洞出土。俄藏编号：（一）Инв. № 363、365、368、369、371、2746、3364、372、3469、554、374、553、376、2386、398、401、2742、3071、3097、405、407、409、413、3274、414、415、2664、3133、3278、3540、5848、2724、2729、429、4021、433、552、6271、436、437、

---

① 王龙：《黑水城出土西夏文〈大庄严论经〉考释》，"第五届中国少数民族古籍文献国际学术研讨会"会议论文，银川 2015 年。

② 𗤭𗆊，本母。案"本母"的梵文为 Mātṛkā，"摩怛履迦"为其音译，有"议论"意。

③ Е. И. Кычанов, *Каталог тангутских буддийских памятников*, стр. 320–353.

439、2396、6397、568、443、444、3537、450、3579、455、500、481、480、
479、477、104、475、473、472、2385、465、464、460、483、485、488、
490、491、495、497、498、502、504、506、507、3301、509、4021、510、
513、515、520、3298、523、524、7797、3540、527、3279、529、551、550、
3397、556、2730、532、533、534、557、536、537、539、540、558、2439、
402、2482、546、545、544、543、542；（二）Инв. № 354、6272、365、367、
370、373、375、377、399、400、403、404、406、2723、408、410、411、
555、416、427、428、430、431、432、434、435、723、438、519、440、
441、442、445、449、448、447、446、451、452、453、454、456、457、
1236、1292、478、476、474、466、6397、463、462、459、458、484、486、487、
489、492、493、496、499、3361、503、505、508、6252、511、512、514、516、
517、518、1491、1490、521、522、3536、2722、525、6252、2791、526、528、
530、531、549、547、548、535、538、2725、541；（三）Инв. № 5734、5744、
5866、6328、7334、7546、7647、7648、7657、7670、7755；（四）Инв. № 6880；
（五）Инв. № 7424。英藏编号：Or.12380 0408、0933、1064、1223、1920、
1968、2605、2666、3435RV、3669a。法藏编号：Pelliot Xixia 924（Grotte 181）
122。

大乘大集地藏十轮经

西夏文译佛教文献。据唐玄奘同名汉译本翻译，译写年代不详。汉文原
本 10 卷，夏译本残存五片。泥活字本。西夏文题缺。

莫高窟出土。中藏编号：G11・105［B59：62、B59：75］。

大乘本生心地观经

西夏文译佛教文献。据唐般若同名汉译本翻译，译者及成书年代不详。
汉文原本 8 卷，夏译本仅存一残片，系西夏文《现在贤劫千佛名经》之裱纸。

泥活字本。西夏文题缺。

宁夏灵武出土，中藏编号：B11·121［3.15×−18］−1P。

大乘百法明门论略释

西夏文译佛教文献。《大乘百法明门论》的注释之作。译者及成书年代不详。草书，卷子装，前缺。西夏文题：𗰕𗫀𗤶𗖰𗫨𗦀𗧠𗷓𗫨𗫵。

黑水城出土。俄藏编号：Инв. № 897。

大乘百法明镜集

西夏文译佛教文献。当据唐玄奘《大乘百法明门论》汉译本翻译。译者及成书年代不详。写本，卷子装，残存尾部。西夏文题：𗰕𗫀𗤶𗖰𗫨𗴮𗽪。

黑水城出土。俄藏编号：Инв. № 5153。

大乘百法明镜集之要释诠义

西夏文译佛教文献。当《大乘百法明镜集》的注释之作。译者及成书年代不详。原本至少有上、中、下 3 卷，存上、中两卷。草书，卷子装，残存尾部。西夏文题：𗰕𗫀𗤶𗖰𗫨𗴮𗽪�838𗷓𗪉𗗟𗨁。

黑水城出土。俄藏编号：Инв. № 5925、5046V。

大乘庄严经论

西夏文译佛教文献。摘译自唐波罗颇蜜多罗同名汉译本。译者及成书年代不详。草书。经题后有函号"须（国）"。与摘译自汉文本的《佛说大迦叶问大宝积正法经》和《广大宝楼阁善住秘密陀罗尼经》合抄在一起。[1] 西夏文题简称：𗥃𗬼𗷓𗫨。

---

① 王龙：《俄藏 7979 号西夏文草书佛经考释》，《文献》2022 年第 5 期。

黑水城出土。俄藏编号：Инв. № 7979。

大乘阿毗达磨集论

西夏文译佛教文献。据唐玄奘《大乘阿毗达磨集论》汉译本翻译，原本七卷。题款汉译"无著菩萨造，汉本大唐三藏法师玄奘译"。夏译者及成书年代不详。存卷三。写本，经折装。西夏文题：𗙽𗊱𗏵𘂆𗰗𘃡𗧓𗾔𗖻。

黑水城出土。俄藏编号：Инв. № 70、2651。

大般若波罗蜜多经

西夏文译佛教文献，据唐玄奘同名汉译本翻译。部分卷号存译经题记，汉译"天生全能禄番式法正国皇太后梁氏御译，就德主国增福正民大明皇帝嵬名御译"；亦存校经题记，汉译"奉天显道耀武宣文神谋睿智制义去邪惇睦懿恭皇帝"。知此经在惠宗秉常（1068—1086）朝翻译，仁宗仁孝时期又重新校勘。汉文原本共 600 卷，出土西夏文译本暂见写本，经拼合可得前 450 卷，共计用 45 个西夏字作函号，四字一句，"𗼾𗸐𗢸𘋈，𗫂𗥃𗤁𗤱。𗵒𗆄𗵒𗉞，𗼻𗪉𗧠𗵘。𗖵𘈩𗳌𗵒，𗭌𗣼𗮔𘕤。𘀄𗁅𗙏𗚩，𗣼𘃊𗣗𘈷。𘂚𗤁𗤀𘝵，𘜼𗈁𘉌𗵐。𗥊𗵒𗫌𗧠，𗭌……"汉译"高天不散，空广最胜。幽地神首，圣宫聚集。霄地本源，鸟产卵蛋。有灵已就，些许未全。日月星无，暗昧斑见。四大和合，云……"。是一则西夏卵生神话故事，反映了党项羌族的宇宙观。黑水城出土的佛经中以此类经数量最多，共有两千多个编号，约占全部西夏文献编号的四分之一。西夏中斯 以后，藏传佛教成为主流，但从抄经的角度而言，在黑水城地区，汉传佛教的影响依然大于藏传佛教。诸本皆为时人发愿分卷抄写，故卷尾保存题记资料颇丰，约 300 余件。[1] 西夏文题：𗙽𘝵𘕿𗵤𗤀𗤁

---

[1]　黄延军：《中国国家图书馆藏西夏文〈大般若波罗蜜多经〉研究》（上下册），民族出版社 2012 年版。Yulia Mylnikova，彭向前：《西夏文〈大般若波罗蜜多经〉函号补释》，载杜建录主编《西夏学》（第 10 辑），上海古籍出版社 2013 年版。

𗢍𗣫𗗟。

黑水城、莫高窟出土。俄藏编号：Инв. № 151、184、189—193、412—416、625—682、779、783、790—797、828—831、907、918、920、922—926、928、932、933、979—1160、1162、1190、1192—1200、1202、1235、1241—1291、1293、1489、1492—1980、2004—2262、2343、2359、2365、2376、2410、2414、2496、2500、2501、2504、2632、2661、2671、2676—2718、2746—2763、2766—2816、2914、2916、2922、2929、2932、2961、2977、2990、2991、3028、3048、3107、3108、3117、3120、3132、3141、3154、3163、3178、3194、3199、3209、3215、3236、3252、3284、3295、3296、3363、3375、3396、3438、3441、3480、3497、3512—3533、3600—3613、3858、3932、3986、4055、4237、4266、4285—4287、4293、4298—4327、4329—4335、4339、4391—4426、4534、4535、4567、4569、4573、4574、4604、4606、4608、4609、4614、4618、4629、4644、4647、4648、4657、4661、4701、4702、4749—4751、4809、4811—4813、4815、4820、4821、4830、4831、4857、4884、4936、5026、5035—5037、5092、5104、5107、5155、5186、5320、5321、5331、5332、5585、5610—5645、5648、5661、5753—5755、5759、5762、5778、5780、5781、5835、5846、5849、5850、5854—5865、5884、5890、5897、5898、5918、5981、5992—5994、6008、6026、6027、6037、6038、6039、6045、6047、6133、6146—6151、6155、6198、6223—6228、6241—6243、6254—6256、6273—6280、6303、6304、6320—6327、6333—6336、6387—6396、6437、6438、6441、6454、6463、6555、6574、6575、6598、6601、6633、6634、6641—6643、6652、6657、6664、6725、6919—6928、6937、6941、6942、6945、6947—6949、6951、6958、6964、7061—7065、7069—7073、7076—7080、7083—7087、7172、7200、7206、7208—7210、7213、7222、7225、7227、7229、7230、7232、7235、7236、7243、7254、7298、7299、7302、7308、7317、

7365—7370、7478、7479、7495、7498—7501、7512、7537—7541、7543—7545、7552、7565、7573、7639—7643、7658—7666、7718、7722、7723、7727、7731、7768—7773、7775、7776、7796、7803、7816、7935、7937—7940、7942、7949、7950、8017。英藏：Or.12380—0033、0037、0035、0227、0237、0249、0259aRV、0308、0320g、0333、0346、0350、0352RV、0394RV、0411、0413、0428、0523、0536RV、0544、0548、0549、0562、0575、0584、0600、0646、0659、1026、1027、1028、1036、1037、1038、1046、1058、1068、1070、1079、1086、1091、1125、1126、1128、1163、1169、1170、1186、1207、1212、1214、1215、1216、1217、1218、1221、1224、1226、1227、1228、1229、1230、1231、1232、1233、1234、1235、1236、1237、1238、1239、1240、1241、1242、1244、1245、1246、1247、1249、1250、1251、1253、1254、1255、1256、1257、1258、1261、1262、1263、1264、1265、1266、1267、1268、1270、1272、1273、1274、1275、1277、1278、1279、1280、1282、1284、1290、1292、1293、1294、1295、1296、1298、1303、1307、1309、1308、1311、1313、1314、1315、1316、1318、1319、1322、1324、1325、1326、1327、1328、1329、1330、1331、1332、1333、1334、1338、1341、1342、1344、1345、1347、1349、1350、1351、1361、1362、1363、1367、1369、1373、1374、1378、1384、1389、1390、1398、1902、1903、1928、1960、1961、1962、1963、1964、1966、1967、1969、1970、1972、1973、1975a、1975b、1975c、1976、1981a、1985、1986、1987、1988、2002、2003、2004、2005、2006、2007、2008、2009、2010、2011、2012、2013、2014、2016、2017、2018、2019、2020a、2020b、2021、2022、2029、2105RV、2106RV、2107、2108、2110、2111RV、2112、2113、2114RV、2115、2116RV、2117、2118、2119、2120、2121R、2122RV、2123、2124、2125RV、2126、2127、2129、2130、2131、2133、2146、2147、2171、2186、2187、2188、2190、2191、2192、2193、2194、2195、2196、

2197、2198、2199、2200、2209、2210、2211、2212、2213、2214、2215、2217、2218、2219、2220、2221、2223、2224、2225、2226、2228、2229、2361、2466、2513RV、2523、2540、2547、2550、2573RV、2577、2597RV、2598、2602、2608、2611、2635RV、2637、2638、2643、2654RV、2655RV、2656RV、2658、2664RV、2675RV、2676、2678RV、2679、2680、2681a、2681b、2682、2683、2686、2789RV、2790、2794、2795、2796a、2796b、2797、2798、2799、2800、2801、2802、2803、2804、2805RV、2806、2807、2808、2809、2810、2811、2812、2813、2828、2829RV、2830、2831、2832、2833、2834、2836、2843、2973、3009RV、3145、3146、3147a-e、3148、3150、3433、3434、3436、3437、3438、3439、3440、3442、3443、3444、3445、3447、3448、3449、3450、3451、3452、3453、3454、3455RV、3456RV、3457RV、3458、3459、3461、3462、3463、3464、3465、3466、3468、3469、3470、3471、3472、3473、3474、3475、3476、3477、3479、3587、3588、3589、3590、3591、3595、3596、3618、3667、3668a、3668e、3674RV、3696、3705。中藏编号：B11・003［7.12］、B11・004［7.06］、B11・005［7.16］、B11・006［7.19］、B11・007［7.14］、B11・008［7.03］、B11・009［7.11］、B11・010［7.13］、B11・011［7.05］、B11・012［7.04］、B11・013［7.10］、B11・014［7.02］、B11・015［7.09］、B11・016［7.17］、B11・016［4.12-3］、B11・017［7.18］、B11・018［7.08］、B11・019［7.07］、B11・020［7.01］、B11・021［7.20］、B11・022［7.21］、B11・023［7.15］；S21・004［2gz57］、G11・121［B56：33］、G11・146［B184：8］、M21・141［F193：W22236+F193：W12235］、M21・026［F17：W70535］、M21・138、M21・140［F79：W20937］、M21・143—144［F9：W51］。

大般涅盘经

西夏文译佛教文献。据北凉昙无谶同名汉译本翻译，存译经题款，汉译

"天生全能禄番式法正国皇太后梁氏御译，就德主国增福正民大明皇帝嵬名御译"；一本又存仁孝皇帝校经题款，汉译"奉天显道耀武宣文神谋睿智制义去邪惇睦懿恭皇帝"。故知此经至迟在惠宗朝梁太后去世之前译成，在仁宗朝又重新校勘。汉文原本共 40 卷，西夏文译本较为完整。所存多写本，有经折装、梵夹装多种。梵夹装函号存"𗙴、𗥑、𗹏、𗕾、𗙊、𗤁"。内有宋代沙门慧严等依泥洹经加之《大般涅盘经》卷二十七。西夏文题：𗊙𗟲𗙴𗂧𗉘𗢭。

黑水城出土。俄藏编号：（一）Инв. № 86、5075、5019、5163、4878、4574、780、4733、4757、5068、6025、5131、4381、4731、5072、920、6929、5017、4850、5183、5018、4758、5182、4726、7574、5053、8014、6039[①]；（二）Инв. № 976、974、977、973、975、972、3189、971、1986、2002、1987、1981、1989、5790、1985、1991、2003、1997、1992、6312、8308、2000、1199、1239、1988、7725、978、1240、1984、1237、1238；（三）Инв. № 965、958、380、381、383、385、2733、964、3490、387、960、3173、7502、394、969、393、100、391、4019、2731、6270、1996、930、6650、420、6650、3256、959、3544、419、962、7716、424、425、966、2697、464、967、7717、471、963、3543、467、6401；（四）Инв. № 379、956、382、384、968、957、386、6702、388、2764、397、2732、369、395、417、392、1995、1191、390、389、599、422、421、3868、1994、418、423、961、426、1982、1983、6639、470、7814、469、468、970；（五）Инв. № 6331、6332、6339、5331；（六）Инв. № 7373；（七）Инв. № 7549。英藏编号：Or.12380—0247、0402、0515、2552、2607RV、2647、2657、3302RV、3441RV、3515RV、3592、3600、3601RV、3661aRV、3944。

---

①　按 Инв. № 6039 初著录为《妙法圣念处经》，经麻晓芳博士考证，此卷另有《大般涅盘经》《大般若波罗蜜多经》《七佛八菩萨所说大陀罗尼神咒经》《增一阿含经》等四部佛经残卷。参见麻晓芳《西夏文〈妙法圣念处经〉残卷考释》，"第五届中国少数民族古籍文献国际学术研讨会"会议论文，银川 2015 年。

大唐三藏西天

西夏文译佛教文献。当据汉文翻译，原作待考。译者及成文时间不详。写本，蝴蝶装，全文留存，共 20 面。西夏文题：𗼇𘜶𗿒𗕑𗙼𘄷。

黑水城出土。俄藏编号：Инв. № 2554。

大悲心陀罗尼经

西夏文译佛教文献。当据同名汉译本翻译。译者及成书年代不详。写本，内容近于唐西天沙门伽梵达摩所译《千手千眼观世音菩萨广大圆满无碍大悲心陀罗尼经》。多处校改。[①] 西夏文题：𗼇𗤺𗵽𗕑𗀔𗰜𗾣𗿒。

黑水城出土。俄藏编号：Инв. № 619。

大智度论

西夏文译佛教文献。依后秦鸠摩罗什汉译本翻译。所存多种，其中两件为元代刊刻的河西字《大藏经》版本：一为法藏莫高窟残叶，上捺印 2 行汉字印记"僧录广福大师管主八施大藏经于沙州文殊舍利塔寺永远流通供养"。一为国图藏灵武所出经折装残本。面 6 行，行 17 字。版端接纸处有函号、汉文经名、卷号、板序号、刻工"任"，另刻有"五万册五□"。与《河西藏》版式非常吻合。[②] 西夏文题：𗼇𗤒𗮔𘕰𗷲。

黑水城出土。俄藏编号：Инв. № 563。中藏编号：B11·060〔3.15〕。法藏编号：110+112（r924）。日藏编号：东大高昌佛迹各种断简（A00—4034）。

---

① 段玉泉：《西夏文〈大悲心陀罗尼经〉考释》，载《薪火相传——史金波先生 70 寿辰西夏学国际学术研讨会论文集》，中国社会科学出版社 2012 年版。

② 段玉泉：《元刊西夏文大藏经的几个问题》，《文献》2009 年第 1 期。指出《河西藏》形制为经卷首题、尾题之下以及版端接纸处顶部刻有西夏文字函号，经折装，每折面文字 6 行、行 17 字。杭州万寿寺本《河西藏》雕刻主持人是鲜卑土情与知觉和尚慧中，而非管主八。管主八施印的《河西藏》即万寿寺版，时间在大德六年夏至大德九年底之间。如果将大藏经分南、北、中三系，《河西藏》当属南系大藏经。

广大供养典

西夏文译佛教文献。汉文原本待考，译者及成书年代不详。写本，卷子装。前缺，保存不善。西夏文题：𗥤𗆟𗡪𗖊𗼃。

黑水城出土。俄藏编号：Инв. № 4922。

广大宝楼阁善住秘密陀罗尼经

西夏文译佛教文献。摘译自唐菩提流志同名汉译本。译者及成书年代不详。写本。经题后有函号"𗈁（艺）"。与摘译自汉文本的《佛说大迦叶问大宝积正法经》和《大乘庄严经论》合抄在一起。[1] 另有俄藏 инв. № 5098《圣广大宝楼阁善住妙秘密释王总持经》，行文风格与不空译《大宝广博楼阁善住秘密陀罗尼经》最为相似。[2] 西夏文题：𗥤𗆟𗥤𗖊𗭞𗅂𗤻𗠁𗬩𗟲𗦲𗆧𗼃𗗙。

黑水城出土。俄藏编号：Инв. № 7979。

无量寿经

西夏文译佛教文献。亦称《大阿弥陀经》。据曹魏康僧铠《佛说无量寿经》汉译本翻译。译者及成书年代不详，写本，经折装，残存卷下大部分。[3] 西夏文题：𗥑𗆧𗒘𗼃𗗙。

黑水城出土。俄藏编号：Инв. № 2309。

不空羂索神变真言经

西夏文译佛教文献。据唐菩提流志同名汉译本翻译。译者及成书年代不详。汉文原本共 30 卷，所存为第 18 卷。其一为国家图书馆所藏元刊西夏文大藏经，经折装，前缺，存尾题。板间接纸处有西夏文函号及夏、汉两种文

① 王龙：《俄藏 7979 号西夏文草书佛经考释》，《文献》2022 年第 5 期。
② 麻晓芳：《西夏文〈圣广大宝楼阁善住妙秘密论王总持经〉考释》，《西夏研究》2014 年第 4 期。
③ 孙颖新：《西夏文〈无量寿经〉研究》，中国社会科学院 2013 年博士学位论文。

字的卷次及版叶数，另有刻工名"周子俊""任"。卷末之后墨书汉字人名，共 8 行，下残。其文为"海如于、信女王友……裴氏、纪荣、周……刘聪、刘氏、周……焦氏、张氏、潘氏……刘氏、于的、杨全、沈……梁氏、周荣、朱氏、周……周氏、李文学、徐海、王……蓝氏、王氏、王刚、刘……"①。西夏文题：𗹦𗱕𗤻𗤶𘃋𗰖𗭑𗤋𗴮𗤴。

宁夏灵武出土。中藏编号：B11·054［1.19］。

中华传心地禅门师资承袭图

西夏文译佛教文献。据汉文同名文献翻译。为华严禅文献。Инв. № 2261 刻本前有一幅"师资承袭图"，画上有四位宗师的坐像，分别是宗密、裴休、白云释子和张禅师。带有西夏文榜题的"师资承袭图"，应是白云宗西夏裔僧侣组织刊行《河西藏》的印记，而"师资承袭图"上的"白云释子"，指的就是白云祖师清觉。②西夏文题：𗫂𗹙𗤋𗖰𗒘𘊟𗩱𗭑𘄡𗥃𘏞。

黑水城出土，俄藏编号 Инв. № 2261、2865、2893。

仁王护国般若波罗蜜多经

西夏文译佛教文献。据唐不空同名汉译本翻译。此经分属 11 世纪的初译本和 1194 年由智能法师奉罗太后敕命校订并在纪念仁宗的法会上散施的校译本两种。③Инв. № 683 存题款，汉译"特进试鸿胪卿大兴善寺三藏沙门大广智不空奉诏汉译，就德主国增福正民大明皇帝依汉本御译"，"大明皇帝"即惠宗秉常（1068—1086）；佛经之后附有天庆元年（1194）皇太后罗氏施经发愿文，提及夏仁宗的城号"护城圣德至懿太上皇帝"，出现"中国大乘玄密国

---

① 段玉泉：《元刊西夏文大藏经的几个问题》，《文献》2009 年第 1 期。
② 孙伯君：《西夏文〈三观九门枢钥〉考补》，《宁夏社会科学》2019 年第 4 期。
③ 聂鸿音：《〈仁王经〉的西夏译本》，《民族研究》2010 年第 3 期。

师"①，即日后的"玄密帝师"。发愿文之前尚有智能法师的一则校经题记，提及"南北经"②。西夏文题：𗫴𗋽𘄒𗪊𗥤𘓓𗋽𗆧𘝯𗰚𗖰𘃸

黑水城出土。俄藏编号：Инв. № 101、106③、592、683、7787。英藏编号：Or.12380—0232、0255。中藏编号 B41·003。

附一：智能《仁王护国般若波罗蜜多经校译跋》译文：

> 此前传行之经，其间微有参差错谬衍脱，故天庆甲寅元年皇太后发愿，恭请演义法师兼提点智能，共番汉学人，与汉本注疏并南北经重行校正，镂版散施诸人。后人得见此经，莫生疑惑，当依此而行。④

附二：太后罗氏《仁王护国般若波罗蜜多经后序愿文》译文：

> 恭惟：人迷至觉，不知衣系神珠；佛运悲心，开示尘封大典。常匿文于龙府，先说法于鹫峰，藉阐和性之究竟，启悟黔首之执迷。是以愈诸烦恼，定依法药之功；超度死生，实赖慈航之力。今此《仁王护国般若波罗蜜多经》者，诸宗之大法，众妙之玄门，穷心智而难知，尽视听而不得。开二谛则胜义显，消七难则吉庆明。万法生成，看似水漂浮泡；三世善恶，说如云雾遮空。得闻二种名号，胜过布施七宝。普王一时闻偈，定证三空；帝释百座宣经，拒四军众。故斯经岂非愈疾之法药、渡苦之慈航耶？哀哉！因念先帝宾天，施福供奉大觉。谨以元年亡故之日，请工刊刻斯经，印制番一万部、汉二万部，散施臣民。又请中国大乘玄密国师并宗律国师、禅法师，做七日七夜广大法会。又请演义法师并慧照禅师，做

---

① 这里的"中国"，指西藏中部。
② 南经包括"开宝藏"（983年刻成）、"崇宁藏"（1104年刻成）、"圆觉藏"（1132年刻成）、"毗卢藏"（1151年刻成），北经包括"契丹藏"（不迟于1067年刻成）和"赵城藏"（1173年刻成）。参见聂鸿音《西夏佛经序跋译注》，上海古籍出版社，2016年，第127页。
③ 此上两件《西夏文献解题目录》据荒川研究补。参见荒川慎太郎《西夏文金刚经の研究》，松香堂，2014年，第43页。
④ 聂鸿音：《西夏佛经序跋译注》，上海古籍出版社2016年版，第126页。

三日三夜地水无遮清净大斋法事。以兹胜善，伏愿：护城神德至懿太上皇帝，宏福暗祐，净土往生。举大法幢，遨游毘卢华藏；持实相印，入主兜率内宫。又愿：宝位永在，帝祚绵延，六祖地久天长，三农风调雨顺。家邦似大海之丰，社稷如妙高之固，四方富足，万法弥昌。天下众臣，同登觉岸；地上民庶，悉遇龙华。

天庆元年岁次甲寅九月二十日，皇太后罗氏谨施。①

六吽要门

西夏文译佛教文献。当译自汉文，近于唐菩提流志译《六字神咒经》。原本及译者不详。写本，卷子装，前缺，存尾题。有曼陀罗画。西夏文题：𗵒𗙿𘆖𗡅。

黑水城出土。俄藏编号：Инв. № 4805。

六祖大师法宝坛经

西夏文译佛教文献。译自禅宗典籍《六祖大师法宝坛经》，六祖惠能说，弟子法海集录，夏译者不详。出土此文献为写本，现存13个残叶，除英藏外，皆书于文书《瓜州审案记录》背面，当为同本。《瓜州审案记录》有"天赐礼盛国庆元年腊月"（1069）、"天赐礼盛国庆二年七月"（1070）等七处年款。译写年代当在天赐礼盛国庆二年（1070）之后。残叶顺序排列为：（一）国博藏，（二）罗福成译（1），（三）北图藏（1），（四）罗福成译（2），（五）北大藏（1），（六）北大藏（2），（七）罗福成译（3），（八）罗福成译（4），（九）罗福成译（5），（十）日本藏，（十一）北图（2），（十二）北大藏（3）。②
西夏文题：𗵒𗵒𗁂𗄽𗄧𗗊𘒅𗆍𘝞。

---

① 聂鸿音：《西夏佛经序跋译注》，上海古籍出版社2016年版，第129页。
② ［日］西田龙雄：《西夏文华严经》（Ⅰ），京都大学文学部，1975年；史金波：《西夏文〈六祖坛经〉残页译释》，《世界宗教研究》1993年第3期。

灵武和黑水城出土。英藏编号：Or.12380—3870RV。中藏编号：B11・002〔84192V〕、B21・004〔X1–1（01639）V〕、B21・005〔X1–2（01639）V〕、B21・006〔622573（419.5 10.10a）V〕、B31・002〔63.542V〕；罗氏藏编号不详①、中研院傅图藏编号不详。日藏编号：龙大 02—02。

六道典

西夏文译佛教文献。当据宋法天《佛说六道伽陀经》汉译本翻译。译者及成书年代不详。写本，卷子装，残存尾部。西夏文题：𘜍𗹙𗡞。

黑水城出土。俄藏编号 Инв. № 6676。

文殊师利问地经

西夏文译佛教文献。据梁僧伽婆罗同名汉文本翻译，译者及成书年代不详。汉文原本两卷，夏译本存一残片。无正文，接纸处刻一西夏文函号，下接书汉文"文殊师利问地经卷上"，无刻板序数、刻工名称。此与国图藏大万寿寺本《河西藏》比较接近，应属管主八施印《河西藏》实物资料。②西夏文题缺。

莫高窟出土。中藏编号：G11・044〔B160：22〕。

文殊师利所说不可思议佛境界经

西夏文译佛教文献。据唐菩提流志同名汉文本翻译。译者及成书年代不详。所存皆刻本，其一为经折装，4 面，有尾题；一本仅存 4 行。西夏文题：𗙴𗏁𗣼𘄒𗱀𘁲𘆚𗧓𗾧𗒛𗤁𗴿𘃽。

黑水城出土。俄藏编号：Инв. № 6714。英藏编号：Or.12380—0957。

---

① 按 1932 年出版的《国立北平图书馆馆刊》第 4 卷第 3 期（西夏文专号）曾刊登上虞罗氏所藏该经三叶。

② 段玉泉：《元刊西夏文大藏经的几个问题》，《文献》2009 年第 1 期。

方广大庄严经

西夏文译佛教文献。据唐地婆诃罗《方广大庄严经》翻译。译者及成书年代不详。汉文原十二卷，夏译本为一残叶，写本，存 10 行。西夏文题：𗹙𗤎𗏇𗥃𗓽𗹏𗣼。

黑水城出土。中藏编号：M21·173［F14：W14］。

心地法门

西夏文译佛教文献。华严禅类作品。当依汉文《心地法门》翻译，伯希和敦煌收集品中有《心地法门》一卷。写本，蝴蝶装，全文留存。书中引用《禅源诸诠集都序》以及藏传旧译密咒的大圆满心部本续《遍作王续》，以圆融九种不同根器的行人所作之顿渐修习。① 西夏文题：𗤛𗿷𗤩𗒹𗥃。

黑水城出土，俄藏编号：Инв. № 7169。

正行集

西夏文译佛教文献。依据收入"普宁藏"的白云宗祖师清觉《正行集》的某个略注本译成。因与曹道乐的《德行集》题名相同，一度作为《德行集》的另一个文本而归为西夏文世俗著作。实为在元代翻译而成的一部佛经。② 西夏文题：𗹙𗣼𗠣。

黑水城出土。俄藏编号：Инв. № 146。

龙树菩萨为禅陀迦王说法要偈

西夏文译佛教文献。据宋求那跋摩同名汉译本翻译，译者及成书年代不详。汉文原本一卷，夏译本为一残叶。卷尾有一长方形压捺印记，有汉文两

---

① 杨杰：《佛典互译与汉藏佛教交融》，《中国社会科学报》2021 年 3 月 30 日。
② 聂鸿音：《西夏文德行集研究》，甘肃文化出版社 2002 年版；孙伯君：《西夏文〈正行集〉考释》，《宁夏社会科学》2011 年第 2 期。

行："僧录广福大师管主八施大藏经于沙州文殊舍利塔寺永远流通供养"。为管主八施印《河西藏》实物资料之一。[①]西夏文题缺。

莫高窟出土。中藏编号：G11·039〔B.159：26〕。

占察善恶业报经

西夏文译佛教文献。依隋天竺三藏菩提灯汉译本翻译，译者及成书年代不详。其一为木活字印本，经折装，存2折，每折面6行，行16字。[②]西夏文题缺。

宁夏贺兰山山嘴沟、莫高窟出土。中藏编号：宁考古所 K2：135、K2：12、K2：408。法藏编号：Pelliot Xixia924（Grotte181）083+116、027、068。

发菩提心论

西夏文译佛教文献。据姚秦鸠摩罗什《发菩提心论》汉译本翻译，原书两卷。译者及成书年代不详。所存有写本、刻本，皆残。西夏文题缺。

黑水城出土。俄藏编号：Инв. No.2904+2905。英藏编号：Or.12380——1880、1881a、1882a、1883a、1887a。

圣广大宝楼阁善住秘密释王总持经

西夏文译佛教文献。密教部类陀罗尼经之一。当据唐菩提流志汉译本翻译。译者及成书年代不详。西夏文译本经题较菩提流志汉译本多出"𗗙𗶷"（释王）二字。[③]写本，卷子装。前残。西夏文题：𗗙𗇋𗹫𗾟𗣼𘝞𗦀𗫂𗟭𗰗𗗙𗶷𗏹𗫉𗄻𘃼。

---

① 段玉泉：《元刊西夏文大藏经的几个问题》，《文献》2009 年第 1 期。

② 孙昌盛：《贺兰山山嘴沟石窟出土西夏文献初步研究》，载《黑水城人文与环境研究》，中国人民大学出版社 2007 年版。

③ 麻晓芳：《西夏文〈圣广大宝楼阁善住妙秘密论王总持经〉》，《西夏研究》2014 年第 4 期。

黑水城出土。俄藏编号：Инв. № 5098。

圣无能胜金刚火陀罗尼经

西夏文译佛教文献。据宋法天同名汉译本翻译。译经题记汉译："胜智广禄治民集礼盛德皇太后梁氏御译，神功胜禄教德治民仁净皇帝嵬名御译，奉天显道耀武宣文神谋睿智制义去邪惇睦懿恭皇帝嵬名御校。"故知此经在惠宗秉常朝译成，仁宗朝重校。此与《佛说月光菩萨经》《佛说了义般若波罗蜜多经》《毗俱胝菩萨一百八名经》《佛说菩萨修行经》属同一函号"𧹉"，为元大德十一年（1308）施印西夏文大藏经本。① 西夏文题：𪜪𗡪𗾖𗼇𘈩𗖰𘂚𗵈𗷻𗙫𗙜。

出土地不详。瑞典藏编号缺。

圣六字增寿大明陀罗尼经

西夏文译佛教文献。据施护同名汉文本翻译，译者、成文时间皆不详。出土有刻本、写本、巾箱本三种不同类型的版本。Инв. № 570 卷尾存发愿题记一篇，嵬氏夫人出资发愿，祝她的丈夫和两个孩子健康长寿。题记中两个孩子的乳名"舅姑宝"和"舅舅孙"，表明西夏婚姻制度中曾存在的姑表婚制。② 俄藏黑水城文献存同名汉文本。西夏文题：𪜪𗼃𘂚𗩾𗦀𗈈𗵈𗷻𗙫𗙜。

黑水城出土。俄藏编号：Инв. № 910、570、8048。法藏编号：Pelliot Xixia924（Grotte181）079。

附《圣六字增寿大明陀罗尼经发愿题记》译文：

发愿者嵬𗿢氏夫人。

---

① ［日］西田龙雄：《西夏译经杂记》，载《西夏文华严经》（Ⅱ），京都大学文学部，1976年，あとがき（后记）。
② 孙伯君：《黑水城出土〈圣六字增寿大明陀罗尼经〉译释》，载《西夏学》（第4辑），宁夏人民出版社2009年版。

许愿者嵬咩赋谕。

舅姑宝，亥年八月六日夜傍晚入夜时生；

舅舅孙，牛年五月二十七晨巳时分生。

此经发愿者嵬咩氏夫人。

此经许愿者嵬咩茂娱。[①]

地藏菩萨本愿经

西夏文译佛教文献。依唐实叉难陀汉译本翻译，译者、成文时间皆不详。汉译原本两卷，西夏文译本分上、中、下三卷。[②]西夏文题：𘄒𗹦𗤎𗤶𗊱𘄒𗑷𗊱。

黑水城、灵武、莫高窟（D）出土。俄藏编号：Инв. № 4014。法藏编号：Pelliot Xixia924（Grotte181）001、007、013、015、020、021、023、027、028、034、035、039、040、041+118、046、048、050、052、053、055、057、060、061、064、066、074、075、081、084、085、087、090、092、104、105、121、123、127、130、131、134—136。中藏编号：B11·058［1.02—2］、G11·061［464：175］、G11·101［B591：62—3］、G11·102［464：51］、G11·103［464：119］、G11·104［B159：24—1~3］、G11·109［B159：55］、G11·111［D.572—3］、M21·025［T15：W12960］。

过去庄严劫千佛名经

西夏文译佛教文献。据同名汉文本经译。译经题记汉译"天生全能禄番式法正国皇太后梁氏御译，就德主国增福正民大明皇帝嵬名译"，故知此经在惠宗秉常（1068—1086）朝译成。卷末有元皇庆元年（1312）西夏文发愿文，

---

① 聂鸿音：《西夏佛经序跋译注》，上海古籍出版社 2016 年版，第 158 页。
② ［日］Nevshky，石滨纯太郎：《佛说地藏菩萨本愿经卷残本释文》，《国立北平图书馆馆刊》第 4 卷第 3 期（西夏文专号），1932 年。

详述西夏文佛教文献翻译以及蒙元时期六次刊印西夏文大藏经"河西藏"的情况。显示西夏译经活动始于"风帝"（景宗元昊），至天祐民安元年（1090），西夏早期在半个多世纪的官方译经活动中译出的佛经有812部，3579卷之多。[①]愿文中的"智光等先后三十二人"，据《西夏译场图》可知，其中有白智光、北却慧月、赵法光、嵬名广愿、昊法明、曹广智、田善尊、西玉智园、鲁布智云等。愿文中提到元代整理西夏文佛经的具体工作是"校有译无"，即校订已有的译本，并且补充翻译此前没有翻译的著作和丢失了译本的著作。板间接纸处有刻工名"台周"。所存仅一本。西夏文题：𗹬𗰖𘕘𗡮𗹙𘉋𗩉𗗾𗢻𗾟。

宁夏灵武出土。中藏编号：B11·052［1.16］。

附《过去庄严劫千佛名经发愿文》译文：

窃闻：太极初生，依序一气混沌。天地分后，趣类各出异相。三皇初立，以仁义忠信变。五帝后续，因诗书礼乐教。三代以下，世上斗诤者稠；五浊始上，众生造恶者多。我佛行悲，周昭王时生现。满二足缘，果证三身五智，因导三根，诠说三乘妙法，因教四种，密陈四部契经。摄入三乘，以断化城现示；修劝二成，示现身而成佛。法药普利，沙沉众生源解，因全果满，法宝龙宫广隐。支那缘合，一千十四年岁，汉孝明帝因梦，蔡愔西寻。永平十年遇腾、兰降法，五岳道士楮善信等敌之，后道经成灰，七百从人败死。始自黄经感现，君臣归依，至三国，晋、宋、齐、梁、周、隋、唐，八朝僧俗三藏百二十人，身热头晕，独木朽梯上过；忘身舍命，传法度生送缘。翻译三藏四百八十帙、千六十六部、五千四十八卷。五代至宋，后译新集，定为一百二十二帙、三百六十一部、一千三百二十四卷。梁魏北齐，唯因此法治国；先

---

① 至天祐民安元年（1090），西夏译出的佛经共计812部3579卷。另据元代平江路碛砂延圣寺刊印的《大宗地玄文本论》卷三记载，元大德六年（1302）"于江南浙西道杭州路大万寿寺，雕刊河西字大藏经板三千六百二十余卷"，多出40余卷。

后秦宋，世中异宗不明，三千梵师，罗什道安僧肇。帝王臣民，日夜论定法义。三宝盛顺，前无过今此。众生缘稀，未译梵典多毁。邪王三武，三番毁佛灭法，恶臣五魔，五番凌僧侮众。无比三宝，常住非真谛故；今日诸子，无处闻见斯经。又千七年，汉地熙宁年间，夏国风帝兴法明道图新。戊寅年间令国师白法信，承道年又令臣智光等先后三十二人为首，译为番文。民安元年，五十三载内，先后成大小三乘半满教及疏抄之外者三百六十二帙，八百十二部，三千五百七十九卷。后奉护城帝敕，与南北经重校，令国土盛。慧提照世，法雨普润天下；大夏为池，诸藏潮毁全无。皇元朝代，中界寂澄，上师结合胜弱，修整一藏旧经。至元七年，化身一行国师，广生佛事，具令校有译无。过如意宝，印制三藏新经。后我世祖皇帝，恩德满贯天下，令各国通，高道万古殊胜，四海安平，八方由旬时经；深信三宝，因欲重举法幢。法师慧宝，深穷禅法密律，志多长意，上圣欲愿满故，令经院鲜卑小狗铁等报，以不可疑德音，发出圣敕，江南杭州实版当做己为，以主僧事鲜卑土情行敕，知觉和尚慧中为始先遣。龙象师中选有多行者，以取旧经，先后二十余人。至元三十年，万寿寺中刻印，所施应用逾千、财物逾乃。成宗帝朝，大德六年夏始告完毕。奉上敕施印十藏。武宗皇帝圣威神功无比，僧尼大安，愈加明治法门。金轮今帝尔时东宫藏龙，建广大愿，施印五十藏。当今皇帝，一达至尊至圣，胜于南面万乘诸主，文武特出，深悟佛法才艺。贤会唐虞，功德皆大如山。帝道日新，佛事无有续断。以执七宝，明治四海如子。因欲奉行十善，德化八方。因诏重五十藏可为印制，大臣知院心重净正之法，受敕遣用二使共管勾，至大四年七月十一开始，皇庆元年八月望日印毕。知院内治二使，外依己进杂校缺译经，正二圣新讳，顺其颠倒，统一长短阔狭。签牌褾饰，诸事多己正之；奉敕普施，万代法眼不陋，诵读供养，千节善缘遍求；说醒迷闷，守护最上佛种。圣德语殊，以此善根，唯愿：当今皇帝圣寿可达万岁，圣皇太后当为神寿无穷，正宫皇后同于天寿绵长。复愿：归天祖圣遨游花藏国海，先逝天亲往生九品极乐。再愿：皇风常芬，帝道绵长繁盛。宝座永固，仁德遍复九曲。万国归依，八文同使告庆。太子诸王，使有寿长八旬。皇女嫔妃，增福四渊可见；臣僚正直，万民得受逸乐。四方安定，社稷坚固如山；风雨合时，天下万物丰阜。法轮常转，佛事重新兴起；无边众生，可至真实觉岸矣。管中窥豹，焉知虚空尽事；四国妙迹，略记万代可知。谨愿。时大元国皇庆元年岁次壬子中秋望日，没赏慧护谨得译校写，中侍大夫同知杭州路总管府使臣舍古，总管府司吏夫依五陈，中书使使人阿的迷省，权头领陈氏兰，面北路使司七啰葛只臣章不花。皇使都大管勾速古尔铁肶胆，皇使都大管勾臣僧朵儿只、大德李。开府仪同三司上柱国、同领管勾印匠嘉政，行使怯薛臣别不花，秦敕印施同领管勾御史台侍御臣杨朵儿只，奉敕印施都大管勾枢密院知院臣都啰乌力吉铁木尔。①

西方净土十疑论注

西夏文译佛教文献。据宋沙门澄彧《净土十疑论注》翻译而成。所存题"𘗽𗖻𗔅𗋈𗧨𘕤"（西方净土十疑论）、"𗔅𗋈𗧨𘕤"（净土十疑论）、"𗧨𘕤"（十疑论）。存汉文本译、注题记，汉译"天台智者大师说，吴山沙门文澄注"。汉文大藏经中收有澄彧的《净土十疑论注》。西夏文"𗧋𗫔（文澄）"，即"澄彧"，"彧"有"文"义，作修饰语后置。故此注亦即澄彧之《净土十

① 史金波：《西夏佛教史略》，宁夏人民出版社 1988 年版，第 321—323 页。聂鸿音：《西夏诗文全编》，上海古籍出版社 2023 年版，第 369—371 页。

疑论注》。可为西夏学界研究净土宗在 10—14 世纪的传播提供参考。① 西夏文题：𗧘𗆀𗑗𗫴𗄊𗫉𗐁𗰱。

黑水城出土。俄藏编号：Инв. № 6743、708、825、2324。

百千印陀罗尼经

西夏文译佛教文献。据唐实叉难陀《百千印陀罗尼经》汉译本翻译，原书一卷。主张通过造一塔、书写百千印陀罗尼置其中获得功德，与主张通过受持数珠获得功德的《曼殊室利咒藏中校量数珠功德经》合抄在一起。译者及成书年代不详。写本，全文存留。西夏文题：𗼃𗰖𗧘𗄊𗰱𗄊𗫵𗰱。

黑水城出土。俄藏编号：Инв. № 6064。

达摩大师观心论

西夏文译佛教文献。禅宗类作品。依同名汉文本翻译，译者不详，成书年代不晚于夏仁宗乾祐四年（1173）。敦煌遗书 P.4646《观心论》与之最为接近。原本一卷。刻本，蝴蝶装。西夏译本前有《观心序》、后有发愿文，书题之后署"第二宗师慧可大师问，第一宗师达摩大师答"，发愿文又载"故最上法王，于本源心体，入顿悟法，撮殊胜妙法宗师达摩要义，造《观心》一本"。是以知原文当慧可大师之后某个弟子撮取宗师达摩要义而成。发愿文后题乾祐癸巳四年（1173），并题"发愿者坐谛和尚令部慧茂"，"𗾧𗀃 ljwij-bju（令部）"为西夏姓氏。② 该件反映了达摩禅法在西夏曾广为流行。西夏文题：𗼃𗎫𗗙𗰱𗗿𘃡𗔇𗫵。

黑水城出土。俄藏编号：Инв. № 582、6509。

① 孙伯君、韩潇锐：《黑水城出土西夏文〈西方净土十疑论〉略注本考释》，《宁夏社会科学》2012 年第 2 期。

② 孙伯君：《俄藏西夏文〈达摩大师观心论〉考释》，载《薪火相传——史金波先生 70 寿辰西夏学国际学术研讨会论文集》，中国社会科学出版社 2012 年版。

附一:《达摩大师观心论序》译文:

夫心者显见，察则穷思智识，不察则自体常明，故谓之观心。如此观之，实是得心则见性成佛。又彼观者，不观有相，不观无相，不观亦不受，亦无复能观、所观。无亦即无，则是真观。何谓皆具功德？则不观有相故，具真谛慧眼；不观无相故，具俗谛法眼；不观不受故，具圣谛佛眼。又谛体圆通，法身常寂；眼智不二，报身常照；体智同功，化身共本；自性一体，具三身佛。故修士了心成佛，实是最要，不了心则无成佛之理。世尊演说法门众多，而其主旨，皆是了心成佛之故。乃劝友人，修了心则速离烦恼，成道不远。敬受此经，勿生疑忌，宜应修习。①

附二:令部慧茂《达摩大师观心论发愿文》译文:

谨于:夫一心者，虽非名义，而名义皆在于斯。譬如国王，虽非臣庶，而为臣庶主宰。故心之王，万法之源，诸行之本，性相具足，理事咸臻。一切法门皆宣乎此，一切神圣共证于兹。佛佛密授，师师隐行。了则为圣，妙安寂寂；惑则为愚，苦恼纷纷。和则妄习罄尽，自在圣化之功；违则烦恼追随，造罪萦缠之幻。故不脱痴迷，颠倒罣碍；若具修了，融会圆通。是以闻此法者之功，胜过三乘因果。又行信了之人，功德无可限量。故无上法王本源，心体入于顿悟，殊胜妙法宗师，撮以达摩要理。因见所造《观心》一本，愚等谓之求慈悲道者之法航，故僧众共愿:开雕《观心》印版，施于世间。以此功德:当今皇帝，心地明了，得证法身；法界含灵，显见本性，当成正觉。

乾祐癸巳四年月日施。发愿者坐谛和尚令部慧茂。令雕版者前宫侍耿三哥。②

---

① 聂鸿音:《西夏佛经序跋译注》，上海古籍出版社 2016 年版，第 69 页。
② 聂鸿音:《西夏佛经序跋译注》，上海古籍出版社 2016 年版，第 73 页。

华严金师子章云间类解

西夏文译佛教文献。据宋晋水沙门净源《金师子章云间类解》译[①]，译者、成书年代不详。《华严金师子章》为华严宗创始人法藏的代表作。西夏文本翻译时对原文稍作改写和节略。现存孤本，首尾皆残。西夏文题缺。

黑水城出土。俄藏编号：Инв. № 739。

华严法界观门科文

西夏文译佛教文献。译自华严禅师宗密《注华严法界观门》某个科文。译者及成书年代不详。写本，卷子装。在俄藏黑水城汉文文献中存有北宋华严宗大德圆义禅师遵式（1042—1103）所治科文[②]。西夏文题：𘔞𗙭𗖰𗉘𘋩𗌽。

黑水城出土。俄藏编号：Инв. № 5656。中藏编号：宁考古所 K2：114。

华严经玄谈决择记

西夏文译佛教文献。据辽代鲜演大师（1048—1118）同名汉文本翻译，译者不详。Инв. № 5130《胜慧到彼岸要门修教现证庄严论显颂》传译题记表明，神宗光定年间曾设有校译和刊印疏钞的专门机构，据此翻译时间应在夏神宗时期（1211—1222）。写本，卷子装。所存为卷四，首尾皆残。该译本为了解华严宗在西夏的传译提供了极为宝贵的资料。[③]该文献与《大方广佛华严经随疏演义钞》共用同一个编号 Инв. № 7211。西夏文题缺。

黑水城出土。俄藏编号：Инв. № 7211。

---

① 孙伯君：《黑水城出土西夏文〈金师子章云间类解〉考释》，《西夏研究》2010 年第 1 期。
② 见俄藏黑水城汉文文献 TK241、242。
③ 孙伯君：《鲜演大师〈华严经玄谈决择记〉的西夏文译本》，《西夏研究》2013 年第 1 期。

观心法

西夏文译佛教文献。当据隋智𫖮《观心论》翻译。译者及成书年代不详。写本，册叶装。同卷号中另有《大手印要门》《瑜伽仰渴要门》《无心真义要门》《静虑心性顿悟要门》及《大手印定引导略文》。西夏文题：𗗳𗾟𗳦。

黑水城出土。俄藏编号：Инв. № 6775。

观弥勒菩萨上生兜率天经

西夏文译佛教文献。译自黑水城出土汉文本，这个汉文本是在刘宋居士沮渠京声汉译本基础上增订的。俄藏 Инв. № 941，经折装，刻本，保存完整，卷首有版画一幅，存译经题记，汉译"天生全能禄番祐圣正国太后梁氏御译，就德主国增福正民大明皇帝嵬名御译，奉天显道耀武宣文神谋睿智制义去邪惇睦懿恭皇帝详定"。因知其在惠宗朝译成、仁宗朝重新校勘。后有乾祐二十年九月十五日仁宗皇帝御制发愿文一篇，提及"宗律国师、净戒国师、大乘玄密国师"。俄藏黑水城文献存同名汉文本 TK58、60，与传统汉译本有异，合于西夏文本，于卷尾增加了《慈氏真言》《生内院真言》《弥勒尊佛心咒》等内容。[1] 经比勘，御制发愿文系先用汉文写就，然后再译成西夏文，汉文作者与夏译者非同一人。[2] 西夏文题：𘓨𗩽𗗾𗧓𗏹𗷛𗗾𗤒𗾟𗡝𘎑。

黑水城、武威下西沟岘出土。俄藏编号：Инв. № 19、20、22、23、71—84、112、584、587、617、693、702、721、941、2270、2271、2308、2314、2315、2448、5491、5674、6124、6490、7207、7359。中 藏 编 号：G21·031［13198、8342］。英藏编号：Or.12380—0928、0929、1001、3511、2238、2873、2874RV、3021、3768RV。

附仁宗仁孝《观弥勒菩萨上生兜率天经施经发愿文》译文：

　　朕闻：莲花秘藏，总万法以指迷；金口遗言，示三乘而化众。

① 李致忠：《国图入藏〈观弥勒菩萨上生兜率天经〉刊印考》，《文献》2002 年第 4 期。
② 聂鸿音：《乾祐二十年〈弥勒上生经御制发愿文〉的夏汉对勘研究》，《西夏学》2009 年第 4 辑。

世传大教，诚益斯民。今《观弥勒菩萨上生经》者，义统玄机，道存至理。先启优波离之发问，后彰阿逸多之前因；具阐上生之善缘，广说兜率之胜境。十方天众，愿生此中。若习十善而持八斋，及守五戒而修六事，命终如壮士伸臂，随愿力往升彼天。得生宝莲华中，弥勒亲自来接；未举头顷，即闻法音。令发无上不退坚固之心，得超九十亿劫生死之罪。闻名号，则不堕黑暗边地之聚；若归依，则必预成道受记之中。佛言未来修此众生，以得弥勒摄受。见佛奥理之功，镂版斯经。谨于乾祐己酉二十年九月十五日，恭请宗律国师、净戒国师、大乘玄密国师、禅师、法师、僧众等，就度民寺作求生兜率内宫弥勒广大法会，烧结坛，作广大供养，奉无量施食，并念佛诵咒。读番、西蕃①、汉藏经及大乘经典，说法，作大乘忏悔，散施番、汉《观弥勒菩萨上生经》十万卷、汉《金刚般若》《普贤行愿品》《观音普门品》等各五万卷，暨饭僧、放生、济贫、设囚诸般法事，凡七昼夜。以兹功德，伏愿：一祖四宗，主上宫之宝位；崇考皇妣，登兜率之莲台。历数无疆，宫闱有庆，不谷享黄发之寿，四海视升平之年。福同三轮之体空，理契一真而言绝。谨愿。

奉天显道耀武宣文神谋睿智制义去邪惇睦懿恭皇帝谨施。②

志公大师十二时颂注解

西夏文译佛教文献。为《志公大师十二时颂》的注解。道园宗师注，成文时间不详。"志公"，即《景德传灯录》中宝志和尚，南北朝时期高僧。《十二时颂》内容反映的是唐代以降的禅宗思想，一般认为这是一部伪托宝志和尚的作品。西夏文本所依据的底本是北宋《景德传灯录》中的《志公和尚十二

---

① 西夏文发愿文中的"羖（羌）"，在汉文发愿文中与"西蕃"相对，指吐蕃。
② 聂鸿音：《西夏佛经序跋译注》，上海古籍出版社 2016 年版，第 100—101 页。

时颂》，西夏高僧道园宗师在翻译过程中作了详细的注解和说明。[①]西夏文题：𗟲𗫡𗆟𗬼𗏇𗍳𗐆𗒱𗯿𗆐。

武威亥母洞出土。中藏编号：G31·032［6750］。

佛为海龙王说法印经

西夏文译佛教文献。依唐义净法师汉译本翻译，译者及成书年代不详。孤本。写本，首尾完整。西夏文题：𗴛𗗙𗋒𗫻𗊫𗅲𗗟𗐆𗤧𗒀。

黑水城出土。英藏编号：Or.12380—3621。[②]

佛本行集经

西夏文译佛教文献。据隋阇那崛多同名汉译本翻译，译者及成书年代不详。俄藏存此经卷二六，经折装，写本。西夏文题：𗴛𗩱𗣀𗐆𗒀𗤧。

黑水城出土。俄藏编号：Инв. № 718。

佛顶心观世音菩萨大陀罗尼经

西夏文译佛教文献。据汉文同名伪经译，经题之后署"𗒀𗴒𗒀𗵘𗍾𗙏𗒀𗊡𗰖𗣼𗥦𗃜"，汉译"讲经律论沙门法律奉敕译"。成书时间不晚于天盛丙子十八年（1166）。汉文原本为伪经，共3卷，各大藏经未收。敦煌藏经、应县木塔、房山石经及拜寺沟西夏方塔等皆有此经，不著译者。此经名称杂乱，首尾题名称不一。西夏文译本中出现有"佛顶心观世音菩萨大陀罗尼经""佛顶心观世音菩萨经""佛顶心观世音菩萨疗病产法经""佛顶心陀罗尼经"等经题。实则为一经不同卷次之称呼。一本署"天盛丙子十八年三月十四日"。西夏文题：𗴛𗵔𗴛𗔉𗏇𗬼𗤋𗟲𗗐𗓽𗈂𗐆𗒀。

① 杜建录，于光建：《武威藏西夏文〈志公大师十二时歌〉译释》，《西夏研究》2013年第2期。

② E.D.Grinstead.*The Dragon King of the Sea*. The British Museum Quarterly，Vol.XXXI No.3–4，1966–67. 聂鸿音：《英藏西夏文〈海龙王经〉考补》，《宁夏社会科学》2007年第1期。

黑水城、莫高窟（D）、莫高窟（B）出土。俄藏编号：Инв. № 908、5963、5478、105、2900、3820、4755、116、6535、4880、4978、5150、4357、4887、57。英藏编号：Or.12380—0050、0526、0722、0841、1099、1118、1164、1198、1210、1419、1420、2071、2132、2761、3041、3185、3218、3493。 中藏编号：G11·098—4p［D.0208］、M21·022［F6:W11a］。日藏编号：天图（183 亻279）39—04a、13c、31b、31c，天图（222 亻279）26—09、10、11、12、13、14、15。

佛顶放无垢光明入普门观察一切如来心陀罗尼经

西夏文译佛教文献。依宋施护汉译本翻译，与唐代弥陀山译本相去较远。出土一孤本，写本，缝缋装，上下两卷完整。封面题签汉译"顶尊无垢总持二卷"。经题后有函号，卷尾后有西夏文小字题款一行，汉译"亥年二月六日写竟"。末叶背面西夏文题款 2 行，汉译"宝塔匠人及发愿者比丘康监富、真智"，"大宝［捹我］上师之规约敬现也"。现存多个不同版本的佛顶无垢经，分属两种不同的题法《佛顶无垢总持》和《无垢净光总持》，源自不同的翻译，前者从汉文本而来，后者从藏文本而来。[①] 参见《无垢净光总持》目。西夏文题：𘟣𗼇𘓤𗫼𗊢𗡝𘊥𘗠𘉦𘟆𗠣𘎑𗤛𘊪𗖰𗟯𗋽𗪪𗔈𘛛𗫉𘔹𘕤。

绿城出土。中藏编号：M11·015，M11·016。

佛前烧香偈

西夏文译佛教偈颂。汉文底本待考。译者及成书年代不详。写本，册叶装。全文保存。西夏文题：𘟣𗽂𘟂𗵂𘜼。

黑水城出土。俄藏编号：Инв. № 6774。

---

① 段玉泉、惠宏：《西夏文〈佛顶无垢经〉考论》,《西夏研究》2010 年第 2 期。

佛说一切如来悉皆摄受三十五佛忏悔仪轨

西夏文译佛教文献，又名《佛说三十五佛名经》。当依汉文本翻译，译者及成书年代不详，属三十五佛礼忏经典系列。存校经题记，汉译"奉天显道耀武宣文神谋睿智制义去邪惇睦懿恭皇帝御校"，知此经有初译本，在仁宗朝重新校勘。所存皆刻本，经折装。较俄藏黑水城菩提流志汉译本（TK140、245）缺卷首一段，新增"南无如来、应供、正遍知、明行足、善逝、世间解、调御丈夫、无上士、天人师、佛、世尊"一句，说明西夏时期的三十五佛礼忏信仰受到了藏传佛教的影响。[①] 西夏刊刻汉文佛经中另有《三十五佛名礼忏功德文》。西夏文题：𗏵𗀯𘃽𗤙𗡮𗊪𗎥𗋐𗳦𗼖𗴮𘝶𗏵𗄈𘄋𗤦𗊪。

黑水城、莫高窟（D）出土。俄藏编号：Инв. № 6386、5299、7591、7263、3762、8034、6383、7840、6182。英藏编号 Or.12380—2157、2621、3412、3840。中藏编号：G11·047［D.0043］。日藏编号：天图（183 亻279）39—35。

佛说了义般若波罗蜜多经

西夏文译佛教文献。据宋施护同名汉译本翻译。题记汉译为"天生全能禄番祐圣正国皇太后梁氏御译，就德主国增福正民大明皇帝嵬名御译，奉天显道、耀武宣文神谋睿智制义去邪惇睦懿恭皇帝嵬名御校。"故知此经在惠宗秉常朝译成，仁宗朝重校。此与《佛说月光菩萨经》《圣无能胜金刚火陀罗尼经》《毗俱胝菩萨一百八名经》《佛说菩萨修行经》属同一函号"𗦲"，为元大德十一年（1308）施印西夏文大藏经本。[②] 西夏文题：𗏵𗀯𗟲𗤦𗣛𘃢𗤻𗿒𗗙𗰛𗴺𗟨𗢳。

出土地不详。瑞典藏编号缺。

---

① 孙伯君：《黑水城出土三十五佛名礼忏经典综考》，载《吴天墀教授百年诞辰纪念文集》，四川人民出版社 2013 年版。
② ［日］西田龙雄：《西夏译经杂记》，载《西夏文华严经》（Ⅱ），京都大学文学部，1976 年，あとがき（后记）。

佛说大人八觉经

西夏文译佛教文献。据后汉安世高《佛说大人八觉经》汉译本翻译。译者及成书年代不详。为在家僧慧明所抄，另有绘画一幅。写本，经折装，残存卷尾部分。西夏文题：𗏹𗖰𗤋𗄈𗰔𘝯𘓟𗖰。

黑水城出土。俄藏编号：Инв. № 569。

佛说大方广善巧方便经

西夏文译佛教偈颂。据施护同名汉译本翻译。译者及成书年代不详。刻本，经折装。存卷尾，6 折。西夏文题：𗏹𗖰𗤋𗄛𗐯𗐼𗰖𗵽𗤋𘓟𗖰。

黑水城出土。俄藏编号：Инв. № 6651。

佛说大迦叶问大宝积正法经

西夏文译佛教文献。摘译自宋施护同名汉译本。译者及成书年代不详。写本。经题后有函号"𗣼"（泽）。与摘译自汉文本的《大乘庄严经论》和《广大宝楼阁善住秘密陀罗尼经》合抄在一起。[1] 西夏文题简称：𘈷𗙋𗵽𗊠𘓟。

黑水城出土。俄藏编号：Инв. № 7979。

佛说大威德炽盛光调伏诸星曜消灾吉祥陀罗尼经

西夏文译佛教文献。当据唐不空所译《佛说炽盛光大威德消灾吉祥陀罗尼经》汉译本翻译。译者及成书年代不详，题记汉译为"奉天显道耀武宣文神谋睿智制义去邪惇睦懿恭皇帝御校。"Инв. № 7038 前有版画一幅，画面题"炽盛光佛调伏星宿说法处"，主尊座前除诸菩萨外，稍远处有十一星曜，分为两列。此译本与不空汉译本内容基本相合，但经题较汉文本多出"𗙩𘊆𘊆𗄊𗓑"（调伏诸星曜）等字。[2] 西夏文题：𗏹𗖰𗤋𗄈𗐯𘅆𗥫𘄿𗙩𘊆𘊆𗄊𗓑𗋈𘓨

---

① 王龙：《俄藏 7979 号西夏文草书佛经考释》，《文献》2022 年第 5 期。

② 聂历山：《12 世纪西夏国的星曜崇拜》，崔红芬、文志勇译，《固原师专学报》2005 年第 3 期。

𗷲𗾈𗂧𗏇𘜶𘟀𗰜𘜶。

黑水城出土。俄藏编号：Инв. № 5402、7038。英藏编号：Or.12380—1375、1377、2845RV、3182。

佛说无常经

西夏文译佛教文献。据唐义净同名汉文本翻译。译者及成书年代不详，所存皆为残叶。俄藏黑水城汉文文献中有相应的两个汉文本 TK137、323。西夏文题：𗼇𗆐𘓨𗏇𘜶𗰜。

黑水城、绿城出土。英藏编号：Or.12380—3700aRV、3700bRV。

佛说长寿经

西夏文译佛教文献。当据汉文伪经《佛说延寿命经》翻译，译者及成书年代不详。写本，有蝴蝶装、经折装，与《圣大乘胜意菩萨经》或《求生净土法要门》合抄在一起。经与俄藏黑水城汉文 TK257 刻本残叶、俄藏敦煌 Дx02824 写本以及法藏敦煌 Pel.chin.2289、2374、3110、3824 等写本比勘，TK257 最有可能是西夏本的翻译底本。① 西夏文题：𗼇𗆐𘓨𗏇𘜶𗰜。

黑水城出土。俄藏编号：Инв. № 5507、7832。英藏编号：Or.12380—1080、3708。

佛说长阿含经

西夏文译佛教文献。据后秦佛陀耶舍共竺佛念汉译本翻译，译者及成书年代不详。俄藏存此经之一种为第 12 卷，经折装写本，经题后有西夏文题款，可译为"汉本三藏法师佛陀耶舍共佛念译"；右下空白处捺印一朱红牌记，有西夏文五行，可译为"大白高国清信弟子皇太后罗氏新增写番大藏经

---

① 张九玲：《西夏本〈佛说延寿命经〉考释》，载杜建录主编《西夏学》（第 16 辑），甘肃文化出版社 2018 年版。

一整藏，舍于天下庆报伽蓝寺经藏中，当为永远诵读供养"。此为罗太后施写的西夏文大藏经实物之一，表明在罗太后的主持下，到13世纪初，整部西夏文《大藏经》得以编订完成。西夏文题：𘀗𗅁𗷲𗼻𘜶𗰣。

　　黑水城出土。俄藏编号：Инв. № 150、3966。

佛说父母恩重经

　　西夏文译佛教文献。据同名汉文本译，疑伪经。存两种译经题记，一本汉译"奉天显道耀武宣文神谋睿智惇睦懿恭皇帝嵬名御译"，一本作"诠教沙门"，当诠教国师沙门鲜卑宝源。因知此经译写年代当在仁宗上尊号"制义去邪"之前。《佛说父母恩重经》在黑水城汉文文献中有三个不同版本，西夏文译本可与TK139汉文本勘同。俄藏现存诸本中保留西夏文发愿文、题记三篇，见 Инв. № 759、8106、5048。西夏文题：𘀗𗅁𗰗𘜶𗷲𗰣𘜶𗰣。

　　黑水城、绿城出土。俄藏编号：Инв. № 6570、5048、6670、759、6876、8106。英藏编号 Or.12380—0060、2557、3082、3050RV。中藏编号：M11·017—02P。

　　附一：梁吉祥狗《佛说父母恩重经发愿文》译文：

　　　　今闻：如来慈悯有情，现世传留明教，圣功最胜，神力绝佳。依法修行，悉除祸业，信诚随愿，福禄繁多。是以清信弟子梁吉祥狗闻此功德，为上报圣帝及父母之恩，乃发愿雕版，初始印造一千卷，散施诸人。十□□以劝念□□。以兹胜善，伏愿：皇帝圣容可匹星辰，皇后□□堪同日月。皇子千秋可见，仇雠万世长消。金叶常常郁茂，瑞相日日鲜明。又愿以兹神力，转身父母悉除旧业，遂愿往生极乐净土，立即得见弥陀佛面。法界众生，果证菩提。

　　　　天盛壬申四年五月日智施。①

---

①　聂鸿音：《西夏佛经序跋译注》，上海古籍出版社2016年版，第32—33页。

附二：忠茂《佛说父母恩重经发愿文》译文：

今闻：真界无行，佛陀绝念。□□身之身，常现□方尘刹；出无语之语，开宣无量法门。其中此经者，圣贤同敬，天龙顶珠；恩报之端，万行之本。念诵则悉除罪业，持行则得成净缘。是以忠茂谨愿：利益转身慈母及有情故，于七七日设为法事并开阐斯经而外，另舍净资，请工刊印，散施千卷，劝人受持。以兹胜善，伏愿：当今皇帝万岁其来，君国父母千秋可见。又愿：转身慈母，除业障而……[1]

附三：罗哆清白《佛说父母恩重经发愿题记》译文：

此经发愿者罗哆氏清白，我欲以此报答父母之大恩，故……[2]

佛说月光菩萨经

西夏文译佛教文献。据宋法贤同名汉译本翻译。存译经题款，汉译“天生全能禄番祐圣式法慈和正国皇太后梁氏御译，就德主国广智增福正民益寿大明皇帝嵬名御译，奉天显道耀武宣文神谋睿智制义去邪惇睦懿恭皇帝御校。”故知此经在惠宗秉常朝译成，仁宗朝重校。卷首存“[illegible]”（大白高国新译三藏圣教序），考为西夏桓宗纯祐（1194—1205）御制[3]。此与《佛说了义般若波罗蜜多经》《圣无能胜金刚火陀罗尼经》《毗俱胝菩萨一百八名经》《佛说菩萨修行经》属同一函号“[illegible]”，为元大德十一年（1308）施印西夏文大藏经本。[4] 西夏文题：[illegible]。

出土地不详。瑞典藏编号缺。

---

① 聂鸿音：《西夏佛经序跋译注》，上海古籍出版社 2016 年版，第 153—154 页。

② 聂鸿音：《西夏佛经序跋译注》，上海古籍出版社 2016 年版，第 157 页。

③ К. Б. Кепинг, “Тангутские ксилографы в Стокгольме”, Б. Александров сост., Ксения Кепинг: *Последние статьи и документы*. Санкт-Петербург: Омега, 2003, pp.54–73.

④ ［日］西田龙雄：《西夏译经杂记》，载《西夏文华严经》（Ⅱ），京都大学文学部，1976 年，あとがき（后记）。

附夏桓宗《大白高国新译三藏圣教序》译文：

生民蒙昧，造恶不解德言；大圣慈悲，□□教之方便。金口宣经，一切含灵受益；天□□□，娑婆尘世出离。世间治已，佛入涅盘，经像西方结集，梵典东□□□。□界缘至，合辩前文，番邦福大，后经□□。□□无能比拟，理弘万事包容。诸佛之密心藏，如来之法性海，于部善□□□，依业小大区分。慧日行天明三界，慈航□□度四生。朕内念慈心，外观悲虑，□□国安，□□□□。曩者风帝发起译经，后子白子^①经本不丰，未成御事，功德不具。人□□□，不修净道，爱欲常为十恶，三解脱门□□。□源流水，世俗取用所需；善语如金，众生□□教导。居生死海，不欲出离，□爱欲□，□觉□□。治国因乎圣法，制人依于戒律，□□六波罗蜜，因发弘深大愿。同人异语，共地殊风，字□□□，依□为治。故教养民庶，御译真经，后附讲疏，缀连珍宝。三乘五□□□柱显，八万四千广□□□者□□□□□。不二门入，夜月光辉□□□□□□□□益。□果一开显得见，愚智和睦到彼岸。广传□□，为万世法。江河不可以斗量，地□岂能以□计？　^②

佛说甘露经

西夏文译佛教文献。当据汉文《佛说甘露经陀罗尼咒》或《甘露陀罗尼咒》翻译。译者及成书年代不详。写本，前缺。西夏文题：𘞞𗗔𗙑𘜶𗣼𘝯。

黑水城出土。俄藏编号：Инв. № 6818。

---

① 子白子，西夏文作"𘟁𗃬𗤒"，指元昊之后和纯祐之前的历代西夏皇帝。参见孙伯君：《西夏皇帝又称"白天子"考》，《宁夏社会科学》2020年第2期。
② 聂鸿音：《西夏佛经序跋译注》，上海古籍出版社2016年版，第141页。

佛说四人世间出现经

西夏文译佛教文献。据刘宋时期求那跋陀罗汉译本翻译。译者及成书年代不详。俄藏存一孤本，卷子装，写本。西夏文题：𗼷𗸐𗧓𘝶𗋽𗵽𗙴𘚿𗖻。

黑水城出土。俄藏编号：Инв. № 4603。

佛说圣佛母般若波罗蜜多经

西夏文译佛教文献。据宋施护同名汉译本翻译。译者及成书年代不详。另有从藏文翻译的《佛说圣佛母般若波罗蜜多心经》。[①] 西夏文题：𗼷𗸐𗟲𗼷𗵽𗊱𗄊𗣼𗋽𗄡𗑠（𗙴）𗖻𘚿。

黑水城、下西沟岘出土。俄藏编号：Инв. № 5988。英藏编号：Or.12380—1869、2474a、3220RV、3221a、3221bRV、3222a、3487。中藏编号：G21·034［13203］。

佛说圣曜母陀罗尼经

西夏文译佛教文献。据宋法天汉译本翻译，此经讲的是佛应金刚手菩萨请求，说"圣曜母陀罗尼"以使众生免于诸恶星之害的故事。一本有译经题款，汉译"天力大治智孝广净宣德永平皇帝嵬名御译"，[②] Or.12380—2691 署"奉天显道耀武宣文神谋睿智悼睦懿恭皇帝御校"，故知此经存初译本、校译本，前期翻译的依据汉文，而后期校译的依据是梵文。[③] 仁宗尊号缺"制义去邪"四字，已知大庆二年（1141）群臣上仁孝尊号"制义去邪"，表明仁宗继位后即开始了大规模的校经活动。Инв. № 2528 存夏桓宗天庆二年（1195）写经题记三行，汉译"佛说圣曜母陀罗尼经毕，天庆乙卯年八月十五日写毕，

---

① 胡进杉：《读西夏遗存〈心经〉文献札记》，载中国社会科学院民族学与人类学研究所编：《薪火相传——史金波先生 70 寿辰西夏学国际学术研讨会论文集》，中国社会科学出版社 2012 年版。林英津：《无央数，西夏文本〈心经〉》，《吴天墀教授百年诞辰纪念文集 1913—2013》，四川人民出版社 2013 年版。

② "永平皇帝"，克恰诺夫猜测可能是夏仁宗的又一个尊号，聂鸿音先生则倾向于是崇宗乾顺的尊号。

③ 聂鸿音：《〈圣曜母陀罗尼经〉的西夏译本》，《宁夏社会科学》2014 年第 5 期。

写者臣杨阿茂"。Инв. № 705 尾存夏仁宗乾祐十九年（1188）讹布慧度发愿文一篇。西夏文题：𗏁𘊛𗰜𗣼𗃬𗆐𗾔𗄭𘜶𗅆。

黑水城、天梯山出土。俄藏编号：Инв. № 571、706、6484、6541、6879（初译本）；Инв. № 572、696+705、699、2528、5402（校译本）。英藏编号：Or.12380—2691、2911RV、3018、3181、3902。中藏编号：G21·059［T21］、G31·008［6734］。

附讹布慧度《佛说圣曜母陀罗尼经发愿文》译文：

　　今闻：虚空九曜轮，悟善无多；地上万民庶，为灾众伙。故我佛慈悲，设为方便；炽盛光相，立便摄持。一一授之密咒，事去损伤；各各立其誓言，语取增福。一心受持，八万种呈祥除祸；一时供奉，百岁秋长寿无忧。所欲尽皆可获，所求如愿能圆。因见如此妙功，尼僧讹布氏慧度发愿，与梵本校雠，镂版开印，施诸众人。以兹胜善，愿圣长福寿，法界升平；业尽含灵，往生净土。

　　乾祐戊申十九年九月日。发愿刊印者出家尼僧讹布氏慧度，书者笔受李阿善。[1]

佛说百喻经

西夏文译佛教文献。译自同名汉文佛经，赵城金藏本题僧伽斯那撰，萧齐天竺三藏求那毗地译。译者及成书年代不详。孤本。写本，共两件残片，一残存 6 行，一残存 5 行。内容为《佛说百喻经》"欲食半饼"故事。[2] 西夏文题缺。

黑水城出土。英藏编号：Or.12380—0260、0534。

①　聂鸿音：《西夏佛经序跋译注》，上海古籍出版社 2016 年版，第 96—97 页。
②　孙飞鹏：《西夏文〈佛说百喻经〉残片考释》，《宁夏社会科学》2014 年第 3 期。

佛说决定毗尼经

西夏文译佛教文献。当据西晋敦煌三藏汉译本《佛说决定毗尼经》翻译。[①] 译者及成书年代不详。刻本，经折装，残存 4 折。西夏文题缺。

甘肃武威亥母洞出土。中藏编号：G31·019〔6721〕。

佛说观无量寿佛经膏药疏

西夏文译佛教文献。《佛说观无量寿佛经》之注疏，当据某个汉文注疏本翻译。刘宋西域三藏疆良耶舍译《佛说观无量寿佛经》，注疏甚多，此名膏药疏，来源不明。写本，存卷第二、三、四，卷首皆残，有尾题。西夏文题：𗼃𗿳𘝓𗥄𗼃𘔼𗰖𘄒𗵒𘄒𗣼。

黑水城出土。俄藏编号：Инв. № 903、894、5006、5168。

佛说坏阿鼻地狱智炬陀罗尼经

西夏文译佛教文献。当据唐提云般若《佛说智炬陀罗尼经》汉译本翻译。译者及成书年代不详。夏译经题较原书多出"𗄋𗤁𗙏𗁲𗐴（坏阿鼻地狱）"部分。写本，经折装，存 5 折，后缺。西夏文题：𗼃𗿳𗄋𗤁𗙏𗁲𗐴𘄽𘝓𗙏𘓨𗷲𗰖𘔼𗵒。

黑水城出土。俄藏编号：Инв. № 607。英藏编号：Or.12380—2289。

佛说来生经

西夏文译佛教文献。当据汉文《佛说生经》翻译，译者及成书年代不详。可与法藏敦煌 Pelliot Collection 2965《佛说生经》抄本勘同，原书 5 卷，晋竺法护译。西夏译本似不分卷。写本，有蝴蝶装、经折装。其蝴蝶装一本有西

---

① 于光建、徐玉萍：《武威博物馆藏 6721 号西夏文佛经定名新考》，载杜建录主编：《西夏学》第 8 辑，上海古籍出版社 2011 年版。

夏文抄经年款 "乾祐鼠年（1180）十月八日"。[①]西夏文题：𗹦𘒏𗾔𗊱𘏲𗊁。

黑水城出土。俄藏编号：Инв. № 7151、6832。

佛说佛母出生三法藏般若波罗蜜多经

西夏文译佛教文献。据宋施护同名汉译本翻译，译者及成书年代不详。此经俄藏有 9 个不同的版本，其一为经折装刻本，面 6 行、行 16 字，经题后有校经题款，汉译为 "天力大治智孝广净宣德去邪纳忠永平皇帝嵬名御校"，知其为仁宗时期的重校本。西夏文题：𗹦𘒏𗹦𘈖𗊁𘟂𘚟𘃪𗾔𘝯𘕿𘗊𗐯𗊱𗊿𘏲𗊁。

黑水城、灵武、莫高窟出土。俄藏编号：（一）Инв. № 49、205、206、56、5012、25、270、8138、277、54、55、225；（二）Инв. № 8181、6724、292、293、3545；（三）Инв. № 5650、5747、7066、7372、7644、7656、7669；（四）Инв. № 235—245、247、249—251、253、256、271；（五）Инв. № 273、275；（六）Инв. № 3493、247、256、261、259、246；（七）Инв. № 6080、6183、224、282、813、814；（八）Инв. № 8317、3882、720、3311、8316、264、53；（九）Инв. № 3883、3312、22、3896、8325、278、266、23；（十）Инв. № 263；（十一）Инв. № 7724、7352；（十二）Инв. № 3326、3325、3324、3323、3322、3321、3320、3319、3318、3315。英藏编号：Or.12380—0003、0215RV、0217、0219、0236、0238a、0238b、0278、0280、0345RV、0375、0391、0403、0506、0572、0616、0647、0696、0726、0923、0938、0950、0956、0964、0965、0967、0977、0992、0993、1000、1060、1073、1090、1097、1145、1185、1200、1371、1890、1948、1949、2099、2128、2227、2232、2235、2524、2534、2535、2536、2537、2538RV、2556、2560、2561、2592、2593、2594、2651RV、2652、2653RV、2662、2663、2870a、2872、2875、

---

① Е. И. Кычанов, *Каталог тангутских буддийских памятников*, стр. 472.

2876RV、2878RV、2909、2910、3026、3150a、3150b、3157、3184、3383、3392RV、3393RV、3399、3400、3401RV、3402、3403、3412、3417、3418、3419、3677、3706RV。中藏编号：B11·056［1.15］、G11·052［B160：13］、M21·142［F6：W45］；中研院傅图藏（编号不详）。

佛说疗痔病经

西夏文译佛教文献。据唐义净所译《佛说疗痔病经》翻译。译者及成书年代不详。行书写本，经折装。12折，全文保存。[1]西夏文题：𗼨𗥑𘜍𘗽𘃣𗗙𗙴𗏵。

黑水城出土。俄藏编号：Инв. No 807。

佛说阿弥陀经

西夏文译佛教文献。依姚秦鸠摩罗什汉泽本翻译。存惠宗初译本、仁宗校勘本。Инв. No 4773 后接《无量寿佛所说往生净土咒》，尾署西夏文"大白高国大安十一年（1085）八月八日记。译经证义演经律论思经和尚舍布施。书者和尚马智慧。刻者李什德、刘奴□"。[2]"大安"是夏惠宗秉常的年号，表明这是个初译本。Инв. No 6518 与 Инв. No 7123 可拼配出完整的施经发愿文，此经于天盛丙子八年（1156）十月十七日施印，表明这是个校勘本。施主是夏仁宗的母亲曹氏，曹氏的尊号为"帝母"[3]。Инв. No 6761 后接《往生极乐净

---

① 孙颖新：《西夏文〈佛说疗痔病经〉释读》，《宁夏社会科学》2012 年第 3 期。
② 署夏惠宗大安十一年（1085）的 Инв. No 4773《佛说阿弥陀经》，是俄藏现存注明年代最早的西夏文献，参见 Е. И. Кычанов, *Каталог тангутских буддийских памятников*, стр. 623. 抄于夏献宗乾定西年腊月五日的 инв. No 5189《严驾西行烧香歌》，是俄藏现存注明年代最晚的西夏文献。参见聂鸿音：《公元 1226：黑水城文献最晚的西夏纪年》，《宁夏社会科学》2012 年第 4 期。中藏 G31·002［6726］宝义戌年（1226）卖驴契，是所有已知注明年代的西夏文献中最晚的。
③ 可证《宋史·夏国传》所载"国母"出自中原史臣的信手改易。参见聂鸿音：《西夏文〈阿弥陀经发愿文〉考释》，《宁夏社会科学》2009 年第 5 期。

土念定》，署传译题记，汉译"贤觉帝师沙门显胜[①]，五明国师沙门嘚耶阿难捺，金解国师沙门法慧，至觉国师沙门慧护，圆通法师沙门智明，觉行法师沙门德慧等传"。黑水城出土汉文文献中也有几种该经残片，编号为TK108、109、110。西夏文题：𗈁𘀅𘊝𗊩𗐹𗊜。

黑水城出土。俄藏编号：Инв. № 763、803、4773、4844、6761、7564、6518、7123。英藏编号：Or.12380—3420、3713、3714。

附太后曹氏《佛说阿弥陀经后序愿文》译文：

谨闻：圆成妙觉，观智本以无方；现相利生，坏迷山而有路。今《阿弥陀经》者，大乘玄趣，文妙义赅，施救含灵之道，实为诸有所趋。因见如此广大利益，施主帝母乃发大愿，建造弥陀佛殿一座。复刊印《弥陀经》三千卷，施与众人。愿：以兹胜善，归天先圣，上居极乐佛宫；当今皇帝，永驻须弥胜境。皇后千秋，圣裔蕃茂。文臣武将，福禄咸臻。法界有情，往生净土。

天盛丙子八年十月十七日。[②]

佛说金轮佛顶大威德炽盛光如来陀罗尼经

西夏文译佛教文献。据同名汉译本译，译者不详，成书不晚于乾祐十五年（1184）。原书存有刻本、抄本两种，均保存完好。[③]西夏文题：𗈁𘀅𗾔𗹦𗈁𗳲𗄭𗫍𗗙𗊲𗾿𗐯𗊩𗣼𘄒𗊜。

黑水城出土。俄藏编号：Инв. № 951（24·264—265）、809（24·266—268）。

---

① 贤觉帝师波罗显胜是中国历史上最早享有"帝师"封号的喇嘛，经他传授的作品有多种，皆为简单地介绍密教的念诵供养法而没有涉及佛学理论，说明他的兴趣只在修行而不在思辨。参见聂鸿音《贤觉帝师传经考》，《中华文史论丛》2017年第2期。

② 聂鸿音：《西夏佛经序跋译注》，上海古籍出版社2016年版，第35—36页。

③ 安娅：《西夏文译本〈大威德陀罗尼经〉考释》，"西夏语文与华北宗教文化国际学术研讨会"论文，台北，2009年。

佛说金耀童子经

西夏文译佛教文献。当依宋天息灾《佛说金耀童子经》汉译本翻译，[①] 译者及成书年代不详。写本，卷子装，前段大半部分缺，存尾题。西夏文题：𗴿𗐱𘂣𗾔𘋆𗱢𘝯。

黑水城出土。俄藏编号：Инв. № 4738。

佛说宝雨经

西夏文译佛教文献。据唐达摩流支汉译本翻译，据西夏文题记"胜智广禄治民集礼盛德皇太后梁式御译，神功胜禄教德治民仁净皇帝嵬名御译，奉天显道耀武宣文神谋睿智制义去邪惇睦懿恭皇帝嵬名御校"，知其在惠宗朝译成、在仁宗朝重新校勘。俄藏存此经第十卷，经折装写本，经题下有函号"𗒹"；右下空白处捺印一朱红牌记，有西夏文 5 行，"𗼢𗏁𘂤𗠁𗼨𘓺𘃡𘑥，𗈁𗷒𘉒𗐱𗤓𘉒𗙏𘏨𘝇𗩱，𘑥𘄴𘎳𘕘𗟻𗫡𘓺𗐱𘊐𗓑𘂧𘌙，𘉋𘆄𘘣𗤋𘚿𗇋𘎘𗔈"，汉译"大白高国清信弟子皇太后罗氏新增写番大藏经一整藏，舍于天下庆报伽蓝寺经藏中，当为永远诵读供养"。[②]"番大藏经一整藏"表明当时确有完整的西夏文大藏经存在。此经为罗太后施写的西夏文大藏经实物之一。西夏文题：𗴿𗐱𘓺𘉒𗱢𘝯。

黑水城出土。俄藏编号：Инв. № 87。

佛说首楞严三昧经

西夏文译佛教文献。据姚秦鸠摩罗什同名汉译本翻译，译者及成书年代不详。汉文原本上中下三卷，西夏译本存卷上残片。西夏文题缺。

黑水城出土。法藏编号：Pelliot Xixia924（Grotte181）107。

① 黄延军：《俄藏黑水城西夏文〈佛说金耀童子经〉考释》，载杜建录主编《西夏学》（第 8 辑），上海古籍出版社 2011 年版。
② 罗太后施经戳记又见俄藏 Инв. № 150、3966《佛说长阿含经》。

佛说除一切疾病陀罗尼经

西夏文译佛教文献。据唐不空所译《除一切疾病陀罗尼经》翻译。译者及成书年代不详。写本，经折装。存经文 14 面。西夏文题：𗼇𗹏𗼻𗽻𗼈𗼈𗫵𗷲𗉛𗊬𗫴𗰱𗴢。

黑水城、绿城出土。中藏编号：M11·014、M21·079〔F6：W7〕。英藏编号：Or.12380—2246aRV、2246b。

佛说除盖障菩萨所问经

西夏文译佛教文献。当依宋法护同名汉译本翻译，译者及成书年代不详。写本，经折装，残存三折，有尾题。西夏文题：𗼇𗹏𗫨𗰗𗼈𗼵𗭶𗰱𗽹𗴢。

黑水城出土。俄藏编号：Инв. № 2426。

佛说除瘟病经

西夏文译佛教文献。当据汉文本翻译而成。译者及成书年代不详。汉文译本有《佛说避瘟经》《佛说断瘟经》及《南无佛说秘瘟经》，此经与《南无佛说秘瘟经》最为吻合。写本。Инв. № 7679 号除此经外，另有《圣大乘胜意菩萨经》及"十二钱"卜卦书。[1] 西夏文题：𗼇𗹏𗿟𗼻𗼈𗴢。

黑水城出土。俄藏编号：Инв. № 7675、7679。

佛说息除贼难陀罗尼经

西夏文译佛教文献。据宋法贤同名汉译本翻译。译者及成书年代不详。写本，蝴蝶装，共五面，全文留存。首题省作"佛说息除贼难经"。此本与《七

---

① 王龙:《中国藏西夏文〈佛说消除一切疾病陀罗尼经〉译释》，载《第三届西夏文研修班暨西夏文献研讨会论文集》，银川，2014 年。

功德谭》及《出有坏母胜慧到彼岸心经》合抄在一起。① 西夏文题：𗗙𗣋𗐝𘄴
𘃪𗾕𘄗𘃸𗥊𗼺𗵽𘔊。

黑水城出土。俄藏编号：Инв. № 804。

佛说斋经

西夏文译佛教偈颂。据吴支谦同名汉译本翻译。译者及成书年代不详。
文中对诸天寿命的计算有误。② 出土为写本，卷子装。存卷尾。西夏文题：𗗙
𗣋𘅍𘔊。

黑水城出土。俄藏编号：Инв. № 4446。

佛说诸佛经

西夏文译佛教文献。据宋施护同名汉译本翻译。译者及成书年代不详。
所存仅一写本，经折装，存 13 折，为结尾部分。西夏文题：𗗙𗣋𗡞𗗙𘔊。

黑水城出土。俄藏编号：Инв. № 359。

佛说菩萨修行经

西夏文译佛教文献。译自西晋白法祖同名汉译本。译经题款汉译："天生
全能禄番式法正国皇太后梁氏御译，就德主国增福正民大明皇帝嵬名御译。"
故知此经在惠宗秉常朝译成。所存一本卷首有版画，共 8 折，下残。版画内
容与国图藏元大德十一年（1308）施印的《悲华经》等元刊西夏文大藏经本
相同。含佛陀说法图 1 幅 3 折，祝赞 4 折，韦陀像 1 折。祝赞第 1 折西夏文
3 行，译文为"奉大元国天下一统世上独尊福智名德俱集当今皇帝圣寿万岁
敕，印制一全大藏经流行"，第 2 折译文为"当今皇帝圣寿万岁"，第 3 折译

---

① 胡进杉：《西夏文〈七功德谭〉及〈佛说止息贼难经〉译注》，载《西夏学》（第 8 辑），上海
古籍出版社，2011 年。

② 孙颖新：《西夏文〈佛说斋经〉译证》，《西夏研究》2011 年第 1 期。

文为"太后皇后与天寿等"，第4折3行译文"奉敕大德十一年六月二十五日，皇太子寿长使见千秋，印大藏经五十部流行"。此与《佛说月光菩萨经》《佛说了义般若波罗蜜多经》《圣无能胜金刚火陀罗尼经》《毗俱胝菩萨一百八名经》属同一函号"髇"，为元大德十一年（1308）施印西夏文大藏经本。[①] 西夏文题：𘝋𗄭𘓓𗗙𘊞𗗛𘜶𗖰。

出土地不详。瑞典藏编号缺。

佛说最上意陀罗尼经

西夏文译佛教文献。当据施护同名汉文本翻译，译者及成文时间皆不详。卷首、卷尾皆缺，版口存题，汉译"最上意经"。刻本，经折装。此经陀罗尼对音规则与对音西夏字的选用，与译自藏文的《吉祥遍至口合本续》等颇为一致，说明西夏曾制定过翻译佛经陀罗尼的统一规范。[②] 西夏文题缺。

黑水城出土。俄藏编号：Инв. № 2844。英藏编号：Or.12380—3198。

佛说释帝般若波罗蜜多经

西夏文译佛教文献。据施护同名汉文本翻译。译者与成文时间不详。写本，蝴蝶装。西夏文题：𘝋𗄭𘗠𘎑𘜶𗴂𘜶𗗙𘘍𘊞𗖰。

黑水城出土。俄藏编号：Инв. № 807。

佛说遍照般若波罗蜜经

西夏文译佛教文献。据宋施护同名汉译本翻译，译者及成书年代不详。俄藏存此经一卷，蝴蝶装，写本。西夏文题：𘝋𗄭𘌝𘐣𘜶𗴂𘜶𗗙𗖰。

---

①　［日］西田龙雄：《西夏译经杂记》，载《西夏文华严经》（Ⅱ），日本京都大学文学部，1976年，あとがき（后记）。

②　孙伯君：《黑水城出土西夏文〈佛说最上意陀罗尼经〉残片考释》，《宁夏社会科学》2010年第1期。

黑水城出土。俄藏编号：Инв. № 5654。

佛说解百生冤结陀罗尼经

西夏文译佛教文献。译自汉文本《佛说解百生冤结陀罗尼经》，译者及成书年代不详。武威博物馆收藏的两个卷号，由同一件文献断裂而成。[1] 西夏文本与《嘉兴藏》汉文本有别，而合于敦煌汉文本。西夏文题：[illegible]。

黑水城、亥母洞出土。俄藏编号：Инв. № 5719。中藏编号：G31・018［6747］+G31・020［6762］。

佛说瞻婆比丘经

西夏文译佛教偈颂。据西晋法炬同名汉译本翻译。译者及成书年代不详。写本，经折装。前缺，有校改痕迹。西夏文题：[illegible]。

黑水城出土。俄藏编号：Инв. № 42。

究竟一乘圆明心义

西夏文译佛教文献。题金光山沙门慧护译，当译自辽通理大师《究竟一乘圆通心要》汉文本，成文时间不详。[2] 所存为刻本，蝴蝶装。全文留存，共17叶。有火烧之痕迹。《究竟一乘圆通心要》汉文原本不存，出土有零星残片。通理大师著作的西夏文译本另有《通理大师性海圆明镜知足》。西夏文题：[illegible]。

黑水城出土。俄藏编号：Инв. № 2848。

---

① 段玉泉：《西夏文〈佛说解百生冤结陀罗尼经〉考释》，《西夏研究》2010年第4期。
② 索罗宁：《西夏佛教的"真心"思想》，载《西夏学》（第5辑），上海古籍出版社2010年版。

阿毗达磨大毗婆沙论

西夏文译佛教文献。依唐玄奘同名汉译本翻译，译者及成书年代不详。汉文原本 200 卷，西夏译本所存为卷八、二十九之残片。刻本，经折装。西夏文佛教文献中另有《大乘阿毗达磨集论》。西夏文题缺。

黑水城、莫高窟出土。中藏编号：G11·054［第 464：55］（16·158）、G11·055［第 464：56］（16·158）。日藏编号：天图（183 亻279）39—08b（下·262）、天图（180 亻279）03—01b（下·384）。英藏编号：Or.12380—3881.1（K.K.）（5·255）。法藏编号：Pelliot Xixia924（Grotte181）002（2）、113（103）。

阿毗达磨顺正理论

西夏文译佛教文献。依唐玄奘汉译本翻译。题款汉译"尊者普贤所作，汉本大唐三藏法师玄奘翻译，奉天显道耀武宣文神谋睿智制义去邪惇睦懿恭皇帝嵬名御校"，可知其至迟在惠宗朝译成，在仁宗朝重新校勘。西夏译本所存为卷五、卷一四。国图藏卷五，帙号为"藏（玉、璧）"，卷首有与《悲华经》相同的说法图、祝赞、韦陀像。同为元大德十一年（1308）施印的西夏文大藏经的实物资料。[1] 西夏文题：􀀀􀀀􀀀􀀀􀀀􀀀􀀀􀀀􀀀。

黑水城、灵武出土。俄藏编号：Инв. № 717（24·209—210）。中藏编号：B11·050［4.01、4.02］（5·263—313）。

妙法圣念处经

西夏文译佛教文献。当据宋法天同名汉译本翻译。译者及成书年代不详。汉文原本共八卷，西夏文译本俄藏存卷一后半部分，与《大般涅槃经》《大般若波罗蜜多经》《七佛八菩萨所说大陀罗尼神咒经》《增一阿含经》合抄在一

---

① 麻晓芳：《西夏文〈妙法圣念处经〉残卷考释》，"第五届中国少数民族古籍文献国际学术研讨会"会议论文，银川 2015 年。

起。① 西夏文题：𗧹𗫂𘃽𗰗𗲲𗱕𘀗。

黑水城出土。俄藏编号：Инв. № 6039。英藏编号：Or.12380—1884b。

妙法莲华经

西夏文译佛教文献。据姚秦鸠摩罗什同名汉译本翻译，译者不详。俄藏多本有仁宗仁孝皇帝校勘题记，Инв. № 6253 前有序文一篇，款题"𗢳𗂧𘟙𗆧𗇋𗣼𗵘𗄛𗊱𗲠𗰗𗂢𘓞𗥃𗼕𘉒𗥑𗏣𗢭𗎋𘝿（枢密西摄授典礼司正广修孝武恭敬东南族官上柱国罔长信作）"，称开国皇帝元昊未来得及翻译《妙法莲华经》，"今圣母子既袭王位"始译此经。Инв. № 2436 经题后有秉常皇帝及其母梁太后尊号，据此可知译写年代当在惠宗秉常朝梁太后摄政之时，仁宗朝得到校勘。中藏 B11·055［1.17］则是元武宗时期刊刻的西夏旧版。俄藏黑水城汉文文献中有多卷西夏仁宗人庆三年（1146）的汉文刻本。西夏文题：𗧹𗫂𗵘𗽔𘀗𗲲。

黑水城、灵武、莫高窟（D）、下西沟岘出土。俄藏编号：（一）Инв. № 6253、5838、3259、64、63、719、68、6253、6553；（二）Инв. № 2436、66、564、4631、4011、6723、4562、6310、7231、3900、2317、6452、67、927、782、4674、3901、4562、6452、7231；（三）Инв. № 805。英藏编号：Or.12380—0046、0228、0712、0721、0763、0774、0961、1513、1893、2237、2240、2359、2525RV、2744、2763RV、2768、3019、3054、3193、3216、3223、3428、3490、3703、3829、3831.3、3831.4、3901、3956。中藏编号：B11·055［1.17］、B41·001、Gll·033［D.0670］、Gll·034［D.752—1、D.0696、D.0815］、G21·035［13212］、G21·057［15511］、Mll·010。法藏编号未知。德藏编号：缺。

附罔长信《妙法莲华经序》译文：

　　《妙法莲华经》者，如来之秘藏也。现其法故，佛出世间，集

① 麻晓芳：《西夏文〈妙法圣念处经〉残卷考释》，"第五届中国少数民族古籍文献国际学术研讨会"会议论文，银川 2015 年。

两权乘，入一实中。高广文才，与须弥山等；幽深理趣，与大海水同。先说三乘，诸乘集于一乘；后宣七喻，五性入于独性。此经西天所说，渐渐东土流传，秦天子朝罗什三藏所译。其后风角城皇帝以本国语言，建立番礼，创制文字，翻译契经，武功特出，德行殊胜，治理民庶，无可比拟。前朝译经众多，此《莲华经》未在译中。今圣母子既袭王位，敬信三宝，治国正行，兴盛先君之礼，矧为后帝之师。行业以德，与日月同辉；治民用孝，求万国咸宁。乃发大愿，御手亲译，未足一年，一部译毕，传行国内，人人受持。故此含灵逐日昌盛，祸灾永久绝踪。臣才微智薄，所学非深，不自量才，略为之序。我犹如微尘，不可增万丈之高山；露滴入海，不能合百川之水味。[①]

妙法莲华经心

西夏文译佛教文献。当据同名汉文本《妙法莲华经心》译[②]，译者及成书年代不详。此经乃据《妙法莲华经》"序品第一""方便品第二"撮其要者，并加上一段持诵要领。文中于"诸法从本来，常自寂灭相。佛子行道已，来世得作佛"偈颂之后，有佛言"此四句我为心意愚昧之老人及不识文字之女人所说，彼等岂能受持一部《莲华经》？是故此四句偈者，皆真要也。如来为有信者说之，为有疑者未尝说之"。西夏文题：𘂤𗇩𗟲𗤻𗄼𘄒。

黑水城、莫高窟、下西沟岘出土。俄藏编号：Инв. № 4072。英藏编号：Or.12380—3956+3957。中藏编号：G21.057［15511］。日藏编号：天图（222 亻279）26—03aC、26—16、26—18A。

---

①　聂鸿音：《西夏佛经序跋译注》，上海古籍出版社 2016 年版，第 7 页。
②　据高山杉先生书评介绍，在北京智化寺所藏明刻汉文《大乘法宝诸经全部》，其中收有《妙法莲华经心》（北京文博交流馆 2007：210—211）。

妙法莲华经观世音菩萨普门品

西夏文译佛教文献。为《妙法莲华经》"观世音菩萨普门品"之单行本。译者不详，有西夏仁孝皇帝的校经题记。敦煌研究院藏有两件绘图刻本《观世音菩萨普门品》，其一本首尾完好，扉叶刻有版画《水月观音图》，正文分上下两栏，上栏自右至左共 53 幅版画，下栏排印经文。西夏文题：纐禠絲帣瑆莶焱祀豿糫絖纖豿羖。

黑水城、绿城、莫高窟（D）出土。俄藏编号：Инв. № 574—576、757、758、760、221、586、940。英藏编号：Or.12380—0723、3703。中藏编号：G11·033［D.0670］、G11·034［D.752—1、D.0696、D.0815］、M11·010、M21·150。

妙法莲华经集要义镜注

西夏文佛教注疏作品。当是集《妙法莲华经》之要义的注疏。注者及成文时间不详。文中解释佛教术语时经常用到"番语云"，表明这是西夏僧人自身的一种创作。山嘴沟石窟出土一泥活字印本，蝴蝶装，版心上部有西夏文"莲花注"及汉文卷次，下部为汉文叶码。存卷一、卷五、卷八、卷一二。卷一封面有经题，译文为"妙法莲华经义镜注"，卷八、卷一二经题汉译文则为"妙法莲华经集要义镜注"。西夏文题：纐禠絲帣瑆莶（焱祧）繆巤豿。

宁夏贺兰山山嘴沟出土。中藏编号：K2∶244，K2∶116，K2∶245，K2∶173，K2∶277，K2∶142，K2∶169—2、4、5，K2∶222，K2∶221—1、2、3、4、9、10，K2∶237—4，K2∶137。

现在贤劫千佛名经

西夏文译佛教文献。据同名汉文本经译。经折装，元刻本。前有一行慧觉《礼忏序》。国图藏 B11·047［3.15］卷首有《西夏译场图》一幅 2 折，画面上绘有僧俗人物 25 身、西夏文题款 12 条。图上部正中一高僧形象最大，身披袈裟，跏趺端坐，头顶横刻榜题"􀀀􀀀􀀀􀀀􀀀􀀀􀀀􀀀􀀀􀀀􀀀􀀀"，可译作"都大管勾译使安全国师白智光"，即译场主译人。白智光又出现在《金光明最胜王经流传序》《过去庄严劫千佛名经发愿文》中。另有一题款分刻于其左右，左5字为"􀀀􀀀􀀀􀀀􀀀"，右5字为"􀀀􀀀􀀀􀀀􀀀"，连起来字面义为"译者佑助相僧俗十六人"，可译作"辅助译经者僧俗十六人"。这16人分列其左右，比肩而坐，左右各两排，每排4人，僧前俗后。每一个僧人头上皆附一条榜题，上写姓氏和法号。白智光右，自上而下依次为"􀀀􀀀􀀀""􀀀􀀀􀀀""􀀀􀀀􀀀􀀀""􀀀􀀀􀀀􀀀"，可分别译作"曹广智""田善尊""西玉智园""鲁布智云"。鲁布智云又见《大方广佛华严经海印道场十重行愿常偏礼忏仪》所载《华严经》流传序。白智光左，自上而下依次为"􀀀􀀀􀀀􀀀""􀀀􀀀􀀀""􀀀􀀀􀀀􀀀""􀀀􀀀􀀀"，可分别译作"北却慧月""赵法光""崑名广愿""昊法明"。关于中国古代佛经译场，多为文字记载，唯有这幅宝贵的《西夏译场图》作了形象描绘，值得引起佛经译场研究者的注意。图下方左右角各绘4人，左下角一女身坐像较大，旁题西夏文款识6字"􀀀􀀀􀀀􀀀􀀀􀀀"，可译为"母梁氏皇太后"。后立黄门侍者3人。右下角一男身坐像较大，旁题西夏文款识5字"􀀀􀀀􀀀􀀀􀀀"，字面义为"子明盛皇帝"，即"子大明皇帝"，余3人较小，亦为黄门侍者一类。[①]故知此经在惠宗秉常朝译成。垂帘听政的大梁太后在图中置于白智光右边，表明西夏尚右。文中又附仁宗校经题款，译文为"奉天显道耀武宣文神谋睿智制义去邪惇睦懿恭皇帝御校"。Инв. № 5536 存年款，汉译"天盛癸酉五年六月十五日"。B11·047［3.15］卷末有西夏文墨书题款4行，汉译"师耳塞李（李慧净），净信发愿者释子耳卜李（李慧胜），现在者韦氏，赐食者王氏，转身者李七什"。西夏文题：􀀀􀀀􀀀􀀀􀀀􀀀􀀀􀀀􀀀。

　　黑水城、灵武、下西沟岘出土。俄藏编号：Инв. № 59、60、61、227、

---

① 段岩、彭向前:《〈西夏译场图〉人物分工考》，《宁夏社会科学》2015 年第 4 期。

228、229、230、7188、7872、231、610、611、8029、612、613、614、615、934、2861、5359、736、935、936、937、7382、8102、8029、8327、938、939、5362、5536、8101、4934、6177、6547、7189、7777、8098、7381、7845、8028、8328。中藏编号 B11·047［3.15］、B11·048［3.16］、N11·003［L：05］、G21·032［13195、13196］、G21·033［13197］。日藏编号：天图（180 彳279）03—01a。

拔济苦难陀罗尼经

西夏文译佛教文献。依唐玄奘同名汉译本翻译。出土一孤本，经折装刻本，后附署乾祐二十四年（1193）十月八日施经发愿文。以贺宗寿为首的几个西夏大臣出资刊印、为纪念仁宗皇帝"三七"法会上散施该经。西夏文题：𘚺𗹦𘑶𘃡𗧾𗋽𘂤𗇋。[1]

黑水城出土。俄藏编号：Инв. № 117。

附贺宗寿《拔济苦难陀罗尼经发愿文》译文：

> 今闻：《拔济苦难陀罗尼经》者，不动佛之总持，释迦世尊解说。二首神咒之力，灭除十恶逆罪。诸人受持，不知理趣，是以搜寻经藏，得此契经。臣宗寿等至诚发愿，上报圣恩，因此于先圣三七之日，速集文武臣僚，共舍净资，于护国宝塔之下，敬请禅师、提点、副使、判使、在家出家诸僧众三千余员，各自供养烧施灭除恶趣、七佛本愿、阿弥陀佛道场七日七夜，念诵番、汉、西蕃三藏契经各一遍，救放生命，布施神幡。命工雕印，散施此经番汉二千余卷。以此善缘，谨愿：太上皇帝往生净土，速至佛宫。复愿：皇太后、皇帝圣寿福长，万岁来至，法界含灵，超脱三有。

---

① 聂鸿音：《俄藏西夏本〈拔济苦难陀罗尼经〉考释》，载杜建录主编《西夏学》（第6辑），上海古籍出版社2010年版。

白高乾祐癸丑二十四年十月八日，西正经略使⋯⋯①

郁伽长者问经

西夏文译佛教文献。据曹魏三藏法师康僧铠汉译本译，译者及成书年代不详。经折装活字印本，存 2 个折叶。此件为吐鲁番发现 4 件西夏文佛经残片中最完整的一件，表明西夏与回鹘在佛教文化交流方面是双向的，夏译佛经也曾输入高昌回鹘。西夏文题缺。

新疆吐鲁番出土。德柏林民俗博物馆藏编号：T.M.190。

明异解脱经之科

西夏文译佛教文献。为《明异解脱经》之科文。汉文底本待考。译者及成书年代不详。写本，卷子装。前缺，无正文。西夏文题：𗰖𗸐𗟲𗌭𗈁𗦻𗎉𗁡。

黑水城出土。俄藏编号：Инв. № 5166。

金光明总持经

西夏文译佛教文献。一本当依汉文本翻译，一本为罕见的西夏本土编著。译者、编者及成文时间均不详。写本，有卷子装、经折装两类。编者辑录了夏仁宗校译本《金光明总持经》里的咒语并加上了题目和念诵法，但整体编写水平不高。② 西夏文题：𗥢𗙛𗴟𗗙𗫸𗈁𗦻。

黑水城出土。俄藏编号：Инв. № 4697、734、7052。

金光明最胜王经

西夏文译佛教文献。据唐义净同名汉译本翻译。译者及成书年代不详。原文十卷，西夏译本全。俄藏写本、刻本数十件，经折装、卷子装兼有，各

---

① 聂鸿音：《西夏佛经序跋译注》，上海古籍出版社 2016 年版，第 108 页。
② 聂鸿音：《〈金光明总持经〉：罕见的西夏本土编著》，《宁夏师范学院学报》2014 年第 4 期。

卷卷首皆有版画。中国国家图书馆藏有元刻本，经折装，存序文两篇：一为《金光明最胜王经流传序》（𗧇𘊆𘀗𗾔𗹙𗪙𘄏𗖰𘛣），一为《金光明经忏悔灭罪传》（𗧇𘊆𘊒𗹙𘝞𘖑𗤱𘙝）。前者由西夏遗僧、兰山云岩慈恩寺护法国师一行沙门慧觉集，序文详述金光明经流传东土后五次翻译经过，及西夏时期翻译、校勘经过。文中提及"渡解三藏安全国师沙门白智光"；后者由同名汉文本翻译。中藏 S21·003［2gz60］，卷尾存西夏光定四年（1214）神宗遵顼发愿文一篇。发愿文中"旧译经文或悖于圣情，或昧于语义，亦未译经解、注疏，故开译场，延请番汉法师、国师、禅师、译主，再合旧经，新译疏义"，表明西夏设校译和刊印疏钞的专门机构始于夏神宗遵顼。英藏与国图藏出入很大，可能有初刻本和校译本之分。西夏文题：𗧇𘊆𘀗𗾔𗹙𗪙。

黑水城、灵武、莫高窟出土。俄藏编号：Инв. № 4873、902、4730、4819、905、4765、921、2741、6384、6564、931；609、608；58；4009；97、4669、3535；6647；4670；3427、2641、98、6319；722；92；99；7067、7667；5323、5748、6329、7371、7548、7654、7669；7241。英藏编号：Or.12380—0005、0052、0147、0223RV、0225、0234、0251、0285、0376、0382、0569、0573、0922、0987、1030、1083、1295、1310、1312、1357、1379、1391、1392、1990、2109、2243、2564RV、2572、2576、2641、2674RV、2792、2855、2856、2857—2860、2863、2865、2870、2873、2974、2877、3377—3382、3390、3404—3406、3408、3409、3414RV、3415、3467、3489、3545、3791。中藏编号：B11·024［1.03］—027［1.06］、B11·028［di9jian］、B11·029［1.07］ —037［1.14］、S21·003［2gz60］、G11·038［B53：9］；景泰文化馆（无号）、台北故宫博物院（编号不详）。日藏编号天图（183 亇279）39—10、12、13a、16、17、20b。

附一：一行沙门慧觉《金光明最胜王经流传序》译文：

兰山石台岩云谷慈恩寺一行沙门慧觉集

夫《金光明最胜王经》者，显密兼备，因果全包，为众经中王，一乘义竞，是最下礼式法。莲华寿身之后成，涅槃常命之先合。显诸佛最深境，为护国法人意。尔时依真不二佛身，义事无障，在国云集，大众闻哺时说，此经建立最胜如来语，赞行佛境功全许。妙幢室中四佛说，鸠山顶上本师宣。举现智寿身果，三身有本，四德无生；因宣有空广略，二边双斩，中道不二。现显重成，典揽全满。以此义尽性竞，依其时顺众行。彼梵典昔支那国先后五次翻译，《长房录》①曰：一凉朝玄始年中，沙门昙无谶姑藏翻译为四卷十八品；二梁朝承圣元年中，沙门真谛于正观寺及扬雄宅处翻译为七卷二十二品；三后周武朝优婆国沙门耶舍崛多于归圣寺中翻译为五卷二十二品；四隋朝开皇年中，阇那崛多及达磨笈多在长安兴善寺中翻译，沙门彦琮②重校为六卷二十四品，大觉寺中沙门宝贵使结合成为八卷，先四本者，有无阙增，广略变异；五大周朝长安二年中，义净三藏在长安西明寺中，奉敕重译此经，为十卷三十一品，长安岁次壬卯三年己未十月庚戌四日昼全已竟。文词明清，义趣集全，未曾有也。次始奉白高大夏国盛明皇帝，母梁氏皇太后敕，渡解三藏安全国师沙门白智光，译汉为番。文华明，天上星月闪闪；义妙澄，海中宝光耀耀。自此起，此经广传，帝王后妃，顶承行敬；臣民僧俗，识写诵持。十行泉流不尽，四法轮转不绝。最后仁尊圣德皇帝已受宝座，使佛事重新，令德法复盛。三宝威显，四本明增。令集如猛虎龙象大师，重对细校此经，复译解疏。闻说礼盛显华顺，如玉瓶中现金像，与以秦镜照物同，信恭礼者，比先特重，

---

① 长房录，此前误译为"中轩集"，应为隋代费长房所作的《长房录》。参见段玉泉、王博楠：《西夏佛教序跋题记的史料分析》，《中国藏学》2020 年第 1 期。

② 彦琮，此前误译为"作苍"，应为"彦琮"。据《大唐内典录》卷第五《隋朝传译佛经录》记载，"其间复有银主陀罗尼品及嘱累品。更请崛多三藏出。沙门彦琮重复校勘。故贵今合分为八卷"。查这个人名的西夏文原文写作"𦥷𥓰"，其中的"𦥷"字当为"𦥽"字之形误。"𦥽𥓰（*gji-tshow）"二字在读音上，恰可与宋代西北方音中的"彦琮"勘同。

人人取则汉国温州张居道，遇怨求解写画。各处随学番地芭里嵬名狗，鬼劝王命识诵，以此安稳家国，因此德法茂盛。后因夏国冬出叶落为池，大朝国兴，此经沉没，年日为多。佛法住失者，以此经是，故应盛传也。今下法三稳时至，四灭现遇。有情福薄，多有重业。应以上药治，能以一乘除。夫大乘方广经者，难遇如昙花，价比大摩尼。因遇特多节，起供恒沙佛心，善田则故多得近弥陀。今闻信者非微事也。贫僧学浅智微，网络未除，坐井观天，辨写短序。违圣心者，以悲求忍。唯愿如金龙妙幢，以金鼓忏赞，兴愿生善，同请宝积，以传续连佛座。四恩具尽还，五负报使竟。因众圣以降摄持，依诸神威祐愿满。当今皇帝德盛福增，太子、皇子寿长无病，教忍节浊，令除祸恐。三力威盛，八福普修。国国佛事行，诸处法轮转。百谷具成熟，万物丰稔归。普遍安居，有情安乐。同行愿满，共成佛道。颂曰：闻法戏闹喜忧混，爱慕渴仰求无止。身动发乱血泪出，自持未得重愿生。众生一切之，离疑除邪持，大乘德信生，佛种令不断。①

附二：神宗遵顼《金光明最胜王经发愿文》译文：

朕闻：我佛世尊，以根本智，证一味纯真之理，后得因缘，开万千妙法之门。其中守护邦家，祈求福智，佛俗义理双全，利益今生后世者，唯此《金光明王经》是也。今朕位居九五，密事纷繁，如临深渊，如履薄冰。夜以继日，思柔远能迩之规；废寝忘食，观国泰民安之事。尽己所能，治道纤毫毕至；顺应于物，佛力遍覆要津。是以见此经玄妙功德，虽发诚信大愿，而旧译经文或悖于圣情，或昧于语义，亦未译经解、注疏，故开译场，延请番汉法师、国师、禅师、译主，再合旧经，新译疏义，与汉本细细校雠，刊印

---

① 史金波：《西夏佛教史略》，宁夏人民出版社 1988 年版，第 310—311 页。

传行，以求万世长存。伏愿：以此胜善，德化长行，六合俱洽，□龙道转，远布八荒。复□□□睦，百谷成□□□□□□□□□次，万物不失其性。复愿：沙界有情，涤业垢于法雨；尘刹众生，除愚闇以佛光。

　　光定四年谨作。①

金刚般若义解记

西夏文译佛教文献。当依汉文本翻译，译者及成书年代不详。写本，卷子装，草书。为解释金刚般若之义的注记。存卷二、卷四。西夏文题：𗓲𗖰𗹊𗙫𗤋𗟲。

黑水城出土。俄藏编号：Инв. № 929、886。

金刚般若波罗蜜多经

西夏文译佛教文献。据姚秦鸠摩罗什汉译本翻译。俄藏 Инв. № 6862 等刻本中存西夏文校勘题记，汉译"哆讹崑名仆发愿，恭请鲜卑法师与梵本及汉、番注疏等反复察校，杂已弃除，实为净本"，"大白高国大度民寺诠教法师沙门鲜卑宝源重校"等。知此文献经由诠教法师沙门鲜卑宝源重新校勘，据题记中"与梵本及汉、番注疏"的记载，表明在其校勘之前已经出现了番文注疏，故西夏文原译本当早已通行。Инв. № 101 存天盛二十年（1168）刻经题款 3 行，汉译"天盛戊子二十年五月一日，发愿雕刻者庚人娱，刻者刘波斯"。出土数量较多，既有写本，亦有刻本，可区分为 16 种不同的版本。②西夏文题：𗓲𗖰𗹊𗙫𗮔𗤁𗢭𗼃𘜶。

黑水城、绿城、莫高窟（D）、下西沟岘、亥母洞出土。俄藏编号：

---

① 聂鸿音：《西夏佛经序跋译注》，上海古籍出版社 2016 年版，第 150 页。
② ［日］荒川慎太郎：《西夏文金刚経の研究》，日本京都大学 2002 年博士学位论文；又见松香堂，2014 年。

Инв. № 89、101、106、588、589、599、600、606、686、689a、691、694、700、701、703、704、726、727、731、732、743、747、750—756、761、762、764、776、960（690）、2823、2826、3834、2835（6825）、2846、3965、4083、4099、4112、4336、5375、5877（5857）、6470、6548、6679、6832（6862）、7220、7443、7707。英藏编号：Or.12380—0048、0057、0067、0069、0070、0152、0157、0168、0275、0291、0305、0366、0392、0396RV、0472、0504a、0505b、0601、0649、0655、0659、0670、0671、0672、0673、0676、0685、0700、0701、0707、0714、0728、0736、0737、0743、0760、0766、0769、0770、0775、0779、0780、0782、0786、0787、0790、0791、0792、0800、0801、0804、0807、0808、0810、0812、0813、0815、0817、0818、0819、0820、0821RV、0823、0825、0826、0827、0835、0838、0842、0844、0846、0849、0850、0861、0863、0866、0868、0869、0870、0873、0924、0970、0978、0985、0996、0998、1015、1016、1035、1084、1669、1860、1862、1870b、2247、2389RV、2394、2551、2640aRV、2640bRV、2690、2692、2699、2700、2701、2702、2703、2704、2705、2706、2707、2709、2711RV、2712、2713、2714、2715、2716RV、2746RV、2747、2749、2750、2755、2760、2890aRV、2890b、2893aRV、2893b、2896RV、2901RV、2902RV、2916c、2937、2938、2940、2945RV、2956、2958、2962、2963、2965、2966、3035RV、3038RV、3039、3043RV、3044RV、3046RV、3047RV、3048、3049RV、3058RV、3083a、3083bRV、3152、3154、31721RV、3174b、3187、3191、3192、3209RV、3210、3217、3221bV、3227、3228、3229、3230、3662、3687aRV、3687bRV、3688b、3695、3701、3734、3742、3767、3826、3828、3832、3882.2、3930、3931。中藏编号：G11·035〔D.0669〕,G11·036〔B.128:11〕、G11·037〔B.121:35—1~3〕、G21·037。〔13214〕、G31·009〔6735〕、G31·010〔6736〕、G31·013—016〔6742—6744〕、G31·016〔6748〕、M11·006—009、M1·242—267、M21·027〔F6:W3〕、M21·139〔F19:

W101］、M31·001［AE188 zhi27］、M31·002［AE189 zhi28］。日藏编号：
天图（183亻279）39—13b。

金刚般若波罗蜜多经颂科

西夏文译佛教文献。依唐宗密汉文本翻译而来，译者及成书年代不详。
在"请四菩萨""持经梵音""发愿文"后有西夏文"金刚般若波罗蜜多经"
经题，后署"姚秦三藏法师鸠摩罗什译""唐梁大崇福寺沙门宗密科"。核文
本内容，此文献的汉文原本实际包含三个部分的内容：一是鸠摩罗什翻译的
《金刚般若波罗蜜多经》，二是梁朝傅大士作的《颂金刚经》，三是宗密的科
文。故拟题为《金刚般若波罗蜜多经颂科》。[①] 西夏文题缺。

黑水城、亥母洞出土。俄藏编号：Инв. № 7580、8131、8299。英藏编号：
Or.12380—0379、0490、0708RV、0709、0710、0718、0785、0809、0811、
2291RV、2293、2295、2296RV、2752RV、2754、2759、2766RV、2767、
2882、2883、2884、2885、2906a、2916bRV、3033RV、3040RV、3042RV、
3164RV、3480、3481、3485、3486、3513、3545a、3545b、3653、3686、
3688aRV。中藏编号：G31·011［6737］、G31·012［6739］、M21·166［F6：
W36］。

金刚般若经颂科判纂要义解略记

西夏文译佛教文献。当依汉文本翻译，译者及成书年代不详。为《金刚
般若经颂科判纂要义解》之注疏。西夏译本存题记，汉译"黑山沙门善信集"，
此当《金刚般若经颂科判纂要义解》之汉文作者。写本，卷子装，存卷下。

---

① 惠宏、段玉泉编：《西夏文献解题目录》，黄河出版传媒集团、阳光出版社2015年版，第
160页。

反映了西夏佛教呈"汉藏佛教圆融"趋势。[①] 西夏文题：𗼊𗟲𗖰𗖰𗟲𗜓𗖰𗖰𗟲𗜓𗖰𗖰𗟲。

黑水城出土。俄藏编号：Инв. № 4895、5934。

金刚般若经纂

西夏文译佛教文献。当依汉文本翻译而来[②]，译者及成书年代不详。出土有写本、刻本多种。刻本正文前有版画；首题四字，汉译"金刚经"；尾题汉译"金刚般若经纂一卷终"；后接《金刚般若心真（咒）》，题款汉译"苏播法师传"。山嘴沟石窟出土一本心咒，后附题记可译作："今闻此金刚般若心咒，昔乃梵藏本中有，传者及译者等功德广大，般若不持。然依诵持此真心咒而灭除。此□□□梵藏本等诵一遍，则等同诵持八万九千部般若功德。殿前司鲜卑□呢赎印，写者朱阿喜。"西夏文题：𗼊𗟲𗖰𗖰𗟲𗜓𗖰。

黑水城、莫高窟、山嘴沟出土。俄藏编号：Инв. № 7107、4164、6808、6711。中藏编号：G11·037［B121：35—1—3］；宁考古所 K2：121、K2：26、K2：11、K2：135、K2：64、K2：230。

金刚般若略记

西夏文译佛教文献。当依汉文本翻译，译者及成书年代不详。为解释金刚般若的释论。写本，卷子装，草书。存卷一、卷三，有尾题。西夏文题：𗼊𗟲𗖰𗖰𗖰𗟲𗜓。

黑水城出土。俄藏编号：Инв. № 4192、4375、4980。

---

① 索罗宁：《〈金刚般若经颂科次纂要义解略记〉序及西夏汉藏佛教的一面》，《中国藏学》2016年第 2 期。

② 此文献与敦煌遗书中的 P.3024V《佛说金刚经纂》及 S.2565V《金刚经纂一卷》比较接近，西夏本尾题后的咒语和功德文两种敦煌本无。

金刚萨埵说频那夜迦天成就仪轨经

西夏文译佛教文献。据宋法贤同名汉译本翻译。原文四卷，夏译本存卷二。板间接纸处有西夏文函号、汉文经名与卷次"大悲经八卷"，因之亦曾误题为《大悲经》。接纸处又刻有雕板序数、刻工名"周子俊""王子正""台周"等。据刻工名，当为元刊西夏文大藏经之版本。西夏文题缺。

宁夏灵武出土。中藏编号：B11·053［1.18］。

放施水食法要门

西夏文译佛教文献。当据唐不空《施诸饿鬼饮食及水法》汉文本译。译者及成书年代不详。写本，草书。西夏文题：𘂚𗧓𗤁𗣼𗤋𘉋𗾔。

黑水城出土。俄藏编号：Инв. № 6503

河南裴休禅师缘随录

西夏文译佛教文献。当依汉文翻译，汉文原本待考。刻本，蝴蝶装。原本至少3卷，现存第2、3卷。一本存集录者题款"𗾕𗥼𗰜𘑨𗼃𗰜𗽟𗧃𗹙𗵒𘆎"，字面义为"弟子门钱陈坛儒进马希元集"；一本存发愿及校勘者题款，汉译"发愿者五台山沙门张善宝，合文校证者皇孙之先生番大学院正群牧司承旨兼典集……复证察义者番三学……先生……法宝"。西夏文题：𗰜𗫂𗾫𗿒𗔽𗴮𗽟𘉋𘄡。

黑水城出土。俄藏编号：Инв. № 2609、2610。

注华严法界观门通玄记

西夏文译佛教文献。据汉文本翻译。为华严禅师宗密《注华严法界观门》一个注本。存译经题记，署名汉译"妙喜寺沙门慧海译证"。原汉文注本《通玄记》由北宋末期广智大师本嵩作，《华严七字经题法界观三十门颂》卷首载本嵩造《通玄记》三卷。然西夏译本《通玄记》尾题为"通玄记第四"，其内容除注释宗密《注华严法界观门》外，亦对杜顺法师所作《漩澓偈》及其某种注本作注释。西夏译本《漩澓偈》与传世诸本有异，而与黑水城出土TK242《注华严法界观门》所附全同。[①] 写本。西夏文题：𗱕𗋈𗆌𗹙𗧓𗏁𘂜𗾔𗰜𗖵。

黑水城出土。俄藏编号：Инв. № 942。

宝藏论

西夏文译佛教文献。当据后秦僧肇《宝藏论》汉译本翻译，原书一卷。译者及成书年代不详。写本，前缺，存尾题。题记汉译"镂版者哆讹等"。西夏文题：𗗙𗀊𗑠。

黑水城出土。俄藏编号：Инв. № 46

经律异相

西夏文译佛教文献。依梁旻宝等集汉文本译，其内容主要由经律藏中为说明佛教教理而讲述"异相"的佛教寓言、譬喻、传说等21部类故事构成。元代重刊本，仅存卷一五，帙号为"𗾔（为）"。存译经"龙牌"和西夏文题款，汉译"汉本沙门僧旻、宝唱等集"，"智胜禄广恤民集礼德盛皇太后梁氏御译，神功禄胜化德恤民仁净皇帝嵬名御译，奉天显道耀武宣文神谋睿智制义去邪惇睦懿恭皇帝嵬名御校"，知其在崇宗乾顺朝译成、在仁宗仁孝朝重新校勘。龙牌一有文字，汉译"奉大元国天下一统世上独尊福智名德俱集当今皇帝圣寿万岁敕，印制一全大藏经流行"。卷首有说法图、祝赞、韦陀像，同《悲华经》。同为元大德十一年（1308）施印的西夏文大藏经的实物资料。[②] 西夏文题：𗲠𗧓𗄯𘎪。

---

① 聂鸿音：《华严"三偈"考》，载杜建录主编《西夏学》（第8辑），上海古籍出版社2011年版。

② 杨志高：《西夏文〈经律异相〉卷十五"优波离为佛剃发得入第四禅一"译考》，《图书馆理论与实践》2013年第12期。

宁夏灵武出土。中藏编号：B11·051［di7jian］。

药师琉璃光七佛本愿功德经

西夏文译佛教文献。依唐义净同名汉译本翻译。译者不详。存夏仁宗皇帝尊号“奉天显道耀武宣文神谋睿智”，另存皇帝尊号“天力大治智孝广净宣德去邪纳忠永平皇帝嵬名御译”，故知其当在西夏仁宗朝译成。有写本和刻本，皆不全。西夏文佛经中另有《药师琉璃光七佛之烧施仪轨》。西夏文题：[illegible]。

黑水城、莫高窟出土。俄藏编号：Инв. № 885、7827、6466、909、4014。英藏编号 Or.12380—0768、2645、2646、3085。法藏编号：Pelliot Xixia924（Grotte181）006、022、023、024、030、031、033、038、047、054、058、059、062、063、065、067、070、082、088、091、106、114、120、122、126、128、133。

显扬圣教论

西夏文译佛教文献。据唐玄奘同名汉译本翻译，译者及成书年代不详。写本，卷子装，前缺。汉文原本共 20 卷，西夏译本存卷一七。西夏文题：[illegible]。

黑水城出土。俄藏编号：Инв. № 4916。

毗俱胝菩萨一百八名经

西夏文译佛教文献。据宋法天同名汉译本翻译。题款汉译“胜智广禄治民集礼盛德皇太后梁氏御译，神功胜禄教德治民仁净皇帝嵬名御译，奉天显道耀武宣文神谋睿智制义去邪惇睦懿恭皇帝嵬名御校。”故知此经在惠宗秉常（1068—1086）朝译成，仁宗朝重校。经题下有函号“[illegible]”，为元大德十一年（1308）施印西夏文大藏经本。西夏文题缺。

出土地不详。瑞典藏编号缺。

修习止观坐禅法要

西夏文译佛教文献。据天台山修禅寺沙门智𫖮同名汉文本翻译。译者及成书年代不详。原书为两卷。所存皆为残叶，乃从国图藏《大般若波罗蜜多经》卷二二封底及卷一百零四的裱糊纸张中清理而出。西夏文题缺。

黑水城出土。中藏编号：B11·005［7.16］–01P、11·005［7.16］–10P、11·016［4.12–3］。

修华严奥旨妄尽还源观

西夏文译佛教文献。依唐代法藏所述汉文本《修华严奥旨妄尽还源观》翻译。译者及成书年代不详。蝴蝶装，首尾残断，版心有此经简题，汉译"还源观"。所存两件为同一版本。[①]西夏文简题：𦀽𗗙𗁅。

黑水城出土。俄藏编号：Инв. № 6174、7689（2850）。

洪州宗师教仪

西夏文译佛教文献。禅宗类作品。当依汉文文献翻译，原本待考，译者及成书年代不详。写本，蝴蝶装，全文留存。洪州宗师乃唐大历年间（768—779）洪州（今江西南昌）开元寺高僧马祖道一，其以洪州为中心，建立马祖道场，创立"洪州禅"，马祖道一谥号"大寂禅师"。此文献内容与马祖道一思想有别，反映的则是华严禅及其与马祖道一洪州宗融合的趋向。[②]西夏文题：𗴮𗰖�joke𗼨𘃸。

黑水城出土。俄藏编号：Инв. № 2529。

---

① 孙伯君：《西夏文〈修华严奥旨妄尽还源观〉考释》，载杜建录主编《西夏学》（第6辑），上海古籍出版社2010年版。

② 索罗宁：《西夏文"洪州"文献再考》，载《中国禅学》（第六卷），大象出版社2012年版。

洪州宗趣注解记

西夏文译佛教文献。禅宗类作品，当依汉文翻译。为《洪州宗师教仪》的注解，题"沙门法勇注"，其人待考。译者及成书年代不详。写本，蝴蝶装，全文留存。文献包括《洪州宗师教仪》的正文及法勇的注解，正文与Инв. № 2529《洪州宗师教仪》稍有差别。此文献内容与马祖道一思想有明显差别，反映的则是华严禅及其与马祖道一洪州宗融合的趋向。[1] 西夏文题：𗊱𘓎𗱲𗙏𗄠𗵘。

黑水城出土。俄藏编号：Инв. № 2540。

真道心照

西夏文译佛教文献。不确定的禅文献。沙门善海奉敕译。成文时间不详。写本，一蝴蝶装、一缝缀册页装。全文留存。西夏文题：𗱿𗏇𗾔𗨛。

黑水城出土。俄藏编号：Инв. № 8121、6778。英藏编号：Or.12380—0529。

根本说一切有部目得迦

西夏文译佛教文献。依唐义净同名汉译本翻译。译经题款称"汉本三藏法师义净译"，西夏文译者及成书年代不详。义净汉译本全称《根本说一切有部尼陀那目得迦》，由《尼陀那》5 卷与《目得迦》5 卷合为 10 卷，夏译本存卷一〇。写本，经折装。一本存 47 折，后缺；一本存 4 折，前缺。西夏文题：𗙏𗆐𗧀𗧀𗆈𗄼𗵘𗄠𘝵𘏨。

黑水城出土。俄藏编号：Инв. № 357、2737。

---

[1]　索罗宁：《西夏文"洪州"文献再考》，载《中国禅学》（第六卷），大象出版社 2012 年版。

根本说一切有部百一羯磨

西夏文译佛教文献。依唐义净同名汉译本翻译。译经题款称"汉本三藏法师义净译"，西夏文译者及成书年代不详。写本，经折装。共 63 折，保存完整。汉译原本共十卷，夏译本存卷四。尾存发愿者署名，汉译"大发愿者野货嵬名铁"。西夏文题：𗢳𗄭𗙏𗙏𗦻𗾔𗫻𗬩𗕦𗟭𗵘。

黑水城出土。俄藏编号：Инв. № 358。

根本说一切有部毗奈耶杂事

西夏文译佛教文献。依唐义净同名汉译本翻译。译经题款称"汉本三藏法师义净译"，西夏文译者及成书年代不详。写本，经折装。共 60 折，卷尾缺。原汉译本 40 卷，夏译本存卷十三。西夏文题：𗢳𗄭𗙏𗙏𗦻𗾔𗫻𗟲𗌭𗆀𗤋𗕦。

黑水城出土。俄藏编号：Инв. № 2313。

根本萨婆多部律摄

西夏文译佛教文献。依唐义净同名汉译文本翻译。译者及成书年代不详。写本，残。西夏文题缺。

黑水城出土。英藏编号：Or.12380—1285、1286、2100、2101。

圆觉注之略钞

西夏文译佛教文献。当依宗密《圆觉经略疏钞》汉文本译，译者及成书年代不详。泥活字印本，蝴蝶装，存大小 7 纸。版心上部有汉文卷数，偶有西夏文"略疏"二字，下部为汉文叶码。每半叶 10 行，行 20 字。有封签，汉译为"圆觉注之略疏第一上半"。西夏文题：𗭼𗖰𗗀𗤋𗄭𗰜。

宁夏山嘴沟出土。中藏编号：宁考古所 K2∶129、K2∶243、K2∶237—1、K2∶76、K2∶196、K2∶184、K2∶74、K2∶263、K2∶95、K2∶52、K2∶

36、K2：222—3。

高王观世音经

西夏文译佛教文献。依同名汉文本翻译，译者不详。明刻本。卷首有版画，文本包括序、佛经正文、附施经发愿文。发愿文附年款，译文为"大明朝壬子宣德（□□□□）五年正月十五日"，案宣德五年（1430）的干支纪年为庚戌，宣德七年（1432）的干支纪年为壬子，二者必有一误。刊刻地点为北京能仁寺（□□□□）。其刻印为首者即灌顶慈慧妙智大国师缘旦监剉（□□□□□□），藏文 yon tan rgya mtsho（功德海）的音译，生平接近于宣德年间。其余助缘人姓采用党项姓或汉姓，名则采用蒙古名，表明元代部分党项人用蒙古语起名的偏好一只保留到明代。[①] 卷末有"百镜庵藏古雕刻记"朱印。西夏文题：□□□□□□□。

出土地不详。中藏编号：B51・002。

唐忠国师住光宅寺中时众人问佛理二十五问答（外序）

西夏文译佛教文献。禅宗类作品。当依汉文翻译，汉文原本不详。"唐忠国师"当为南阳慧忠。[②] 存写本、刻本多种，全文留存。在序之外，设置了二十五组问答。西夏文题：□□□□□□□□□□□□□□□□□□□□□□□□□□。

黑水城、莫高窟出土。俄藏编号：Инв. № 2891、3816、2612、2626、2611、2832、2894、2536、2822、2840、2849、2895、2886、5607、2613、6376、2514。英藏编号：Or.12380—3720.1—3、3954。中藏编号：G11・169

① 聂鸿音：《明刻本西夏文〈高王观世音经〉补议》，《宁夏社会科学》2003 年第 2 期；《明代党项人的党项姓和蒙古名》，《西夏研究》2022 年第 1 期。

② 索罗宁：《南阳慧忠（？—775）及其禅思想——〈南阳慧忠语录〉西夏文本与汉文本比较研究》，载《中国多文字时代的历史文献研究》，社会科学文学文献出版社 2010 年版。

［D.0017（背）］V。

诸法一心圆满定慧不可思议要门

西夏文译佛教文献。当据汉文翻译，题沙门释子普及造，译者及成书年代不详。写本，卷子装。前缺，存尾题。该文献实为《维摩诘和观世音共著禅修要论》的一部分。[①] 西夏文题：𗧚𗭤𗏹𗣼𗹙𗣀𘜶𘏨𗫂𘊮𗣊𗫐𗡮𗫂𗂰。

黑水城出土。俄藏编号：Инв. № 4824。

通理大师性海圆明镜知足

西夏文译佛教文献。译自辽代通理大师所著的一部佛学著作，汉文原本亡佚。来源不详。写本，存52面，前缺。后7面为草书。该文本以心性思想为核心，通过构建"一心三门"，融合诸宗。有助于了解辽代末年燕云地区的佛教发展情况、辽夏佛教关系和西夏华严禅信仰。[②] 西夏文题：𗊁𗋤𗊆𗤭𘏨𘕥𘊮𗤼𘜺𘐀𗭪𘊸。

黑水城出土。俄藏编号：Инв. № 2541。

菩萨业之二节科

西夏文译佛教文献。当据汉文翻译，某部佛教典籍之科文，原本待考。译者及成书年代不详。写本，卷子装。西夏文题：𗷓𗊻𘃸𗤁𗱽𘕣𗌰。

黑水城出土。俄藏编号：Инв. № 906。

菩萨业记

西夏文译佛教文献。当据吴支谦《佛说菩萨本业经》翻译。译者及成书年代不详。写本，卷子装。前缺。西夏文题：𗷓𗊻𘃸𗫂。

① 索罗宁:《西夏佛教的"真心"思想》，载《西夏学》（第5辑），上海古籍出版社2010年版。
② 吴宇:《西夏文〈性海圆明镜知足〉研究》，社会科学文献出版社2025年6月版。

黑水城出土。俄藏编号：Инв. № 5117。

菩萨业初注

西夏文译佛教文献。或据汉文翻译，原本待考。译者及成书年代不详。写本，卷子装。前缺，存尾题。署十二月五日完成。西夏文题：𘙤𗹙𗰖𗾔𗥃。

黑水城出土。俄藏编号：Инв. № 4590。

菩萨业空义记

西夏文译佛教文献。当据汉文翻译，原本待考。译者及成书年代不详。存第一、二卷。写本，卷子装。前缺，存尾题。西夏文题：𘙤𗹙𗰖𗰰𗾔𘂤。

黑水城出土。俄藏编号：Инв. № 881、5928。

菩萨地持经

西夏文译佛教文献。依北凉昙无谶汉译本翻译。题款汉译天生全能禄番祐圣式法正国皇太后梁氏御译，就德主国增福正民大明皇帝嵬名御译，知其在惠宗朝译成。元刊本，经折装。面 6 行、行 17 字。版端接纸处有函号、汉文经名、卷号、板序号、刻工"任"，另刻有"五万册五□"。存卷九首题，汉译"菩萨地持经卷第九"。西夏文题：𘙤𗹙𘊐𗭧𗂧𘃽。

宁夏灵武出土。中藏编号：B11・059〔3.15〕。

乾祐乙巳年施经愿文

西夏文译佛教文献。刻本，经折装。残存 2 面 7 行，行 8 字。施印于夏仁宗乾祐十六年（1185）。不知施印和经，仅存发愿文。汉译"以此善根，使持劝化。唯愿今朝皇帝，圣威远扬，神寿长命永为王。金叶常茂，大臣活千年，血脉流通，共成佛道。乾祐乙巳年二月日施。"

武威小西沟岘出土。中藏编号：G21・030〔13215〕。

曼殊室利咒藏中校量数珠功德经

西夏文译佛教文献。据唐义净同名汉译本翻译。译者及成书年代不详。写本，经折装，全文留存。主张通过受持数珠获得功德，与主张通过造塔、书写百千印陀罗尼置其中而获得功德的《百千印陀罗尼经》合抄在一起。西夏文题：𗹲𗥨𗏵𗥦𗤒𗰜𗱕𗙏𗤙𗭪𗄴𗼨𘕣𗏸𗧀。

黑水城出土。俄藏编号：Инв. № 6064。

阎魔成佛授记经

西夏文译佛教文献。当依汉文本翻译，译者及译写年代不详。写本，蝴蝶装，全文留存。存译经题记，汉译"番本译者座主赐绯沙门法海译传校同"，可与斯坦因收集敦煌文献 S.2815、5450、5585《佛说阎罗王授记经》勘同。西夏文题：𗏣𗉅𗧀𗦲𗰜𗺉𗏸𗧀。

黑水城出土。俄藏编号：Инв. № 819。

添品妙法莲华经

西夏文译佛教文献。当据同名汉文本《添品妙法莲华经》翻译，译者及成书年代不详。存卷二。西夏文题：𗤒𗋈𗤩𗾖𗏸𗧀。

灵武出土。中藏编号：B11·055［1.17］。

维摩诘所说经

西夏文译佛教文献。据姚秦鸠摩罗什同名汉译本翻译。存译经题款，一本汉译"天生全能禄番式法正国皇太后梁氏御译，就德主国增福正民大明皇帝嵬名御译"；一本汉译"沙门广智译"；亦有见仁宗校经题记者。故知此经在惠宗秉常朝译成，又经仁宗朝重新校勘。Инв. № 7762《维摩诘经》存汉本题记，汉译"汉本三藏法师罗什译"。Инв. № 2334 存贞观六年（1106）刻经题记，汉译"三身圆满可证，贞观丙戌六年九月十五日雕毕，观义比丘座主野未智宣，写者赐绯讹平玉"。此经在甘肃武威出土有泥活字本。[①]西夏文题：𗧂𗥃𗒀𗕿𗏹𘉍𗪛𘄒。

黑水城、亥母洞出土。俄藏编号：Инв. № 7762、2875、7923、2529、709、119、2560、2881、2311、5727、2334（初刻本）；Инв. № 233、4236、232、361、362、2310、737（重校本）。英藏编号：Or.12380—0617、3016、3492。中藏编号：G31·029［6725］。

悲华经

西夏文译佛教文献。依北凉昙无谶汉译本翻译，据此经题款译文"天生全能禄番祐圣式法皇太后梁氏御译，就德主国增福正民大明皇帝嵬名御译，奉天显道耀武宣文神谋睿智制义去邪惇睦懿恭皇帝嵬名御校"，知其在惠宗朝译成、在仁宗朝重新校勘。元刻本，仅存卷第九，帙号为"縤（年、岁）"。卷首有佛说法图 1 幅 3 面，祝赞 4 面，韦陀像 1 面。祝赞第 1 面西夏文 3 行，汉译为"奉大元国天下一统世上独尊福智名德俱集当今皇帝圣寿万岁敕，印制一全大藏经流行"，第 2 面可译为"当今皇帝圣寿万岁"，第 3 面可译为"太后皇后与天寿等"，第 4 面 3 行可译为"奉敕大德十一年六月二十五日，皇太子寿长使见千秋，印大藏经五十部流行"。为元大德十一年（1308）施印的西夏文大藏经实物资料之一。西夏文题：𘞋𗺉𘉍𘄒。

宁夏灵武出土。中藏编号：B11·049［3.17］。

景德传灯录

西夏文译佛教文献。为《景德传灯录》的略本。刻本，蝴蝶装，版心刻"𘜶𘘣𘄡（灯要三）"。存 28 至 41 叶，内容涉及六祖慧能第一批弟子（志成、法达等人）的传记，约符合《景德传灯录》第五卷的内容，只是略去了两位

---

① 王培培：《西夏文〈维摩诘所说经〉研究》，中国社会科学院 2010 年博士学位论文。

不太有名的禅师的传记。西夏文题：𗵃𘕰𗦂。

黑水城出土。俄藏编号：Инв. № 6238、7117。

释摩诃衍论

西夏文译佛教文献。据姚秦筏提摩多同名汉文本翻译，译者及成书年代不详。汉文原本 10 卷，夏译本仅见于宏佛塔出土诸残木雕板中，暂未见纸本出土。除卷六、八、九之外，其余各卷皆有所见。西夏文题缺。

宁夏宏佛塔出土。中藏编号：N12·001—017（［ 10057 ］·021、［ X：23 ］·004 ）。

禅修要门

西夏文译佛教文献。禅宗文献合集，包括辽通理大师《究竟一乘圆通心要》在内的一系列融合藏、汉两地的禅修要法。《究竟一乘圆通心要》的夏译本另见 Инв. № 2848《究竟一乘圆明心义》。西夏文题：𗹤𘃜𘕰𘂭。

黑水城出土。俄藏编号：Инв. № 4824。

禅源诸诠集都序

西夏文译佛教文献序文。依唐圭峰大师宗密撰《禅源诸诠集都序》汉文本译，译者及成书年代不详。汉文本《都序》本为《禅源诸诠集》的序文，后来单行。分上下卷，前有绵州刺史裴休所作序文。《禅源诸诠集》在宋真宗景德年间即已亡佚，只存《都序》流传至今。夏译文所据底本比现存所有本子都古老，可用来校订通行汉译本的讹误。[①] 西夏文题：𗤻𘄴𗹤𘓄𘒏𘃗𗏁。

黑水城出土。俄藏编号：Инв. № 7554、5172、4731、735、800、7119。

---

① 聂鸿音：《〈禅源诸诠集都序〉的西夏译本》，载杜建录主编《西夏学》（第 5 辑），上海古籍出版社 2010 年版。

禅源诸诠集都序择炬记

西夏文译佛教文献。当为《禅源诸诠集都序》之注文，汉文原本不详。西夏译本译者及成书年代不详。草书写本，存卷三、五、六。西夏文题：𗧈𗗋𗺌𗣼𗀋𗏵𗗙𗭼𗗙𗅆𗈪。

黑水城出土。俄藏编号：Инв. № 5172、5174、4919、7554。

禅源诸诠集都序科文

西夏文佛教科判。依汉文本译。译者及成书年代不详。是对《禅源诸诠集都序》所作的段落分判，即科判。汉文本亡佚，夏译本具有补缺的作用。西夏文题：𗧈𗗋𗺌𗣼𗀋𗏵𗗙𗭼𗈪𗏹。

黑水城出土。俄藏编号：Инв. № 4736。英藏编号：Or.12380—2239。

瑜伽师地论

西夏文译佛教文献。据唐玄奘同名汉译本翻译。译者及成书年代不详。写本，其一本存光定元年（1211）辛未十一月西夏文年款。原书共 100 卷，西夏译本所存涉第五十八、五十九、八十八卷。西夏文题：𘊄𗗊𗼃𗏹𘝞𗙏。[①]

黑水城出土。俄藏编号：Инв. № 901、5133。中藏编号：S21·005〔2gz58〕。

瑜伽集要焰口施食仪

西夏文译佛教文献。当据同名汉译本翻译。译者及成书年代不详。现《嘉兴大藏经》存有西夏僧人不动金刚重集汉文本《瑜伽集要焰口施食仪》，然二者相差稍远，非其底本。所存皆残件。西夏文题缺。

黑水城、山嘴沟、莫高窟出土。中藏编号：M11·012；宁考古所 K2：186—1、K2：186—2、K2：186—3。日藏编号：天图（183 亻279）39—08a。

---

① "𘊄𗗊"，汉文"瑜伽"二字的音译。

法藏编号：Pelliot Xixia924（Grotte181）076、111。

慈悲道场忏法

西夏文译佛教文献。依梁诸大法师集撰同名汉文本翻译。存译经题款，汉译"天生全能禄番式法正国皇太后梁氏御译，就德主国增福正民大明皇帝嵬名御译"，因知其在惠宗朝译成。梵夹装本有仁宗皇帝校经题记，末署天庆元年（1194）。国家图书馆所藏元代刻本，前有梁皇宝忏图一幅4面，图右有汉文"俞声刊"3字；序文题下刻汉文"何森秀刊"四字，序末有西夏文双行小字，译文为"此忏罪法出处地方江南经院建康府城内奉敕已集"。原书10卷，诸本拼配，可全。[①] 前有序文两篇，其中一篇惠宗秉常作。西夏文题：𗊠𗱲𗋒𗄭𘄱𗼩。

黑水城、灵武、莫高窟（D）、绿城出土。俄藏编号：Инв. № 4288、5752、7645、7655；107、108、109、110、7068、7550、7667、6624；2300、2301；2282、2283、2297、7713、2281、7785、2298、2299、2304、2296、7712；2275、2277、2273、3850、3856、3859、3852、3854、2274、2279、7784、2305、2268；7714、2266、2278、3854、3869、2267、2269、2272、2276、2302、2271、2284；3925、2270；2972。中藏编号B11·038［3.15、4.03］、B11·039［4.04］、B11·040［4.05］、B11·041［4.06］、B11·042［4.07］、B11·043［4.08］、B11·044［4.09］、B11·045［4.10］、B11·046［4.11］、G11·047［D.0043］、G11·122［B184：8］、G11·147［B184：15—1］、M11·018、M11·019、M11·020、M11·021、M11·022。英藏编号：Or.12380—3421、3422、3423bRV、3423aRV+3423cRV、3426。日藏编号：天图（183 亻279）39—14b、19a、20a、20c，天图（222 亻63）12—12c。

附惠宗秉常《慈悲道场忏法序》译文：

---

① 杨志高：《〈慈悲道场忏法〉西夏译文的复原与研究》，中国社会科学出版社 2017 年版。

民生遗主，依领属指挥治理；恶来佛现，以慈悲教导救援。肇始西天，圣教流传入世；遂来东土，御僧经典译行。朕见诸民，因贪嗔痴，生诸境欲，不离虚实，执着空有，坚持不舍，故回转生死界中，常在烦恼海内，永无安宁。虽谓现时乐此，不修善德，不知自欺后世。朕今怜念，慈悯有情故，乃开道场，延僧传译众经，其中此《忏法》者，于诸经率先选出。合圣人辩才之理，十卷乃成，威仪殊胜，恩功难能譬喻。如日出之光，露水无所不晞；依慈悲而忏，诸业岂能不灭？欲养树根，有水不侵则繁；欲得正道，归心无有不获。忏法功弘，序言难明其义；今劝众生，切勿不修善典。此经永传行。[①]

增一阿含经

西夏文译佛教文献。东晋僧伽提婆同名汉译本翻译，译者及成书年代不详。汉文原本共 51 卷，夏译本残。西夏文题缺。

黑水城出土。俄藏编号：Инв. № 2548、6039。

摩诃般若波罗蜜多心经（注）

西夏文译佛教文献。据汉文翻译，包括经、注两部分。汉文原本为唐玄奘所译《摩诃般若波罗蜜多心经》以及南阳慧忠所作的注，西夏文译者及成书年代不详。俄藏黑水城汉文文献中亦存有 TK116《心经》慧忠注的残本。[②]
西夏文题：𗧓𗅲𗫡𗾔𗮔𗼃𘉑𗡨𘃆𘀠。

黑水城出土。俄藏编号：Инв. № 581。

---

① 聂鸿音：《西夏佛经序跋译注》，上海古籍出版社 2016 年版，第 2 页。
② 参见俄 TK116。图版见《俄藏黑水城文献》（第三册），上海古籍出版社 1996 年版，第 29—35 页。

镜（镜心录）

西夏文译佛教文献。当据辽道辰殳法师《镜心录》翻译，译者及成书年代不详。原本蝴蝶装，存 16 叶，首尾皆缺，版心刻有"𗣼"（镜）字。道辰殳为辽金河寺沙门，所著《镜心录》汉文原本亡佚。西夏文简题：𗣼。

黑水城出土。俄藏编号：Инв. № 2548。

（二）非译自汉文的佛教文献

一切如来百字要门

西夏文译佛教文献。当据藏文翻译。写本，前缺。存传译题记"𗢳𗵒𗣼𗼻𗭪𗹌𗈁𗐯𗵒𗂧𗥃𗏹𗩾𗷖𗵽；𗰖𗅉𗵒𗣜𗵆𗥃𗹀𗵒𗙏𗐯𗴺；𗼝𗣴𗵒𗣜𗔅𗥃𗙱𗾟𗷆𗆌；𗷖𗋽𗴺𗥃𗆌𗈦𗵑𗣜𗪙𗥃𗵒𗷆𗵽"，汉译"贤觉帝师并天竺五明般弥悒等传，演义法师路赞讹师遏梵译，显密法师功德司副周番译，出家功德司正至觉禅师李汉译"。这里的贤觉帝师即贤觉帝师波罗显胜，天竺五明般弥悒即嘬也阿难捺，演义法师路赞讹师遏即是遏啊难捺吃哩底，显密法师功德司副周即为周慧海。该西夏文献后有施经发愿文一篇，提及"帝师、西天般弥悒传，国师周慧海译"。传译题记中明确记载有夏、汉两译，但迄今未见汉译本。西夏文题：𘝞𗣴𗣓𗣓𘉅𗷖𗥹𗢳𗵽。

黑水城出土。俄藏编号：Инв. № 7165。

附佚名《一切如来百字要门发愿文》译文：

今闻：佛陀出世，能除三界昏冥；甘露法药，可济四生众苦。其中此《文殊根本咒》并《一切如来百字》者，共请十方诸佛，印以心印，能证五智菩提，是得本原。一遍耳闻，立即解脱三涂八难；求修持受，须臾能证无上圣踪。如是无比妙功之语，帝师西天钵弥悒所传，国师周慧海所译。曩者诸师造做，手写流传。一厢愿兴盛种种杂经，一厢诸子弟慈母老迈临终，去日无多，修福为要。偶遇本经，乃镂印版，亡故日印三百卷，施与诸人。另出用度之资，手

写印版，勉力发愿。以兹胜善，伏愿我主御寿福长，皇后太子金枝永茂，文武臣僚福智忠……[①]

二十一种行

西夏文译佛教文献。似据藏文翻译，原本待考。译者及成书年代不详。刻本，有蝴蝶装、经折装。西夏文题：𗧓𗤊𗈪𘊖𗧽。

黑水城出土。俄藏编号：Инв. № 6490、2524、6293、2321、2615、2511、2522、2523、3842、2624。法藏编号：PelliotXixia924（Crotte181）036、PelliotXixia924（Crotte181）069、PelliotXixia924（Crotte181）069、PelliotXixia924（Crotte181）010、PelliotXixia924（Crotte181）095、PelliotXixia924（Crotte181）096、PelliotXixia924（Crotte181）098、PelliotXixia924（Crotte181）124、PelliotXixia925（Crotte181）A。

十二宫吉祥偈

西夏文译佛教偈颂。当译自藏文，原本不详。文本以偈颂形式描写了佛陀从入胎、降生到成道、传法、降伏外道等的过程。此与俄藏 TK75 汉文文献《文殊菩萨修行仪轨（拟）》之《成道吉祥偈》内容颇合，但后者更为简略。西夏文题：𗈪𗧓𗧩𘊄𗣼𗧽。

黑水城、绿城、山嘴沟出土。英藏编号：Or.12380—2764V。中藏编号：M·275—277，宁考古 K2∶131。

十五天母赞

西夏文译佛教文献。当据藏文 bdag med ma lha mo bco lnga la bstod pa[②] 翻译。藏文、西夏文译者及成书年代不详。写本，蝴蝶装。存题款

---

① 聂鸿音：《西夏佛经序跋译注》，上海古籍出版社 2016 年版，第 118 页。
② 参见《西藏大藏经》德格本 No. 0631、0963。

"𗴾𗹦𗫿𗊱𗄭𗰿𗆧𘈀"，汉译"大师多毗嘿鲁迦造"，此当喜金刚本续的传承上师之一 Doṁbhiheruka。与《令灌顶法要门》合抄在一起。[1] 西夏文题：𗴾𘜶𗲆𗊱𗇃𗾮。

黑水城出土。俄藏编号：Инв. № 2883。

七功德谭

西夏文译佛教偈颂。据藏文 yon tan bdun yongs su brjod pa'i gtam[2] 翻译，译者及成书年代不详。写本，首尾完整。共 19 颂 76 句。内容主要讲述如何获得长寿、无病痛、殊妙容色、善缘、高贵种姓、财富、智慧等七种功德。尾题后有写经题记，汉译"书者褐六坞舌秫"。[3] 西夏文题：𗒹𗣼𗢭𘃎𗆧。

黑水城出土。俄藏编号：Инв. № 804。

七种道恐以四种要义句

西夏文译佛教文献。来源不详。写本，卷子装。前缺。西夏文题：𗒹𗣼𗰣𗫷𘈩𗣼𘄽𘕿𗆧。

黑水城出土。俄藏编号：Инв. № 5076。

入二谛论之义解记

西夏文译佛教文献。当据藏文翻译，原本待考。写本，卷子装。题记称原本由菩提狮子师造，乾祐狗年三月十五日净本一卷写毕。"菩提狮子"藏文为 byang chub seng ge。乾祐狗年为乾祐九年（1178）戊戌或乾祐二十一年（1190）庚戌。西夏文题：𗘅𗼈𘉋𗠁𘚢𗪒𗆧𘕿𘒣𗴛𘕿。

---

[1] 胡进杉：《夏译〈无我母十五天母赞〉译注》，载《西夏语文与华北宗教文化国际学术研讨会论文集》，2009 年。

[2] 参见《西藏大藏经》德格本 No. 4507、4163。

[3] 胡进杉：《西夏文〈七功德谭〉及〈佛说止息贼难经〉译注》，载《西夏学》（第 8 辑），上海古籍出版社 2011 年版。

黑水城出土。俄藏编号：Инв. № 833。英藏编号：Or.12380—2626
（K.K.Ⅱ.0274.f）。

入二谛法

西夏文译佛教文献。当据藏文翻译。相应的藏文为 bden pa gnyis la 'jug
pa，^① 西夏文译者及成书年代不详。存写本多种。西夏文题：𗋕𘈩𗦗𗰖𘈖。

黑水城出土。俄藏编号：Инв. № 864、868；865、866、867；869；2431。

入风气心法

西夏文译佛教文献。当据藏文翻译，原本待考。中国大师帝师沙门慧称
传、兰山沙门德慧译。写本，全文存留，共 30 面。西夏文题：𘀇𗼃𗒱𗦗𗰖𘈖。

黑水城出土。俄藏编号：Инв. № 3708、3808。

入菩提勇识行法

西夏文译佛教文献。当据藏文 byang chub sems dpa'i spyod pa la 'jug pa^② 翻
译。有写本、刻本多种。西夏文存译经题款，一本汉译"龙树菩萨造，译传
证义□讲经律论国师沙门德源（奉）敕译"，一本汉译作"五明现生寺沙门慧
明译"，此与 Инв. № 5130《胜慧到彼岸要门修教现证庄严论显颂》西夏文译
者"五明现生寺院讲经律论、辩番羌语比丘李慧明"当即同一人。两位译者
中，慧明可以确定为西夏文译者，而"译传证义□讲经律论国师沙门德源"
或为藏文本之译者。西夏文题：𗢳𗦎𘎶𗴺𘕰𘑨𘜶𗦗𘈖。

黑水城、莫高窟出土。俄藏编号：Инв. № 781、788、944、4827、5096、
5891。英藏编号：Or.12380—0937、3571。中藏编号：G11·150［D.0204］。

---

① 参见《西藏大藏经》德格本 No. 4467。
② 参见《西藏大藏经》德格本 No. 3871。

入菩提勇识行法记

西夏语译佛教文献。此当《入菩提勇识行法》的一篇注记，相应的藏文本或即 *byang chub sems dpa'i spyod pa la 'jug pa'i rnam par bshad pa*，[①] 西夏文译本亦由五明现生寺沙门慧明译。写本，卷子装。西夏文题：𗷍𘝢𘝢𗀹𘄒𗴂𗸱𘛛𗖰𘕜。

黑水城出土。俄藏编号：Инв. № 899、2621。

入察显明庄严

西夏文译佛教偈颂。据藏文翻译，西蕃中国菩提勤师造。译者及成书年代不详。出土皆写本，原本不少于 8 卷，所存为第一、二、八卷。西夏文题：𗼇𗀹𘄒𗖰𘕜𘄒𗴂。

黑水城出土。俄藏编号：Инв. № 5114、5073、5801、7905。

八明满

西夏文译佛教文献。据藏文翻译，原本待考。译者及成书年代不详。刻本，蝴蝶装。各卷前后皆缺，共存 18 面。版心"八明满"，似经题简称。西夏文题：𗉫𗆈𘝆。

黑水城出土。俄藏编号：Инв. № 5655、6828、7029。

八种麁重犯堕

西夏文译佛教文献。据藏文译出，马鸣菩萨造，译者不详。全文共八颂，每颂两句，每句五字。俄藏黑水城文献中有同名汉译本，每颂之后皆有解说，西夏文译本只有颂文，当各自从他本译出。写本，与他种"犯堕"文献合抄。西夏文题：𗉫𘞽𗗙𘃸𘄒𘂆。

---

① 参见《西藏大藏经》德格本 No. 3877，北京本 No. 5279。

黑水城出土。俄藏编号：Инв. № 4900、6474、6736。

九曜供养典

西夏文译佛教文献。据藏文 *gza' dgu'i mchod pa'i cho ga*[1] 翻译，译者及成书年代不详。写本。[2] 西夏文题：𗼨𗼨𗼨𗼨𗼨。

黑水城出土。俄藏编号：Инв. № 872。中藏编号：B11・123［4.06x—09］-1P。英藏编号：Or.12380—2058（K.K.II.0282.w）。

三十五佛忏罪要门

西夏文佛教文献。兰山觉行法师沙门德慧造，写本，卷子装，后缺。该经是一部三十五佛礼忏仪轨，成文时间似在夏仁宗天盛（1149—1169）或乾祐（1170—1193）年间。西夏人自撰的佛经不多，此为其一。[3] 西夏文题：𗼨𗼨𗼨𗼨𗼨𗼨𗼨𗼨𗼨。

黑水城出土。俄藏编号：Инв. № 880。

三身九乘诠注

西夏文译佛教文献。据藏文翻译，藏文原本待考。译者及成书年代不详。写本，册叶装。全文存留，共 46 面。西夏文题：𗼨𗼨𗼨𗼨𗼨。

黑水城出土。俄藏编号：Инв. № 2860。

三身亥母之略记

西夏文译佛教文献。据藏文翻译，藏文原本待考。译者及成书年代不详。

---

① 参见《西夏大藏经》德格本 No.3129。
② 聂历山：《西夏语文学》，马忠建等译，载李范文主编：《西夏研究》第 6 辑，中国社会科学出版社 2007 年版。
③ 孙伯君：《黑水城出土三十五佛名礼忏经典综考》，载《吴天墀教授百年诞辰纪念文集 1913—2013》，四川人民出版社 2013 年版。

写本，卷子装。前缺，存尾题。西夏文题：𗙫𗭪𗆑𘟣𗆧𗥞。

黑水城出土。俄藏编号：Инв. № 4917。英藏编号：Or.12380—1359（K.K.II.0274.pp）。

三宝简略供养典

西夏文译佛教文献。似据藏文翻译，原本待考。译者及成书年代不详。写本，残。西夏文题：𗙫𗣼𗭪𗆧𗭴𗉘𗥞𘃂。

黑水城出土。英藏编号：Or.12380—3855。

三昧四灌顶法

西夏文译佛教文献。据藏文翻译，藏文原本待考。写本，蝴蝶装。一本存传者题记，汉译"雅隆辛巴法狮子师传"。法狮子可以勘同藏语的"却吉僧格"（Chos-kyi seng-ge）。此文献与《集轮供养次第》《集轮供养次第略许诠解要门》《自入法略要门》等合抄在一起。西夏文题：𗩈𘋠𘍦𗏁𘖑𘜶𘕿。①

黑水城出土。俄藏编号：Инв. № 821。

三昧集品

西夏文译佛教文献。嵬名德源译。藏文原本为 *Ting nge 'dzin gyi tshogs kyi le'u zhes bya ba*②。卷首题款，汉译"觉贤菩萨所集，奉天显道耀武宣文神谋睿智惇睦懿恭皇帝嵬名御译"。卷尾题记，汉译"此《三昧集品》者，西天大师毗奈耶旆陀啰共译师西蕃比丘法慧等译。其后番国永平皇帝朝大师傅，正

---

① "𘕿𘋠"，灌顶。旧逐字对译为"主受"，不妥。该词来自藏文 dbang bskur，本义是"授权"，dbang 有"权"义，bskur 有"授"义。据此"𘕿𘋠"应逐字对译为"权授"，即"授权"。"𘋠"字是动词的基本式，决定了主语为第三人称，是他人（上师）授予的，而不是自己接受的。灌顶原为古印度王位交接仪式，后来被佛教所引用。早期凡是弟子入门，必须由本师以水或以醍醐洒其头顶，称之为"醍醐灌顶"。

② 参见《西藏大藏经》德格本 No. 3924。

法兴盛寺内知译经诠义法门事、度解三藏、功德司正、国师、思善觉、嵬名德源番译"。这里的"𗴟𘝝𗦻𗩾"（觉贤菩萨）即梵文原本的集者绛曲桑波（Byang-chub bzang-po），梵言菩提跋陀啰（Bodhibhadra），其为公元 11—12 世纪时期迦湿弥罗僧人。藏文译者为毗奈耶旃陀啰（Vinayacandra）和却吉喜饶（Chos-kyi shes-rab），西夏文本则由功德司正嵬名德源翻译而成。西夏文题：𗦻𘝝𗅳𗏵。①

黑水城出土。俄藏编号：Инв. № 816、2852。

三摩地之修次

西夏文译佛教文献。当据藏文翻译，原本待考。译者及成书年代不详。经题中"𗠟𗣫𗧘"三字，可与梵文 Samadhi（三摩地）勘同。写本，经折装。前版画九图，正文 45 面。全文存留。西夏文题：𗠟𗣫𗧘𗙏𗡪𗣼。

黑水城出土。俄藏编号：Инв. № 6776。

大手印十三种法喻

西夏文译佛教文献。噶举派大手印（phyag rgya chen po）法要门之一。据藏文本翻译，译者及成书年代不详。可与《大乘要道密集》汉译本勘同。②大手印十三种法喻：一如虚空高显，二如虚空宽博，三如日月光明，四如风不可属当，五如尘极细，六如虹霓之众色，七如大海底深，八如须弥山坚固，九如莲花尘不染，十如金无迁变，十一如利剑能断，十二如玉清净，十三如如意珠能遂所求。西夏文题：𗰖𗤋𗤻𗙏𗠁𗤋𘓳𗤊𗴂。

黑水城出土。俄藏编号：Инв. № 2841。

---

① 𗦻𘝝，意思是"等持"，译自藏文 ting 'dzin，梵文"三昧"的义译。

② 孙伯君：《〈大乘要道密集〉与西夏文本关系再探》，载《西夏学》（第 10 辑），上海古籍出版社 2014 年版。

大手印八镜要门

西夏文译佛教文献。噶举派大手印（phyag rgya chen po）法要门之一。据藏文本翻译，译者及成书年代不详。可与《大乘要道密集》汉译本勘同。[①]大手印八镜：见色眼之明镜、听声耳之明镜、闻香鼻之明镜、了味舌之明镜、涩滑触之明镜、有念意之明镜、无念界之明镜、无生法身明镜等。西夏文题：𗟲𗰏𗊱𗄈𗤶𗼇𗦲�󰀀𗤺𗰖。

黑水城出土。俄藏编号：Инв. № 2841。

大手印九种光明要门

西夏文译佛教文献。噶举派大手印（phyag rgya chen po）法要门之一。据藏文本翻译，译者及成书年代不详。可与《大乘要道密集》汉译本勘同。[②]大手印九种光明：一婴孩时光明、二调习时光明、三风入哑斡诺帝时光明、四受主时光明、五喜乐刹那光明、六眠寝时光明、七临终时光明、八大醉时光明、九闷绝时光明。西夏文题：𗟲𗰏𗊱𗄈𗫔𗤺𗰖𗼇𗤺𗰖。

黑水城出土。俄藏编号：Инв. № 2841。

大手印之三种义喻

西夏文译佛教文献。噶举派大手印（phyag rgya chen po）法经之一。据藏文本翻译，译者及成书年代不详。写本，册叶装，存 23 面。前缺，有尾题。西夏文题：𗟲𗰏𗊱𗄈𗟲𗤺𗤙𗾟。

黑水城出土。俄藏编号：Инв. № 7216。

[①] 孙伯君：《〈大乘要道密集〉与西夏文本关系再探》，载《西夏学》（第 10 辑），上海古籍出版社 2014 年版。

[②] 孙伯君：《〈大乘要道密集〉与西夏文本关系再探》，载《西夏学》（第 10 辑），上海古籍出版社 2014 年版。

大手印伽陀支要门

西夏文译佛教文献。噶举派大手印（phyag rgya chen po）法要门之一。据藏文本翻译，译者及成书年代不详。载西夏"大手印"法经典，即"金璎珞"的传承世系："大手印要门师承者，真实究竟名满传与菩提勇识大宝意，此师传与萨啰曷，此师传与萨啰巴，此师传与哑斡诺帝巴，此师传与辣麻马巴，此师传与铭哆辣啰悉巴，此师传与辣麻辣征，此师传与玄……"①"辣麻马巴"今译为"玛尔巴"（1012—1097）。"铭哆辣啰悉巴"今译为"米拉日巴"（1040—1123）。"辣征"为藏文 lha rje 的音译，意为"医生"。可与《大乘要道密集》汉译本勘同。② 西夏文题：𗾦𗥦𗡲𗡞𘟙□𗥼𗱲。

黑水城出土。俄藏编号：Инв. № 7216。

大手印究竟要集

西夏文译佛教文献。噶举派大手印（phyag rgya chen po）法集要。兰山沙门德慧编译。内容包括：入定净道门、出定迹合门、思念无常门、观照根趣门、忏悔罪苦门、增长善根门、治四大病门、远离灾门、救济愿心门、法行体空门。卷首叙及德慧的师承世系，出现"萨啰曷师""龙树师""山墓师""慈师""智称师""语主师""精进师"等，大部分是《成就八十五师祷祝》中赞颂的印度上师，如"萨啰曷师"（Saraha）、"龙树师"（Nagārjuna）、"山墓师"（Śavaripa）、"慈师"（Maitripa）等。③ 西夏文题：𗾦（𗥦）𗡲𗤁𗱲𗥼𗤻。

黑水城出土。俄藏编号：Инв. № 2858、2851、824、7163、2526。

---

① 孙伯君：《西夏遗存文献所见藏传佛教的传承世系》，载《中华文史论丛》第 115 辑，2014 年。

② 相应记载为"此要门师承次第者，真实究竟名满传与菩提勇识大宝意解脱师，此师传与萨啰曷师，此师传与萨啰巴师，此师传与哑斡诺帝，此师传与辣麻马巴，此师传与铭哆辣啰悉巴，此师传与辣麻辣征，此师传与玄密帝师，此师传与大宝上师，此师传与玄照国师"，参见《大乘要道密集》卷四《大手印伽陀支要门》，第 407 页。

③ K.J. Solonin, Mahāmudrā texts in the Tangut Buddhism and the Doctrine of "No-thought"，载沈卫荣主编：《西域历史语言研究集刊》第 2 辑，科学出版社 2009 年版。

大手印定引导要门

西夏文译佛教文献。噶举派大手印（phyag rgya chen po）法经之一。译者及翻译年代不详。仅存两件，一本出现于 Инв. № 7216 合抄本中，与《大乘要道密集》所收汉译本《大手印赤引定要门》内容一致。[①] 西夏文题：𗴽𗟲𗘚𗟅𗣴𗦲𗝼。

黑水城出土。俄藏编号：Инв. № 2530、7216。

大手印定引导略

西夏文译佛教文献。《大手印定引导要门》的节略本。[②] 译者及翻译年代不详。所存暂见两本，一本单行抄写，一本出现于 Инв. № 2530 合抄本中。西夏文题：𗴽𗟲𗘚𗟅𗣴𗦲𗝼。

黑水城出土。俄藏编号：Инв. № 875、6775。

大手印要门

西夏文译佛教文献。据藏文翻译，藏文原本待考，译者及成书年代不详。写本。此与《观心法》《瑜伽仰渴要门》《无心真义要门》《静虑心性顿悟要门》及《大手印定引导略文》等合抄。西夏文题：𗴽𗟲𗘚𗣴𗝼。

黑水城出土。俄藏编号：Инв. № 6775。

大手印顿入要门

西夏文译佛教文献。噶举派大手印（phyag rgya chen po）法的要门。当据藏文翻译，兰山沙门德慧译。《大乘要道密集》有此要门之汉译本，题记称"果海密严寺玄照国师沙门惠贤传，果海密严寺沙门惠幢译"。西夏文题：𗴽

---

① 孙伯君：《俄藏西夏文〈大手印定引导要门〉考释》，载沈卫荣主编：《西域历史语言研究所集刊》第 5 辑，科学出版社 2012 年版。

② 孙伯君：《黑水城出土西夏文〈大手印定引导略文〉考释》，《西夏研究》2011 年第 4 期。

𗾈𗼨𗫂𗪂𗲢𗬠。

黑水城出土。俄藏编号：Инв. № 5031、5149、4530、892、7216。英藏编号：Or.12380—3231。

大凤凰空明疏

西夏文译佛教文献。当据藏文翻译，原本待考。写本，蝴蝶装。全文存留，共 44 面。西夏文题：𗾈𗫂𗼃𗿟𗤓𗮅。

黑水城出土。俄藏编号：Инв. № 818、5567。

大白伞盖母之三面八手供养记

西夏文译佛教文献。据藏文翻译，藏文原本待考，译者及成文时间皆不详。写本，卷子装。卷首残缺，存尾题。西夏文题：𗾈𗗗𗤁𗮦𗆟𗾈𗬩𗢺𗫂𗱕𗼨𗬠。

黑水城出土。俄藏编号：Инв. № 4988。

大白伞盖母之烧施仪轨

西夏文译佛教文献。烧施仪轨类文献。当据藏文 *gtsug tor nas byung ba'i gdugs dkar mo can sbyin sreg gi cho ga*[1] 翻译。译者及成书年代不详。写本，卷子装。首残，存尾题。西夏文题：𗾈𗗗𗤁𗮦𗆟𗆤𗗟𗫨𗤁。

黑水城出土。俄藏编号：Инв. № 5060。

大师龙树精要之有情

西夏文译佛教文献。据藏文翻译，藏文原本待考。写本，蝴蝶装。全文

---

① 参见《西藏大藏经》德格本 No.3105。

存留，共 88 面。西夏文题：𗰖𗴿𗏴𗫻𗩹𗧓𗣼𗫂𗷄[①]。

黑水城出土。俄藏编号：Инв. № 336。中藏编号：G11·039［B159：26］。

大自在之供养法实践次第

西夏文译佛教文献。据藏文翻译，藏文原本待考。译者及成书年代不详。写本，蝴蝶装。共 27 面。后有一组医方，为汉文医书的西夏文译本，包括《治热病要门》4 方、救妇人病等 15 方以及疗诸痈疮等 24 方。西夏文题：𗰖𗊨𗒽𗫂𗖰𗤻𗦫𗷅𗫡[②]。

黑水城出土。俄藏编号：Инв. № 6476。

大宝顶注

西夏文译佛教文献。当据藏文翻译，原本待考。译者及成书年代不详。写本，蝴蝶装。全文留存，共 7 面。西夏文题：𗊱𗰖𗴐𗏆。

黑水城出土。俄藏编号：Инв. № 807。

大狮子四行华疏

西夏文译佛教文献。当据藏文翻译，原本待考。写本，全文存留，共 44 面。西夏文题：𗰖𗫍𗲲𗄭𗏹𗫻𗰖。

黑水城出土。俄藏编号：Инв. № 7158。

大乘六聚中道之庄严真性释大宝璎珞

西夏文译佛教文献。当据藏文本翻译。译者及成书年代不详。写本，卷

---

① 经题中"𗩹𗧓"一词，对译藏文 snying po，有"精要""精华""要旨"等义，"𗣼𗫂"对译藏文 'gro ba，意思是"有情"。参见惠宏、段玉泉编：《西夏文献解题目录》，黄河出版传媒集团，阳光出版社 2015 年，第 199 页。

② 经题中"𗖰𗤻"一词，相当于藏文的 lag len，字面义为"手取"，意思是"实践"。

子装，存卷一、卷三。西夏文题：𗝛𗏇𗥫𗯿𗤋𗏇𗥤𘝾𘄡𗍳𗫡𗤓𘃢𗣼𗴭𗏵。

黑水城出土。俄藏编号：Инв. № 2818。英藏编号：Or.12380—2818。

大乘圣无量寿经

西夏文译佛教文献。当据藏文本 'phags pa tshe dang ye shes dpag tu med pa zhes bya ba theg pa chen po'i mdo 翻译[1]。存译经题记，汉译"胜智广禄治民集礼盛德皇太后梁氏御译，神功胜禄教德治民仁净皇帝御译。"故知此经在崇宗乾顺朝译成。前有崇宗乾顺序文一篇。一本尾存天祐民安五年（1094）太后梁氏发愿文一篇。日藏残本后有"𗵨𗵽�youtube𗊱𗼑𘘥𗥫"（谓圣智无量寿之总持）与俄藏本陀罗尼用字有较多出入，卷末存题记，汉译"癸巳年（1293年）神足月[2]十五日，译主宝幢瑞吉贤多番译"，是目前发现的翻译年代最晚的西夏文刻本。[3]该件表明西夏崇宗乾顺时期已经开始用西夏文翻译藏文佛经，为西夏后期藏传佛教的流行打下了基础。西夏汉文佛经中存有《大乘无量寿决定光明王如来陀罗尼经》。西夏文题：𗝛𗏇𗵨𗵽𘝾𗼑𘘢𗔅。

黑水城出土。俄藏编号：Инв. № 812、953、697、6943。日藏编号：天图（183イ279）39–05b、11b、26、27、28、29、30ab、32ab。中藏编号：G11·098［D.0208］。

附一：崇宗乾顺《大乘圣无量寿经序》译文：

> 三界众生出世之故，我佛慈悲，现千百亿化身形相；为度六道有情之苦，妙章释理，广开八万四千法门。未曾有之经，梵文妙法西方布；正奥言之宝，今此一遇为宿缘。东土来闻绝世珍，此刻聆听因缘至。极甘雨露，夜夜飘零叵测；最耀光轮，朝朝萦绕无涯。爱着泗水溺河中，世世无心桥度；随欲自身蚕缚茧，时时不愿脱除。

①　参见《西藏大藏经》德格本 No.674 号。
②　"神足月"，以往译作"闰正月"，误。"神足月"亦称"神变月"。正、五、九三长斋月之异名。佛教语。谓每年正、五、九三月诸天神以神足巡行四天下，视察善恶，故名。
③　孙伯君：《天理图书馆藏八思巴 "赞叹"〈大乘无量寿宗要经〉：至元三十年（1293）的西夏文译本考释》，《敦煌研究》2022 年第 3 期。

日明一出诸方见，佛语称扬普度功。或持或讲求灵应，或诵或抄证寿长。朕外观慈悲利生，倍增寿算；内思真悟法体，愿证本觉。依六波罗蜜，发四大宏愿，乃译番文，为之刊印。一时悟理入明门，妙句能诠度迷惑。智剑执言断胃网，我着昏衢慧日开。虚空才广无穷数，大雨天来莫计量。①

附二：太后梁氏《大乘无量寿经后序愿文》译文：

《大乘无量寿经》者，诸佛之秘密教，如来之法性海。欲以般若之舟，苦水内渡离含识；能以菩提之露，欲火中救护群生。庶民寿命，必定早夭，念诵斯经，则能延寿。若遇疾病突来、祸灾骤降，诵持书写，厄难自消。见有如此广大圣功，盛德皇太后、仁净皇帝，欲上报四恩，下济三有，乃发大愿。命内宫镂版，开印一万卷，并手绢一万条，布施众民。伏愿：皇图茂盛，与阿耨大海相齐；帝祚绵长，与须弥高山相匹。贤臣出世，忠心辅佐君王；国阜民丰，降伏天灾人祸。风雨时来，五谷熟成随处见；星辰运转，万恶依法自然消。法界含识，弃恶入正道之门；华藏有情，朝圣得涅盘之岸。

天祐民安甲戌五年月日。②

附三：日本天理图书馆藏《圣无量寿之莲华行加赞》题记译文：

尊者智无量寿之莲华行加赞。此者御题正理，惟真演说示西巴帝师业行戊午年娄宿月八日和毕。愿以此功德，一切皆回力，我等众生类，皆当成佛道。发愿译经者甘州禅定众中乞和德严、法师讹瑞禅定众法堂梁德正、法师室中译。癸巳年神足月十五日译主宝幢瑞贤多番译。刻印发愿施主杨德瑞师。发愿者西壁氏表姨都单罗苍、刻者慧戒、韦师。书者笔授正智、苏。

---

①　聂鸿音：《西夏佛经序跋译注》，上海古籍出版社 2016 年版，第 16 页。
②　聂鸿音：《西夏佛经序跋译注》，上海古籍出版社 2016 年版，第 20 页。

大乘修习者入中道大宝纂集要门

西夏文译佛教文献。当据藏文翻译，原本待考。兰山沙门德慧译。有刻本、写本多种。出土上、中两卷完整，下卷前少缺。西夏文题：[illegible]。

黑水城出土。俄藏编号：Инв. № 2519、2316、5031、5149、4530。

大虚空智诠疏

西夏文译佛教文献。当据藏文翻译，原本待考。似觉明法师译，成书年代不详。写本。存上、中两卷，上卷完整、中卷后缺。西夏文题：[illegible]。

黑水城出土。俄藏编号：Инв. № 7157、7170。

大密咒受持经

西夏文译佛教文献。大乘佛教五部守护经之一。据藏文译本 *Gsang sngags chen po rjes su 'dzin pa'i mdo* 翻译。[1] 译者及成书年代不详。存译经题记，汉译“天力大治智孝广净宣德去邪纳忠永平皇帝嵬名御译”，校经题记，汉译“奉天显道耀武宣文神谋睿智制义去邪惇睦懿恭皇帝嵬名御校”。知此经存初译本及校勘本两种。西夏文题：[illegible]。

黑水城出土。俄藏编号：Инв. № 4191、5757、6790、3334、3888、560、5840、6849、744、2735、2499、4013。

大悲心总持

西夏文译佛教文献。周慧海所译《圣观自在大悲心总持功能依经录》陀罗尼部分的单行本，与《顶尊总持》合抄。其一本末尾署“[illegible]

---

① 参见《西藏大藏经》德格本 No.0563。

[illegible]”，汉译“此总持抄写者啰都老家宝”。西夏文题：[illegible]。

黑水城出土。俄藏编号：Инв. № 4763、4770。

大寒林经

西夏文译佛教文献。大乘佛教五部守护经之一。据藏文译本 Bsil-ba'i tshal chen-po'i mdo 翻译。[①] 译者及成书年代不详。存译经题记，汉译为“天力大治智孝广净宣德去邪纳忠永平皇帝嵬名御译”，校经题记，汉译为“奉天显道耀武宣文神谋睿智制义去邪惇睦懿恭皇帝嵬名御校”。知此经存初译本及校勘本两种。西夏文题：[illegible]。

黑水城出土。俄藏编号：Инв. № 43、44、45、711、917、2649、3411、5888、5757、6024、6691、6446。英藏编号：Or.12380—370、0522、1138。

兀路赞讹说混谛法义记

西夏文译佛教文献。据藏文翻译，藏文原本待考。写本，卷子装。题中“[illegible]”当对应于藏文 ngos lo tsa ba。其中 ngos 是地名，lo tsa ba 即“译师”。前缺，存尾题。西夏文题：[illegible]。

黑水城出土。俄藏编号：Инв. № 4372。

天险桑星力镜

西夏文译佛教文献。当据藏文翻译，原本待考，译者及成书年代不详。写本，共 10 面，全文留存。文中带有注释。西夏文题：[illegible]。

黑水城出土。俄藏编号：Инв. № 6382。

---

① 参见《西藏大藏经》德格本 No.0562。

无心真义要门

西夏文译佛教文献。当据藏文翻译，原本待考，文中有“辣麻明满”之署名，疑为传者或译者，成文时间不详。写本。与《观心法》《大手印要门》《瑜伽仰渴要门》《静虑心性顿悟要门》及《大手印定引导略文》等文献合抄。西夏文题：[illegible]。

黑水城出土。俄藏编号：Инв. № 6775。

无垢净光总持

西夏文译佛教文献。当依藏文翻译，译者及成书年代不详。一本存校勘题记，汉译“兰山觉行法师德慧校”。一本存后序发愿文。现存多个不同版本的《佛顶无垢经》，分属两种不同的题法《佛顶无垢总持》和《无垢净光总持》，源自不同的翻译，前者从宋施护译汉文本而来，后者从藏文本而来。[①] 参见《佛顶放无垢光明入普门观察一切如来心陀罗尼经》目。西夏文题：[illegible]。

黑水城出土。俄藏编号：Инв. № 2830、811、698。

附《无垢净光总持后序》译文：

> 今闻：《无垢净光总持》者，三世诸佛所出之源，十方贤圣所依之本。恒沙如来，共说摄持，尘数世尊，同传心印。威力难量，神功叵测。施宝周邦，未若誊抄一句；舍身千万，不如片刻受持。珠藏天子一番入耳，恶趣惊惶尽数远离；无垢天子一刻得闻，无穷罪业登时除灭。复若有能受持者，则于己身皆消业障，得获安康。诸天佑助，圣善护持，不遭厄难，福寿绵长。化解怨仇，犹如亲友，消除危害，疾病不侵。卓出尔群，为人敬重，面前显圣，现世得成。命终时犹如蛇蜕，无所毁伤，心存正念。诸佛菩萨、一切善神

① 段玉泉、惠宏：《西夏文〈佛顶无垢经〉考论》，《西夏研究》2010 年第 2 期；孙伯君：《〈无垢净光总持〉的西夏文译本》，《宁夏社会科学》2012 年第 6 期。

皆来接引，随意化生十方净土宝莲之中，见佛听法，总持三昧，得获神圣，随即道证无上菩提。如此功效，真经中广为解说……①

五部法界之总序

西夏文译佛教文献。来源不明，似为一篇佛教序文。写本，册叶装。三卷，共47面。有抄写者题款。西夏文题：𗼻𗰜𘓆𗣼𗅤𗡞𗷛。

黑水城出土。俄藏编号：Инв. № 7160。

五部经

西夏文译佛教文献。据藏文翻译而来。大乘佛教五部守护经的总称，分别是《圣大乘守护大千国土经》《种咒王荫大孔雀经》《大寒林经》《圣大悟荫王随求皆得经》及《大密咒受持经》。俄藏 Инв. № 234 于《守护大千国土经》经题之前有自称齐丘所作《五部经序》。俄藏 Инв. № 6849 于《大密咒受持经》卷尾存夏桓宗天庆三年（1196）《五部经后序愿文》。据此知，原书应是将五部经合刊或合抄在一起。按俄藏另本《守护大千国土经》抄本卷末题署"乾祐癸巳年"（1173），则译写年代必不晚于此。西夏文题：𗼻𗰜𘓆𘊄。

黑水城出土。俄藏编号：Инв. № 234、6448、6339、916、5757、6849。

附一：齐丘《五部经序》译文：

愚闻：佛陀之教，万化同弘，引领诸类。德言殊妙，智聪人难悟其宗；至理幽玄，根劣者焉量其体？方便穷思，威灵莫计。一乘开阐，千界摄持，缩则入于微尘，盈则遍至十方。圆融似海，无际无边；虚旷如冥，叵明叵测。周国式微，如来西现，汉王初兴，摩腾东至。如同夜梦，乃转明言，译贝多字，教导愚顽。善本一时出现，教法万古常行。昔我佛度死海沉沦之苦，救火宅焚灼之灾，具

---

① 聂鸿音：《西夏佛经序跋译注》，上海古籍出版社2016年版，第65页。

足慈心，乃生誓愿。利益一切有情故，遂造五部经。其中《守护大千国土经》曰：一时如来住鹫峰山，比丘俱来逝多林。摩竭提国阿阇世王布施珍宝，诚信供养。尔时大地震动，烟云普覆，恶风雷震，雨雹霹雳，日月无光，星宿隐蔽。我佛以天眼观察，悉见人民惶怖。《孔雀经》曰：一时世尊在室罗伐城边逝多林园，有一苾刍娑嚩底，学毘奈耶教，为众破薪，营澡浴事。毒蛇从朽木孔骤出，奔踊螫人，即伤其趾。《大寒林经》曰：尔时世尊于寒林中，四大天王黄昏而往，药叉、犍闼婆、供畔拏、诸龙扰恼人民故，乃说忏法。《随求皆得经》者，婆罗门所问，诵读受持世尊所说心咒，皆得随愿满足。《大密咒受持经》者，世尊真言，梵王持受，除断群魔，悉成诸愿。今五部陀罗尼者，造作诸法异形，随从一乘同体。神咒功广，能遣天王，勇力通灵，全消鬼魅。若人受持，读诵斯经，降伏所有邪魔，远离一切灾祸。如是众类部多，悉皆言之不尽。当今皇帝，权威镇摄九皋，德行等同三平，行前朝之大法，成当今之巨功。敬礼三宝，饶益万民，上证佛经故，乃发诚信愿，延请鹫峰比丘，速译贝多梵字，广传尘界，永利愚蒙。愿：修善者善根茂盛，径达彼岸；做恶者恶心止息，成就菩提。臣齐丘稍学诗赋，未通教理，不敢违诏，乃撰序文。身心思忖，惶恐不已。语句虽俗，其合圣主之心。谨呈。①

附二：张啰翰《五部经后序愿文》译文：

　　□闻：□□□出度生，设种种经；经乘转轮成道，□□□理。其中此《五部陀罗尼经》者，□妙法之□□，为□咒之最胜。读诵受持，□□五逆重业；尊崇供养，远离十恶罪愆。三界道果证□□□，万种福善生起之源。神力广大，□□相四；□功玄奥，不可度量。

---

① 聂鸿音：《西夏佛经序跋译注》，上海古籍出版社 2016 年版，第 77—78 页。

一时恭敬，和风雨而□□成，少许冥思，离患难而诸神护。所爱所欲，悉皆随意满足；所愿所求，立便以利成就。国□□□法，莫过于斯；庶民守护之规，□□相匹。□□□□众故，往昔虽有刻印传行，时日迁移，版面磨损渐剧；岁月寝远，月相显□不非。至于《大密明咒》，恐其湮灭，欲兴盛□□□最胜妙法，是以啰斡矢志诚心，速速□□善愿；□□才量，急急准备所需。万裹择一，请写□□□□；一部十卷，新净善本乃成。章句□□，□□拓展于前；版面清晰，见者所□易读。以□□□，伏愿：□□圣帝，生上品之莲台，游极乐之净土。□□皇帝，宝位长如天地，福寿齐同山海。文武臣僚，忠心辅佐国家，随意能□民庶。□□□□父母，乘法航而达死生彼岸，□□□而受净土法乐。法界有情，能离三业罪愆，可断二障种子，超苦海之轮回，证菩提之□果。

天庆丙辰三年九月二十日刻毕。

□刻发愿者新宫前面买薪铺边上张啰斡等捐。

书印版者御前笔受李阿善。[1]

不二解慧品

西夏文译佛教文献。来源不详，似是某部文献中的一个部分。写本，册叶装。所存为第七卷。共 8 面，前缺。西夏文题：𗗚𗧾𗉵𗰜𗖻。

黑水城出土。俄藏编号：Инв. № 7763。

不动总持

西夏文译佛教文献。当据藏文 *'phags pa mi g-yo ba zhes bya ba'i gzungs*[2] 翻译。译者及成书年代不详。写本，前缺，存尾题。西夏文题：𗗚𗤒𗰗𗫨。

---

① 聂鸿音：《西夏佛经序跋译注》，上海古籍出版社 2016 年版，第 135 页。
② 参见《西藏大藏经》德格本 No. 0631、0963。

黑水城出土。俄藏编号：Инв. № 5194。

止身坛城而四灌顶法广典

西夏文译佛教文献。据藏文翻译，原本待考。存传译者题记，汉译"金刚铃造，大度民寺院中国觉照国师辣领拽传，出家功德司承旨沙门李德妙译。"这里的"金刚铃"或可与藏文 Rdo rje dril bu（多杰哲普）同定，造《直布三法聚》，包括《身坛城修法》《灌顶仪轨》《圆满五次第》。这里的"觉照国师辣领拽"疑与"觉照国师法狮子"为同一人。西夏文题：𗥃𗗥𗜓𗸪𗾊𘋩𗙩𘜶𗑣𘝞𗦀。

黑水城出土。俄藏编号：Инв. № 822。

中有身要门

西夏文译佛教文献。藏文原本待考。此当《那若六法》之"中有"（bar do）修法要门。题记称"𗼨𘊝𗆠𘃡𗰗𗾺�967𘝞𘘚𘈷𘉼𗄓𗦀"，汉译"大度民寺中国觉照国师法狮子传"，译者不详。俄藏黑水城文献中有汉译本 TK327《中有身要门》，题龙麻葉上师传，嵓厮当译。然二者相距甚远，非出自同一藏本。西夏文题：𗾺𗏹𗥃𘄒𗕑。

黑水城出土。俄藏编号：Инв. № 7116、4442、2545。

中道真性典释

西夏文译佛教文献。当据藏文翻译，原本待考。译者及成书年代不详。写本，卷子装，前缺。存留上部。西夏文题：𗾺𗨒𗫂𘅍𗦀𗰒。

黑水城出土。俄藏编号：Инв. № 889、5032。

见顺伏文

西夏文译佛教文献。似据藏文 lta ba'i rim pa bshad pa 翻译，圣宫沙门法慧译校，成文时间不详。写本。全文存留，共58面。西夏文题：𗼭𗣼𗴧𗿒。

黑水城出土。俄藏编号：Инв. № 2544、4522。

六幼母供养典

西夏文译佛教文献。据藏文翻译，藏文原本待考。译者及成书年代不详。写本，卷子装。前缺。西夏文题：𗢳𗣼𗯿𗋒𗌰𗏁。

黑水城出土。俄藏编号：Инв. № 4911。

六法自体要门

西夏文译佛教文献。为藏传佛教"六法"类作品的修习仪轨。译者及成书年代不详。写本，有卷装、册叶装。Инв. № 4698有"𗴢𗼄𗣫𗧘𗒹"（属苏慧德写）等题识。Инв. № 7280题"𗫂𗅆"（自体），疑为同一文献。西夏文题：𗢳𗤼𗫂𗅆𗷲𗰜。

黑水城出土。俄藏编号：Инв. № 4858、4698、7983、2542、7280。

六法圆融道次

西夏文译佛教文献。为藏传佛教"六法"类作品。雅隆辛巴集，沙门慧照译，成文时间不详。写本，分为卷子装、缝缋装、蝴蝶装。Инв. № 7153题"𗴺𗭫𗧺𗆣"（圆融道次），疑为同一文献。西夏文题：𗢳𗤼𗴺𗭫𗧺𗆣。

黑水城出土。俄藏编号：Инв. № 2734、6373、7153。

心习法次第

西夏文译佛教文献。似依藏文 don dam pa（kun rdzob）byang chub kyi sems bsgom pa'i rim pa yi ger bris pa 翻译，存译者题款，汉译"三藏知解上师□比丘慧明番译，净本写者僧人慧戒"。写本，卷子装，前缺。西夏文题：𗤶𗀔𗼄𗆣。

黑水城出土。俄藏编号：Инв. № 5923。

正立放施食法要门

西夏文译佛教文献。当据藏文翻译，原本待考，译者及成书年代不详。写本，卷子装。前缺，存尾题。西夏文题：𗏁𘟙𘌺𗗙𗏹𘄒�022𗦻。

黑水城出土。俄藏编号：Инв. № 6781。

正法义次第

西夏文译佛教文献。当据藏文翻译，原本待考。西夏文译者及成书年代不详。原文卷数未知，所存为第 8 卷。写本，册页装。存 33 面，前缺。西夏文题：𗏁𗤶𗏹𗦻。

黑水城出土。俄藏编号：Инв. № 2843。

正理空幢要门

西夏文译佛教文献。当据藏文翻译，原本待考，译者及成书年代不详。写本，卷子装。前缺，存尾题。一本有题记二行，汉译"正理要论传毕，一遍校同，再□□一校同。正理空幢要论，写本梁□果"。西夏文题：𗏁𘎫𘃵𘄒𗦻。

黑水城出土。俄藏编号：Инв. № 834、835、890。

正理空幢要门解惑

西夏文译佛教文献。当据藏文翻译，原本待考，译者及成书年代不详。写本，册叶装。全文存留，共 13 面。西夏文题：𗏁𘃵𘎫𘄒𗦻𘕰𘟛。

黑水城出土。俄藏编号：Инв. № 912。

正理意除暗之文略释

西夏文译佛教文献。据藏文翻译，为 *Tshad ma yid kyi mun sel* 的注释本，原本待考。译者及成书年代不详。写本，卷子装。存卷二、四。西夏文题：
𗰖𗩾𗷅𗯳𘕜𗖈𘝼𗰗𗷤。

黑水城出土。俄藏编号：Инв. № 884、4849。

正理滴义释记

西夏文译佛教文献。当据藏文翻译，原本待考。译者及成书年代不详。
写本，卷子装。前缺。西夏文题：𗰖𗩾𘕞𗏼𗷤𘘚。

黑水城出土。俄藏编号：Инв. № 5178、5951、873。

正理滴之句义诠

西夏文译佛教文献。佛教因明学著作。似据藏文 *rigs pa'i thigs pa'i don bsdus pa*[①] 翻译，一本存编者题款，汉译"西蕃中国比丘慧帝大师集"。成文时间不详。写本，卷子装。西夏文题：𗰖𗩾𘕞𘕜𗏼𗏼𘞌𗩱。

黑水城出土。俄藏编号：Инв. № 861、862、869、5022。

正理滴论

西夏文译佛教文献。佛教因明学著作。据藏文 *Rigs pa'i thigs pa zhes bya ba'i rab tu byed pa*[②] 翻译，译者及成书年代不详。藏文原本包括三部分：现量品（mgon sum gyi le'u）、为自比量品（bdag gi don rjes su dpag pa'i le'u）及为他比量品（gshan gyi don rjes su dpag pa'i le'u）。西夏文各品标题依次为"𘓓𘜶𗷤"（现量品）、"𗪜𘕞𘓨𘜶𗷤"（为自比量品）、"𗴝𘕞𘓨𘜶𗷤"（为他比量品）。写本，卷子装。西夏文题：𗰖𗩾𘕞𗸓𗤁𗷢。

黑水城出土。俄藏编号：Инв. № 832、2516、4168、4363、4848、5609。英藏：
Or.12380—2145RV。

---

① 参见《西藏大藏经》德格本 No. 4233。
② 参见《西藏大藏经》德格本 No. 4212。

世俗胜义二谛之义释要集传

西夏文译佛教文献。当据藏文翻译，原本待考，似是阿底沙小部集经的某个释论，译者及成书年代不详。写本，卷子装。西夏文佛教文献中另有《诸根本二谛义释要集记》。西夏文题：𗏵𗑓𗧾𗖊𗱀𗴺𗖊𗘺𗾟𗦻�045𗇁。

　·　黑水城出土。俄藏编号：Инв. № 870、879、4720、883、4883。

本佛会等之名诵敬礼忏悔法要门

西夏文译佛教文献。来源不详。写本，卷子装。全文留存。西夏文题：𗫂𗣼𗖊𗙴𗖊𗫨𗾐𗈀𗦳𗷅𗨙𗐜𗦻𗬻。

黑水城出土。俄藏编号：Инв. № 4861、5088。

四十种空幢要门

西夏文译佛教文献。当据藏文翻译，原本待考。题西天大师提钵迦利师集。写本，卷子装。全文留存。西夏文题：𗏵𗢣𗆫𗴺𗦻𗬻。

黑水城出土。俄藏编号：Инв. № 871。

四天王烧施坛典

西夏文译佛教文献。据藏文翻译，原本待考。译者及成书年代不详。所存为刻本，经折装。共26面，全文存留。西夏文题：𗏵𗹦𗏷𗴺𗖨𗬝𗆮。

黑水城出土。俄藏编号：Инв. № 0820。

令身语意风息止法

西夏文译佛教文献。当据藏文翻译，原本不详。内容为藏传佛教"大手印"法中的"令身语意风息止法"修持仪轨。原件蝴蝶装，纸幅高23厘米，广35厘米。存三纸，折叶处有汉文叶码，记为第一、七、八叶。每半叶10行，行22至24字不等。卷首重复写西夏字"𗣟（印）"三遍，其中谈及多种民族语的名称"梵语、回鹘语、番语、藏语、汉语、契丹语、女真语"，"回鹘语"被放在"番语"（西夏语）和"藏语"前面，据此可推断这部作品可能是蒙元时期由西夏遗僧传入吐鲁番的。该件是八思巴成为帝师前后藏传佛教"大手印"法在西域广泛传播的见证，对研究蒙元时期藏传佛教的传播以及各民族交往的历史具有重要参考价值。[①] 西夏文题缺。

吐峪沟石窟出土。日藏编号：龙大 03。

出有坏母胜慧到彼岸心经

西夏文译佛教文献。藏传般若心经之一种，当据藏译文 *Bcom ldan 'das ma shes rab kyi pha rol tu phyin pa'i snying po*[②] 翻译。存西夏文译经题记"奉天显道耀武宣文神谋睿智惇睦懿恭皇帝嵬名御译"，故知其在仁宗朝译成。西夏文题：𗙫𗣼𗊽𗷲𗖰𗅜𗖰𗣴𗗙𗪊𗱢𘃧。

黑水城出土。俄藏编号：Инв. № 804、808、3888、4013、3334、744、745、768、6054。

发菩提心及常所做仪轨

西夏文译佛教文献。当据藏文 *byang chub kyi sems bskyed pa dang yi dam blang ba'i cho ga*[③] 翻译，题菩提狮子师造。西夏文译者及成书年代不详。写本，有蝴蝶装、卷子装。一本存题记，汉译"天庆四年（1197）丁巳月日雕毕"。西夏文佛教文献中另有《菩提心及常所做仪轨》。西夏文题：𘜶𗣼𗗙𗤻𘃪𗾔𗋩𗰖𗼃𗦲。

黑水城出土。俄藏编号：Инв. № 4585、4756、6346、6966。

---

　① 孙伯君：《吐峪沟出土西夏文"大手印"法修持仪轨考释》，《西夏学》（第 25 辑），甘肃文化出版社 2022 年版。

　② 参见《西藏大藏经》德格本 No.0531。

　③ 参见《西藏大藏经》德格本 No.4493。

发菩提心及常所做仪轨注

西夏文译佛教文献。当据藏文翻译，系《发菩提心法及常所做仪轨》的一篇注记。西夏文译者及成书年代不详。写本，蝴蝶装。西夏文题：𗪊𗟲𗵒𗵫𗼃𗿒𗱲𗵒𗾔𗍳𗖰。

黑水城出土。俄藏编号 Инв. № 2874。

圣一切如来顶髻中出白伞盖佛母余无能敌者大回遮明咒大荫王总持

西夏文译佛教文献。据藏文 'phags pa de bzhin gshegs pa thams cad kyi gtsug tor nas byung ba gdugs dkar mo can gzhan gyis mi thub ma phyir zlog pa'i rig sngags kyi rgyal mo chen mo zhes bya ba'i gzungs 译。译者不详，成文时间不晚于乾祐十六年（1185）乙巳九月。Инв. № 7589 刻本后另附有出家和尚咩布慧明施经发愿文一篇，言先有印版字小且已磨损，此版乃复刊，时间为乾祐十六年（1185）九月。这是西夏佛教史料中难得多见的一则由僧人舍财雕印佛经的资料。[①] 西夏文题：𗂧𗟲𗥃𗥃𗋽𗵒𗵒𗖰𗴴𗹙𗾔𗍳𗒀𗤁𗵒𗆟𗰖𗫨𗏇𗏇𗽂𗂧𗏇𗰖𗷖𗆟𗵯。

黑水城、亥母洞出土。俄藏编号：Инв. № 7589、7605、2899。中藏编号：G11・045〔D.0208〕、G11・046〔464：53〕、G31・017〔6745〕、G31・025〔6741〕、G31・028〔6763〕。英藏编号：Or.12380—0383RV（K.K.II.0285.iii）、690（K.K.II.0280.a.ix）、729（K.K.0244.xx）、795（K.K.）、1063（K.K.II.0280.ee）、1855（K.K.）。

附咩布慧明《白伞盖佛母总持发愿文》译文：

今闻：佛陀出世，度脱三界有情；传留妙法，利乐六趣众生。其中此《白伞盖佛母总持》者，如来之顶中出，明咒之最胜王。句句真谛，界共涅槃；字字金刚，禅同心印。诸佛同言颂赞，众圣共

---

① 段玉泉：《西夏文〈白伞盖佛母总持发愿文〉考释》，《宁夏社会科学》2016 年第 2 期。

受惊奇。能证道果之本，可生福善之源。圣力恢宏，无能比拟；威灵深奥，不可计量。读诵受持，诸多厄难即时镇摄；诚心供养，一切神明悉数护持。所愿得成如意，罪愆泯灭无遗。诸明咒中，为殊为上；众功能内，难测难量。故此《总持经》者，先多所传行，虽有印版而字小，印版亦已磨损，难以持诵，故出家和尚咩布慧明悟广大愿，察万代法，穷无尽劫，愿善缘繁多，乃舍净贿，其《总持经》文句点画分明而外，于佛名上严饰佛像，又置《持诵法要门》于卷首，一并雕印，以为利益一切有情。以兹胜善，伏愿：圣君福寿，山海其长；文武谋臣，孝忠辅国。又愿：十方施主，贤圣护拥，种种祸灾不犯；诸天祐助，殊殊信力倍增。法界含识，乘善舟以度轮回之苦缘，悟真理而得菩提之胜果。

乾祐乙巳十六年九月日。发愿雕印者出家和尚咩布慧明。书印版者笔授□□□□。[①]

圣一切如来顶髻中出白伞盖佛母余无能敌者大回遮明咒大荫王总持启请偈

西夏文译佛教偈颂。为《圣一切如来之顶髻中出白伞盖佛母余无能敌者大回遮明咒大荫王总持》的启请偈。译者不详，成文时间不晚于乾祐十六年（1185）乙巳九月。所存一本前有《持诵大白盖母总持之要门》，后接《圣一切如来之顶髻中出白伞盖佛母余无能敌者大回遮明咒大荫王总持》及乾祐十六年（1185）九月出家和尚咩布慧明施经发愿文一则。西夏文题：𗾃𗌰𗦻𗟲𗣼𘃸𗪙𘊐�ût𗵒𗗙�264𗵘𗏹𗦇𗷑𗹙𗧁𗢳𗥔𗾖𗧓𗤁𗹬𗆧𗵀𗡞𗂧𗰜。

黑水城出土。俄藏编号：Инв. № 7589。

---

①　聂鸿音：《西夏佛经序跋译注》，上海古籍出版社 2016 年版，第 92 页。

圣一切如来顶髻中出白伞盖佛母余无能敌总持

　　西夏文译佛教文献。大白伞盖类陀罗尼经。译者及成文时间不详。据藏文本 'phags pa de bzhin gshegs pa'i gtsug tor nas byung ba'i gdugs dkar mo can gzhan gyis mi thub ma zhes bya ba'i gzungs[①] 翻译。蒙古乃马真称制时期刻本，经折装，所存为四个残件。三件藏日本。一件为国内私人收藏，前缺，后存两部分。前18行乃七言偈颂体，后存尾题"𗥤𗥦𗀹𗥨𗅲𗪊𗼃𗼃𗰖𗼃𗥤𗑗�" 及年款"𗥤𗌰𗥱𗥲𗀄𗄈𗆜𗤊𗼑𗑠"，汉译"大朝癸卯年孟冬二日写"。后24行乃施经发愿文。残偈与《碛砂藏》真智汉译《圣一切如来顶髻中出白伞盖佛母余无能敌总持》末尾之《大白伞盖佛母总赞叹祷祝偈》相合。此为大朝国甲辰岁（1244）镇守西凉的蒙古汗国太子阔端所施。表明他接受并弘扬藏传佛教，为此后不久与藏族宗教领袖举行的凉州会谈做了宗教信仰方面的准备和铺垫。[②] 西夏文题缺。

　　敦煌出土。日藏编号：天图（183 亻279）39—02、05c、32c。郑顺通藏编号：无。

　　附西夏文《大白伞盖陀罗尼经发愿文》译文：

　　　　恭闻佛顶神咒白伞盖总持者，是诸佛心印密深法藏，威力无限，神功无边。因此依识诵受持法修行，或若写记身上有持，或置幢顶上，永常供养，则回绝亡夭，增寿限，愈除疾病，子孙昌盛，灾祸、鬼神不能侵凌，家庭安居，国土安定，在世消灭重罪，律典清净，亡后生最安国，至于成佛，所有灾祸殄灭无遗，一切要求依愿能成。因见如此胜功，释迦善行国师谋怛巴则啰已发大愿，因望皇帝太子阔端福盛无病长寿，并欲利治诸有情，灭罪得安，请匠令雕印西蕃、番、汉各一千卷施僧俗处，以此善力，惟愿皇帝太子阔端寿

---

　　① 参见《西藏大藏经》德格本 No.0592。
　　② 史金波：《西夏文〈大白伞盖陀罗尼经〉及发愿文考释》，载杜建录主编《西夏学》（第12辑），甘肃文化出版社 2016 年版。

长万岁，经历千秋，国本坚固，民庶福盛，法界众生当共成佛。

大朝国甲辰岁　月　日谨施流行

东陛　皇太子　　施①

圣大求记

西夏文译佛教文献。当据藏文翻译，原本待考。似为某部作品的注释。写本，经折装。全文留存，共 57 面。西夏文题：𗦲𗾑𗗚𗿺。

黑水城出土。俄藏编号：Инв. № 6839。

圣大乘大千国守护经

西夏文译佛教文献。大乘佛教五部守护经之一。当据藏文本 *'phags ma stong chen mo rab tu 'joms pa zhes bya ba'i mdo* 翻译。译者及成书年代不详。此经存初译本及校勘本两种，初译本题"天力大治智孝广净宣德去邪纳忠永平皇帝嵬名御译"，校勘本题"奉天显道耀武宣文神谋睿智制义去邪惇睦懿恭皇帝嵬名御校"。前者"永平皇帝"，学术界有认为是仁孝、亦有认为是仁孝之父乾顺。后者为仁孝皇帝之尊号。西夏文题：𗦲𗾑𗊟𗾑𗤒𗟻𗤒𗊟𗇩𗾞。

黑水城、莫高窟、亥母洞出土。俄藏编号：Инв. № 916、4778；27、688、2527、2512；2853；15；12、21；562、2726、4016；5757；13、14、32、2306、220、40、41、234、2307、33、36、2318、5725、38、7353、6448、4814。英藏编号：Or.12380—2844。中藏编号：G11·084〔B138∶9〕、G11·085〔B142∶8〕、G31·030〔6732〕。

圣大乘不空羂索咒心经

西夏文译佛教文献。当依藏文本 *'phags pa don yod zhags pa'i snying po*

---

①　史金波：《西夏文〈大白伞盖陀罗尼经〉及发愿文考释》，载杜建录主编《西夏学》（第 12 辑），甘肃文化出版社 2016 年版。

zhes bya ba theg pa chen po'i mdo① 翻译，译者及成书年代不详。写本，经折装。卷首存梵、夏两种经题，后缺。经题中的"鬹薕（有益）"译自藏文 don yod，汉文写作"不空"。西夏文题：刽散蘛鬹薕虓阤虥虓虓虓捼藬薮。

黑水城出土。俄藏编号：Инв. № 3702。

圣大乘胜意菩萨经

西夏文译佛教文献。依藏文本 'phags pa rgyal ba'i blo gros zhes bya ba theg pa chen po'i mdo② 翻译。写本，蝴蝶装，共 6 叶。卷首存译经题记，汉译"兰山智昭国师沙门德慧奉诏译，奉天显道耀武宣文神谋睿智制义去邪惇睦懿恭皇帝详定"；卷尾附仁宗天盛十五年（1167）九月十五日施经发愿文。故知此经由智昭国师德慧译，成文时间不晚于 1167 年。该件与《佛说延寿命经》合抄在一起，俄藏中亦存有智昭国师德慧翻译的同名汉译本 TK145。西夏文题：刽散蘛阤虓糀虓虓薮。

黑水城出土。俄藏编号：Инв. № 5507、7679。英藏编号：Or.12380—3183。

圣大悟荫王随求皆得经

西夏文译佛教文献。大乘佛教五部守护经之一。据藏文译本 'phags pa rig pa'i rgyal mo so sor 'brang ba chen mo 翻译。③译者及成书年代不详。存译经题记，汉译"天力大治智孝广净宣德去邪纳忠永平皇帝嵬名御译"，存校经题记，汉译"奉天显道耀武"或"奉天"等仁宗尊号。知此经分初译本及校勘本两种。西夏文题：刽散虓冼席荄虤虓虓虓薮。

黑水城出土。俄藏编号：（一）26、7987、30、561、6286 ；（二）704、

---

① 参见《西藏大藏经》德格本 No. 0682、0901。两藏文本梵、藏经题皆同，译者亦同，同由 amoghavajra 及 rin chen grags pa 翻译。

② 参见《西藏大藏经》德格本 No.194。

③ 参见《西藏大藏经》德格本 No.561。北京本作 'phags pa rig sngags kyi rgyal mo so sor 'brang ba chen mo。

24、7233、712、3342、3348、6404、3881、28、7783、31、6618、6055、561、7790；（三）5757。英藏编号：Or.12380—0220、3375、3385、3386、3387、3411、3512。日藏编号：天图（183 亻279）39—21。

圣出有坏母胜慧到彼岸之大乘心经

西夏文译佛教文献。藏传般若心经之一种。西夏文梵题"𗏵𗗙 𗗙𗹙 𗧾𗏴 𗗙𗹙𗋽𗔅 𗓽𗆧𗏟𗢍 𗦰𗋽 𗵽𗗙𗹙 𗐯𗦰"（Ārya–prajñā–pāramitā–h3daya–mahā–sūtra–n ā ma），与离垢友藏文本梵题 bhagavatī–prajñāpāramitā–hṛdaya 不同，当译自与离垢友藏文本内容接近的文本，[①]译者及成书年代不详。西夏文题：𗰗𗙻𗗙𗹙𗤓𗾖𗤛𗹙𗠍𗏟𗦤𗈧𗈧𗦤𗹙𗈅𗩾𗩾。

黑水城出土。俄藏编号：Инв. № 768。

圣观自在大悲心供养法

西夏文译佛教文献。据藏文翻译，藏文原本待考。存传者题记，汉译"西天大师嘚也阿难捺传"。写本，蝴蝶装。全文存留，共 56 面。载传承世系：金刚座师—皇帝—大菩提惠心—勤师—白衣思师—意宝师—遮勒钵师。金刚座师即捹也阿难捺。[②] 西夏文题：𗰗𗯨𗤛𗣼𗤓𗤻𗥹𗴟𗩾。

黑水城出土。俄藏编号：Инв. № 6502。

圣观自在大悲心总持功能依经录

西夏文译佛教文献。陀罗尼经。据藏文本翻译。译者周慧海，成文时间不晚于仁宗大庆二年（1141）。多本经题后存传译者题款，汉译"西天大般

---

① 聂鸿音：《西夏文藏传〈般若心经〉研究》，《民族语文》2005 年第 2 期；胡进杉：《藏文〈心经〉两种夏译本之对勘研究》，载薛正昌主编《西夏历史与文化——第三届西夏学国际学术研讨会论文集》，甘肃人民出版社 2010 年版。
② 孙伯君：《西夏遗存文献所见藏传佛教的传承世系》，《中华文史论丛》2014 年第 3 期。

弥怛五明国师、功德司正、嚓乃将沙门嘧也阿难捺传，显密法师、功德司副、嚓橛利沙门周慧海奉敕译。"此经多与《胜相顶尊总持功能依经录》合刻，后附仁宗皇帝天盛己巳元年（1149）施经发愿文。黑水城文献中存同源、同题之汉译本及藏文本残卷。此佛经的西夏文译本和汉文译本实际上是据藏文本翻译而来。① 西夏文题：𗹦𗢳𘝯𗾟𗼻𗺐𗙏𘝯𘆌𘋩𘞌𘘚𗃛𗰜。

黑水城、绿城、莫高窟、天梯山、下西沟岘出土。俄藏编号：Инв. № 6881、7592a、6796（6821）、4078。英藏编号 Or.123800744、0765、2558、2631、2887RV、2941、2950RV、2951、2957、2986、3375、3488、3690、3707、3728、3729、3749RV、3756、3932。中藏编号：M11·005、M21·148、G11·057［464:58（正）］、G11·120［464:50］、G11·140［B59:67］、G21·040［T25］、G21·060［20480］② 、G21·054［T2］、绿城—拾伍、拾陆、拾捌。日藏编号：天图（183 亻279）39—30c、31a。法藏编号 Pelliot Xixia924（Grotte181）072。

附一：仁宗仁孝《圣观自在大悲心总持并胜相顶尊总持后序愿文》译文：

朕伏念：神咒威灵，感应被恒沙界；玄言胜妙，圣力超通亿劫。设若一听真诠，顿时全消尘累，如此微密，岂得言说？是以《自在大悲》，通冠法门密语；《顶尊胜相》，总括佛印真心。一者存救世之威，一者有利生之验。广大，受持必定得功；神圣，敬信未尝违逆。盛则普周法界，细则入于微尘。广资含识，深益有情，闻音者大获胜因，触影者普得善利。分海为滴，数有可知；碎刹为尘，算有可计。唯此慈悲广大法门，福利无可计量。各有殊能，俱存异感。故《大悲心感应》云："若志心人而诵《大悲心咒》一遍或七遍，即灭

① 段玉泉：《西夏文〈圣观自在大悲心总持功能依经录〉考论》，载聂鸿音、孙伯君编：《中国多文字时代的历史文献研究》，社会科学文献出版社 2010 年版。
② 经段玉泉首次厘定，参见《甘博藏西夏文〈自在大悲心经〉写本残页考》（《宁夏大学学报》2009 年第 2 期）。

百千万亿劫生死之罪，临命终时，十方诸佛皆来授手，随愿往生诸净土中。若入流水或大海中沐浴，水族众生沾浴水者，皆灭重罪，生佛国中。"又《胜相顶尊感应》云："至坚天子诵持章句，消解七趣畜厄。寿命终，亦现获延寿，遇影沾尘，彼亦不堕三恶道中，授菩提记，为佛之子。"若此功效极多。朕睹兹胜因，故发诚愿。请工镂印，普施番汉一万五千卷。国内臣民，志心讽诵，虔诚顶受之，朕亦躬纳服中，一心诵持。欲遂良缘，用修众善，阐说真乘大教，设置烧施密坛。读经不绝诵声，披解大藏金文。国内圣像，悉上金妆，尊者面前，施设供养。请僧为斋，发起盛会，殿宇室内，普放施食，寺院恭行法事。如此敬信，诚愿善根，聊陈一二，未可具言。以兹胜善，伏愿：神考崇宗皇帝，超升三界，得乘十地法云；越度四生，可悟一真性海。默而助无为之化，潜以扶有道之风，子子孙孙，益昌益盛。又以此善力，基业泰定，国本隆昌，四方奠枕安宁，万里覆盂坚固。天下国内，共享升平，有所求者，皆当成就。欲祝圣功，乃为之颂。颂曰：

法门广辟理渊微，持读虔诚愿所依。慈悲神咒玄密语，顶尊胜相佛心归。

七趣之罪可除去，胜缘生就净土中。大燃法炬分明照，苦海慈航普度通。

所欲所求得满足，随心随愿事皆成。若有常年持颂者，超脱十地道无穷。

天盛己巳元年月日，奉天显道耀武宣文神谋睿智制义去邪惇睦懿恭皇帝谨施。[①]

附二：郭善真《圣观自在大悲心总持并胜相顶尊总持复刻跋》译文：

---

① 聂鸿音：《西夏佛经序跋译注》，上海古籍出版社 2016 年版，第 24—26 页。

此《大悲心总持》者，威灵巨测，圣力无穷。所爱所欲，随心满足，一如所愿，悉皆成就。因有如此之功，先后雕刊印版，持诵者良多，印版须臾损毁，故郭善真令复刻新版，以易受持。有赎而受持者，于殿前司西端来赎。[①]

圣观自在之二十七种要门为事

西夏文译佛教文献。当据藏文翻译，原本待考。译者及成书年代不详。出土为写本，卷子装。西夏文题：𗊱𗦲𗆀𗧓𗗛𗸐𘜶𗡘𘗽𗆫𘝰。

黑水城出土。俄藏编号：Инв. № 5958。

圣观自在之千眼千手供养法

西夏文译佛教文献。当据藏文翻译，原本待考。题天竺大师月官（𗙴𗥦𗣼𘔲𗗙，Candragomin，约 7 世纪）造。译者及成书年代不详。写本，册叶装。全文留存，共 43 面。西夏文题：𗊱𗦲𗆀𗙫𗙴𗙫𗧽𗆫𘐞𘝰。

黑水城出土。俄藏编号：Инв. № 7195。

圣妙吉祥之赞

西夏文译佛教文献。据藏文 *'phags pa 'jam dpal la bstod pa*[②] 翻译，译者及成书年代不详。写本，蝴蝶装。存梵、夏二种经题。西夏文题：𗊱𗗚𗥃𗣼𗆫𘐞𗾔。

黑水城出土。俄藏编号：Инв. № 757。日藏编号：天图 39—22b。

圣妙吉祥真实名诵

西夏文译佛教文献。据藏文 *'phags pa 'jam dpal gyi mtshan yang dag par*

---

① 聂鸿音：《西夏佛经序跋译注》，上海古籍出版社 2016 年版，第 62 页。
② 参见《西藏大藏经》德格本 No. 2707。

brjod pa 翻译，译者及成书年代不详。在黑水城、拜寺沟西夏方塔相继出土元释智译《圣妙吉祥真实名经》汉译本，与西夏文译本梵语经题全合，当据同一部藏文文献分别译出。西夏文题：𗧓𗹔𗀔𗧍𗖰𘈖𘀗𗙴𗄊。

黑水城出土。俄藏编号：Инв. № 7578、4086、7090、728、695、707、2828、5466、5814、6469。中藏编号：中研院傅图藏（编号不详）。英藏编号：Or.123803165、3645、0826。日藏编号：天图（183 亻279）39—04b、04c、05a、25。

圣金刚能断圣慧到彼岸大经诠义灯炬记

西夏文译佛教文献。据藏文 *'phags pa shes rab kyi pha rol tu phyin pa rdo rje gcod pa zhes bya ba theg pa chen po'i mdo*[①] 翻译。存译经题记，汉译"法师苏宝上尊集，沙门慧照番译"，成书时间不详。写本，蝴蝶装，存 80 面。西夏文题：𗧓𗎫𗤻𗫲𗫲𗴟𗫡𗄊𗤁𗰖𘀗𗙴𗗙𗅲𘀊𗳐𗥤。

黑水城出土。俄藏编号：Инв. № 2561。

圣空行母金刚帐本续之相说钞

西夏文译佛教文献。据藏文翻译，藏文原本待考。译者及成书年代不详。出土为写本，册叶装。前残，仅存 3 面，有尾题。西夏文题：𗧓𗥨𗗙𗬑𗎫𗤻𘀊𗫡𗗙𗃛𗥦。

黑水城出土。俄藏编号：Инв. № 5501。

圣胜相顶尊母供养法

西夏文译佛教文献。据藏文翻译，相应的藏文本当即 *'phags ma gtsug tor rnam par rgyal ma'i sgrub thabs*[②]，译者及成书年代不详。写本，卷子装，残。

① 参见《西藏大藏经》德格本 No.0016。
② 参见《西藏大藏经》德格本 No. 3601。

西夏文题：𗈁𗗉𗤺𗹙𗤻𗣼𗰖𗷅。

黑水城出土。英藏编号：Or.12380—3889、3863。

圣胜慧到彼岸八千经

西夏文译佛教文献。据藏文 'phags pa shes rab kyi pha rol tu phyin pa brgyad stong pa[①] 翻译，存译经题记，汉译"胜智广禄治民集礼盛德皇太后梁氏御译，神功胜禄教德治民仁净皇帝御译。"故知此经在崇宗乾顺朝译成。此表明西夏崇宗乾顺时期已经开始用西夏文翻译藏文佛经，为西夏后期藏传佛教的流行打下了基础。存第四、十、十五、二十卷。西夏文题：𗈁𗣼𗾈𗼳𗤺𗰖𗤿𗈜𗹙𗷅。

黑水城出土。俄藏编号：Инв. № 2727、102、896、103。

圣胜慧到彼岸功德宝集偈

西夏文译佛教偈颂，般若部晚期著作。据藏文文献 'phags pa shes rab kyi pha rol tu phyin pa yon tan rin po che bsdud pa tshigs su bcad pa 翻译。译者周慧海，成文不晚于仁宗大庆二年（1141）。[②] 作品以偈颂形式呈现，全文共302偈，每偈四句，十一字一句，分上中下三卷。所存多为残本。其一刻本卷下尾题，汉译为"贤觉帝师、讲经律论、功德司正、都大偏袒提点、嚛卧勒沙门波罗显胜察义；西天大般弥怛、五明显密国师、讲经律论、功德司正、嚛乃将沙门口捺也阿难捺亲执梵本证义；演义法师、路赞讹、嚛赏则沙门遏啊难捺吃哩底梵译；显秘法师、功德司副使、嚛卧英沙门周慧海番译；御前抄净本者李长刚写"。北京房山云居寺存有同题、同源的藏汉合璧本《圣胜慧到彼岸功德宝集偈》。西夏文佛经另有九字一句的《圣胜慧到彼岸集偈》。西夏文

---

① 参见《西藏大藏经》德格本 No. 0012。
② 段玉泉：《西夏文〈圣胜慧到彼岸功德宝集偈〉考论》，载杜建录主编《西夏学》（第4辑），宁夏人民出版社2009年版。

题：刻䋲䔒䔒䮺䋲䋲䖿䖿刻䖿。

黑水城、绿城、莫高窟、天梯山、下西沟岘、亥母洞出土。俄藏编号：Инв. № 4087（27·107）、6888（27·110）、3705（27·105）、602（27·111—114）、598（27·118）、595（27·93—99）、596（27·104—105）、597（27·106）、5711（27·99—104）、687（27·107—108）、6759（27·110—111）、3872（27·106）、5564（27·92）、603（27·108—109）、604（27·109—110）、6443（27·115）、806（27·115—117）。英藏编号：Or.12380—0019RV（1·9）、0047（1·21）、0218（1·78）、2363（3·84）、2555（3·148）、2677（3·194）、2939（3·288）、2953RV（3·293）、2954（3·294）、2960RV（3·296）、2969RV（3·299）、2970（3·299）、2971（3·299）、3001RV（3·314）、3059RV（3·338）、3060RV（3·339）、3061（3·339）、3086（3·352）、3109（4·5）、3166（4·26）、3200（4·43）、3201（4·44）、3202（4·44）、3206RV（4·45）、3207（4·46）、3208（4·47）、3384RV（4·138）、3413（4·148）、3684（4·326）、3692（4·344—345）、3693（4·346）、3720.4（5·14）、3726（5·21—22）、3735（5·28—29）、3751（5·42）、3769（5·83—86）、3935（5·28—29）。中藏编号：G11·053［第464：54］（16·157）、G11·058［第464：59］（16·161）、G11·092［第464：60］（16·161）、G21·039［T25—3］（16·303）、G21·044［13200］（16·307）、G21·053［T23—2］（16·315—319）、G31·023［6739］（16·435—439）、G31·026［6746］（16·443—450）、M21·024［F245：W12498］（17·165）、M21·032［F13：W706］（17·168）。日藏编号：民博藏02—01（上·243）、02（上·244），天图藏（183 亻279）39–33+34+36+37+03+01（下·247–326）。法藏编号：Pelliot Xixia 924（Grotte181）080（70）、099（88）。

圣胜慧到彼岸集偈

西夏文译佛教偈颂。佛教典籍般若部晚期的著作。据藏文文献 *'phags pa*

shes rab kyi pha rol tu phyin pa sdud pa tshigs su bcad pa[①] 翻译，译者金刚，成书年代不详，当在周慧海《圣胜慧到彼岸功德宝集偈》译本之后。全偈改十一字一句为九字一句。存尾题，汉译"西天法师毗怛迦啰辛哈及路赞讹僧吉祥积执梵文译并校义，座主比丘功德金刚依西天注译注并三校。"后接发愿文。西夏文题：引䘞耆𣔭𣕩𧗵䥴𦶟。

黑水城出土。俄藏编号：Инв. № 806、6443。

附《圣胜慧到彼岸集偈后序》译文：

> 恭闻：《胜慧彼岸》者，真智圆通，断绝诸边之本；色空无异，觉观超脱之方。阐十八空，空中幻相不遮；二十五有，有内焉无空理？总括三乘，诸佛所生之母；五法之王，菩萨所修之本。讲经伊始，大地六种震动……[②]

圣般若佛母心经诵持要门

西夏文译佛教文献。般若心经的念诵法。似据藏文或梵文翻译，原本由龙树菩萨作。兰山觉行国师沙门德慧奉敕传译，奉天显道耀武宣文神谋睿智制义去邪惇睦懿恭皇帝详定。原与德慧译《佛说圣佛母般若波罗蜜多心经》合刻在一起，后附仁宗《御制发愿文》。据此愿文知，其成文不晚于天盛十九年（1167）五月初九日。此乃为皇太后曹氏逝世一周年纪念法会散施佛经所作。俄藏黑水城文献存有德慧同译之汉文本 TK128。Инв. № 4090 存题记，汉译"为报阿爷勤□及阿娘野货氏养育之恩，自家多年书写金字墨字《心经》并散施所需念定功能等，施与众人。施者子痉讹遣成。书此字者痉讹遣茂"。西夏文题：引绯𧹟䄲𢋯绯𣻋𦉫𣔮𥳑𦃀𣔮𣐽𥮿。

黑水城出土。俄藏编号：Инв. № 6360、2829、4090、5253。

① 参见《西藏大藏经》德格本 No.0013。
② 聂鸿音：《西夏佛经序跋译注》，上海古籍出版社 2016 年版，第 114 页。

圣摩利天母总持

西夏文译佛教文献。陀罗尼经。据藏文本 'phags ma 'od zer can zhes bya ba'i gzungs① 翻译。译者及成书年代不详。西夏文题：𘀄𗟟𗤁𘗣𘕺𗗙𗬩。

黑水城出土。俄藏编号：Инв. № 6841。日藏编号：天图（183 亻279）39—22a，天图（222 亻279）26—03a、04、05、06、07、08。英藏编号：Or.12380—410、505b、505c。

圣曜母密道仪轨供养典

西夏文译佛教文献。据藏文翻译，藏文原本待考。译者及成书年代不详。刻本，蝴蝶装，存 10 面，前后皆缺；亦有写本，卷子装，前缺。西夏文题：𘀄𗕆𗤁𗼲𗦎𗬩𗾊𗊩𘃡②。

黑水城出土。俄藏编号：Инв. № 4737、7122。

吉祥世尊之总持紧魔断施调伏法

西夏文译佛教文献。当据藏文本翻译，原本待考。译者及成书年代不详。写本，蝴蝶装。前缺，存 66 面。西夏文题：𗼐𗟟�󠄀𗰖𗗙𗬩𗾔𗫕𗄭𗀔𗊬𗤻𗦜。

黑水城出土。俄藏编号：Инв. № 6496。

吉祥护法大全供修

西夏文译佛教文献。兰山沙门德慧译，所据底本不详。写本，卷子装。全文留存。西夏文题：𗼐𗣼𗬩𗒟𗦇𗀔𗬼𗾊。③

黑水城出土。俄藏编号：Инв. № 4994。

---

① 参见《西藏大藏经》德格本 No. 0564。
② 经题中"𗕆𗤁"字面义为"中道"，或可与藏文 gseb lam 勘同，意思是"秘密道""私径"。
③ 经题中"𗀔𗬼"字面义为"集主"，或可与藏文 sna 'dzoms 勘同，意思是"汇合""齐全"。

吉祥恶趣令净本续科文

西夏文译佛教文献。应为《吉祥恶趣令净本续》之科文，藏文原本待考。存译经题记，汉译"西蕃中国大瑜伽士名称幢师集，玉云山慧净国师沙门法慧译"。写本，卷子装。存开头部分。西夏文题：𗼇𗟲𗜓𗲲𗤍𗧀𗼃𗡞。

黑水城出土。俄藏编号：Инв. № 7909。

吉祥遍至口合本续

西夏文译佛教文献。据藏文本 *dPal kun tu kha sbyor zhes bya ba'i rgyud* 译，卷首题款，汉译"西天大班智达迦耶达啰师之座前，中国大宝桂路拶哇枯巴拉拶蕃译，报恩利民寺院副使毗菩提福番译"，成文时间不详。全书共 5 卷，现存卷三、四、五。现存世界上最早的木活字印本实物。西夏文题：𗼇𗧓𗱕𗆬𗴮𗧀𗼃𗡞。

宁夏拜寺沟方塔出土。中藏编号：N21·001［F017］、N21·002［F018］、N21·003［F019］、N21·010［F026］。

吉祥遍至口合本续之广义

西夏文译佛教文献。据藏文本译，正文前有与《吉祥遍至口合本续科文》相同的题款"蕃中国大善知识俄忿怒金刚师集，四续善巧国师弥罗不动金刚师传，报恩利民寺院副使毗菩提福番译"。所存部分为《吉祥遍至口合本续之广义文下半》，故原书当有上下两部分。下半卷末又有 2 行与前两文献颇为类似的尾题："吉祥遍至口合本续之广义文下半，勾管印经者沙门释子高法慧"。与《吉祥遍至口合本续》同为同为现存世界上最早的木活字印本。西夏文题：𗼇𗧓𗱕𗆬𗴮𗧀𗼃𗡞𗴺𗳽𗱲。

宁夏拜寺沟方塔出土。中藏编号：N21·005［F021］。

吉祥遍至口合本续之科文

西夏佛教科判作品，为《吉祥遍至口合本续》的科文。据藏文本译，正文前有集、传、译经者题款，汉译"蕃中国大善知识俄忿怒金刚师集，四续善巧国师弥罗不动金刚师传，报恩利民寺院副使毗菩提福番译"。末有尾题"吉祥遍至口合本续之科文一卷，勾管印经者沙门释子高法慧"。与《吉祥遍至口合本续》同为现存世界上最早的木活字印本。西夏文题：𗣼𗣟𗱕𗾫𗧖𗏵𗵆𗳉𗇁𗛽。

宁夏拜寺沟方塔出土。中藏编号：N21·004［F020］。

吉祥遍至口合本续之解用喜解钞

西夏佛教文献，当《吉祥遍至口合本续》的疏钞作品，疏以通经，钞以通疏。据藏文本译，正文前有与《吉祥遍至口合本续科文》相同的题款"蕃中国大善知识俄忿怒金刚师集，四续善巧国师弥罗不动金刚师传，报恩利民寺院副使毗菩提福番译"。卷一、卷五首尾完整，卷二、卷三有残缺，另有较多的残片。每卷末尾亦有 2 行与前述文献颇为类似的尾题，如"吉祥遍至口合本续之解用喜解钞第一竟，印经勾管者沙门释子高法慧"。与《吉祥遍至口合本续》同为同为现存世界上最早的木活字印本。西夏文题：𗣼𗣟𗱕𗾫𗧖𗏵𗵆𗳉𗇁𗤵𗗚[①]𘘚𗤒𗰔。

宁夏拜寺沟方塔出土。中藏编号：N21·006［F022］、N21·007［F023］、N21·008［F024］、N21·009［F025］。

百字咒诵法要门

西夏文译佛教文献。当据藏文本翻译，原本待考。写本，册叶装。全文存留，共 6 面。西夏文题：𗤓𗾫𗦻𗕥𗧗𘝯𗰔。

---

① 𗗚，该字在西夏语中表示能所关系的"所动"。

黑水城出土。俄藏编号：Инв. № 7221、5569。

师次因缘

西夏文译佛教文献。当据藏文翻译，原本待考，译者及成书年代不详。写本，卷子装。前缺，存尾题。上下残损严重。西夏文题：𗰱𗙟𗰖𗙟。

黑水城出土。俄藏编号：Инв. № 4960。

因圣观自在为大供养善事法

西夏文译佛教文献。当据藏文翻译，原本待考。译者及成书年代不详。写本，卷子装。前缺，存尾题。西夏文题：𗥃𗤙𗣓𗤻𗍣𗤻𗏁𗦲𗦳𗣼𗤽𗤻𗢭①。

黑水城出土。俄藏编号：Инв. № 4892。

伏藏变化锁钥

西夏文译佛教文献。当据藏文翻译，原本待考。存译经题记，汉译"监国寺知解三藏辨番西蕃语法师沙门郭法慧番译，发愿者住山坐谛大道嵬讹侄慧日"。标题后又署"圣寺沙门"。写本，卷子装。全文留存，共 55 面。西夏文题：𗤻𗰜𗤛𗤛𗤙𗧊𗿦。

黑水城出土。俄藏编号：Инв. № 2821。

自入法略要门

西夏文译佛教文献。当据藏文翻译，原本待考。译者及成书年代不详。据题款，原文由越罗师（𗧾𗤙𗤙）造。写本，蝴蝶装。此文献与《三昧四灌顶法》《集轮供养次第》《集轮供养次第略许诠解要门》《灌顶故求教法》等合抄在一起。西夏文题：𗤙𗤻𗰖𗤽𗤙𗤻。

---

① 经题中"𗦲𗦳"，字面义为"净会"，或可与藏文 skya sbyor 勘同，意思是"净行""善事"。

黑水城出土。俄藏编号：Инв. № 821。

后热佛名诵镜

西夏文译佛教文献。当据藏文翻译，原本待考，译者及成书年代不详。写本，卷子装，行草。存尾题。西夏文题：𗏹𗑲𘃡𗋈𗗙𗊰。

黑水城出土。俄藏编号：Инв. № 7987。

次智佛请

西夏文译佛教文献。当据藏文翻译，原本待考，译者及成书年代不详。题记称"𗫂𗣼𗏵𗾖𗄈𗊢𗄈（讹译师之弟子）"造。写本，册叶装。西夏文题：𗊢𗄈𘃡𗊾。

黑水城出土。俄藏编号：Инв. № 3817。

亥母耳传记

西夏文译佛教文献。当据藏文本翻译，原本待考。译者及成书年代不详。卷首款题著者为"西蕃中国松巴明满名称师"，即来自吐蕃松巴（sum pa）地方的高僧。封底简称"耳之记"，迄今未获刊布。卷首详载此成就法传承次第，分远、近两种。远传者：真实究竟明满—文殊演说师子—第八地菩萨阿拽丁瓦—菩提勇识米拽瓦—须遏麻曷斯帝空行母—铭得哩瓦师—身贸空行母—大黑足师—小黑足师—辥麻周乙—斜悉当章吃—辥麻松巴—辥麻无生上师。近传者：智空行母—小黑足—辥麻周乙—斜悉当章吃—辥麻松巴—辥麻无生上师—刘译主师。西夏"金刚亥母求修法"之传承次第，又见西夏汉文 TK329《四字空行母记文》，二者所述一致。两相对照，西夏文"刘译主师"即"昆曷（普喜）"，据此可知西夏"亥母耳传"修法来自萨迦初祖萨钦贡噶宁波（kun dga' snying po）。[1] 西夏文题：𗢳𗊊𗦎𗄈𘟣𗊻。

---

① 孙伯君：《西夏遗存文献所见藏传佛教的传承世系》，载《中华文史论丛》第 115 辑，2014 年。

黑水城出土。俄藏编号 инв. № 823。

亥母供养典

西夏文译佛教文献。当据藏文本翻译，原本待考。写本，卷子装，前缺，存尾题。西夏文题：𗰖𗂾𗗙𗙟𗁬。

黑水城出土。俄藏编号：Инв. № 5050。

忏罪千种供养奉法集录

西夏文译佛教文献。题记称"贤觉菩萨传，兰山智昭国师沙门德慧译"，这里的"贤觉菩萨"当即贤觉帝师波罗显胜，"兰山智昭国师沙门德慧"与其他西夏文献中出现的"觉行法师沙门德慧""兰山觉行国师沙门德慧""兰山觉慧法师沙门德慧""兰山沙门德慧集""沙门德慧"等应为同一人。原文短小，由所集的两则陀罗尼咒组成，重复抄写。[①] 西夏文题：𗦀𗋚𗱡𗅲𗗙𗙟𗭧𗲲𗯷𗴔𗤻𗰖𗠁。

黑水城出土。俄藏编号：Инв. № 6213。

忏罪法偈

西夏文译佛教偈颂。来源待考。译者及成书年代不详。出土皆写本，册叶装。全文保存，共 83 面。西夏文题：𗦀𗋚𗴔𗲲。

黑水城出土。俄藏编号：Инв. № 7112。

守护大千国吉祥偈

西夏文译佛教偈颂。当据藏文翻译，原本待考。译者及成书年代不详。写本，经折装。前缺，存尾题。西夏文题：𗽀𗰔𗨙𗰔𗣼𗰛𗣋𗲲。

---

① 惠宏、段玉泉编：《西夏文献解题目录》，黄河出版传媒集团、阳光出版社 2015 年版，第 245 页。

黑水城出土。俄藏编号：Инв. № 7100。

守护大千国经中五种守护吉祥偈

西夏文译佛教偈颂。当据藏文翻译，原本待考。译者及成书年代不详。写本，经折装。前缺，存尾题。西夏文题：𗹦𗗟𗏴𗰖𗴺𘃸𗼑𗧀𗤋𗜓𗰖𗴺𗰟𗦺𗘬。

武威亥母洞出土。中藏编号：G31·030［6732］。

安立总集

西夏文译佛教文献。译本来源不详，待考。写本，卷子装。全文存留。一本署抄经者姓名"嵬名慧护"，一本存年款"天庆六年（1199）十一月"。西夏文题：𗷅𗦺𗢳𗰗。

黑水城出土。俄藏编号：Инв. № 893、900、4862。

那若六法诸要门合集一

西夏文译佛教文献。那若六法要门合集。大度民寺中国觉照国师法狮子集。写本，蝴蝶装。全文留存，共35面。包括六部修习要门：《修而证觉之拙火定要门》《梦见而证觉之幻身定要门》《睡眠而证觉之光明定要门》《无修而证觉之迁识要门》《中有身要门》以及《入于他垣宫之要门》。西夏文题缺。

黑水城出土。俄藏编号：Инв. № 2545。

那若六法诸要门合集二

西夏文译佛教文献。那若六法之"拙火定"等诸剂门的合集，题那啰巴师道次，沙门慧照番译。写本，蝴蝶装。全文留存，共48面。包括16部修习要门：《除念定碍剂门》《对治定相剂门》《治风碍剂门》《十六种要义》《治二六病剂门》《验死相法八种》《依气验死相略说》《依气验死相广说》《令拙火及与大乐圆融剂门第二》《令梦境及与幻身圆融剂门》《令睡眠及与光明圆融剂门第四》《令照无明》以及《令照体性》等。其中《治风碍剂门》与《大乘要道密集》卷一之《治风剂门》的内容一致。① 西夏文题缺。

黑水城出土。俄藏编号：Инв. № 2892。

如来应供真实圆满正觉一切恶趣真清净威德王释

西夏文译佛教文献。当据藏文 de bzhin gshegs pa dgra bcom pa yang dag par rdzogs pa'i sangs rgyas ngan song thams cad yongs su sbyong ba gzi brjid kyi rgyal po zhes bya ba'i brtag pa'i bshed pa② 翻译。译者及成书年代不详。写本，卷子装。全文分上、中、下三卷，卷上、中保存完整，卷下后缺。西夏文题：𗹬𗦲𗢳𗴿𗄾𗰜𘂆𗦏𗧀𗫳𗰜𗥔𗄩𗩾𗦏𗆧𗣼。

黑水城出土。俄藏编号：Инв. № 0836、4373、8330。

求生西方念佛法要门

西夏文译佛教文献。来源待考。存传者题记，汉译"麦积山戒乘禅师僧传"。译者及成书年代不详。写本，册叶装。33 面，全文留存。西夏文题：𗣼𗙏𘝞𗟲𘆚𗠁𗫂𘄚𘝞。

黑水城出土。俄藏编号：Инв. № 6833。

求生极乐净土念定

西夏文译佛教文献。存传译者题记，汉译"贤觉帝师沙门显胜，五明国师沙门嘭耶阿难捺，金觉国师沙门法慧，至觉国师沙门慧护，圆通法师沙门

---

① 孙伯君：《西夏文〈治风碍剂门〉考释》，《西夏研究》2014 年第 3 期。
② 参见《西藏大藏经》德格本 No.2628。

智明，觉行法师沙门德慧等传"。诸本皆残。① Инв. № 6761 前接《佛说阿弥陀经》。西夏文题：𗰖𘜶𗗚𘓐𗤏（𗈪）𗖰𘄒𗗙。

黑水城出土。俄藏编号：Инв. № 6761、8343、2265。

求生极乐净土偈

西夏文译佛教偈颂。存传者题记，汉译"讲经律论大蕃国法师沙门龙幢集传"。此或即吐蕃热巴巾时期（815—838）的译师 Klu'i rgyal-mtshan。此偈原接于《求生极乐净土念定》之后，仅存文题及题记，正文全佚。西夏文题：𗰖𘜶𗗚𘓐𗤏𗈪𗿒。

黑水城出土。俄藏编号：Инв. № 2265。

求生净土礼佛加赞偈等

西夏文译佛教赞颂。存编集题记"𗙏𘃡𗷒𗙏𘜶𗗚𘞂𗤈"，汉译"林峰岭（波庞岭）寂真国师集"。寂真国师或即《求生净土法要门》中出现"𗙏𘓐𗗚𘞂"（寂照国师）。又此本赞偈前另有"念佛发愿文竟"之题记，故此当是一组偈颂或愿文的合集。西夏文题：𗙏𗗚𗤏𗈪𘊭𘜶𗟲𗗚𗿒。

黑水城出土。中藏编号：G31·021〔6749〕。

求生净土法要门

西夏文译佛教文献。白云宗尊奉的一部经，西夏文本应该译于元代。存传译题记，汉译"寂照国师传"。卷尾详载此要门传承次第，汉译"西辩上人传寂入禅师（孔禅师也），寂入禅师传法慧国师（郭国师也），法慧国师传寂照国师（良卫国师）。""寂入禅师（孔禅师也）"可能是宋代白云宗的创始人

---

① 旧分别著录为《佛等前七叶颂》《最乐净国生求颂》等，皆误。参见惠宏、段玉泉编：《西夏文献解题目录》，黄河出版传媒集团、阳光出版社2015年版，第242页。

孔禅师清觉（1043—1121），寂照国师即是《大方广佛华严经海印道场十重行
愿常遍礼忏仪》中"大夏国弘扬华严诸师"次第中的第三位"真国妙觉寂照
帝师"。[1] 西夏文题：𗹲𗤛𘉍𗟲𗴾𗢳𘜶。

黑水城出土。俄藏编号：Инв. № 6904，7832。

听受师说随合略记要门

西夏文译佛教文献。当据藏文翻译，原本待考，译者及成书年代不详。
写本，册叶装。全文留存。西夏文题：𗟲𗎆𗢳𘋨𗟲𘕰𗪊𘜶𗢳𘜶。

黑水城出土。俄藏编号：Инв. № 3700。

佛说圣大乘三归依经

西夏文译佛教文献。卷首存译经题记，汉译"兰山智昭国师沙门德慧
奉诏译，奉天显道耀武宣文神谋睿智制义去邪惇睦懿恭皇帝详定"。英藏
Or.12380—3197 刻本前有说法图一幅。[2] 卷尾附仁宗乾祐十五年（1184）九
月十五日施经发愿文。故知此经由智昭国师德慧译，成文时间不晚于此。
俄藏黑水城亦存有智昭国师德慧翻译的同名汉文本（TK121），相应的藏文
本 'phags pa gsum la skyabs su 'gro ba zhes bya ba theg pa chen po'i mdo [3]。西夏文
题：𘀄𗢳𗹦𗤙𗼋𗤙𘝠𗟲�。

黑水城出土。俄藏编号：Инв. № 4940、7577、6542、5558。英藏编号：
Or.12380—3197。

附仁宗仁孝《圣大乘三归依经后序愿文》译文：

　　朕闻：能仁开导，允为三界之师；圣教兴行，永作群生之福。

---

① 孙伯君：《黑水城出土西夏文〈求生净土法要门〉译释》，载张公谨主编《民族古籍研究》（第
一辑），中国社会科学出版社 2012 年版。

② 段玉泉：《英藏西夏文献中的一幅版画及发愿文考证》，《宁夏社会科学》2011 年第 3 期。

③ 参见《西藏大藏经》德格本 No.0016。

欲化迷真之辈，俾知入圣之因，故高悬慧日于昏衢，广运慈航于苦海。仗斯秘典，脱彼尘笼，含生若肯于修持，至圣必垂于感应。用开未喻，以示无知。兹妙法希逢，此人身难保，若匪依凭三宝，何以救度四生？恭惟《圣大乘三归依经》者，释门秘印，觉路真乘，诚振溺之具，乃指迷之途。具寿舍利，独居静处以归依；善逝法王，广设譬喻而演说。较量福力以难进，穷究功能而转深，诵语者必免于轮回，持心者乃超于生死。劝诸信士，敬此真经。朕适逢本命之年，特发利生之愿。恳命国师、法师、禅师、功德司副判、提点、承旨、僧录、座主、众僧等，烧施道场，摄持净瓶诵咒，千种广大供养。读诵番、西蕃、汉藏经，讲演《妙法》《大乘忏悔》。于打截截、放生命、喂囚、设贫诸多法事之外，仍行谕旨，印造斯经番汉五万一千余卷、制做彩画功德大小五万一千余帧、数串不等五万一千余串，普施臣吏僧民，每日诵持供养。以其所获福善，伏愿：皇基永固，圣裔弥昌。艺祖神宗，冀齐登于觉道；崇考皇妣，祈早往于净方。中宫永保于寿龄，圣嗣长增于福履。然后国中臣庶，共沐慈光；界内存亡，俱蒙善利。

时大白高国乾祐十五年岁次甲辰九月十五日，奉天显道耀武宣文神谋睿智制义去邪惇睦懿恭皇帝施。[1]

佛说圣佛母般若波罗蜜多心经

西夏文译佛教文献。藏传般若心经之一种。兰山觉行国师沙门德慧奉敕译，奉天显道耀武宣文神谋睿智制义去邪惇睦懿恭皇帝详定。俄藏黑水城文献中存有德慧所译的同名汉译本。Инв. No 5988 经末有题记一则，汉译"印

---

① 聂鸿音：《西夏佛经序跋译注》，上海古籍出版社 2016 年版，第 85—86 页。

面雕刻者前内侍[①]介长兮，印面写者啰施那神哇，天盛乙酉十七年（1165）八月一日"，故此译本成文不晚于天盛十七年（1165）。综合汉文发愿文和西夏文发愿文，此经乃核梵、藏两本翻译而成。德慧此本之后另附有《持诵要门》及仁宗《御制发愿文》。仁宗《御制发愿文》所署时间为天盛十九年（1167）五月初九日，此乃为皇太后曹氏逝世一周年纪念法会散施佛经所作。西夏文题：𗙋𗏁𗰗𗙋𘃽𗷖𗵸𗟲𗰔𘜶𗡞𘉞𗗚𗗚。

黑水城出土。俄藏编号：Инв. № 4336、7036、0590、0601、6889、7191、0594、0817、5605、6360。中藏编号：M21·223〔F6：W31〕。

附仁宗仁孝《圣佛母般若波罗蜜多心经御制后序》译文：

夫真空绝相，声色匪得以求；妙有不无，庸人不可以测。我佛世尊，恢照悲心，从根教化，无机不应。欲因言显不言奥义，懋阐真空；缘以物示不物玄法，廓昭妙有。施会万行，慧彻三空，乘般若舟，俾达彼岸。如是深法，斯经中说。文简义丰，理幽辞显，统括十二部教，总释六百卷经。色即是空，风恬万浪止息，真性寂静；空即是色，月照百江生影，妙用昭彰。不近二边，不着中道，绝麤五蕴，涤除六尘。四生众生，仗乎兹法，度脱苦厄；三世诸佛，依于此义，果证菩提。朕既睹如是功效，用答转身慈母皇太后生养劬劳之恩德，于周年忌日之辰，遂陈诚愿。寻命兰山觉行国师沙门德慧，重将《圣佛母般若心经》与梵、西蕃本仔细校雠，译番、汉本，仍与《真空观门施食仪轨》连为一轴，开板印造二万卷，散施臣民。仍请觉行国师等烧结灭恶趣道场，于作救拔六道法事之外，并讲演《金刚般若》及《心经》，作莲华会大乘忏悔，放幡，救生，施贫济苦等。以兹胜善，伏愿：慈母圣贤荫庇，往生净方，诸佛持

---

① 前内侍司是西夏中后期一直存在的宫廷内诸司机构。既是西夏宫廷的内侍机构又兼有护卫职责和外派处理民事的职能。参见许伟伟《西夏前内侍司小考》，载杜建录主编《西夏学》（第15辑），甘肃文化出版社2017年版。

护，速证法身。又愿六庙祖宗，恒游极乐，万年……一德大臣，百
祥咸萃，诸方民庶，共享安宁。

天盛十九年岁次丁亥五月初九日，奉天显道耀武宣文神谋睿智
制义去邪惇睦懿恭皇帝谨施。①

奉敕广大三宝供养法

西夏文译佛教文献。当据藏文本翻译，原本待考。译者及成书年代不详。
写本，册叶装。共 8 面，前缺，存尾题。此与《慧本番忏悔典》合抄。西夏
文题：𗓦𗾈𗉘𗼃𗗚𗲠𗆟𘄱𘝯𗦳。

黑水城出土。俄藏编号：Инв. № 6774。

现证记

西夏文译佛教文献。某部文献的释论，经题似不完整。当据藏文翻译，
原本待考。译者及成书年代不详。写本，卷子装。全缺，存尾题。西夏文题：
𘄴𘏨𗆟𗲠。

黑水城出土。俄藏编号：Инв. № 895。

顶尊总持

西夏文译佛教文献。周慧海所译《胜相顶尊总持功能依经录》陀罗尼部
分的单行本，与《大悲心总持》合抄在一起。一本尾署"此总持抄写者啰都
老家宝"（𘚟𗄼𗕣𘝾𗫵𗤋𗣼𘍦𗢭𗧾）。西夏文题：𗤗𘝞𗫵𗕣。

黑水城出土。俄藏编号：Инв. № 4763、4770、5986。

---

① 聂鸿音：《西夏佛经序跋译注》，上海古籍出版社 2016 年版，第 39—40 页。

明咒母王大孔雀经

西夏文译佛教文献。大乘佛教五部守护经之一。据 Śīlendrabodhi、Jñānasiddhi、Śqkyaprabha、Ye-shes sde 藏文译本 *Rig sngags kyi rgyal mo rma bya chen mo* 翻译。[①] 译者及成书年代不详。此经存初译本及校勘本两种。初译本题"天力大治智孝广净宣德去邪纳忠永平皇帝嵬名御译",校勘本题"奉天显道耀武宣文神谋睿智制义去邪悖睦懿恭皇帝嵬名御校"。西夏文题：𗣛𗤴𘏨𗲠𗙫𘜶𗰗𗏹𗆧。

黑水城、灵武、莫高窟、天梯山出土。俄藏编号：Инв. № 2、3、6050、6617、8322、5784、7、7、947、11、5、948、949、8、946、9、10、18、29、714、714、730、950、3316、3902、4015、5757—4、5757—5、5757—6、5757—7、5757—8、5757a—1。中藏编号：B11·057［3.18］、G11·042［B54：13—1~3］、G21·038［T28—1］、G11·062［B127：9—1~2］。英藏编号：Or.12380—0845、0951、2061、2559、2571、3394RV、0061、0216、0270、0293、0524、0612、0983、2378、2382、2563、2857、3410RV、3860。[②] 日藏编号：天图（222 彳 63）12—12a、b。

岸供养法略集要门

西夏文译佛教文献。据藏文翻译，藏文原本不详。存传译者题记，汉译"香仁波切造，大度民寺中国觉照国师法狮子传。"译者及成书年代不详。写本，册叶装。题记中的"𗼨𗴿𘓄𗤶𘜶𗥃"还原成藏文可以是"商余啰歌巴"（Zhang g·yu brag pa），[③] 藏文史书一般尊称其为"祥仁波切"（Zhang Rin po che，1123—1194）或简称"喇嘛祥"（bla ma zhang）。"觉照国师法狮子"在

---

① 参见《西藏大藏经》德格本 No.0559。

② 李语：《英藏、中藏西夏文〈明咒母王大孔雀经〉残片补正》，《西夏研究》2022 年第 3 期。

③ 孙伯君：《西夏遗存文献所见藏传佛教的传承世系》，载《中华文史论丛》第 115 辑，2014 年。"𗼨𗴿𘓄𗤶𘜶𗥃"，在 Инв. № 821《集轮供养次第略许诠解要门》中写作"𗼨𗴿𘓄𗤶𘜶𗥃"，在 Инв. № 4806《香仁波切师造至道竟要门》中写作"𗼨𗴿𗴹𘓄𗤶𘜶𗥃"。

《断魔要门》中被称之为"兰山□□雅隆辛巴觉昭国师法狮子"，法狮子可以勘同藏语的"却吉僧格"（Chos kyi seng ge）。西夏文题：𗟲𗖰𗙭𗆆𗫸𗦲𗫂。①

黑水城出土。俄藏编号：Инв. № 6972。

依大白伞盖母护国舍法要门

西夏文译佛教文献。当据藏文翻译，所据藏文本待考。译者及成书年代不详。写本，卷子装。卷首残。背面有草书题记。西夏文题：𗷅𗥃𗤛𗫂𗣼𗫨𗤽𗆉𗤰𗫂𗫸𗦲。

黑水城出土。俄藏编号：Инв. № 4699。

依五佛亥母略供养次第

西夏文译佛教文献。当据藏文翻译，原本待考。译者及成书年代不详。写本，卷子装。前缺。西夏文题：𗙗𗴿𗘂𗫂𗫨𗤽𗟲𗦲𗤽𗬩。

黑水城出土。俄藏编号：Инв. № 0837。

依五佛亥母略供养典

西夏文译佛教文献。据藏文翻译，藏文原本待考。译者及成书年代不详。写本，卷子装，存第一卷。一本后存发愿题记，汉译"光定年鼠年（1216）六月八日抄写者"。西夏文题：𗙗𗴿𗘂𗫂𗫨𗤽𗟲𗦲𗤷。

黑水城出土。俄藏编号：Инв. № 4704、5052。

依不动佛广大供养典

西夏文译佛教文献。据藏文翻译，藏文原本待考。译者及成书年代不详。写本，卷子装。前缺。西夏文题：𗫨𗴽𗴿𗫂𗤼𗷅𗟲𗦲𗤷。

---

① "𗫂"字，有"顺"义，当在书名中出现时，应该译作"法"。

黑水城出土。俄藏编号：Инв. № 4975。

依不动佛作坛城法

西夏文译佛教文献。当据藏文翻译，原本待考，译者及成书年代不详。写本，册叶装。全文存留，共 8 面。西夏文题：𗵽𗙐𗑱𗙟𗄭𗏇𘉍。[①]

黑水城出土。俄藏编号：Инв. № 4796。

依不动佛供养次第

西夏文译佛教文献。当据藏文翻译，原本待考。译者及成书年代不详。写本，卷子装。前缺。西夏文题：𗵽𗙐𗑱𗙟𗀔𘍞。

黑水城出土。俄藏编号：Инв. № 5126。

依白伞盖母施食仪轨要门

西夏文译佛教文献。当据藏文翻译，所据藏文本待考。译者及成书年代不详。写本，卷子装。卷首残。西夏文题：𗀘𗤻𗑱𗙟𗍫𘍞𗗚𗏇𘝯𘉍。

黑水城出土。俄藏编号：Инв. № 5924。

依圣幼母供养法

西夏文译佛教文献。当据藏文翻译，原本待考，译者及成书年代不详。写本，卷子装。前缺，存尾题。西夏文题：𗋽𗤻𗑱𗙟𗀔𗏇𘉍。

黑水城出土。俄藏编号：Инв. № 7974。

依圣多闻天王之宝藏本续总十八部供养法

西夏文译佛教文献。当据藏文翻译，原本待考，译者及成书年代不详。

---

① 𗙟𗄭，是对藏文 kyil 'khor（坛城）的意译，以往逐字对译为"中围"，应改为"坛城"。

写本，卷子装。前缺，存尾题。西夏文题：𗙩𗥃𗷅𗄛𗄼𗦲𘓔𗡲𘜶𗡝𗭼𗼃𗢳𘟀𗏵𘊟𘂏。

黑水城出土。俄藏编号：Инв. № 5099、4753。

依圣观自在大悲心烧施仪轨

西夏文译佛教文献。当据藏文翻译，原本待考，题贤觉帝师造。写本，卷子装，全文留存。西夏文题：𗙩𘄒𗥃𗆈𗼃𗨁𘟀𗆗𗪊𘊟𘂏。

黑水城出土。俄藏编号：Инв. № 5958。

依圣观自在意轮要门手籖定次

西夏文译佛教文献。当据藏文翻译，原本待考。译者及成书年代不详。写本，卷子装。前缺。西夏文题：𗙩𘄒𗥃𘟀𗙩𗝬𘂏𗫻𗐯𗼃𘍨𗗙。

黑水城出土。俄藏编号：Инв. № 5869。

依圣曜母总持坛城仪轨

西夏文译佛教文献。藏文原本待考。题"西天大般弥怛五明大师造"，此或指西天大般弥怛五明国师嘮也阿难捺，或指西天五明大师须摩底吃哩底（sumatikīrti）。写本，册叶装。原与《依瑜伽士胜住法要门》合为一卷。西夏文题：𗙩𘚴𘟀𗏵𗰖𗫼𗆈𘊟𘂏。

黑水城出土。俄藏编号：Инв. № 2552。

依吉祥上乐轮于死相已现必死时诵稀迦字而令迁识入定法要门

西夏文译佛教文献。据藏文翻译，原本不详。存传译题记，汉译"中传，兰译"，即"中国大乘玄密帝师沙门慧称传，兰山智昭国师德慧译"之简省。此当吉祥上乐轮（dPal bde mchog 'khor lo）有关迁识（'pho ba）修习之禅定修行法要门之一。写本，与其他多种修法要门合抄一起。^①西夏文题：𗧁𘉞𗢵𘘚𗣪𘟀𘂧�𗥃𗭴𗭦𘘤𘉞𗧃𗜒𗁲𗅆𘊵𗥦𘕤𗙴𗧇𗾈𗏁𘙟𗲆𗏱𗤶𗄭。

黑水城出土。俄藏编号：Инв. № 2521。

依吉祥上乐轮于死相已现必死时唯诵耶稀字而心入于本佛令迁识入定法要门

西夏文译佛教文献。据藏文翻译，原本不详。此要门前缺，存尾题，与《依吉祥上乐轮狮子卧而令迁识直修定法要门》等多个要门合抄一起，整组文献存首题者皆题中国大乘玄密帝师沙门慧称传，兰山智昭国师德慧译，故此亦当由大乘玄密帝师慧称传、智昭国师德慧译。^②西夏文题：𗧁𘉞𗢵𘘚𗣪𘟀𘂧�𗥃𗭴𗭦𘘤𘉞𗧃𗜒𗁲𗈁𗣼𘊵𗥦𘕤𗯨𗩉𘘤𗴖𘕤𗏱𗤶𗄭𘊵𗥦𘕤𗙴𗧇𗾈𗏁𘙟𗲆𗏱𗤶𗄭。

黑水城出土。俄藏编号：Инв. № 2521。

依吉祥上乐轮于死相已现时左右而踏而令迁识直修定法要门

西夏文译佛教文献。据藏文翻译，原本不详。此要门前缺，存尾题，与《依吉祥上乐轮狮子卧而令迁识直修定法要门》等多个要门合抄一起，整组文献存首题者皆题中国大乘玄密帝师沙门慧称传，兰山智昭国师德慧译，故此亦当由大乘玄密帝师慧称传、智昭国师德慧译。^③西夏文题：𗧁𘉞𗢵𘘚𗣪𘟀𘂧�𗥃𗭴𗭦𘘤𘉞𗧃𗜒𘊵𗐯𗥦𗯨𗩉𘕤𗙴𗧇𗾇𗏤𗤶𗄭。

黑水城出土。俄藏编号：Инв. № 2521。

---

① 首次著录见惠宏、段玉泉编：《西夏文献解题目录》，黄河出版传媒集团、阳光出版社 2015 年版，第 253 页。

② 首次著录见惠宏、段玉泉编：《西夏文献解题目录》，黄河出版传媒集团、阳光出版社 2015 年版，第 253 页。

③ 首次著录见惠宏、段玉泉编：《西夏文献解题目录》，黄河出版传媒集团、阳光出版社 2015 年版，第 253 页。

依吉祥上乐轮于死相已现时诵阿稀字而令迁识直修定法要门

西夏文译佛教文献。据藏文翻译，原本不详。存传译题记，汉译"中传，兰译"，即"中国大乘玄密帝师沙门慧称传，兰山智昭国师德慧译"之简省。此当吉祥上乐轮（*dPal bde mchog 'khor lo*）有关迁识（*'pho ba*）修习之禅定修行法要门之一。写本，与其他多种修法要门合抄一起。[①] 西夏文题：𗴁𗭑𗱈𗴿𗥃𗟰𗾔𘃸𗱈𗏁𗐯𗤒𗒘𗰜𗹭𗒘𗵘𗰜𗔼𘋔𗸐𗹙𗠁𗲲𗡪𘝾𗟰𗒢。

黑水城出土。俄藏编号：Инв. № 2521。

依吉祥上乐轮于死相已现定死时唯诵耶稀字而心入于真如令迁识入定法要门

西夏文译佛教文献。据藏文翻译，原本不详。存传译题记，汉译"中传，兰译"，即"中国大乘玄密帝师沙门慧称传，兰山智昭国师德慧译"之简省。此当吉祥上乐轮（*dPal bde mchog 'khor lo*）有关迁识（*'pho ba*）修习之禅定修行法要门之一。写本，与其他多种修法要门合抄一起。[②] 西夏文题：𗴁𗭑𗱈𗴿𗥃𗟰𗾔𘃸𗱈𗏁𗐯𘝾𗴱𘃸𗰜𗒘𗵘𗰜𗔼𗴙𗴩𘋖𗘂𗠁𗲲𗡪𘝾𗘂𗒢。

黑水城出土。俄藏编号：Инв. № 2521。

依吉祥上乐轮于死相已现定死时唯诵耶稀字而心生净土令迁识入定法要门

西夏文译佛教文献。据藏文翻译，原本不详。存传译题记，汉译"中传，兰译"，即"中国大乘玄密帝师沙门慧称传，兰山智昭国师德慧译"之简省。此当吉祥上乐轮（*dPal bde mchog 'khor lo*）有关迁识（*'pho ba*）修习之禅定修行法要门之一。写本，与其他多种修法要门合抄一起。[③] 西夏文题：𗴁𗭑𗱈

---

① 首次著录见惠宏、段玉泉编：《西夏文献解题目录》，黄河出版传媒集团、阳光出版社 2015 年版，第 252 页。

② 首次著录见惠宏、段玉泉编：《西夏文献解题目录》，黄河出版传媒集团、阳光出版社 2015 年版，第 254 页。

③ 首次著录见惠宏、段玉泉编：《西夏文献解题目录》，黄河出版传媒集团、阳光出版社 2015 年版，第 254 页。

𗰖𗵽𗺋𘃭𗼲𗙮𗭼𗹟𗧒𘃭𘔧𗬇𗰖�957𗳸𗹟𗴴𗱕𘂠𗥩（𗨙）𗥔𘕕𗢳𗊢𗹝𗱴𗷲𗢭𗼋。

黑水城出土。俄藏编号：Инв. № 2521。

依吉祥上乐轮中有身入定法次第

西夏文译佛教文献。据藏文翻译，原本不详。存传译题记，汉译"中国大乘玄密帝师沙门慧称传，兰山智昭国师德慧译"。此当吉祥上乐轮（*dPal bde mchog 'khor lo*）有关迁识（*'pho ba*）修习之禅定修行法要门之一。写本，多与其他修法要门合抄一起，亦有单抄者。西夏文题：𗊢𗧒𗺉𗰖𗵽𗢮𗡪𗾔𗱕𗹝𗱴𘃭。

黑水城出土。俄藏编号：Инв. № 2521，4826，5055，5135。

依吉祥上乐轮中有身入定法要门

西夏文译佛教文献。据藏文翻译，原本不详。存传译题记，汉译"中国大乘玄密帝师沙门慧称传，兰山智昭国师德慧译"。此当吉祥上乐轮（*dPal bde mchog 'khor lo*）有关迁识（*'pho ba*）修习之禅定修行法要门之一。写本，与其他修法要门合抄一起。[1] 西夏文题：𗊢𗧒𗺉𗰖𗵽𗢮𗡪𗾔𗱕𗹝𗱴𗢭𗼋。

黑水城出土。俄藏编号：Инв. № 2521。

依吉祥上乐轮中有身入定法要门之要方解释法

西夏文译佛教文献。据藏文翻译，原本不详。此当《依吉祥上乐轮中有身入定法要门》的注释。目前所见西夏译吉祥上乐轮（*dPal bde mchog 'khor lo*）系列修法皆有中国大乘玄密帝师沙门慧称传、兰山智昭国师德慧译，此本亦当二人传译。写本，卷子装。西夏文题：𗊢𗧒𗺉𗰖𗵽𗢮𗡪𗾔𗱕𗹝𗱴�

---

① 首次著录见惠宏、段玉泉编：《西夏文献解题目录》，黄河出版传媒集团、阳光出版社 2015 年版，第 255 页。

𘚾𗷅𗗣𘟱𗈪𗄈𗾞𗰖。

黑水城出土。俄藏编号：Инв. № 5191。

依吉祥上乐轮心入于真如先前学则灭时令迁识入定法要门

西夏文译佛教文献。据藏文翻译，原本不详。存传译题记，汉译"中国大乘玄密帝师沙门慧称传，兰山智昭国师德慧译"。此当吉祥上乐轮（*dPal bde mchog 'khor lo*）有关迁识（*'pho ba*）修习之禅定修行法要门之一。写本，与其他多种修法要门合抄一起。西夏文题：𗋽𗫸𗰖𗸐𘟱𘂀𘄎𘓱𗣋（𗰖）𗫸𘘥𘜶𗥃𘄒𘃡𘕿𗈁𗗙𗾞𗰖𗷅𘚾。

黑水城出土。俄藏编号：Инв. № 6607。

依吉祥上乐轮如尸内之神情入令迁识入定法要门

西夏文译佛教文献。据藏文翻译，原本不详。存传译题记，汉译"中国大乘玄密帝师沙门慧称传，兰山智昭国师德慧译"。此当吉祥上乐轮（*dPal bde mchog 'khor lo*）有关迁识（*'pho ba*）修习之禅定修行法要门之一。写本，与其他修法要门合抄一起。西夏文题：𗋽𗫸𗰖𗸐𘟱𘂀𗈁𗄈𗗝𘜶𗷅𘘥𘜶𗈁𘜶𘕿𗗙𗾞𗰖𗷅𘚾。

黑水城出土。俄藏编号：Инв. № 6607。

依吉祥上乐轮观阿吽二字而先前学则灭时令迁识入定法要门

西夏文译佛教文献。据藏文翻译，原本不详。存传译题记，汉译"中国大乘玄密帝师沙门慧称传，兰山智昭国师德慧译"。此当吉祥上乐轮（dPal bde mchog 'khor lo）系列修法之一种。写本，与其他多种修法要门合抄一起。西夏文题：𗋽𗫸𗰖𗸐𘟱𘃅𘘥𗣓𗤳𘊱𗇋𘕿𘘥𘜶𗥃𘄒𘃡𘕿𗈁𗗙𗾞𗰖𗷅𘚾。

黑水城出土。俄藏编号：Инв. № 6607。

依吉祥上乐轮观脐下短阿字而令迁识直修定法要门

西夏文译佛教文献。据藏文翻译，原本不详。存传译题记，汉译"中传，兰译"，即"中国大乘玄密帝师沙门慧称传，兰山智昭国师德慧译"之简省。此当吉祥上乐轮（ *dPal bde mchog 'khor lo* ）有关迁识（ *'pho ba* ）修习之禅定修行法要门之一。写本，与其他多种修法要门合抄一起。① 西夏文题：𗼛𗧊𗥑𗗙𘄒𘏨𗱕𗰗𘃡𗫼𗫡𗾔𗙴𗱕�742𗈩𗄈𗣼𘝼𘆡𘉋𗣼。

黑水城出土。俄藏编号：Инв. № 2521。

依吉祥上乐轮坐起不能随愿住而令迁识直修定法要门

西夏文译佛教文献。据藏文翻译，原本不详。此要门前缺，存尾题，与《依吉祥上乐轮狮子卧而令迁识直修定法要门》等多个要门合抄一起，整组文献存首题者皆题中国大乘玄密帝师沙门慧称传，兰山智昭国师德慧译，故此亦当由大乘玄密帝师慧称传、智昭国师德慧译。② 西夏文题：𗼛𗧊𗥑𗗙𘄒𘏨𗗼𗧠𗵽𗵜𘏨𗣼�𗱕𗾔𗙴𗱕𗈩𗄈𗣼�𘆡𘉋𗣼。

黑水城出土。俄藏编号：Инв. № 2521。

依吉祥上乐轮狮子卧而令迁识直修定法要门

西夏文译佛教文献。据藏文翻译，原本不详。存传译题记，汉译"中国大乘玄密帝师沙门慧称传，兰山智昭国师德慧译"。此当吉祥上乐轮（ *dPal bde mchog 'khor lo* ）有关迁识（ *'pho ba* ）修习之禅定修行法要门之一。写本，与其他多种修法要门合抄一起。西夏文题：𗼛𗧊𗥑𗗙𘄒𘏨𗑱𗫍𗫠𗱕𗾔𘆡𘉋𗣼𗱕�𘆡𘉋𗣼。

---

① 首次著录见惠宏、段玉泉编：《西夏文献解题目录》，黄河出版传媒集团、阳光出版社 2015 年版，第 257 页。

② 首次著录见惠宏、段玉泉编：《西夏文献解题目录》，黄河出版传媒集团、阳光出版社 2015 年版，第 257 页。

黑水城出土。俄藏编号：Инв. № 2521。

依吉祥上乐轮狮子解脱印而令迁识直修定法要门

西夏文译佛教文献。据藏文翻译，原本不详。存传译题记，汉译"中传，兰译"，即"中国大乘玄密帝师沙门慧称传，兰山智昭国师德慧译"之简省。此当吉祥上乐轮（dPal bde mchog 'khor lo）有关迁识（'pho ba）修习之禅定修行法要门之一。写本，与其他多种修法要门合抄一起。[1] 西夏文题：𗷦𗫡𗿋𗼻𗥹𗷓𗥹𗤁𗀔𗴡𗥤𗥹𗜓𗴂𗧾𗤪𘆀𗪊𗵽𗵒。

黑水城出土。俄藏编号：Инв. № 2521。

依吉祥上乐轮诵欥字而先前学则灭时令迁识入定法要门

西夏文译佛教文献。据藏文翻译，原本不详。存传译题记，汉译"中国大乘玄密帝师沙门慧称传，兰山智昭国师德慧译"。此当吉祥上乐轮（dPal bde mchog 'khor lo）有关迁识（'pho ba）修习之禅定修行法要门之一。写本，与其他多种修法要门合抄一起，亦有单抄者。西夏文题：𗷦𗫡𗿋𗼻𗥹𗷓𗣜𗫻𘝞𗀔𗥥𗴣𗜋𗤁𗉮𗥤𗤪𘆀𗪊𗵽𗢸𘆀𗵽𗵒。

黑水城出土。俄藏编号：Инв. № 6607。

依吉祥上乐轮诵耶稀迦稀字而先前学则灭时令迁识入定法要门

西夏文译佛教文献。据藏文翻译，原本不详。存传译题记"𗙊𗰖𗊞𘊩𗦀𗥒𗷝𗴺𗽁𘜶𘁠𘋩𗣜，𗘂𘓋𘋩𗍬𗰖𗴺𗽁𘜶𗿋𘜶𗣢"，汉译"中国大乘玄密帝师沙门慧称传，兰山智昭国师德慧译"。此当吉祥上乐轮（dPal bde mchog 'khor lo）有关迁识（'pho ba）修习之禅定修行法要门之一。写本，与其他多种修法要门合抄一起，亦有单抄者。西夏文题：𗷦𗫡𗿋𗼻𗥹𗷓𗬘𗣜𗄓𗣜𗫻𘝞𗀔𗥥𗴣𗜋𘊩𗦀

---

① 首次著录见惠宏、段玉泉编：《西夏文献解题目录》，黄河出版传媒集团、阳光出版社 2015 年版，第 258 页。

𘜶𘝣𘞥𘚑𘏤𘏅𘗼𘝤𘉑𘝤𘏅。

黑水城出土。俄藏编号：Инв. № 6607、2838。

依吉祥上乐轮诵稀迦字而先前学则灭时令迁识入定法要门

西夏文译佛教文献。据藏文翻译，原本不详。存传译题记，汉译"中国大乘玄密帝师沙门慧称传，兰山智昭国师德慧译"。此当吉祥上乐轮（dPal bde mchog 'khor lo）有关迁识（'pho ba）修习之禅定修行法要门之一。写本，与其他多种修法要门合抄一起，亦有单抄者。西夏文题：𘌠𘎑𘉑𘎃𘏤𘓉𘘄𘓺𘗿𘙹𘕧𘓦𘞥𘗄𘝣𘜶𘝣𘞥𘚑𘏤𘏅𘗼𘝤𘉑𘝤𘏅。

黑水城出土。俄藏编号：Инв. № 6607。

依吉祥上乐轮端坐而令迁识直修定法要门

西夏文译佛教文献。据藏文翻译，原本不详。此要门前缺，存尾题，与《依吉祥上乐轮狮子卧而令迁识直修定法要门》等多个要门合抄一起，此组文献存首题皆题中国大乘玄密帝师沙门慧称传，兰山智昭国师德慧译，故此亦当由大乘玄密帝师慧称传、智昭国师德慧译。[1] 西夏文题：𘌠𘎑𘉑𘎃𘏤𘓉𘏾𘘄𘝤𘏩𘞥𘚑𘏤𘙹𘏪𘏅𘝤𘉑𘝮。

黑水城出土。俄藏编号：Инв. № 2521。

依金刚亥母日夜发愿求教法要门

西夏文译佛教文献。当据藏文翻译，原本待考，译者及成书年代不详。写本，有卷子装、册叶装。全文存留，共20面。西夏文题：𘏩𘞤𘕝𘘄𘓉𘚑𘙵𘝮𘗮𘎁𘉑𘝤𘝣𘉑𘝮。

黑水城出土。俄藏编号：Инв. № 7103、7988。

---

① 首次著录见惠宏、段玉泉编：《西夏文献解题目录》，黄河出版传媒集团、阳光出版社 2015 年版，第 260 页。

依金刚亥母手面等洗澡法要门

西夏文译佛教文献。当据藏文翻译，原本待考，译者及成书年代不详。写本，经折装。全文存留，共5面。西夏文题：𗊱𗼜𗰜𗶱𗊱𗊱𗰜𗒹𗬩𗄈𗼜𗰜𗊱𗊱。

黑水城出土。俄藏编号：Инв. № 6489 6。

依金刚亥母以净瓶亲诵法

西夏文译佛教文献。当据藏文翻译，原本待考。题"𗣼𗦇𗊱𗼋𗯨𗰜𗬩𗄈𗯨𗦷𗒹𗅁𗊱𗇃𗊱𗥦"，汉译"大度民寺觉照国师法狮子造"。写本，册叶装。全文存留，共20面。西夏文题：𗊱𗼜𗰜𗶱𗰜𗮺𗄈𗣼𗩾𗱴𗽿𗬩𗲲。

黑水城出土。俄藏编号：Инв. № 2557。

依金刚亥母饮食承受法要门

西夏文译佛教文献。当据藏文翻译，原本待考，译者及成书年代不详。写本，经折装。全文存留，共5面。西夏文题：𗊱𗼜𗰜𗶱𗊱𗰜𗵈𗗟𗁾𗼜𗰜𗊱𗊱。

黑水城出土。俄藏编号：Инв. № 7988。

依金刚亥母究竟定法要门

西夏文译佛教文献。当据藏文翻译，原本待考，译者及成书年代不详。写本，卷子装。前缺，存尾题。西夏文题：𗊱𗼜𗰜𗶱𗊱𗰜𗱴𗮺𗽿𗬩𗲲𗊱𗊱。

黑水城出土。俄藏编号：Инв. № 7841。

依金刚亥母略烧施法要门

西夏文译佛教文献。当据藏文翻译，原本待考，译者及成书年代不详。写本，册叶装。全文存留，共13面。西夏文题：𗊱𗼜𗰜𗶱𗊱𗰜𗽿𗲲𗬩𗽿𗬩𗲲𗊱𗊱。

黑水城出土。俄藏编号：Инв. № 6489。

依金刚亥母睡眠定法要门

西夏文译佛教文献。当据藏文翻译，原本待考，译者及成书年代不详。写本，经折装。存开头部分，后缺。西夏文题：𗫡𗼕𗄈𗰜𗰜𗭼𗰜𗹏𗤋𘜒𗙴𘝻𗤦。

黑水城出土。俄藏编号：Инв. № 6489。

依金刚瑜伽母智烧施法要门

西夏文译佛教文献。当据藏文翻译，原本待考，译者及成书年代不详。写本，卷子装。全文存留。西夏文题：𗫡𗼕𗄒𗘂𗰜𗰜𗉺𗤋𗸦𗊠𗙴𘝻𗤦。

黑水城出土。俄藏编号：Инв. № 4772。

依金刚瑜伽母集轮供养法次第

西夏文译佛教文献。当据藏文翻译，原本待考，译者及成书年代不详。写本，册叶装。西夏文题：𗫡𗼕𗄒𗘂𗰜𗰜𗩱𗤦𗙴𗤦𗹏𘝻𗤦。

黑水城出土。俄藏编号：Инв. № 2517。

依喜金刚九佛坛城灌顶法次第

西夏文译佛教文献。据藏文翻译，相应的藏文本似为 *Kye'i rdo rje sang rgyas dgu pa'i dkyil 'khor kyi dbang bskur gyi rim po*，[①] 存译经题记，汉译"西蕃中国密乘遍啰（合口）领光"，此与《喜金刚本续之记》译者"西蕃中国三藏智者啰（合口）领光（紧）幹师"疑为同一人。写本，蝴蝶装，上卷完整。西夏文题：𗣼（𗫡）𗼕𗢳𘋥𗭼𗰜𘓗𘝻��。

黑水城出土。俄藏编号：Инв. № 2877。

依瑜伽士胜住法要门

西夏文译佛教文献。当据藏文翻译，原本待考，译者及成书年代不详。

---

① 参见孙昌盛：《西夏文〈吉祥遍至口合本续〉（第四卷）研究》，南京大学 2006 年博士学位论文。

写本，蝴蝶装。全文存留，存6面。西夏文题：𗾟𗄼𗫂𗗚𗫨𗫺𗊬𗗾𘝨。

黑水城出土。俄藏编号：Инв. № 2552。

依瑜伽母作大手印烧施要门

西夏文译佛教文献。当据藏文翻译，原本待考。卷尾署"西天大巧健路赞讹常精进译"，成书年代不详。写本，册叶装，存47面，全文存留。迄今未获刊布。载西夏"大手印"烧施修法之传承，"形噜噶传空行母，空行母传因得啰波矴师，其师传噶玛巴辣师，其师传古达瓦师，其师传米拽瓦师，其师传尚迪巴师，其师传麻依巴巴得辣师，其师传辣麻奴师，其师传刘掌斯啰师，其师传尊者雅尔隆巴师。"此传承世系与инв. № 2517《金刚瑜伽母之作念定法》、инв. № 823《亥母耳传记》有相似的法脉，即由萨迦五祖之初祖萨钦贡噶宁波（1092—1158）传授，并被尊者雅砮斯巴法狮子直接传到西夏。此经内容与俄藏инв. № 4523《烧施法事》相近。[①]西夏文题：𗾟𗄼𘝨𗫨𗫁𗗚𗦻𗊢𗗚𘏮𘝨。

黑水城出土。俄藏编号：Инв. № 2857。

依解脱道令灌顶法要门

西夏文译佛教文献。据藏文翻译，原本待考。一本存作者题记"𗢳𗍳𘊭𗀔𗫨𗄽𗫺𘔼"，汉译"大师多毗嘿鲁迦造"，此当《俱生成就法》（Sahaja-siddhi）之作者Dombhiheruka，是印度84位大成就者之一，也是喜金刚本续的传承上师之一。一本又及"道续"及沙门慧照，后者似为西夏文译者。成文时间不详。西夏文题：𗫨𘒤𘝨𗫨𗦻𗍫𗊬𗫺𘝨。

黑水城出土。俄藏编号：Инв. № 4974、2883。

[①] 孙伯君：《西夏遗存文献所见藏传佛教的传承世系》，载《中华文史论丛》第115辑，2014年。

所学总集之讲论

西夏文佛教文献。成文时间不详。写本，卷子装。原文卷数不详，所存为第五卷，前残。此当与《所学总集记》相类之文献。西夏文题：𗧠𗣼𗼇𗐓𗙴𗴜𗦀。

黑水城出土。俄藏编号：Инв. № 6464。

所学总集记

西夏文佛教文献。成文时间不详。写本，卷子装。原文卷数不详，所存为第五卷，前缺。西夏文题：𗧠𗣼𗼇𗐓𗼯。

黑水城出土。俄藏编号：Инв. № 4852。

金刚大勇识空虚诠偈

西夏文译佛教偈颂。当据藏文翻译，原本待考。译者及成书年代不详。写本。西夏文题：𗹬𗾖𗋒𗱞𗏹𗍫𗙴𗼩𗷚。

黑水城出土。俄藏编号：Инв. № 3703。

金刚亥母之烧施仪轨

西夏文译佛教文献。当据藏文翻译，相应的藏文似当 *rdo rje phag mo'i sbyin sreg gi cho ga*，译者及成书年代不详。写本，卷子装。前缺，存尾题。西夏文题：𗹬𗾖𗼃𗷮𗴞𗏾𗗙𗴝𗥦。

黑水城出土。俄藏编号：Инв. № 5132。

金刚亥母处奉施食法要门

西夏文译佛教文献。当据藏文翻译，原本待考，译者及成书年代不详。出土有写本，册叶装。全文存留，共 13 面。西夏文题：𗹬𗾖𗼃𗷮𗏖𗾭𗗙𗗚𗷅𗷚𗥤。

黑水城出土。俄藏编号：Инв. № 2537、6853。

金刚亥母处悉皆忏悔文

西夏文译佛教文献。当据藏文翻译，原本待考，译者及成书年代不详。出土有写本，册叶装。前缺，存尾题。西夏文题：[illegible]。

黑水城出土。俄藏编号：Инв. № 4708。

金刚亥母求修法要门

西夏文译佛教文献。据藏文翻译，相应的藏文似与 *rdo rje phag mo mchod pa'i sgrub thabs* 相关，译者及成书年代不详。出土皆写本。克恰诺夫《西夏佛教文献叙录》未著录。西夏文题：[illegible]。

黑水城出土。俄藏编号：Инв. № 6489 г 。英藏编号：Or.12380—2823、2824、3349、3620。

金刚灯炬心中所持

西夏文译佛教文献。当据藏文翻译，原本待考，译者及成书年代不详。写本，册叶装。全文留存，共 67 面。西夏文题：[illegible]。

黑水城出土。俄藏编号：Инв. № 2882。

金刚体坛城赞叹十四偈

西夏文译佛教偈颂。据藏文翻译，原本待考，译者及成书年代不详。所存为刻本，经折装。结尾部分，共 6 面。西夏文题：[illegible]。

黑水城出土。俄藏编号：Инв. № 3959。

金刚空行亥母之供养法要门

西夏文译佛教文献。当据藏文翻译，原本待考，译者及成书年代不详。

出土有写本，册叶装。后缺，存 30 面。西夏文题：𗤓𗆗𗄑𘀗𗣼𘝞𘝞𗣼𗢞𗷯𗤴𗤴𘙤。

黑水城出土。俄藏编号：Инв. № 6473。英藏编号：Or.12380—2826、3612

金刚乘十四种根犯堕

西夏文译佛教文献。马鸣菩萨造。据藏文译出，译者不详。俄藏黑水城汉文文献中《八种粗重犯堕》言："礼因礼缘，故马鸣造十四根、八粗重，依禅定本续中略开演触犯仪轨。"写本。多与他种"犯堕"文献合抄。西夏文题：𗤓𗆗𘝞𗢓𘈖𗵽𗳌𗵽𘟀。

黑水城出土。俄藏编号：Инв. № 4822、4900、6474、6736、6804。英藏编号：Or.12380—0008。

金刚断裂之功德

西夏文译佛教文献。当据藏文翻译，原本待考。译者及成书年代不详。所存为残件，写本，7 行。为第二品之"和尚护小世间神恶调伏品"。西夏文题：𗤓𗆗𘈖𗄽𗷯𘉒𗣼。

黑水城出土。英藏编号：Or.12380—2601。

金刚瑜伽母之作念定法

西夏文译佛教文献。当据藏文翻译，原本待考。款题"𗤓𗆗𘜶𘓄𗮅𗬚𘔭𗣼𘗽𗤴𘎠𗤴"（尊者中国上师雅砻斯巴传），此即觉照国师法狮子[①]。写本，册叶装。全文存留，共 36 面。迄今未获刊布。载西夏"大手印"念定修法之传承次第，"形噜噶，金刚默有母，因得啰波矴，噶玛巴辣，令集弥葛剌，哑斡诺帝，密哩斡巴，妙贤等持，真空等持杭，葛哩布，奴比集卧巴，刘掌厮啰，喇嘛雅砻斯巴"。此传承世系与 Инв. № 2857《依瑜伽母作大手印烧施要门》、

---

① 邓如萍（Ruth Dunnell）在《西夏佛典中的翻译史料》一文中较早地正确指出法狮子与雅砻斯巴为同一人。载《中华文史论丛》第 95 辑，2009 年。

Инв. № 823《亥母耳传记》有相似的法脉，即由萨迦五祖之初祖萨钦贡噶宁波（1092—1158）传授，并被尊者雅砻斯巴法狮子直接传到西夏。[1] 西夏文题：��𗩾𗾑𗷰𗷉𗣼𗰕𗢭𗦻。

黑水城出土。俄藏编号：Инв. № 2517。

金翅龙王供养法

西夏文译佛教文献。当据藏文翻译，原本待考。译者及成书年代不详。出土有写本，册叶装。全文存留，共88面。西夏文题：𗏁𗈁𗫨𗩾𗯿𗰕。

黑水城出土。俄藏编号：Инв. № 807。

念定百字等要门

西夏文译佛教文献。当据藏文翻译，原本待考。译者及成书年代不详。写本，册叶装，全文存留。西夏文题：𗣼𗰕𗙴𗫎𗤶𗷉𗰜。

黑水城出土。俄藏编号：Инв. № 7102。

庙开典

西夏文佛教文献。来源及成文时间不详。写本，册叶装。共51面，前缺。后面另有"𗭆𗵺𗢭𗟻"（请寺典）、"𗿒𗧾𗰕"（食礼法）两个部分。它们或为同一文献的三个部分，抑或为三部文献的合抄。西夏文题：𗏵𗸕𗦻𗟻。

黑水城出土。俄藏编号：Инв. № 7835。

持诵大白盖母总持之要门

西夏文译佛教文献。为《圣一切如来之顶髻中出白伞盖佛母余无能敌者大回遮明咒大荫王总持》的诵持要门。题"西蕃师传"（𗋽𗾔�）。译者不详，

① 孙伯君：《西夏遗存文献所见藏传佛教的传承世系》，载《中华文史论丛》第115辑，2014年。

译写年代不晚于乾祐十六年（1185）乙巳九月。一本后接《白伞盖佛母总持启请偈》《圣一切如来之顶髻中出白伞盖佛母余无能敌者大回遮明咒大莅王总持》及乾祐十六年（1185）九月出家和尚咩布慧明施经发愿文一则。西夏文题：𘂦𗩨𘝢𗑲𗄊𗤁𗣼𗟲𗗘�068𘈷。

黑水城出土。俄藏编号：Инв. № 7589、7434、8094。

药师琉璃光七佛之烧施仪轨

西夏文译佛教文献。当据藏文翻译，相应的藏文本似为 'phags pa de bzhin gshegs pa bdun gyi sman gyi bla bai ḍū rya'i 'od kyi sbyin sreg gyi cho ga。兰山沙门德慧集译。成文年代在仁宗仁孝时期。写本，仅存题名及译经题款。西夏文题：𗴾𗱰𗎽𗾔𗢳𗾓𗣼𘟀𗧐𘝞𗟲。

黑水城出土。俄藏编号：Инв. № 5167。英藏编号：Or.12380—2627、2490。

药光海生金刚

西夏文译佛教文献。当据藏文本翻译，原本待考。据所存编译题记，此文献由多毗嘿鲁迦（Dombiheruka）所作，番汉三学院教授沙门慧照译。写本，册叶装，全文存留，共 52 面。原题另附有 "𗡮𗾖（二部）" 二字。西夏文题：𗴾𗾔𗨁𘃨𗎽𗴂𗗙。

黑水城出土。俄藏编号：Инв. № 2543。

毗庐遮那法身顶相印轮文众生三灾怖畏令物取作恶业救拔

西夏文译佛教文献。当据藏文本翻译，原本待考，译者及成书年代不详。所存为残本，经折装，15 面。[1] 西夏文题缺。

武威亥母洞出土。中藏编号：G31·022［6764］。

---

① 惠宏、段玉泉编：《西夏文献解题目录》，黄河出版传媒集团、阳光出版社 2015 年版，第 273 页。

香仁波切师造至道竟要门

西夏文译佛教文献。藏文原本待考。译者及成书年代不详。写本，卷子装，前缺。题中"𗣼𗣫𗣫𗆧𗟲𗣫𗣫"还原成藏文可以是"商余啰歌巴"（Zhang g.yu-brag-pa），藏文史书一般尊称其为"祥仁波切"（Zhang Rin-po-che，1123—1194）[①]。西夏文题：𗣼𗣫𗣫𗆧𗟲𗣫𗣫𗟲𗣫𗣫𗆧𗣫𗣫。

黑水城出土。俄藏编号：Инв. № 4806。

种善相加赞

西夏文译佛教赞颂。来源待考，译者及成书年代不详。写本，册子装。全文保存，共45面。西夏文题：𗣫𗣫𗣫𗆧𗣫。

黑水城出土。俄藏编号：Инв. № 7106。

复略问答二十五品

西夏文译佛教文献。来源不详，某部文献中的一个章节。写本，卷子装。前缺。与《断魔问答要门》合为同一卷号。西夏文题：𗣫𗣫𗣫𗣫𗣫𗆧𗆧𗣫。[②]

黑水城出土。俄藏编号：Инв. № 4872。

复清说取仪轨

西夏文译佛教文献。当据藏文翻译，藏文原本待考。译者及成书年代不详。写本，册叶装，草书。有梵夏两种经题。全文存留，共34面。西夏文题：𗣫𗣫𗣫𗣫𗆧𗣫。

黑水城出土。俄藏编号：Инв. № 8210。

---

① 孙伯君：《西夏遗存文献所见藏传佛教的传承世系》，载《中华文史论丛》第115辑，2014年。

② 旧译"亦式问答二十五品"，显然把"𗣫（略）"字误译为"式"，试改译为"复略问答二十五品"。"𗣫（略）"为西夏文书名常用字，如《𗣫𗣫𗣫𗣫𗣫𗣫𗣫𗣫𗣫》，即《天盛改旧新定律令名略》。

胜住仪轨

西夏文译佛教文献，系藏传密续。据藏文 *rab tu gnas pa'i cho ga*[①] 翻译。写本，册叶装。存译者题记，汉译"西天五明大师须摩底吃哩底造，御前路赞讹不啰嘿吃哩底（般若吃哩底）西蕃译，五明现生寺释迦比丘慧明番译。"这里的"须摩底吃哩底"即梵文作者 sumatikīrti（善慧称），"不啰嘿吃哩底"为藏文本译者 prajñākīrti（智慧称），西夏文译者即比丘慧明。"须摩底乞哩底"为 11—12 世纪初人，曾到西夏弘传藏传佛教胜乐密法，是目前所知最早到西夏传法的印度上师，可见藏传佛教早在惠宗秉常和崇宗乾顺时期就已经开始在西夏传播。[②] 西夏文题：𗫂𘝞𗼨𘕿𗹙𗴪。

黑水城出土。俄藏编号：Инв. № 810。

胜相顶尊佛母之千遍自供养法

西夏文译佛教文献。据藏文翻译，原本待考。西夏文译者及成书年代不详。写本，卷子装，前缺，存尾题。西夏文题：𗼊𗼨𗙴𗫂𗤁𘂭𗰖𗄑𗦫𗤋𗭴𘝞。

黑水城出土。俄藏编号：Инв. № 4896。

胜相顶尊佛母供养典

西夏文译佛教文献。据藏文翻译，相应的藏文本为 *'phags ma gtsug tor rnam par rgyal ma'i sgrub thabs* 或 *gtsug tor rnam par rgyal ma'i sgrub thabs*[③]，西夏文译者及成书年代不详。写本，卷子装，前缺。西夏文题：𗼊𗼨𗙴𗫂𗤁𘂭𘘤𗤋𘋨。

---

① 参见《西藏大藏经》德格本 No.2628。

② 孙昌盛《俄藏西夏文藏传密续〈胜住仪轨〉题记译考——兼论藏传佛教传播西夏的时间》，《北方民族大学学报（哲学社会科学版）》2017 年第 2 期。

③ 参见《西藏大藏经》德格本 No. 3601、3602。

黑水城出土。俄藏编号：Инв. № 5140。

胜相顶尊佛母等之供养作忏悔法

西夏文译佛教文献。当据藏文翻译，原本待考。西夏文译者及成书年代不详。写本，卷子装。正文多为偈颂体，包括《次释帝天主赞敬礼偈》《次胜相顶尊佛母赞敬礼偈》《次胜相顶尊佛母赞偈》《次胜相顶尊佛母呼告偈》《次净宫天子敬赞偈》《次净宫天子赞偈》等等。前缺，存尾题。西夏文题：𘝀𗡅𗟲𗖵𘟀𗤒𘗽𗊐𗱼𘘚𗊱𗴺𘝿。

黑水城出土。俄藏编号：Инв. № 4869。

胜相顶尊总持功能依经录

西夏文译佛教文献。陀罗尼经。据藏文本 *gtsug tor rnam par rgyal ma'i gzungs phan yon dang bcas pa' mdo ltar bsdus pa*[1] 译。译者周慧海，成文时间不晚于仁宗大庆二年（1141）。存译经题记，汉译"西天大般弥怛五明国师、功德司正、嚷乃将沙门㖿也阿难捺传，显密法师、功德司副、嚷橄利沙门周慧海奉敕译。"此经多与《圣观自在大悲心总持功能依经录》合刻，后附仁宗皇帝施经发愿文。亦有将此经之陀罗尼部分单独析出传抄者。黑水城文献中又存此经同源、同题之汉译本及藏文本残卷。另参汉、藏文本《圣观自在大悲心总持功能依经录》目。西夏文题：𘝀𗡅𗟲𗖵𗖵𘞛𘏒𗱼𘛽𘘚𗊱。

黑水城、绿城、莫高窟出土。俄藏编号：Инв. № 4763、3707、4078、6787、6909、6821（6796）、7592a、7592b。英藏编号：Or.123800323、2765RV、2946—2949、3037、3036、3730RV、3731RV、3933。中藏编号：M11·004、M11·011、M31·003、中研院傅图藏（编号不详）。法藏编号：Pelliot Xixia924（Grotte181）022、024。

---

① 参见俄罗斯科学院东方文献研究所藏黑水城出土藏文文献 XT67，未刊布。

胜慧到彼岸八千颂

西夏文译佛教文献。译自藏文本 *'phags pa shes rab kyi pha rol tu phyin pa brgyad stong pa*。[①] 译者不详，成书年代当在夏崇宗时期[②]。写本，卷子装。西夏文题：[illegible]。

黑水城出土。俄藏编号：Инв. № 2727、102、896、103、4754。

胜慧到彼岸之最要修教现证庄严

西夏文译佛教文献。当据 *Shes rab kyi pha rol tu phyin pa'i man ngag gi bstan bcos mngon par rtogs pa'i rgyan zhes bya ba* 译，《西藏大藏经》北京版 5191 号、德格版 3793 号似为其注本。西夏文献中又有同类题材之 Инв. № 5130《胜慧到彼岸要门修教现证庄严论诠偈》，此经由五明现生寺院讲经律论、辩番西蕃语比丘李慧明，以及五台山知解三藏国师沙门杨智幢译，此《胜慧到彼岸之最要修教现证庄严》西夏文译本疑亦由此二人翻译而成。西夏文题：[illegible]。

黑水城出土。俄藏编号：Инв. № 6449。

胜慧到彼岸之释明

西夏文译佛教文献。般若部的一部注释之作。当据藏文翻译，原本待考，译者及成书年代不详。写本，卷子装。为第 5 卷，前缺。西夏文题：[illegible]。

黑水城出土。俄藏编号：Инв. № 4593。

---

① 相应的藏文本见《西藏大藏经》德格本 0012 号。

② 张九玲等：《〈圣胜慧到彼岸八千颂经·增上慢品〉夏汉藏对勘研究》，载杜建录主编《西夏学》（第 22 辑），甘肃文化出版社 2021 年版。

胜慧到彼岸要门修教现证庄严之注

西夏文译佛教文献。此当《胜慧到彼岸要门修教现证庄严》之注本，相应的藏文本即 Vidyākaraprabha（毗陀迦啰波啰讹）及 Dpal brtsegs（吉祥积）所译 *Shes rab kyi pha rol tu phyin pa'i man ngag gi bstan bcos mngon par rtogs pa'i rgyan zhes bya ba' 'grel pa*，西夏文译本疑亦由五明现生寺院讲经律论辩番西蕃语比丘李慧明以及五台山知解三藏国师沙门杨智幢共同翻译。西夏文题：𘎮𗾖𗵤𗤋𘃡𘝞𗙏𘆍𘃡𘟥𘄄𗖰𘞽𘝞𘃡𗼻𘊲。

黑水城出土。俄藏编号：Инв. № 4722、5179、8329、5164。

胜慧到彼岸要门修教现证庄严论诠偈

西夏文译佛教偈颂。依 Go-mi 'chi-med 及 Blo-ldan shes-rab 同名藏文本 *shes rab kyi pha rol tu phyin pa'i man ngag gi bstan bcos mngon par rtogs pa'i rgyan ces bya ba'i 'grel pa* 翻译。译者李慧明、杨智幢，成文时间不晚于天盛末年（1169）。一本存仁孝皇帝御校题款。一本卷尾存传译题记："西天大巧健钵弥怛毗陀迦啰波啰讹（Vidyā karaprabha）译传，与比丘吉祥积（Dpal-brtsegs）执梵本勘定西蕃译，复大钵弥怛吉祥果名无死（Go-mi 'chi-med）与兀路赞讹谋多智众（Blo-ldan shes-rab）师执梵本再勘正译。五明现生寺院讲经律论辩番西蕃语比丘李慧明、五台山知解三藏国师沙门杨智幢新译番文，出家功德司正禅师沙门宠智满证义，出家功德司正副使沙门没藏法净缀文，出家功德司承旨沙门尹智有执西蕃本校。御前校疏钞都大勾当中兴府签判华阳县司检校罔仁持，御前疏钞印活字都大勾当出家功德司承旨尹智有，御前疏钞印活字都大勾当工院正罔忠敬。光定丙子六年六月日。"[①] 可知此经为光定六年（1216）依活字印本而来的抄本。题记中"证义""缀文"等是西夏开设译场的证明，同时也表明夏神宗光定年间曾设有校译和刊印疏钞的专门机构。所

---

① 聂鸿音：《俄藏 5130 号西夏语译佛教文献题记研究》，《中国藏学》2002 年第 1 期。

存多为抄本。西夏文题：𗪊𘊴𗗙𗗙𘜶𗹢𗾒𘓞𘝿𘜔𘍦𘝿𗼱𘉍𘎤𗊲。

黑水城出土。俄藏编号：Инв. № 5130。

胜慧到彼岸要门修教现证庄严注疏钞

西夏藏传佛教注疏作品。当为《胜慧到彼岸要门修教现证庄严注》的疏本。据藏文翻译，原本待考，西夏文译本疑亦由五明现生寺院讲经律论辩番西蕃语比丘李慧明以及五台山知解三藏国师沙门杨智幢共同翻译。抄本，存抄写者题记，年款为"应天火蛇四年（1209）五月"。西夏文题：𗪊𘊴𗗙𗗙𘜶𗹢𗾒𘓞𘝿𘜔𘍦𘝿𗼱𘈷𗙬𘎤。

黑水城出土。俄藏编号：Инв. № 4584、2888。

养云总持咒

西夏文译佛教文献。当据藏文 *mchod pa'i sprin zhes bya ba'i gzungs*（*pūjāmegha nāma dhāraṇī*）翻译[①]，译者及成书年代不详。写本残片，存3行。西夏文题：𘜶𘈷𗆧𘊴𗥹。

黑水城出土。英藏编号：Or.12380—1930。

除正理意之障

西夏文译佛教文献。当据藏文翻译，或可与桑浦寺恰巴·曲吉僧格（Phya pa Chos kyi seng ge，1109—1169）的重要量论著作 *Tshad ma yid kyi mun sel*，即《正理除暗意》一书勘同。译者及成书年代不详。写本，卷子装，存第4—6卷。各卷前缺，存尾题。文中有小字注释。西夏文题：𘊴𘎤𘊲𘍦𘏲𘝿。

黑水城出土。俄藏编号：Инв. № 4851、5933、5923。

---

① 参见《西藏大藏经》德格本 No. 0538。

绝时要门

西夏文译佛教文献。成文时间不详。写本，册叶装，共 7 面，与 Инв. № 8121《真道心照》合为一本。西夏文题：𗾟𗴺𗙏𗗛。

黑水城出土。俄藏编号：Инв. № 8121。

莲华顶冠本续

西夏文译佛教文献。据藏文 *pad ma cod pan zhes bya ba'i rgyud*[①] 翻译。译者及成书年代不详。写本，卷子装。西夏文题：𗼃𗼨𗄴𗍫𗏹𗗿。

黑水城出土。英藏编号：Or.12380—3901。

真性智实成就中自摄受次第

西夏文译佛教文献。当据藏文翻译，原本待考。存作者题记，汉译"天竺大钵陀金刚足"。西夏文译者及成书年代不详。写本，卷子装。前缺。西夏文题：𗍫𗰜𗼃𗤒𗿁𗫔𗆧𗂧𗾔𗄊�。

黑水城出土。俄藏编号：Инв. № 5057。

秘密供养典

西夏文译佛教文献。当据藏文翻译或西夏僧人所辑，编译者不详。写本，经折装，全文留存。由一组偈颂、赞等题材的文本组成，如《请佛偈》《三宝加赞偈》《忏悔偈》《忍旨搜寻奉送偈》《吉祥偈》《集轮导奏偈》《十六天母》《远离魔声法》《八大圣者赞》《亥母根本赞》《亥母师续赞》等。纸背另抄有一组易占文献，存有《八卦体》《六十四卦象》《六旬空亡日》等篇目。正面存抄经年款"某某年腊月一日始作，五日完毕"。西夏文题：𗾔𗼨𘜶𗴺𗗆。

黑水城出土。俄藏编号：Инв. № 6771。

---

① 参见《西藏大藏经》德格本 No. 0701。

留伊波之广义

西夏文译佛教文献。此当与印度弘传上乐密法之著名大师留伊波（Lūyipā）学说有关的内容。译者及成书年代不详。写本，卷子装，全文留存。西夏文题：𗰖𗆍𘄒𘆚𗢳𗬩。

黑水城出土。俄藏编号：Инв. № 5076。

离世七道仪轨

西夏文译佛教文献。据藏文翻译，相应的藏文似为 'jig rten las 'das pa'i yan lag bdun pa'i cho ga①。译者及成书年代不详。西夏文题：𗉻𗆧𗟲𘕰𗗚𘄴。

黑水城出土。俄藏编号：Инв. № 6810。

烧施仪轨

西夏文译佛教文献。据藏文翻译，相应的藏文当为 sbyin sreg gi cho ga。题西天大师小黑色足造。"西天大师小黑色足"即黑水城汉文文献 A16《甘露中流中有身要门》中的"少黑法师"。写本，卷子装。后缺。内容与俄藏西夏文文献 инв. № 2857《依瑜伽母作大手印烧施要门》相近。西夏文题：𗰖𗆍𗗚𘄴。

黑水城出土。俄藏编号：Инв. № 4523。

涤罪礼忏要门

西夏文译佛教文献。西夏遗僧兰山一行沙门慧觉辑。原文附在国图藏元刊西夏文《现在贤劫千佛名经》之前，疑为其序文。残本，存 4 面。西夏文题：𗆧𗟲𗈜𘆚𗬩𗠁。

灵武出土，中藏编号：B11・047［3.15］。

---

① 参见《西藏大藏经》德格本 No. 2461、4486。

诸本二谛义释要集记

西夏文译佛教文献。当据藏文翻译，原本待考，亦当阿底沙小部集经的某个释论，译者及成书年代不详。写本，卷子装。西夏文佛教文献中另有《世俗胜义二谛之义释要集记》。西夏文题：𗧀𗜓𗣼𗧨𗵣𗯴𘎑𗦀𗪚。

黑水城出土。俄藏编号：Инв. № 5878。

弱宅

西夏文译佛教文献。当据藏文翻译，原本待考，译者及成书年代不详。写本，卷子装。前缺，存尾题。西夏文题：𗣼𗫭。

黑水城出土。俄藏编号：Инв. № 4693。

菩提心

西夏文译佛教文献。来源不详，待考。所存为刻本，蝴蝶装。存 14 面，前后皆缺。此题据版心析出，应是与"菩提心"相关的某部文献经题简称。西夏文题：𗗠𗰔𗟟。

黑水城出土。俄藏编号：Инв. № 6172。

菩提心及常所做仪轨

西夏文译佛教文献。当据藏文 *byang chub kyi sems bskyed pa dang yi dam blang ba'i cho ga*① 翻译，梵文原本由天竺大钵陀菩萨接怛哩（jitāri）著。西夏文译者及成书年代不详。所存有多种抄写、刻印题记，一本汉译"应天丙寅年（1206）十月一日新成，乔阿昔斡尼印赎，写者笔受赵钱狗，刻字者孙陈刍"。西夏文佛教文献中另有《发菩提心及常所做仪轨》。西夏文题：𗗠𗰔𗟟𗣼𗥤𘐀𗴪𗰗𗫂。

---

① 参见《西藏大藏经》德格本 No. 4493。

黑水城出土。俄藏编号：Инв. № 801、802、5128、6510。英藏编号 Or.12380—2070、3873、0326RV、0331、0335、0336。

菩提心及常所做仪轨门都记合文

西夏文译佛教文献。据藏文翻译，当为《菩提心及应常所做仪轨》的注释，藏文原本待考。译者及成书年代不详。写本，卷子装。前缺。西夏文题：[illegible]。

黑水城出土。俄藏编号：Инв. № 5011、5515。

菩提心及常所做仪轨注

西夏文译佛教文献。当为《发菩提心及常所做仪轨》的一篇注记。西夏文译者及成书年代不详。写本，卷子装。西夏文题：[illegible]。

黑水城出土。俄藏编号：Инв. № 4691、4913、6755。

菩提心之念定

西夏文译佛教文献。据藏文 *byang chub kyi sems bsgom pa*[1] 翻译，译者及成书年代不详。写本，卷子装，前缺。后另有《菩提心念定六义》一篇。西夏文题：[illegible]。

黑水城出土。俄藏编号：Инв. № 898。

菩提心念定六义

西夏文译佛教文献。当据藏文翻译，原本待考。译者及成书年代不详。写本，卷子装，后缺。此与《菩提心念定》合抄在一起。西夏文题：[illegible][2]。

① 参见《西藏大藏经》德格本 No. 3924。
② 经题中“[illegible]”，字面义为“净至”，译自藏文 byang chub，即“菩提”。

黑水城出土。俄藏编号：Инв. № 898。

菩提勇识所学道和果同一诠释宝炬

西夏文译佛教文献。当据藏文翻译，原本待考。存编译者题记，汉译"西蕃中国三藏知觉大智慧宝狮子 ① 法造，五明现生寺讲经律论沙门慧明番译。"原书共上、中、下三部，西夏文译本存留完整。出土数量较多，皆写本，或卷子装、或蝴蝶装。西夏文题：𘎠𘏨𗰞𗁬𗹦𘍔�369𘅨𗗙𗷓𗖰𗰛𘉋𘃜𗖰。

黑水城出土。俄藏编号：Инв. № 4842、5129、882、888、4374、4592、4810、5020、5058、915、5927、4705、6669、4908、4898、4724、4725、4920、5069、5169、4882、4731、4982、4981、3833、6375、7129、2880、2903、5568。

菩提勇识所学与道和果同一诠释宝炬之记

西夏文译佛教文献。当据藏文翻译，原本待考。此当为《菩提勇识所学道与果俱诠释宝炬》的一篇注记，译者及成书年代不详。所存为上卷之下半。写本，卷子装。西夏文题：𘎠𘏨𗰞𗁬𗹦𘍔�369𘅨𗗙𗷓𗖰𗰛𘉋𘃜𗖰𗷇𗗉。

黑水城出土。俄藏编号：Инв. № 2621。

盛火以大安与□混令法要门

西夏文译佛教文献。当据藏文翻译。原本待考。写本，册叶装。前缺，存 14 面，有尾题。西夏文题：�369𗰒𗗉𗭼𗴮�□𗄭𗤁𗰛369𘅨。

黑水城出土。俄藏编号：Инв. № 7218。

---

① 宝狮子可与藏文史料中的贡却僧格（dkon mchog seng ge）勘同。参见李若愚《西夏文〈喜金刚现证如意宝〉考释与研究》，花木兰文化事业有限公司 2020 年版，第 13 页。

常所做仪轨略解记

西夏文译佛教文献。当据藏文翻译，原本待考。似为与《菩提心及应常所做仪轨》有关的注释。写本，卷子装。前缺。西夏文题：[illegible]。

黑水城出土。俄藏编号：Инв. № 4713。

常所做解义记

西夏文译佛教文献。当据藏文翻译，系《发菩提心及常所做仪轨》的一篇注记。译者及成书年代不详。写本，卷子装，前缺，存尾题。文末称校以发菩提心仪轨之诸典。西夏文题：[illegible]。

黑水城出土。俄藏编号：Инв. № 4718。

第三忏悔偈

西夏文译佛教偈颂。来源待考。译者及成书年代不详。出土为写本，卷子装。存卷首。西夏文题：[illegible]。

黑水城出土。俄藏编号：Инв. № 8193。

欲乐圆融法要门

西夏文译佛教文献。据藏文翻译，原本待考。大师那洛巴传，沙门慧照番译。写本，卷子装。全文存留。西夏文题：[illegible]。

黑水城出土。俄藏编号：Инв. № 5116。

断三乘烦恼法

西夏文译佛教文献。据藏文翻译，藏文原本待考。译者及成书年代不详。写本，卷子装。前缺，存尾题。西夏文题：[illegible]。

黑水城出土。俄藏编号：Инв. № 4895、5181。

断毒示道仪轨

西夏文译佛教文献。据藏文翻译，原本待考。当与 dug sel ma（除毒母）有关的仪轨。西夏文题：𗡬𘝞𗥤𗭼𗙏𗆟。

黑水城出土。俄藏编号：Инв. № 4983。

断魔问答要门

西夏文佛教文献。似西夏本地之作，作者不详。写本，卷子装。与《复略问答二十五品》合为同一卷号。西夏文题：𗉺𘝞𗧘𗭦𗆟𘕣。

黑水城出土。俄藏编号：Инв. № 4872。

断魔要门

西夏文佛教文献。西夏本地之作，署"兰山觉照国师法狮子造"。写本，蝴蝶装。保存完整。西夏文题：𗉺𘝞𗆟𘕣。

黑水城出土。俄藏编号：Инв. № 815、4924。

断魔要门之科文

西夏文佛教文献。《断魔要门》之科文。作者不详。写本，似卷子装。存22行，前缺。西夏文题：𗉺𘝞𗆟𘕣𗦳𗾔。

黑水城出土。英藏编号：Or.12380—3866。

深广双入七枝仪轨

西夏文译佛教文献。当据藏文翻译，原本待考。译者及成书年代不详。出土为写本，卷子装。前缺，存尾题。西夏文题：𗟧𘝞𗖣𗫂𗎡𘚛𗙏𗆟。

黑水城出土。俄藏编号：Инв. № 5151。

续六法供养善根

西夏文译佛教文献。为藏传佛教"六法"类作品。译者及成书年代不详。出土一写本，卷子装。西夏文题：𗠁𗱸𗙫𗱷𗩾𗓽𗆐。

黑水城出土。俄藏编号：Инв. № 5173。

喜金刚本续记

西夏文译佛教文献。当藏文献 *Kye'i rdo rje zhes bya ba rgyud kyi rgyal po*[1]，汉译《吉祥喜金刚本续》的一篇释论。藏文原本由克什米尔高僧迦耶达啰（Gāyadhara）及西蕃知名译师释智（sh'akya ye shas）合译。此篇释论，据所存西夏文题记，乃由西蕃中国三藏智者啰（合口）领光（紧）斡师所集，比丘慧尊译。西夏文题：𗡞𗰖𗆐𗵘𗾟𗗙𗱷。

黑水城出土。俄藏编号：Инв. № 2825，8324。

凿手供养次第

西夏文译佛教文献。当据藏文翻译，原本待考。西夏文译者及成书年代不详。写本，卷子装。前缺。西夏文题：𗼃𗤋𗙫𗱷𗬾𗠁。

黑水城出土。俄藏编号：Инв. № 5057。

黑色天母供养法续说记

西夏文译佛教文献。当据藏文翻译，原本待考。似为《黑色天母成就法次第》的注释。写本，册叶装。前缺，存44面。西夏文题：𗤑𗤩𗥃𗴼𗙫𗱷𗠁𗵘𗾟𗱷。

黑水城出土。俄藏编号：Инв. № 7460。

---

① 　参见《西藏大藏经》德格本 No. 0417。

集轮供养次第

西夏文译佛教文献。当据藏文 *tshogs kyi 'khor lo'i mchod pa'i rim pa*[1] 翻译。存传者题记“[illegible]，[illegible]”，汉译“黑色足师造，大度民寺中国觉照国师法狮子传”。译者及成书年代不详。题记中的“黑色足师”应该就是 *tshogs kyi 'khor lo'i mchod pa'i rim pa* 之梵本的原作者 nag po，亦即《亥母耳传记文》中的大黑足师征㮈波摄断（藏 rje nag po zhabs，梵 kṛṣṇapāda）；“觉照国师法狮子”在《断魔要门》中被称之为“兰山□□雅隆辛巴觉昭国师法狮子”[2]。写本，蝴蝶装，存梵、夏经题。卷尾有一段关于法狮子传法的记载，大吉祥雅罗大寒林墓地成就，得证现前，吉祥上乐轮坛城佛会见面时，集《以等持略受主法》。依凭此文，商余啰歌巴师因作所谓“取手作次仪，雅砻斯巴法狮子集此文”。[3] 这里“雅砻斯巴”和“法狮子”联系在一起，表明二者指同一位上师。此经与《自入法略要门》《三昧四灌顶法》《集轮供养次第略许诠解要门》等合抄在一起。西夏文题：[illegible]。

黑水城出土。俄藏编号：Инв. № 821。

集轮供养次第略许诠解要门

西夏文译佛教文献。存经题，汉译“依于黑色足师造集轮供养次第，香仁波切师略许诠解要门”，即由香仁波切师（Zhang rin po che）根据黑色足师所作《集轮供养次第》而作的诠释性要门。写本，蝴蝶装。题记中的“[illegible]”还原成藏文可以是“商余啰歌巴”（Zhang g.yu-brag-pa），藏文史书一般尊称其为“祥仁波切”（Zhang Rin-po-che，1123—1194）[4]。此文献与《自入法略要门》《三昧四灌顶法》《集轮供养次第》《灌顶故求教法》等合抄在一

① 参见《西藏大藏经》德格本 1258。
② 邓如萍著，聂鸿音译：《西夏佛典中的翻译史料》，载《中华文史论丛》第 95 辑，2009 年。
③ 孙伯君：《西夏遗存文献所见藏传佛教的传承世系》，载《中华文史论丛》第 115 辑，2014 年。
④ 孙伯君：《西夏遗存文献所见藏传佛教的传承世系》，载《中华文史论丛》第 115 辑，2014 年。

起。西夏文题：𗼨𘌴𗣓𘊱𗧋𗼻𗟻𗭀𗤁𗤴𘈬𘊏𗨁𘄩。

黑水城出土。俄藏编号：Инв. № 821。

集品

西夏文佛教文献。似非一部文献之完整经题，当《等持集品》之简称或某文献之一品内容。所存为刻本，蝴蝶装。共 83 面。后缺。西夏文题：𗼨𘊱。

黑水城出土。俄藏编号：Инв. № 7124。

尊者圣妙吉祥增智慧觉之总持

西夏文译佛教文献。据藏文 *rje btsun 'phags pa 'jam dpal gyis shes rab dang blo 'phel ba zhes bya ba'i gzungs*[①] 译，译者不详。俄藏 Инв. № 6520 卷首存版画，末尾附发愿文一篇，由比丘尼折慕善花（𗰜𗰜𗄼𘄑𘄩𘏜𘏁）施印。陀罗尼用字中，梵文中的长元音，此本均多出了标示长元音的标记"𘄩"；梵文中的 vi，他本皆以清辅音"𗿁"（pji）对，此本则以浊辅音"𘏞"（bji）对；他本中的"𘄧𗌺𗣓𘊗𘈩𘄩"（syaprajñā buddhi），此本多出"𘄤𘊼"（ava）二字。[②] 俄藏 TK75 汉文文献中有一篇《圣正等王妙吉祥能增长胜慧陀罗尼》，经题较西夏文、藏文脱"𘊱"（blo），正文又多出一段偈颂。[③] 西夏文题：𘏞𗤶𗿒𘊵𘈝𗄝𗸃𗿸𘏞𗧃𘊫𘌐𘊤[④]。

黑水城、下西沟岘出土。俄藏编号：Инв. № 2830、6520；中藏编号：G21·058［20480］；英藏编号：Or.12380—3744。

附折慕善花《尊者圣妙吉祥增智慧觉之总持发愿文》译文：

今闻：如来者，本心寂静，真空为体，无往无来，无求无得。

---

① 参见《西藏大藏经》德格本 No.549。
② 段玉泉：《西夏文〈尊者圣妙吉祥增智慧觉之总持〉考》，《西夏研究》2012 年第 3 期。
③ 惠宏、段玉泉编：《西夏文献解题目录》，黄河出版传媒集团、阳光出版社 2015 年版，第 293 页。
④ 英藏 Or12380—3744 刻本中，"𘊤"作"𘊵"。

虽然如此，利有情故，以体显功，因诸种类，化身导师。其中《文殊总持》者，善功广大故，为报上师之恩，请工镂刻，印为千卷，施诸友人。有受持者，善功前述而外，惟诵三十万而见文殊面，瑞相多有。以兹胜善：圣君长寿，臣庶安康，法界含灵，皆成佛道。

施者比丘尼折慕善花。[1]

尊者后文之广供养法

西夏文译佛教文献。据藏文或梵文翻译。原本待考。写本，卷子装，前缺，存尾题。存译者题记，汉译“西天智者钵弥怛及译者比丘戒胜梵本译”，二人待考。西夏文题：[illegible]。

黑水城出土。俄藏编号：Инв. № 4984。

道之间休止法要门

西夏文译佛教文献。当据藏文翻译，原本待考。存题款“[illegible]，[illegible]”，汉译“大度民寺中国觉明国师法狮子传，出家功德司承旨沙门德妙译”。写本，册叶装。全文存留，共 19 面。西夏文题：[illegible]。

黑水城出土。俄藏编号：Инв. № 3823。

瑜伽仰渴要门

西夏文译佛教文献。当据藏文翻译，原本待考。写本，册叶装。文中有“中国大师”之署名，疑为传者或译者，译写年代不详。此与《观心法》《无心真义要门》《静虑心性顿悟要门》及《大手印定引导略文》等文献合抄为一卷。西夏文题：[illegible]。

---

① 聂鸿音：《西夏佛经序跋译注》，上海古籍出版社 2016 年版，第 155—156 页。

黑水城出土。俄藏编号：Инв. № 6775。

瑜伽自心自恋要门

西夏文译佛教文献。当据藏文翻译，原本待考，题贤觉帝师传，译者不详。写本，册叶装。前缺，存 45 面。西夏文题：𗹬𗾫𗼻𗣼𗼻𗴴𗲛𗰕。①

黑水城出土。俄藏编号：Инв. № 6778。

解释道果语录金刚句记

西夏文译佛教文献。汉文《大乘要道密集》收有一部《解释道果语录金刚句记》，由西蕃中国法师禅巴集、中国大乘玄密帝师传、北山大清凉寺沙门慧中译。汉译和西夏文译本或当于同时代完成。禅巴为萨迦初祖贡噶宁波（'Khon Sa skya ba Kun dga' snying po，1092—1158）之弟子，贡噶宁波曾造有 11 部解释《道果语录金刚句》（Lam 'bras gzhung rdo rje'i tshig rkang）的释文，《解释道果语录金刚句记》则是弟子禅巴对贡噶宁波这些释文的记载。② 西夏文题：𗢸𗾖𗨛𗬥𗤒𗤋𗨁𗦻𗰕𗹭。

黑水城出土。俄藏编号：Инв. № 913、914、4528。

新译留伊波现证之问释记

西夏文译佛教文献。当据藏文 lu yi pa'i mngon par rtogs pa'i 'grel pa sdom pa 'byung ba zhes bya ba 或 l'u yi pa'i mngon par rtogs pa'i 'grel pa'i ṭi k'a khyad par gsal byed ces bya ba 翻译，待详考。译者及成书年代不详。留伊波（lūyipā）乃印度弘传上乐密法之著名上师。原本至少有上、下两卷，出土为上卷。写

---

① "𗹬𗾫"，字面意思是"默有"，对译"瑜伽"。又"𗨁𗫵"是汉文"瑜伽"二字的音译，见《𗨁𗫵𗧘𗴺𗈁𗆊》中，汉译"瑜伽师地论"。
② 沈卫荣：《〈大乘要道密集〉与西夏、元朝所传西藏密法——〈大乘要道密集〉系列研究导论》，《中华佛学学报》2007 年第 20 期。

本，卷子装，前缺，存尾题。西夏文题：𗰛𗤁𗣼𗢳𗒣𗄻𗛝𗿒𗰒𗼇𗰜𗟲。

黑水城出土。俄藏编号：Инв. № 874。

新译常做略记

西夏文译佛教文献。似是与《发菩提心及常所做仪轨》有关的注释之作。据所存西夏文题记，乃由西蕃中国三藏智者啰（合口）领光（紧）斡师所集，比丘慧尊番译。二人待考。写本，卷子装，全文存留。西夏文题：𗰛𗤁𗥃𗧓𗤓𗟲。

黑水城出土。俄藏编号：Инв. № 4359。

静虑心性顿悟要门

西夏文译佛教文献。当据藏文翻译，原本待考。有"中国大师"之署名，疑为传译者，成文时间不详。写本，册叶装。此与《观心法》《大手印要门》《瑜伽仰渴要门》《无心真义要门》及《大手印定引导略文》等文献合抄为一卷。西夏文题：𗼈𗥃𗤋𗰖𗄻𗄻𗟲。

黑水城出土。俄藏编号：Инв. № 6775。

慧本入番中常忏悔

西夏文译佛教文献。来源不详，待考。写本，册叶装。共 63 面，前 20 面属于另外一种文献。后缺。西夏文题：𗥦𗰣𗀔𗧓𗧓𗬯𗤓𗥃𗪊𗧊。

黑水城出土。俄藏编号：Инв. № 6804。

慧本番忏悔典

西夏文佛教文献。来源及成文时间不详。出土为写本，册叶装。共 25 面，全文留存。此与《奉敕广大三宝供养法》合为一号。西夏文题：𗥦𗰣𗪊𗧊𗸦。

黑水城出土。俄藏编号：Инв. № 6774。

增寿定次第灌顶次第要门

西夏文译佛教文献。当据藏文翻译，原本待考。一本存作者、译者题记，难以辨识。写本，一蝴蝶装、一卷子装。稍残。西夏文题：𗴾𗭒𗗩𗴡𗰔𗾟𗗙𗹉𗆣。

黑水城出土。俄藏编号：Инв. № 4989、2887。

灌顶故求教法

西夏文译佛教文献。当据藏文翻译，原本不详。此文献与《自入法略要门》《三昧四灌顶法》《集轮供养次第》《集轮供养次第略许诠解要门》等合抄在一起。西夏文题：𗰔𗾟𗫡𗆧𗴾𗗙。

黑水城出土。俄藏编号：Инв. № 821。

二、汉文类佛教文献

（一）西夏汉译藏传佛教文献

八种麁重犯堕

西夏汉译藏传佛教文献。题"马鸣菩萨造"。据藏文译出，译者不详。写本。全文共八颂，每颂两句，每句五字。每一颂后皆有解说。与《常所作仪轨八种不共》《大乘秘密起发》合抄。俄藏西夏文文献中亦有《八种粗重》，唯有颂文无解说。颂文内容一致，但似乎同从他本分别译出。

黑水城出土。俄藏编号：Φ221V+Φ226V+Φ228V。

九事显发光明义

西夏汉译藏传佛教文献。西夏或元代翻译。原本当为藏文，系修"光明"（'od gsal）法之要门。与同地出土的《中有身要门》《梦幻身要门》《甘露中流中有身要门》《舍寿要门》等属于同一个系列，形款、字迹、纸质相似，内容均为《那若六法》（Na ro chos drug）之修法要门（man ngag）。[1]

黑水城出土。俄藏编号：TK285。

---

[1] 沈卫荣：《序说有关西夏、元朝所传藏传密法之汉文文献——以黑水城所见汉译藏传佛教仪轨文书为中心》，载《欧亚学刊》第7辑，中华书局2007年版。

于大手印十二种失道要门

西夏汉译藏传佛教文献。噶举派大手印（phyag rgya chen po）法要门之一。此要门说大手印十二种失道，即见解失道、定之失道、行之失道、果之失道各三种。

文献来源：《大乘要道密集》。

大手印十三种法喻

西夏汉译藏传佛教文献。噶举派大手印（phyag rgya chen po）法要门之一。此要门简说大手印十三种法喻：一如虚空高显，二如虚空宽博，三如日月光明，四如风不可属当，五如尘极细，六如虹霓之众色，七如大海底深，八如须弥山坚固，九如莲花尘不染，十如金无迁变，十一如利剑能断，十二如玉清净，十三如如意珠能遂所求。俄藏黑水城文献中有西夏文译本。

文献来源：《大乘要道密集》。

大手印八镜要门

西夏汉译藏传佛教文献。噶举派大手印（phyag rgya chen po）法要门之一。此要门说大手印八镜，分别为：见色眼之明镜、听声耳之明镜、闻香鼻之明镜、了味舌之明镜、涩滑触之明镜、有念意之明镜、无念界之明镜、无生法身明镜等。

文献来源：《大乘要道密集》。

大手印九种光明要门

西夏汉译藏传佛教文献。噶举派大手印（phyag rgya chen po）法要门之一。此要门简说大手印九种光明：一婴孩时光明，二调习时光明，三风入哑斡诺帝时光明，四受主时光明，五喜乐刹那光明，六眠寝时光明，七临终时光明，八大醉时光明，九闷绝时光明。俄藏黑水城文献中有西夏文译本。

文献来源：《大乘要道密集》

大手印九喻九法要门

西夏汉译藏传佛教文献。噶举派大手印（phyag rgya chen po）法要门之一。此要门将大手印分为因、道、果三种，因复有三、道则有四、果分为二，共九种，分别如贪女伏藏、身与面、稻苗、劫火、初月、日有亏、灯明、海与星、如意珠等。

文献来源：《大乘要道密集》

大手印三种法喻

西夏汉译藏传佛教文献。噶举派大手印（phyag rgya chen po）法要门之一。此要门说大手印三种法喻：因大手印如至金洲、道大手印如芥出油、果大手印如如意珠。黑水城文献中有西夏文译本。

文献来源：《大乘要道密集》。

大手印引定

西夏汉译藏传佛教文献。噶举派大手印（phyag rgya chen po）法的重要经。卷首云："然此引定亦名《大手印赤引导》，亦名《大手印无文字理》，亦名《传理要门》，亦名《大手印一种主》，亦名《大手印金刚无比主》，斯则心未安者，令得安息；已安息者，令得坚固；坚固者，令得增盛。故又身之坐仪、止息心仪、生觉受仪三种之法，唯斯是矣。"俄藏黑水城文献中有西夏文译本。

文献来源：《大乘要道密集》。

大手印伽支要门

西夏汉译藏传佛教文献。噶举派大手印（phyag rgya chen po）法要门之一。其师承次第：由真实究竟明满传与菩提勇识大宝意解脱师，此师传与萨啰喝师，此师传与萨啰巴师，此师传与哑斡诺帝，此师传与辣麻马巴，此师传与铭哆辣啰悉巴，此师传与辣麻辣征，此师传与玄密帝师，此师传与大宝上师，此师传与玄照国师。俄藏黑水城文献中有西夏文译本。[①]

文献来源：《大乘要道密集》。

大手印修习人九法

西夏汉译藏传佛教文献。噶举派大手印（phyag rgya chen po）法要门之一。此要门说大手印修习人之九法：无迁变之信心、正鉴甲之精进、无伦比之妙师、无餍足之要门、无方分之悲心、离边际之见解、修光明之禅定、行无增减之行、法尔所成之果。

文献来源：《大乘要道密集》。

大手印修习人九种留难

西夏汉译藏传佛教文献。噶举派大手印（phyag rgya chen po）法要门之一。此要门说大手印修习行人九种留难：国土、宫室、知友、饮食、见解、禅定、觉受、行、果等。

文献来源：《大乘要道密集》。

大手印除遣增益损减要门

西夏汉译藏传佛教文献。噶举派大手印（phyag rgya chen po）法要门之一。此要门说大手印决断增益、除遣损减等十一种义。

文献来源：《大乘要道密集》。

---

① 陈庆英：《〈大乘要道密集〉与西夏王朝的藏传佛教》，《中国藏学》2003 年第 3 期。

大手印顿入要门、心印要门

西夏汉译藏传佛教文献。噶举派大手印（phyag rgya chen po）法要门之一。此文附有跋，言及昔有大师号风卷轮回，于天竺国诸胜住处成就师等听受要门，皆依此宗修习。又大寒林及金刚座南吉祥山成就佛等亦依此宗修习。西蕃中国布当拶巴等处殊胜师等亦依此宗修习。又康斡隆迎所说师等亦依此宗修习。俄藏有西夏文译本。

文献来源：《大乘要道密集》。

大手印顿入真智一决要门

西夏汉译藏传佛教文献。噶举派大手印（phyag rgya chen po）法要门之一。此要门说顿入法身、大手印、大智和俱生真智禅定要门。

文献来源：《大乘要道密集》。

大手印湛定鉴慧觉受要门

西夏汉译藏传佛教文献。噶举派大手印（phyag rgya chen po）法要门之一。此要门说大手印湛定、鉴慧、定慧、觉受。湛定、鉴慧各分内外，湛定、鉴慧无分别觉受为定慧，有六种。

文献来源：《大乘要道密集》。

大手印静虑八法

西夏汉译藏传佛教文献。噶举派大手印（phyag rgya chen po）法要门之一。静虑八法包括：猪怀胎、积柳絮、燕归巢、秤金衡、凤凰飞、船放鸟、无云空、宽博如海等。

文献来源：《大乘要道密集》。

大佛顶白伞盖心咒

西夏汉译藏传佛教文献。刻本，经折装。共 96 面。对音汉字与西夏编集汉传佛教文献《密咒圆因往生集》一致，具有河西方音译经用字特点，故知为西夏译本。[1]

黑水城出土。俄藏编号：TK137。

大乘秘密起发

西夏汉译藏传佛教文献。当据藏文译出，译者不详。写本，与《八种麁重》《常所作仪轨八种不共》合抄。

黑水城出土。俄藏编号：Φ221V＋Φ226V＋Φ228V。

大黑求修并作法

西夏汉译藏传佛教文献。觉昌师造。西夏或元代时期据藏文翻译，译者及成文时间不详。"觉昌"或与"金刚觉圆"指的是同一人，都是 Sangs rgyas phun tshogs 的意译。[2] 共 34 个整叶，2 个半叶，并多小块残片。先述大修习缘起，次第传授及亲念仪等。次第传授中记载了贤觉帝师对藏传密教在西夏传播中所做出的贡献："修习人求手印成就有三期，曰上根人□定克证，中根人一七（期）日，下根人生必证□。此生不证，则中有身上决定成就也。彼剂门相袭次第者，铃杵法师传贤觉师，彼师传金刚座法师，彼师传阿灭葛啰□蕚八恒（怛）草头路赞讹，彼师传大吉祥，彼师传阿师，彼师传浪布师，彼师传阿浪座主，彼师处传矾上师，彼师处净信弟子授得此法，无信人勿传者矣。自摄受剂门也。"这里的"贤觉师"即"贤觉帝师"，他主要传承了"大

---

[1] 孙伯君：《西夏智广编〈密咒圆因往生集〉陀罗尼汇考》，第二届中国密教国际学术研讨会论文，浙江绍兴，2013 年。

[2] 沈卫荣：《序说有关西夏、元朝所传藏传密法之汉文文献——以黑水城所见汉译藏传佛教仪轨文书为中心》，《欧亚学刊》2007 年第 7 辑。文末注释 53。

手印"成就法中的"大黑求修法"。①

黑水城出土。俄藏编号：B59。

大黑根本命咒

西夏汉译藏传佛教文献。西夏或元代时期据藏文翻译，译者及成文时间不详。相应的藏文或即 *Nag po chen po srog rtsa snags*。此与《大黑赞》为同一编号，且与同地出土《大黑求修并作法》《慈乌大黑要门》《大黑赞》《黑色天母求修次第仪》等文献都是与大黑天（怙主）修法相关的同类文献。②

黑水城出土。俄藏编号：TK262。

大黑赞

西夏汉译藏传佛教文献。西夏或元代时期据藏文翻译，译者及成文时间不详。相应的藏文或即 *Nag po chen po la bstod pa*。此与《大黑根本命咒》为同一编号，且与同地出土《大黑求修并作法》《慈乌大黑要门》《黑色天母求修次第仪》等文献都为同类的与大黑天（怙主）修法相关的文献。③

黑水城出土。俄藏编号：TK262。

大集轮□□声颂

西夏汉译藏传佛教文献。此为藏密所传上乐金刚修法法本，存尾题"大集轮□□声颂一本"，《大集轮》即 *Tshogs kyi 'khor lo chen po*。④ 上卷首为结界、遣魔、迎请、礼敬、赞叹、供养、忏悔，以上乐金刚为主要修法对象。写本，

---

① 孙伯君：《西夏遗存文献所见藏传佛教的传承世系》，载《中华文史论丛》第 115 辑，2014 年。

② 黄杰华：《黑水城出土藏传佛教实修文书〈慈乌大黑要门〉试释》，载《西夏学》（第 4 辑），宁夏人民出版社 2009 年版。

③ 黄杰华：《黑水城出土藏传佛教实修文书〈慈乌大黑要门〉试释》，载《西夏学》（第 4 辑），宁夏人民出版社 2009 年版。

④ 沈卫荣：《序说有关西夏、元朝所传藏传密法之汉文文献——以黑水城所见汉译藏传佛教仪轨文书为中心》，载《欧亚学刊》第 7 辑，中华书局 2007 年版。

共 79 叶。下卷起首即礼读、供养金刚亥母，然后为四空行母、八勇母、护法等，最后为总回向祝读文。因修法对象不同，故各次礼读、忏悔、祈愿等内容亦不相同。与同地出土的《金刚亥母集轮供养次第录》《集轮法事》等属于同一类文献。

黑水城出土。俄藏编号：TK74。

无生上师出现感应功德颂

西夏汉译藏传佛教文献。西夏末期作品。马蹄山修行僧捺巴座主依梵本略集。这篇偈颂是根据无先（生）金刚上师之行记改写而成的。疑金刚上师即西夏知名帝师大乘玄密帝师的偈颂体传记。

文献来源：《大乘要道密集》。

中有身要门

西夏汉译藏传佛教文献。存传译题记，言麓麻蘖①上师传，嵩厮当译。此与《九事显发光明义》《梦幻身要门》《甘露中流中有身要门》《舍寿要门》等文献属于同一个系列，为《那若六法》之"中有"（bar do）修法要门。② 俄藏有西夏文译本。

黑水城出土。俄藏编号：TK327。

六字大明王功德略

西夏汉译藏传佛教文献。刻本，卷轴装。智通译，成书年代为夏仁宗乾祐十六年（1185）。首题"六字大明王功德略"。卷末有汉文、梵文陀罗尼。尾题同首题。附《尊胜心咒》。下有印施题记 2 行"乾祐乙巳十六年季秋八月

---

① 麓麻蘖，又作"麓麻结""麓麻谒"，黑水城出土文献中有很多文本署名为此师所传。

② 沈卫荣：《序说有关西夏、元朝所传藏传密法之汉文文献——以黑水城所见汉译藏传佛教仪轨文书为中心》，载《欧亚学刊》第 7 辑，中华书局 2007 年版。

十五日比丘智通施"。对音汉字与西夏编集汉传佛教文献《密咒圆因往生集》一致，具有河西方音译经用字特点，故知为西夏译本。①

黑水城出土。俄藏编号：TK136。

文殊菩萨修行仪轨（拟）

西夏汉译藏传佛教文献。由一组短小的陀罗尼及偈颂组成，包括《圣正等王妙吉祥能增长胜慧陀罗尼》《成道吉祥偈》《七宝供养》《三身供》等篇。其中的《圣正等王妙吉祥能增长胜慧陀罗尼》与《尊者圣妙吉祥增智慧觉之总持》较为接近;《成道吉祥偈》内容与西夏文《十二宫吉祥偈》较为接近。②

黑水城出土。俄藏编号：TK75。

甘露中流中有身要门

西夏汉译藏传佛教文献。题"少黑法师传"，译者不详。此"少黑法师"当即 TK329《四字空行母记文》中提到的"小黑足师"，亦即帕当巴桑杰（Pha dam pa sangs rgyas，？—1117）。③所存不完整，内容与噶举派所传"那若六法"之"中有"修法有显著不同。载传承次第:"后别列传人有三:谓佛、菩萨、成就上师也。佛者，文殊师子音也。菩萨者，救度佛母也。成就上师者，具德密拽瓦等五十四师也。"密拽瓦为印度密教八十五成就者之一。

黑水城出土。俄藏编号：A16。

四字空行母记文

西夏汉译藏传佛教文献。译者及成文时间不详。当《吉祥金刚修习母求

---

① 孙伯君:《西夏智广编〈密咒圆因往生集〉陀罗尼汇考》，第二届中国密教国际学术研讨会论文，浙江绍兴，2013 年。

② 段玉泉:《西夏文〈尊者圣妙吉祥增智慧觉之总持〉考》，《西夏研究》2012 年第 3 期。

③ 孙鹏浩:《有关帕当巴桑杰的西夏汉文密教文献四篇》，载《文本中的历史——藏传佛教在西域和中原的传播》，中国藏学出版社 2012 年版。

修》之注文，属于今天所谓胜乐轮（'Khor lo sdom pa）的修法系统。所存仅
为卷上一部分。卷首详载此成就法传承次第，分远、近两种：远者从真实究
竟名满（Sangs rgyas，佛陀）传文殊师演说狮子音（sMra ba'i seng ge，文殊菩
萨），传第八地菩萨阿拽丁瓦，传菩提勇识米拽瓦，传须遏麻葛厮帝空行母，
传胜势铭得哩瓦，传悉麻仓，传征捺波摄厮（大黑足师），传崞麻捺乙钟（小
黑足师）；近者从崞麻捺乙钟传与崞麻周乙，传斜悉当章吃（普宗），传崞麻
松巴散哩结章光（正觉宝昌师），传崞麻葛悉兼名（无生），崞麻昆曷（普喜）。
崞麻昆曷（普喜）即萨迦五祖之初祖萨钦贡噶宁波（1092—1158），藏文为
kun dga' snying po，义为"普喜心"。[①] 黑水城出土文献中有许多金刚亥母求修
仪轨，此为其中较完整者。西夏"金刚亥母求修法"之传承次第，又见西夏
文 Инв. № 823《亥母耳传记》，二者所述一致。[②]

　　黑水城出土。俄藏编号：TK329。

白色圣观自在修习要门

　　西夏汉译藏传佛教文献。四壁观音本尊瑜伽修习要门。原题西蕃中国班
尼怛大法王师莎宗传，晋夏府佑国宝塔寺讲经律论沙门智明译。《大乘要道密
集》所收西夏译本《依吉祥上乐轮方便智慧双运道玄义卷》译经题款作"佑
国宝塔弘觉国师沙门慧信录"。两种题款中的"佑国宝塔"当指西夏法律文献
《亥年新法》卷十五所载"佑国宝塔寺"。

　　文献收藏地：国家图书馆。

圣大乘胜意菩萨经

　　西夏汉译藏传佛教文献。据藏文本 'phags pa rgyal ba'i blo gros zhes bya ba

---

①　孙伯君：《西夏遗存文献所见藏传佛教的传承世系》，载《中华文史论丛》第 115 辑，2014 年。
②　孙伯君：《西夏遗存文献所见藏传佛教的传承世系》，载《中华文史论丛》第 115 辑，2014 年。

*theg pa chen po'i mdo*① 翻译，卷首题"兰山智昭国师沙门（德慧奉诏译），奉天显道耀武宣文神谋睿智制义去（邪惇睦懿恭皇帝详定）"。卷尾附仁宗天盛十五年（1167）九月十五日施经发愿文残本，内容与《佛说圣大乘三归依经》全同。所存文本有梵、汉经题，正文下部残缺。西夏文文献中也有一部同署名兰山智昭国师沙门德慧翻译的《圣大乘胜意菩萨经》，译自藏文本。

黑水城出土。俄藏编号：TK145。

圣观自在大悲心总持功能依经录

西夏汉译藏传佛教陀罗尼经。据藏文文献 *'phags pa spyan ras gzigs dbang phyug thugs rje chen po'i gzungs phan yon dang bcas pa'mdo ltar bsdus pa* 翻译，② 译者鲜卑宝源，成文不晚于天盛元年（1149）。卷首存佛经版画，十一面观音莲花座下方圆圈内书种子字。经题后存传译者题款："诠教法师、番汉三学院兼偏袒提点、嚶卧耶沙门鲜卑宝源奉敕译，天竺大般弥怛、五明显密国师、在家功德司正、嚶乃将沙门嚩也阿难捺传。"所存刻本与《胜相顶尊总持功能依经录》合刻，后附仁宗皇帝天盛元年（1149）施经发愿文。另参考西夏文《圣观自在大悲心总持功能依经录》目，此佛经的汉文译本和西夏文译本实际上是据藏文本翻译而来。③

黑水城出土。俄藏编号：TK164、165。

圣妙吉祥真实名经

西夏汉译藏传佛教文献。据藏文 *'phags pa 'jam dpal gyi mtshan yang dag*

① 沈卫荣：《汉藏译〈圣大乘圣意菩萨经〉研究——以俄藏黑水城汉文文献 TK145 文书为中心》，载《中国边疆民族研究》第 1 辑，中央民族大学出版社 2008 年版。

② 孙伯君：《西夏宝源译〈圣观自在大悲心总持功能依经录〉考》，《敦煌学辑刊》2006 年第 2 期。

③ 段玉泉：《西夏文〈圣观自在大悲心总持功能依经录〉考论》，载聂鸿音、孙伯君编：《中国多文字时代的历史文献研究》，社会科学文献出版社 2010 年版。

par brjod pa[①] 译，旧题"元讲经律论习密教土番译主聂崖沙门释智译"，[②] 释智实为西夏时代人，《圣妙吉祥真实名经》在西夏时期已译出，内蒙古黑水城、宁夏拜寺沟西夏方塔皆出土此汉译本可证。经文之后又题"元讲经律论出家功德司判使铭个沙门道圆缀文"，这里出现的"出家功德司"是西夏佛教管理机构，表明道圆亦是西夏时期的僧人。西夏文文献中亦有一部《圣妙吉祥真实名经》，其梵语经题、西夏语经题皆与释智汉译本合，二者似译自同一部藏文文献。

黑水城、方塔、山嘴沟出土。俄藏编号：TK184；中藏编号：N11·005〔L：16〕、N21·018〔F036〕；宁夏考古所 K2：100—1、2。

圣者文殊师利一百八名赞

西夏汉译藏传佛教文献。当据藏文 *'phags pa 'jam dpal gyi mtshan brgya rtsa brgyad pa zhes bya ba*[③] 翻译，旧题"元甘泉马蹄山中川守分真师侄智慧译"，[④] 言该《文殊赞》汉译者智慧乃马蹄山中川守分真师之侄。此进一步证实《圣妙吉祥真实名经》汉译者释智即释智慧，西夏时代人。

文献来源：诸版本《大藏经》。

圣者文殊师利赞

西夏汉译藏传佛教文献。当据藏文 *'phags pa 'jam dpal la bstod pa*[⑤] 翻译，旧题"元甘泉马蹄山中川守分真师侄智慧译"，[⑥] 言该《文殊赞》汉译者智慧乃马蹄山中川守分真师之侄。此进一步证实《圣妙吉祥真实名经》汉译者释智

---

① 参见《西藏大藏经》德格本 No. 1400。
② 参见《大正新修大藏经》No. 1190，第 20 册，第 826 页。
③ 参见《西藏大藏经》德格本 No. 0642。
④ 参见《大正新修大藏经》No. 1190，第 20 册，第 833 页。
⑤ 参见《西藏大藏经》德格本 No. 2707。
⑥ 参见《大正新修大藏经》No. 1190，第 20 册，第 833 页。

即释智慧，其为西夏时代人。

文献来源：诸版本《大藏经》。

圣者文殊利发菩提心愿文

西夏汉译藏传佛教文献。旧题"巴看落目瓦传，元甘泉马蹄山中川守分真师佺智慧译"，[①]巴看落目瓦疑即西天僧人，汉译者释智即释智慧，为西夏时代人。

文献来源：诸版本《大藏经》。

圣胜慧到彼岸功德宝集偈

西夏汉译藏传佛教文献，佛教典籍般若部晚期的著作。所存为明代刻本，与藏文本合刊，现藏北京房山云居寺。据藏文文献 'phags pa shes rab kyi pha rol tu phyin pa yon tan rin po che bsdud pa tshigs su bcad pa 翻译[②]，译者鲜卑宝源，成文不晚于西夏大庆二年（1141）。作品以偈颂形式呈现，全文共302偈，十一字一句，分上、中、下三卷。存传译者题款："诠教法师、番汉三学院并偏袒提点、嚛美则沙门鲜卑宝源　汉译；显密法师、功德司副使、嚛卧英沙门；演义法师、路赞讹、嚛赏则沙门遏啊难捺吃哩底　梵译；天竺大钵弥怛、五明显密国师、讲经律论、功德司正、嚛乃将沙门嚛也阿难捺亲执梵本证义；贤觉帝师、讲经律论、功德司正、偏袒都大提点，嚛卧勒沙门波罗显胜；奉天显道耀武宣文神谋睿智制义去邪惇睦懿恭皇帝　再详勘。"另参见西夏文《圣胜慧到彼岸功德宝集偈》条。

文献收藏地：北京房山云居寺。

---

① 见《大正新修大藏经》No.1198，第20册，第940页。
② 段玉泉：《西夏〈功德宝集偈〉跨语言对勘研究》，上海古籍出版社2014年版。

吉祥上乐轮略文等虚空本续注

西夏汉译藏传佛教文献。《吉祥上乐轮略文等虚空本续》的一篇注释，或称记文。写本，残损严重，计 20 叶 27 面，另有大小残片 31 纸。首行经题残存"空本续"三字，文中反复出现"吉祥上乐轮略文等虚空本续"，当即经题全称。经题后又残存"□□国师知金刚传""沙门提点海照译"，国师知金刚当即藏文本译者 jānavajra（智金刚），其藏文名作 Ye shes rdo rje。《西藏大藏经》中收有一部与《吉祥上乐轮略文等虚空本续》相应的藏文本文献 *dPal bde mchog nam mkha 'dang mnyam pa'i rgyud kyi rgyal po zhes bya ba*，[①] 正是 jānavajra（智金刚）译。

宁夏拜寺沟方塔出土。中藏编号：N21 · 023［F042］。

多闻天施食仪轨

西夏汉译藏传佛教文献。当据藏文翻译或编译，译者不详。原卷存经题，作《多闻天施食仪轨》和《天王烧施仪轨》。[②]

黑水城出土。俄藏编号：Φ222，234。

观音菩萨六字大明王秘密神咒禅定

西夏汉译藏传佛教文献。亦名《舍寿定》。原文题大宝成就上师传，中国无比金刚三尖上师大乐金刚传，中分真师侄旨厮多智慧译。这里的旨厮多智慧即翻译《圣妙吉祥真实名经》的释智慧。在《圣者文殊师利赞》《圣者文殊利发菩提心愿文》的题款中均署"元甘泉马蹄山中川守分真师侄智慧译"，可证。

文献收藏地：国家图书馆。

---

① 　参见《西藏大藏经》德格本 No. 415。

② 　荣新江:《〈俄藏敦煌文献〉中的黑水城文献》，载沈卫荣等主编:《黑水城人文与环境研究——黑水城人文与环境国际学术讨论会文集》，中国人民大学出版社 2007 年版。

寿定仪

西夏汉译藏传佛教文献。题记称"那悉多传"，"那悉多"即汉文本《中有身要门》的译者"嵩厮当"，按照河西方音，"嵩"与"那"、"悉"与"厮"、"多"与"当"读音均相近。[①] 西夏文文献中有《寿增定次主承次要论》，或为同类文献。

黑水城出土。俄藏编号：Инв. No.274。

求佛眼母仪轨

西夏汉译藏传佛教文献。题为"西天金刚座大五明传，上师李法海译"。佛眼母为构成《幻化网续》坛城四明妃之一。这四位明妃（或称佛母）分别是：佛眼（spyan）、摩摩枳（Mā ma ki）、白衣（Gos dkar can）和天女度母（lHa mo sgrol ma）。[②]

黑水城出土。俄藏编号：A5。

佛说圣大乘三归依经

西夏汉译藏传佛教文献。据藏文本 *'phags pa gsum la skyabs su 'gro ba zhes bya ba theg pa chen po'i mdo*[③] 翻译。兰山智昭国师沙门德慧奉诏译，奉天显道耀武宣文神谋睿智制义去邪惇睦懿恭皇帝详定。卷尾附仁宗天盛十五年（1167）九月十五日施经发愿文。年款中存西夏人用汉文记载的国名"白高大夏国"。西夏文文献中也有一部同署名兰山智昭国师沙门德慧翻译的《佛说圣大乘三归依经》，印证了发愿文中所说的"印造斯经番、汉五万一千余卷"。两篇发愿文小有差异，如汉文本"读诵大藏经等尊经"，西夏文本作"读诵番、

① 孙伯君：《西夏遗存文献所见藏传佛教的传承世系》，载《中华文史论丛》第115辑，2014年。
② 沈卫荣：《序说有关西夏、元朝所传藏传密法之汉文文献——以黑水城所见汉译藏传佛教仪轨文书为中心》，载《欧亚学刊》第7辑，中华书局2007年版。
③ 参见《西藏大藏经》德格本 No.0016。

西蕃、汉藏经"。

黑水城出土。俄藏编号：TK121、122。中国藏编号：宁考古所 F050—1—（1+5+6+3+4）、F044①。

附《佛说圣大乘三归依经》发愿文：

朕闻：能仁开导，允为三界之师；圣教兴行，永作群生之福。欲化迷真之辈，俾知入圣之因，故高悬慧日于昏衢，广运慈航于苦海。仗斯秘典，脱彼尘笼。含生若恳于修持，至圣必垂于感应。用开未喻，以示将来。睹兹妙法之希（稀）逢，念此人身之难保，若匪依凭三宝，何以救度四生。恭惟《圣大乘三归依经》者，释门秘印，觉路真乘，诚振（拯）溺之要津，乃指迷之捷径。具寿舍利，独居静处以归依；善逝法王，广设譬喻而演说。较量福力以难尽，穷究功能而转深。诵持者必免于轮回，佩戴者乃超于生死，劝诸信士敬此真经。朕适逢本命之年，特发利生之愿，恳命国师、法师、禅师暨副判、提点、承旨、僧录、座主、众僧等，遂乃烧施、结坛、摄瓶、诵咒。作广大供养，放千种施食，读诵大藏等尊经，讲演上乘等妙法。亦致打截截、作忏悔、放生命、喂囚徒、饭僧、设贫，诸多法事。仍敕有司，印造斯经番汉五万一千余卷、彩画功德大小五万一千余帧、数珠不等五万一千余串，普施臣吏僧民。每日诵持供养。所获福善，伏愿皇基永固，宝运弥昌。艺祖神宗，冀齐登于觉道；崇考皇妣，祈早往于净方。中宫永保于寿龄，圣嗣长增于福履。然后满朝臣庶，共沐慈光；四海存亡，俱蒙善利。时白高大夏国乾祐十五年岁次甲辰九月十五日。

奉天显道耀武宣文神谋睿智制义去邪惇睦懿恭皇帝施。

① 此组文献残叶出土于拜寺沟方塔，未刊，图版见宁夏文物考古所编：《拜寺沟西夏方塔》，文物出版社 2005 年版，第 259—260、262—264 页。参见高山杉：《西夏在汉藏蒙古之间》，《东方早报·上海书评》2011 年 6 月 19 日。

佛说圣佛母般若波罗蜜多心经

西夏汉译藏传佛教文献。兰山觉行国师沙门德慧奉敕译，奉天显道耀武宣文神谋睿智制义去邪惇睦懿恭皇帝详定。刻本，后附有《持诵要门》及仁宗《御制发愿文》。成文不晚于天盛十七年（1165）。汉文本发愿文与此西夏文本发愿文稍异。汉文本发愿文称"寻命兰山觉行国师沙门德慧重将梵本，再译微言"，即据梵文本翻译。西夏文本发愿文则言"寻命兰山觉行国师沙门德慧，重将《圣佛母般若心经》与梵、西蕃本仔细校雠，译番、汉本"，西蕃本即藏文本，可知此经乃核梵、藏两本翻译而成。

黑水城出土。俄藏编号：TK128。

附仁宗仁孝《圣佛母般若波罗蜜多心经御制后序》：

粤以真空绝相，声色匪求；妙有不无，凡庸叵测。惟我正觉，恢运悲心，有感必通，无机不应。因言显不言之奥，懋阐真空；示物名不物之玄，廓昭妙有。施会万行，慧彻三空。俾乘般若之舟，庶达波罗之岸。甚深之法，实在斯经。文简义丰，理幽辞显。括十二部之分教，总六百卷之大经。色即是空，万浪风恬而真性寂尔；空即是色，千江月印而妙用昭然。不执二边，不著中道。绝灭五蕴，涤除六尘。一切众生，仗兹而度苦厄；三世诸佛，依此而证菩提。朕睹胜因，遂陈诚愿。寻命兰山觉行国师沙门德慧重将梵本，再译微言，仍集《真空观门施食仪轨》附于卷末，连为一轴。于神妣 皇太后周忌之辰，开板印造番、汉共二万卷，散施臣民。仍请觉行国师等烧结灭恶趣中围坛仪，并拽六道及讲演《金刚般若经》《般若心经》，作法华会大乘忏悔、放神幡、救生命、施贫济苦等事。恳伸追荐之仪，用答劬劳之德。仰凭觉荫，冀锡冥资，直往净方，得生佛土，永住不退，速证法身。又愿六庙祖宗，恒游极乐；万年社稷，永享升平；一德大臣，百祥咸萃；更均余祉，下逮含灵。

天盛十九年岁次丁亥五月初九日，奉天显道耀武宣文神谋睿智制义去邪悖睦懿恭皇帝谨施。

佛眼母仪轨

西夏汉译藏传佛教文献。与 A5 中的《求佛眼母仪轨》为同一仪轨的不同抄本。

黑水城出土。俄藏编号：A13。

拙火能照无明

西夏汉译藏传佛教文献。乃《那若六法》之一法"拙火"（gtum mo）之修法，首题"能照无明"，下双行小字"风息执着共行之法"；尾题"拙火能照无明竟"，"明"字皆缺笔避讳。文末云"后贤当念上师恩，啰厮二合吧上师之境味"。

黑水城出土。俄藏编号：A18。

依三十五佛昼夜时□□□□□重罪剂门

西夏汉译藏传佛教文献。译者不详，前缺，残存尾题"依三十五佛昼夜时□□□□□重罪齐（剂）门"，[①] 后有仁宗皇帝施经发愿文，署年款："［乾］祐庚子十一年（1180）"。

拜寺沟方塔出土。中藏编号：N21・015［F037］。

依吉祥上乐轮方便智慧双运道玄义卷

西夏汉译藏传佛教文献。祐国宝塔弘觉国师沙门慧信录。成文时间不详。此篇乃《吉祥上乐轮修法》（dPal bde mchog 'khor lo'i sgrub thabs）之一种。为

---

① 高山杉：《西夏在汉藏蒙古之间》，《东方早报・上海书评》2011 年 6 月 19 日。

萨思迦派的修法与作品，与道果法直接相关。^①本卷实际上是一系列修法要门的结集，所收集的要门有：欲乐定、拙火定、九周拙火剂门、治风剂门、对治禅定剂门、除定障碍剂门、十六种要仪、光明定玄义、梦幻定、幻身定玄义。

文献来源：《大乘要道密集》。

舍寿要门

西夏汉译藏传佛教文献。与 TK327《中有身要门》、A15《梦幻身要门》之形款、纸质、字迹相似。

黑水城出土。俄藏编号：A17。

金刚亥母自摄授要门

西夏汉译藏传佛教文献。西夏文文献中有《自入法略要门》，当属同类文献。

黑水城出土。俄藏编号：Инв.No.274。

金刚亥母修习仪

西夏汉译藏传佛教文献。此当即为众多《金刚亥母修法》（*rDo rje phag mo'i sgrub thabs*）中的一种，首尾完整。

黑水城出土。俄藏编号：Ф249、327。

金刚亥母略施食仪

西夏汉译藏传佛教文献。题"麓麻谒法师传"。其相应的藏文标题当作 *rDo rje phag mo'i mdor bsdus pa'i gtor ma'i cho ga*。西夏文文献中有《金刚亥母

---

① 沈卫荣：《〈大乘要道密集〉与西夏、元朝所传西藏密法——〈大乘要道密集〉系列研究导论》，《中华佛学学报》2007 年第 20 期。

随食饮受承顺要论》。

黑水城出土。俄藏编号：Инв.No.274。

金刚亥母集轮供养次第录

西夏汉译藏传佛教文献。据藏文翻译，藏文原本为 *Tshogs kyi 'khor lo'i mchod pa'i rim pa*。[①] 西夏文文献中有《集轮供养次第》。

黑水城出土。俄藏编号：A14。

金刚亥母禅定

西夏汉译佛教文献。题首云"那悉多法师传"。按其题名，相应的藏文名当作 *rDo rje phag mo'i bsam gtan*。

黑水城出土。俄藏编号：A19。

金刚剂门

西夏汉译藏传佛教文献。据藏文翻译，藏文原本不详。写本，蝴蝶装，共 4 面。称此剂门出在《大云金刚本续》内，载"金刚亥母"修习法传承世系：金刚座师—曼机捹帝国王—为帝国王—得菩萨行法师—智惠多心法师—麓麻结—白色法师—于施碍国王。金刚座师即捹也阿难捺。[②]

黑水城出土。俄藏编号：TK287。

金刚修习母究竟仪

西夏汉译藏传佛教文献。相应的藏文标题当为 *rDo rje rnal 'byor ma'i*

---

① 参见《西藏大藏经》北京版 No. 1258。
② 孙伯君：《西夏遗存文献所见藏传佛教的传承世系》，载《中华文史论丛》第 115 辑，2014 年。

sngags kyi de kho na nyid kyis byin gyis brlabs pa'i rim pa。[1]

黑水城出土。俄藏编号：Инв.No.274。

金刚修习母摄授瓶仪

西夏汉译藏传佛教文献。西夏文文献中有《金刚亥母随净瓶□以作顺要论》，或为同类文献。

黑水城出土。俄藏编号：Инв.No.274。

金刚乘八不共犯堕

西夏汉译藏传佛教文献。经题或可还原为 *rDo rje theg pa'i rtsa ba brgyad pa'i ltung ba'i las kyi cho ga*。它与前述 A14《金刚亥母集轮供养次第录》为同一系统，讲述行者在修习吉祥集轮仪轨时应当去除的八种违犯记句（dam tshig，即誓言）的堕罪。[2] 俄藏有西夏文译本。

黑水城出土。俄藏编号：B64。

念一切如来百字忏悔剂门仪轨

西夏汉译藏传佛教文献。当据藏文翻译。首题云："西天金刚座大五明传，上师李法海译"，"西天金刚座大五明"或即"天竺大般弥怛五明显密国师在家功德司正嚘乃将沙门嘹也阿难捺"。

黑水城出土。俄藏编号：A5。

---

[1] 沈卫荣：《序说有关西夏、元朝所传藏传密法之汉文文献——以黑水城所见汉译藏传佛教仪轨文书为中心》，载《欧亚学刊》第 7 辑，中华书局 2007 年版。

[2] 沈卫荣：《序说有关西夏、元朝所传藏传密法之汉文文献——以黑水城所见汉译藏传佛教仪轨文书为中心》，载《欧亚学刊》第 7 辑，文末注释 54。

持诵圣佛母般若多心经要门

西夏汉译藏传佛教文献。此为《佛说圣佛母般若波罗蜜多心经》的持诵要门。兰山智昭国师沙门德慧译，原本不详。全文附于德慧译《佛说圣佛母般若波罗蜜多心经》之后，另有施经发愿文一则。俄藏亦有西夏文译本。

黑水城出土。俄藏编号：TK128。

显密十二因缘庆赞坛城法事仪轨

西夏汉译藏传佛教文献。依藏文翻译，此题目或可还原为 *rTen 'brel bcu gnyis la bstod pa dkyil 'khor kyi cho ga*。[①]

黑水城出土。俄藏编号：TK328。

修持仪轨

西夏汉译藏传佛教文献。胜乐修持之仪轨。译者不详，当为西夏晚期译出的无上瑜伽秘典。写本，缝缋装，残缺，共三沓。第一沓五纸 10 面，第二沓六纸 12 面，第三沓三个半叶的 3 面。内容主要包括坛场的布置、本尊仪轨及修持法之仪轨。

拜寺沟方塔出土。中藏编号：N21·022［F041］。

胜相顶尊总持功能依经录

西夏汉译藏传佛教陀罗尼经。据藏文文献 *gtsug tor rnam par rgyal ma'i gzungs phan yon dang bcas pa' mdo ltar bsdus pa*[②] 翻译，译者鲜卑宝源，成文不晚于天盛元年（1149）。刻本，与《圣观自在大悲心总持功能依经录》合刻。经题后存传译者题款："诠教法师、番汉三学院兼偏袒提点、嚷卧耶沙门鲜卑

---

① 沈卫荣：《序说有关西夏、元朝所传藏传密法之汉文文献——以黑水城所见汉译藏传佛教仪轨文书为中心》，载《欧亚学刊》第 7 辑，中华书局 2007 年版。

② 见俄罗斯科学院东方文献研究所藏黑水城出土藏文文献 XT67，未刊布。

宝源奉敕译，天竺大般弥怛、五明显密国师、在家功德司正、嚷乃将沙门嘇
也阿难捺传。"附仁宗皇帝天盛元年（1149）施经发愿文，与西夏文发愿文稍
异。另参考西夏文"胜相顶尊总持功能依经录"条。

黑水城出土。俄藏编号：TK164、165。

附《圣观自在大悲心总持并胜相顶尊总持》后序及发愿文：

朕伏以神咒威灵，功被恒沙之界；玄言胜妙，力通亿劫之多。
惟一听于真筌，可顿消于尘累。其于微密，岂得名言。切谓自在
大悲，冠法门之密语；顶尊胜相，总佛印之真心。一存救世之至
神，一尽利生之幽验。大矣，受持而必应；圣哉，敬信而无违。普
周法界之中，细入微尘之内，广资含识，深益有情。闻音者大获胜
因，触影者普蒙善利。点海为滴，亦可知其几何；碎刹为尘，亦可
量其几许。唯有慈悲之大教，难穷福利之玄功。各有殊能，迥存异
感。故《大悲心感应》云：若有志心诵持《大悲咒》一遍或七遍者，
即能超灭百千亿劫生死之罪，临命终时，十方诸佛皆来授手，随愿
往生诸净土中。若入流水或大海中而沐浴者，其水族众生占浴水者
皆灭重罪，往生佛国。又《胜相顶尊感应》云：至坚天子，诵持章
句，能消七趣畜生之厄。若寿终者，见获延寿。遇影沾尘，亦复
不堕三恶道中。授菩提记，为佛嫡子。若此之类，功效极多，朕睹
兹胜因，倍激诚恳，遂命工镂板雕印番汉一万五千卷，普施国内，
臣民志心看转，虔诚顶受。朕亦躬亲而（仰）服，每当竭意而诵
持，欲遂良缘，广修众善。开阐真乘之大教，烧结秘密之坛仪；读
经不绝于诵声，披典必全于大藏。应干国内之圣像，悉令恳上于金
妆。遍施设供之法筵，及集斋僧之盛会。放施食于殿宇，行法事于
尊容。然斯敬信之心，悉竭精诚之恳。今略聊陈于一二，岂可详悉
而具言。以兹胜善，伏愿：神考崇宗皇帝超升三界，乘十地之法云；
越度四生，达一真之性海。默助无为之化，潜扶有道之风。之子之

孙，益昌益盛。又愿：以此善力，基业泰定，迩遐扬和睦之风；国本
隆昌，终始保清平之运。延宗社而克永，守历数以无疆。四方期奠
枕之安，九有获覆盂之固。祝应□诚之感，祈臻福善之征。长遇平
□，毕无变乱。普天率土，共享□□。□有所求，随心皆遂。为祝
神圣，乃为颂曰：

　　法门广辟理渊微，持读□□□□□。大悲神咒玄密语，
□□□□□□□。（下缺）

　　（上缺）奉天显道耀武宣文神谋睿智制义去邪惇睦懿恭　皇帝

亲诵仪

西夏汉译藏传佛教文献。修多闻天王施食仪轨。当与《西藏文大藏经》
中的 *rNam thos sras rjes su 'brang ba'i gtor ma'i cho ga zhes bya ba* 有关。[1]尾题"天
庆丙辰三年（1196）十二月廿五日写勘了"。

黑水城出土。俄藏编号：Φ214。

梦幻身要门

西夏汉译藏传佛教文献。为达波噶举派创始人冈波巴锁南辇真（sGam
po pa bSod names rin chen，1079—1153）所造《那若六法释论》（*rJe dwags po
lha rje'i gsung dmar khrid gsang chen bar do'i dmar khrid 'pho ba'i dmar khrid zhal
gdams bcas pa bzhus su*）之一节《幻身要门》（*sGyu lus kyi man ngag*）的译文。[2]

黑水城出土。俄藏编号：A15。

---

　　① 沈卫荣：《序说有关西夏、元朝所传藏传密法之汉文文献——以黑水城所见汉译藏传佛教仪
轨文书为中心》，载《欧亚学刊》第 7 辑，中华书局 2007 年版。
　　② 沈卫荣：《西夏黑水城所见藏传佛教瑜伽修习仪轨文书研究 I：〈梦幻身要门〉》，载《当代藏
学学术研讨会论文集》，台北"蒙藏委员会"，2003 年。

常所作仪轨八种不共

西夏汉译藏传佛教文献。题"吉祥形鲁割造"。当据藏文译出，译者不详。"吉祥形鲁割"，在西夏语译汉文文献中亦作"吉祥形鲁葛"，梵文作 śrīheruka。原文为写本，与《八种粗重》《大乘秘密起发》合抄于一本。

黑水城出土。俄藏编号：Φ221V＋Φ226V＋Φ228V。

密教仪轨之一

西夏汉译藏传佛教文献。西夏或元代翻译，译者及成文时间不详。

黑水城出土。俄藏编号：TK163、259。

密教仪轨之二

西夏汉译藏传佛教文献。此与前述 TK259《密教仪轨》之形款、字迹完全一样，当是同一件文书的不同残片，二者可合二而一。

黑水城出土。俄藏编号：Инв. No.272。

密教咒语

西夏汉译藏传佛教文献。此文书中复分总持、如来百咒、文殊智真言三个段落。

黑水城出土。俄藏编号：A3。

黑色天母求修次第仪

西夏汉译藏传佛教文献。相应的藏文标题当为 *dPal ldan lha mo nag mo'i sgrub thabs kyi rim pa*。[①]

黑水城出土。俄藏编号：Φ315。

---

① 沈卫荣：《序说有关西夏、元朝所传藏传密法之汉文文献——以黑水城所见汉译藏传佛教仪轨文书为中心》，载《欧亚学刊》第 7 辑，中华书局 2007 年版。

集轮法事

西夏汉译藏传佛教文献。藏文当即 *Tshogs kyi 'khor lo'i cho ga*。[①]原文与《金刚乘八不共犯堕》为同一卷号。

黑水城出土。俄藏编号：B64。

解释道果语录金刚句记

西夏汉译藏传佛教文献。据藏文翻译。西蕃中国法师禅巴集、中国大乘玄密帝师传、北山大清凉寺沙门慧中译。禅巴为萨迦初祖贡噶宁波（'Khon Sa skya ba Kun dga' snying po，1092—1158）之弟子，贡噶宁波曾造有 11 部解释《道果语录金刚句》（*Lam 'bras gzhung rdo rje'i tshig rkang*）的释文，《解释道果语录金刚句记》则是弟子禅巴对贡噶宁波这些释文的记载。[②]俄藏黑水城文献中有西夏文译本《解释道果语录金刚句记》，文本内容与此不合，或可印证此本不完整说。

文献来源：《大乘要道密集》。

解释道果逐难记

西夏汉译藏传佛教文献。据藏文翻译，甘泉大觉圆寂寺沙门宝昌传译。原文开篇言"依两部番本，宝昌译成汉本，勘会一处。此记有两部，刘掌厮啰所说者略中难，吟迦法师不传。此记者大禅巴师所集也，文广易解，是此记也"。故知此部释论是甘泉大觉圆寂寺沙门宝昌根据大禅巴法师所集记翻译。原记为番本，两部。此"番本"当即藏文本，而非西夏文本。禅巴为萨思迦初祖贡噶宁波之弟子，曾对其师所作释论结集。此篇释论不是按照原文

---

① 沈卫荣：《序说有关西夏、元朝所传藏传密法之汉文文献——以黑水城所见汉译藏传佛教仪轨文书为中心》，载《欧亚学刊》第 7 辑，中华书局 2007 年版。

② 沈卫荣：《〈大乘要道密集〉与西夏、元朝所传西藏密法——〈大乘要道密集〉系列研究导论》，《中华佛学学报》2007 年第 20 期。

次序从头到尾对各金刚句逐一解释，而是对道果法中的重要义理和修法，亦即所谓"难点"加以解释，与藏文注疏中的一种文体"释难"（dka' 'grel）对应。①

文献来源：《大乘要道密集》。

新译大手印不共义配教要门

西夏汉译藏传佛教文献。据藏文翻译。大巴弥怛铭得哩斡集，果海密严寺玄照国师沙门惠贤传，果海密严寺沙门惠幢译。铭得哩斡（Maitri pa）是与阿底峡同时代的印度密教上师，大手印法的主要祖师之一。《新译大手印不共义配教要门》可能不是铭得哩斡之作品，当为他人根据铭得哩斡上师所传演绎成书者。② 本篇又包括《十种真性》《水则配时要门》两篇。

文献来源：《大乘要道密集》。

新译大手印金璎珞等四种要门

西夏汉译藏传佛教文献。据藏文 *rDo rje'i mgur bzhengs ba nyams kyi man ngag thig le gser gyi phreng ba zhes bya ba*（《金刚歌作法要门明点金璎珞》）翻译。此要门全名《吉祥乌氏衍那处修集会轮时四十成就瑜伽行者所唱金刚曲观想要门明点金璎珞》（*dPal Udiyanar tshogs 'khor byas pa'i dus su rnal 'byor pa grub pa thob pa bzhi bcus rdo rje bzhengs pa nyams kyi man ngag thig le gser gyi phreng ba*），署名作者为四十成道者（*Grub pa thob pa bzhi bcu*），见于各种版本的《西藏文大藏经》中。西夏汉译文很不完整，许多段落被略去，但篇首所云师承次第，不见于藏文原著中。

---

① 沈卫荣：《〈大乘要道密集〉与西夏、元朝所传西藏密法——〈大乘要道密集〉系列研究导论》，《中华佛学学报》2007 年第 20 期。
② 沈卫荣：《〈大乘要道密集〉与西夏、元朝所传西藏密法——〈大乘要道密集〉系列研究导论》，《中华佛学学报》2007 年第 20 期。

文献来源:《大乘要道密集》。

新译大手印顿入要门

西夏汉译藏传佛教文献。据藏文翻译。果海密严寺玄照国师沙门惠贤传，果海密严寺沙门惠幢译。此要门大分三段：初见解宗本，次依宗修行分二，后所生觉受。[①] 俄藏有西夏文译本。

文献来源:《大乘要道密集》。

新译吉祥饮血王集轮无比修习母一切中最胜上乐集本续显释记

西夏汉译藏传佛教文献。《吉祥饮血王集轮无比修习母一切中最胜上乐集本续》之注疏。明代抄本，现存卷三，分上下两册。此释记由释迦比丘庄㖒法幢集，讲经律论寂真国师沙门惠照传，皇建延寿寺沙门惠云等奉敕译，皇帝详定。西夏仁宗年间（1140—1193）翻译、流传，并指这里的"庄㖒法幢"，即藏族僧人 Cog ro Chos kyi rgyal mtshan（1108—1176）。[②]

文献收藏地:国家图书馆。

慈乌大黑要门

西夏汉译藏传佛教文献。相应的藏文当为 *Nag po chen po bya rog cad gyi man ngag*。卷首题"罗麻尚师传罗麻没隆，罗麻角□传罗麻着吔"，这里的"角□喇嘛"或有可能是咱米译师桑杰扎巴（*rtsa mi lo tsa ba Sangs rgyas grags pa*）。此与同地出土的《大黑求修并作法》《大黑根本命呪》《大黑赞》《黑色天母求修次第仪》等文献都是同类的与大黑天修法有关的文献。[③]

---

① 陈庆英:《〈大乘要道密集〉与西夏王朝的藏传佛教》,《中国藏学》2003 年第 3 期。

② 沈卫荣:《"十六天魔舞"源流及其相关藏、汉文文献资料考述》,载沈卫荣主编:《西域历史语言研究集刊》,科学出版社 2012 年版。

③ 黄杰华:《黑水城出土藏传佛教实修文书〈慈乌大黑要门〉试释》,载杜建录主编《西夏学》（第 4 辑）,宁夏人民出版社 2009 年版。

黑水城出土。俄藏编号：A7。

（二）西夏刊汉传佛教文献

三十五佛名经

西夏刊汉文佛教文献。署唐菩提流志汉译。截取《大宝积经》"优波离会第二十四"中的三十五佛名前后段落，独立成篇。经折装。与汉文大藏经所收汉文本稍有不同。原本中的"归依佛，归依法，归依僧"，西夏本作"归依十方尽虚空界一切诸佛，归依十方尽虚空界一切尊法，归依十方尽虚空界一切贤圣僧"。

黑水城出土。俄藏编号：TK140、245。英藏编号：Or.12380—3840。

大方广佛华严经入不思议解脱境界普贤行愿品

西夏刊汉文佛教文献。罽宾国三藏般若奉诏译。经折装。TK98共32折半，65面，每面6行，行15字。刻印于西夏桓宗天庆三年（1196），冠《行愿经变相》佛画6面。尾存罗氏皇太后印施发愿文，"明"字缺笔避讳。仁宗卒于乾祐二十四年（1193），罗氏于三年后冥荐，时当夏桓宗天庆三年（1196）刊刻是经。TK65后附《华严感通灵应传记》，是目前传世文献中未曾见到的一篇传记文献。传记正文出自五代宋初时期吴越国僧侣延寿大师所写的《华严感通赋》，截取《华严感通赋》中的若干语句而成。注文中灵验事迹主要来自《华严经感应传》，有所改编。

黑水城出土。俄藏编号：TK61、TK64、TK65、TK69、TK98、TK71V、TK72、TK161、TK146。英藏编号：Or.12380—2735（X.xvii）（3·211）。

附皇太后罗氏《大方广佛华严经入不思议解脱境界普贤行愿品》发愿文：

恭闻：含灵失本，犹潜尘之大经；正觉开迷，若烛幽之杲日。

是以，王（玉）毫散彩，拯苦恼于群生；梵说流徽，征奥旨于一致。

今斯《大方广佛花严经普贤行愿品》者，圆宗至教，法界真诠，包括五乘，该罗九会。十种愿行，摄难思之妙门；一轴灵文，为无尽之教本。情含刹土，誓等虚空，示诸佛之真源，明如来之智印。身身同毗卢之果海，出世玄猷；心心住普贤之因门，利生要路。繇是一偈书写，除五逆之深殃；四句诵持，灭三涂之重苦。今皇太后罗氏恸先帝之遽升，祈觉皇而冥荐。谨于大祥之辰，所作福善暨三年之中通兴种种利益，俱列于后，将兹胜善。伏愿：仁宗　皇帝佛光照体，驾龙轩以游净方；法味资神，运犠乘而御梵刹。仍愿：萝图巩固，长临万国之尊；宝历弥新，永耀阎浮之境。文臣武职等灵椿以坚贞，玉叶金枝并仙桂而郁翠。兆民贺尧天之庆，万姓享舜日之荣。四生悉运于慈航，八难咸沾于法雨。含灵抱识，普会真源矣。大法会烧结坛等三千三百五十五次；大会斋一十八次。开读经文：藏经三百二十八藏；大藏经二百四十七藏；诸般经八十一藏。大部帙经并零经五百五十四万八千一百七十八部。度僧西番、番、汉三千员。散斋僧三万五百九十员。放神幡一百七十一口。散施八塔成道像净除业障功德共七万七千二百七十六帧；番、汉《转女身经》《仁王经》《行愿经》共九万三千部；数珠一万六千八十八串。消演番、汉大乘经六十一部；大乘忏悔一千一百四十九遍。皇太后宫下应有私人尽皆舍放并作官人。散囚五十二次。设贫六十五次。放生羊七万七百七十九口。大赦一次。又诸州郡府，边腹之地，遍国臣民，僧俗……

大方广佛华严经卷第四十

西夏刊汉文佛教文献。卷轴装，已裂成两段。刻印于西夏惠宗大安十年（1084），尾题"大方广佛花严经卷第四十"，并有4行印施题记与偈语："大延寿寺演妙大德沙门守琼散施此经功德。大安十年八月日流通。上报四重恩，下济三涂苦。普施尽法界，万类诸含识。依经行愿行，广大无有尽。灭除恶业罪，速证佛菩提。"经文句末常刻各种圆形尾花。

黑水城出土。俄藏编号：TK88。

大方广佛华严经普贤行愿品

西夏刊汉文佛教文献。罽宾国三藏般若奉诏译。刊刻年代不详。经折装，共45折半，91面。存发愿文一篇，尾残。文内提及"常命西番众持《宝集偈》"，必指西夏仁宗时代传译本《圣胜慧到彼岸功德宝集偈》，知其刊刻年代不早于夏仁宗。①

黑水城出土。俄藏编号：TK142（3·233）。

附安亮《大方广佛华严经普贤行愿品》发愿文：

盖念：荷君后之优恩，上穷罔极；戴考妣之元德，旁及无涯。欲期臣子之诚，无出佛乘之右。是故畅圆融宏略者，华严为冠；趣秘乐玄猷者，净土为先。仗法界一真之妙宗，仰弥陀六八之宏愿。今安亮等恳斯威福，利彼存亡，届亡妣百日之辰，特命工印《普贤行愿品经》一万有八卷，绘弥陀主伴尊容七十有二帧，溥施有缘。仍肇薨逝之辰，暨于终七，恒兴佛事，广启法筵。命诸禅法师、律僧、讲主转大藏及四大部经，礼《千佛》与《梁武忏法》，演大乘忏悔，屡放神幡。数请祝寿僧诵《法华经》，常命西番众持《宝集偈》。燃长明灯四十九海，读声不绝《大般若》数十部。至终七之辰，诠义法师设药师琉璃光七佛供养，惠照禅师奉西方无量寿广大中围，西天禅师提点等烧结灭恶趣坛，矧六道法事。袭此功德，伏愿帝统延昌，迈山呼之景算；正宫永福，享坤载之崇光。皇储协赞于千秋……

---

① 聂鸿音：《西夏佛经序跋译注》，上海古籍出版社2016年版，第174页。

大乘无量寿决定光明王如来陀罗尼经

西夏刊汉文佛教文献。西天中印度摩迦陀国那烂陀寺传教大师三藏、赐紫沙门臣法天奉诏译。经折装。共 38 面，每面 6 行，行 13 字。刻印于夏襄宗皇建元年（1210）。对音汉字不具有河西方音译经用字的特点，且与唐宋时期同名汉文本对音用字一致，故知其为西夏刊印的中原译本。[1] 该经与《佛说般若波罗蜜多心经》合刻在一起。尾存发愿文一篇。西夏文佛经中存有译自藏文的《大乘圣无量寿经》。

黑水城出土。俄藏编号：TK21、22、23、24、76。

附李智宝《大乘无量寿决定光明王如来陀罗尼经》发愿文：

盖闻《无量寿王经》者，诸佛秘印，海藏真诠。闻名乃六度齐圆，诵持则三涂殄灭。《般若心经》者，神功叵测、圣力难思。高谈无二之门，直显真空之理。今微僧智宝宿有良缘，幸逢斯典，特升弘愿，命工镂板。伏愿：三界九有，咸获衣中之宝；六趣四生，速证常乐之果。普施传持，同沾此善者矣。

时皇建元年十一月初五日众圣普化寺连批张盖副使沙门李智宝谨施

西天智圆刁

索智深书

圣六字增寿大明陀罗尼经

西夏刊汉文佛教文献。卷首题"西天译经三藏朝散大夫试鸿胪卿传法大师臣施护奉诏译"。卷轴装。刻印于夏桓宗天庆七年（1200）。共 3 纸，每纸 30 行，行 11 字。尾题"圣六字增寿大明陀罗尼经"。下 5 行印施题记："右愿印施此经六百余卷，资荐亡灵父母及法界有情，同往净方。时大夏天庆七年

---

[1] 孙伯君：《西夏智广编〈密咒圆因往生集〉陀罗尼汇考》，第二届中国密教国际学术研讨会论文，浙江绍兴，2013 年。

七月十五日，哀子仇彦忠等谨施。"俄藏黑水城文献存同名西夏文译本。

黑水城出土。俄藏编号：TK135。

夹颂心经

西夏刊汉文佛教文献。全书一卷。经折装。于《般若波罗蜜多心经》每句经文下，附4行8句五言偈。TK158卷尾存天赐礼盛国庆五年（1073）陆文政发愿文一篇，TK159"敬"字缺末笔，二者内容互补。

黑水城出土。俄藏编号：TK158、159。

附陆文政《夹颂心经发愿文》：

> 盖闻《般若多心经》者，寔谓醒昏衢（之）高炬，济苦海之迅航，拯物导迷，莫斯为最。文政睹兹法要，遂启诚心，意弘无漏之言，用报父母罔极之德。今则特舍净贿，恳尔良工，雕刻板成，印施含识。欲使佛种不断，善业长流。荐资考妣，离苦得乐，常生胜处，常悟果因，愿随弥勒以当来，愿值龙华而相见。然后福沾沙界，利及（群生），有识之俦，皆蒙此益。

> 天赐（礼）盛国庆五年岁次癸丑八月壬申朔，陆文政施。①

观弥勒菩萨上生兜率天经

西夏刊汉文佛教文献。署刘宋居士沮渠京声汉译，但与中原传行的沮渠京声译本有所不同，是个增订本。经折装。卷首有版画一幅，卷尾增加了供念诵的陀罗尼《慈氏真言》《生内院真言》《弥勒尊佛心咒》等内容，说明西夏佛教明显受到了藏密的种种影响。②后有乾祐二十年（1189）九月十五日仁宗皇帝御制发愿文一篇。黑水城出土同名西夏文本依照此汉文本翻译。

---

① 聂鸿音：《西夏佛经序跋译注》，上海古籍出版社2016年版，第163页。
② 孙伯君：《藏传佛教"大手印"法在西夏的流传》，《西夏学》2017年第1期。

黑水城出土。俄藏编号：TK58、60。

附仁宗仁孝《观弥勒菩萨上生兜率天经施经发愿文》：

朕闻：莲花秘藏，总万法以指迷；金口遗言，示三乘而化众。世传大教，诚益斯民。今《观弥勒菩萨上生经》者，义统玄机，道存至理。乃启优波离之发问，以彰阿逸多之前因；具阐上生之善缘，广说兜率之胜境。十方天众，愿生此中。若习十善而持八斋，及守五戒而修六事，命终如壮士伸臂，随愿力往升彼天。宝莲中生，弥勒来接；未举头顷，即闻法音。令发无上不退坚固之心，得超九十亿劫生死之罪。闻名号，则不堕黑暗边地之聚；若归依，则必预成道受记之中。佛言未来修此众生，亦得弥勒摄受。感佛奥理，镂版斯经。谨于乾祐己酉二十年九月十五日，恭请宗律国师、净戒国师、大乘玄密国师、禅法师、僧众等，就大度民寺作求生兜率内宫弥勒广大法会，烧结坛，作广大供养，奉广大施食，并念佛诵咒。读西番、番、汉藏经及大乘经典，说法作大乘忏悔，散施番、汉《观弥勒菩萨上生兜率天经》一十万卷、汉《金刚经》《普贤行愿经》《观音经》等各五万卷，暨饭僧、放生、济贫、设囚诸般法事，凡七昼夜。所成功德，伏愿：一祖四宗，证内宫之宝位；崇考皇妣，登兜率之莲台。历数无疆，宫闱有庆，不谷享黄发之寿，四海视升平之年。福同三轮之体空，理契一真而言绝。谨愿。

奉天显道耀武宣文神谋睿智制义去邪惇睦懿恭皇帝谨施。

佛说父母恩重经

西夏刊汉文佛教文献。疑伪经。经折装。有三个不同版本，内容也各有差别。存卷首画，与敦煌壁画突出父母生养之恩不同，强调报恩思想以及不孝顺父母的可怕后果。TK120存汉文发愿文一篇，文中言及"亡考中书相公"，疑即夏中书相贺宗寿。宗寿有《密咒圆因往生集序》，作于夏桓宗天庆七年

（1200），则本文之作当在此后不久。① 另有西夏文译本《佛说父母恩重经》，可与TK139汉文本勘同。

黑水城出土。俄藏编号：TK119（3·43—47）、120（3·48—49）、139（3·198—201）、240（4·249）。

附呱呱《佛说父母恩重经发愿文》：

> 伏以《父母恩重经》者，难陁大圣，问一身长养之恩；妙觉世尊，开十种劬劳之德。行之则人天敬仰，证之则果位独尊，诚谓法藏真诠，教门秘典。仗此难思之力，冀酬罔极之慈。男儿呱呱等，遂以亡考中书相公累七至终，敬请禅师、提点、副判、承旨、座主、山林戒德、出在家僧众等七千余员，烧结灭恶趣坛各十座，开阐番汉大藏经各一遍，西蕃大藏经五遍，作《法华》《仁王》《孔雀》《观音》《金刚》《行愿》经、《乾陁般若》等会各一遍，修设水陆道场三昼夜及作无遮大会一遍，圣容佛上金三遍，放神幡、伸净供、演忏法，救放生羊一千口。仍命工……

佛说转女身经

西夏刊汉文佛教文献。宋罽宾三藏昙摩蜜多译。经折装。刻印于西夏桓宗天庆二年（1195）。共62折半，125面。冠《佛说转女身经变相》画6面，第1—2面榜题分别为"教主释迦牟尼佛""天龙八部众""择梵诸天众""诸大声闻众""阿泥卢豆""诸大菩萨众""净日夫人""四部弟子众"。第3—6面榜题分别为"佛在耆阇崛山说经图""诸居士妇施佛璎珞化成宝台佛会之处""诸居士妇转女成男出家之处""诸居士求请出家处""菩萨在母胎中向佛听法""无垢光女劝母发心以宝盖奉母处""无垢光女请问法要""阿泥卢豆问佛之处""从母右胁忽然化生""天帝施衣不受之处""他方佛与无垢光女衣

---

① 聂鸿音：《西夏佛经序跋译注》，上海古籍出版社2016年版，第180页。

服璎珞""东南方净往世界无垢称王佛""得闻此经信解欢喜""供养父母师长处""怀子在身生者受大苦痛""女人为他所使捣药舂米若熬若磨""厌离女身供养佛菩萨处"。尾存太后罗氏天庆二年印施发愿文，施经的目的是为纪念去世的仁宗皇帝。

黑水城出土。俄藏编号：TK8。

附西夏皇太后罗氏印施《佛说转女身经》发愿文：

恭闻竺乾大觉，特开甘露之玄门；沙界含灵，普获真常之宝藏。今斯《转女身经》者，上乘秘典，了义真诠。谈无相无名之妙心，显非男非女之真性。大权应迹，右胁化生。摧天帝不受珠衣，挫声闻直谈妙理。慈亲献盖，报此世之洪恩；诸妇转形，酬多生之育德。闻经欢喜，定转女身；信乐受持，速登圣果。今皇太后罗氏，自惟生居末世，去圣时遥；宿植良因，幸逢真教。每思仁宗之厚德，仰凭法力以荐资。遂于二周之忌晨，命工镂板，印造斯典。番汉共三万余卷，并彩绘功德三万余帧，散施国内臣民，普令见闻蒙益。所鸠胜善，伏愿仁宗圣德皇帝，抛离浊境，安住净方，早超十地之因，速满三身之果。仍愿龙图永霸，等南山而崇高；帝业长隆，齐北海而深广。皇女享千春之福，宗亲延万叶之祯。武职文臣，恒荣显于禄位；黎民士庶，克保庆于休祥。六趣四生，咸舍生死；法界含识，悉证菩提矣。

天庆乙卯二年九月二十日

皇太后罗氏发愿谨施

佛说金轮佛顶大威德炽盛光如来陀罗尼经

西夏刊汉文佛教文献。经折装。存袁宗鉴汉文发愿文，尾署夏乾祐十五年（1184），刊印年代当不晚于此。俄藏有西夏文译本。

黑水城出土。俄藏编号：TK129。

附袁宗鉴《佛说金轮佛顶大威德炽盛光如来陀罗尼经》发愿文：

伏愿天威振远，圣寿无疆，金枝郁茂，重臣千秋。蠢动含灵，法界存亡，齐成佛道。雕经善友众：尚座袁宗鉴、杜俊乂、朱信忠、杜俊德、安平、陈用、李俊才、杜信忠、袁德忠、杜彦忠、杜用、牛智惠、张用、讹德胜、杜宗庆、萨忠义、张师道等。

乾祐甲辰十五年八月初一日，重开板印施。①

妙法莲华经

西夏刊汉文佛教文献。姚秦三藏法师鸠摩罗什奉诏译。经折装，共 7 卷。保存较好。各卷自成一书，有封皮。首冠佛说法图与因果报应故事画 4 面，四周双边。佛书末双行刻印西夏仁宗尊号"奉天显道耀武宣文神谋睿智制义去邪惇睦懿恭皇帝"。TK11 尾题后有仁宗人庆三年（1146）发愿文。

黑水城出土。俄藏编号：TK1、3、4、9、10、11、15。

附嵬名直本《妙法莲华经》发愿文：

粤以《莲经》者，入不思议之妙法也。故衣珠设譬，谓自性之无知；火宅导迷，言宦心之罔觉。以慈悲喜舍之旨，启开示悟入之门。难焚于烈艳之中，永转于法轮之内。二十八品，皆觉皇宣演之书；七万余言，咸真圣玄微之理。洞究而须推七喻，力穷而在毕三周。诵之，则舌变红莲于亿年；供之，则帙放华光于满室。诚释门之局钥，真苦海之津梁。今有清信弟子雕字人王善惠、王善圆、贺善海、郭狗埋等，同为法友，特露微诚，以上殿宗室御史台正直本为结缘之首，命工镂板。其日费饮食之类，皆宗室给之。雕印斯经一部，普施一切，同欲受持。以兹功德，伏愿皇基永固，同盘石之安；帝寿无疆，逾后天之算。凡隶有生之庶类，普（荫）罔极之洪

---

① 聂鸿音：《西夏佛经序跋译注》，上海古籍出版社 2016 年版，第 170 页。

休。时大夏国人庆三年岁次丙寅五月日。

金刚经

西夏刊汉文佛教文献。姚秦三藏法师鸠摩罗什奉诏译。经折装。刻印年代为仁宗天盛十九年（1167）。残损严重。卷首存版画，附录计有《金刚经启请》《净口业真言》《安土地真言》《普供养真言》《奉请八金刚》《奉请四菩萨》《云何梵》。尾题后有仁宗天盛十九年太师上公总领军国重事秦晋国王发愿文，乞求自己早日摆脱重疾的缠绕。秦晋国王即把持朝政近二十年的权臣汉人任得敬。[①]

黑水城出土。俄藏编号：TK124。

附秦晋国王《金刚经》发愿文：

　　窃以有作之修，终成幻妄；无为之行，（妙）契真如。故我世雄顿开迷网，为除四相，特阐三空。辟智慧之门，拂执着之迹。情波永息，性水长澄。乘般若之慈舟，达涅槃之彼岸者，则斯经之意也。然此经旨趣极尽深玄，示住修降伏之仪，显常乐我净之理。人法俱遣，声色匪求。读诵受持，福德无量；书写解说，果报难穷。诚出佛之宗源，乃度生之根本。予论道之暇，恒持此经，每竭诚心，笃生实信。今者灾迍伏累，疾病缠绵，日月虽多，药石无效。故陈誓愿，镂板印施。仗此胜因，冀资冥祐，傥或天年未尽，速愈沉疴；必若运数难逃，早生净土。又愿：邦家巩固，历服延长，岁稔时丰，民安俗阜，尘刹蕴识，悉除有漏之因；沙界含灵，并证无为之果。时天盛十九年五月日太师上公总领军国重事秦晋国王谨愿。

---

① 史金波：《西夏"秦晋国王"考论》，《宁夏社会科学》1987 年第 3 期。

注华严法界观门

西夏刊汉文佛教文献。分上下两卷。圭峰兰若沙门宗密注、终南山释杜顺集。刻印年代为夏仁宗仁孝天盛四年（1152）。卷轴装，各纸黏接处已断裂脱开。上卷存28纸，下卷存18纸。每纸16行，行字数不一。正文上有小字科文，下有双行小注。卷首有对杜顺的简介："姓杜，名法顺。唐初时行化。神异极多，传中有证验，知是文殊菩萨应现身也，是华严新旧二迹之祖师。俨尊者为二祖，康藏国师为三祖。"下卷卷尾存印施题记，述文、科、注三者结合之妙用。施经的目的"谨就圣节日散施"，即为庆祝下个月即九月份仁孝生日。施经者刘德真为邠州开元寺僧人，出家而不废俗姓。

黑水城出土。俄藏编号：TK241、242。

附《注华严法界观门》印施题记：

　　恭惟毗卢现相，称性演百之偈之大经，彰生佛也无二，如一味时雨，甘苦自分；曼殊化身，随机设三十重之妙门，明阶降也非一，似三兽渡河，深浅各异。是故定慧祖师叹云：奇哉显诀，文约义丰，理深事简，以科、注释其义，引学者击其门。至于悟入大经法界，则方通相虚，万象性实一真也。相国裴公制序，指示惑者，赞斯法门，都可谓入圣玄术，出凡要路，意称词存，简易尤忻，举网提纲。此之观文，若唯注而不科，如无纲之网；若但科而不注，如无网之纲。科注别轴，稍劳披览，故有先贤移其科格以就观文。即观下有注，文上有科，三者备矣，一经显焉。使诸修观之徒、讲宣之侣，无烦眩目，移科之意，其在兹乎？今者德真幸居帝里，喜遇良规，始欲修习，终难得本。以至口授则音律参差，传写者句文脱谬，至罢学心，必成大失。是以恭舍囊资，募工镂板，印施流通，备诸学者。若持若诵，情尽见除；或见或闻，功齐种智。仰此上乘，遍严法界。延龙算于皇家，曜福星于官庶。道如尧舜之风，国等华严之境。总期万类，性反一真。不间冤亲，将来无对。溥冀含情，悉如我愿。大圆镜中，欲垂慈照者也。皇朝天盛四年岁次壬申八月望日汚道沙门释法随劝缘及记，邠州开元寺僧西安州归义刘德真雕板印文，谨就圣节日散施。

弥勒上生经讲经文

西夏抄汉文佛教文献。不详年月及撰人。共 11 面。文末存 4 行题记："祝赞当今皇帝圣寿万岁，文武官寮禄位转千高。愿万民修行在兜率天上。愿众生尽登彼岸。"

黑水城出土。俄藏编号：TK267（4·351—354）。

（三）西夏编集佛教文献

大方广佛华严经海印道场十重行愿常遍礼忏仪

西夏遗僧编集佛教文献。所存为明代木刻本，共 42 卷。旧题"唐兰山云岩慈恩寺护法国师一行沙门慧觉依经录，宋苍山载光寺沙门普瑞补注"。"一行慧觉"与国图藏西夏文《金光明最胜王经序》以及《现在贤劫千佛名经》前之《礼忏序》作者系为一人，为夏末元初人，乃西夏遗僧。普瑞为元代僧人①《忏仪》载大夏国弘扬华严诸师共八位：讲经律论重译诸经正趣净戒鲜卑真义国师，传译经者救脱三藏鲁布智云国师，令观门增盛者真国妙觉寂照帝师，流传印造大疏钞者新圆真证帝师，开演疏钞久远流传卧利华严国师，传译开演自在喻咩海印国师，开演流传智辩无碍颇尊者觉国师，西域东土依大方广佛华严经十种法行劝赞随喜一切法师，兰山云岩慈恩寺流通忏法护国一行慧觉法师等。其中的鲜卑真义，见榆林第 29 窟内室西壁门南侧西夏供养人

---

① 白滨：《元代西夏一行慧觉法师辑汉文〈华严忏仪〉补释》，载杜建录主编《西夏学》（第 1 辑），宁夏人民出版社 2006 年版。

画像榜题"真义国师信毕智海"。① 鲁布智云，西夏文作"𗂼𗧾𗢭𘜶"，见《现在贤劫千佛名经》卷首《西夏译场图》。文内的补注并非全由沙门普瑞所写，可视为西夏晚期佛教代表著作，含有藏传佛教因素。② 卷首有明末学者钱谦益、刻书家毛凤苞两篇序文，明崇祯十三年（1640）于苏州常熟毛凤苞汲古阁雕刊。版藏于浙江嘉兴府楞严寺藏经阁。

文献来源：国家图书馆、《嘉兴大藏经》《卍续藏经》。

附一行慧觉《华严经流传序》：

初西域流传华严诸师

南无依大方广佛华严经造大不思议论一切智者龙树大师菩萨

南无依大方广佛华严经造十地论六相圆融千部论主天亲菩萨

次东土传译华严经诸师

南无晋朝北印土佛陀跋陀罗觉贤三藏法师

南无唐朝中印土地婆诃罗日照三藏法师

南无证圣于阗实叉难陀喜学三藏法师

次东土正传华严祖师

南无大方广佛华严经中第三祖造法界观帝心法顺法师

南无大方广佛华严经中第四祖造十玄门云华智俨法师

南无大方广佛华严经中第五祖造探玄记贤首法藏法师

南无大方广佛华严经中第六祖造大疏钞清凉澄观法师

南无大方广佛华严经中清凉门下得如来知见者三十八大师等千

余法师

南无大方广佛华严经中第七祖造华严纶贯注观文圭峰宗密禅师

---

① 文志勇、崔红芬：《〈华严忏仪〉题记及相关问题探析》，载杜建录主编《西夏学》（第16辑），甘肃文化出版社2006年。

② 索罗宁：《一行慧觉〈大方广佛华严经海印道场十重行愿常徧礼忏仪〉》，《台大佛学研究》第23期，台湾大学文学院佛学研究中心，2012年。

南无大方广佛华严经中造观注记者广智大师

次大夏国弘扬华严诸师

南无大方广佛华严经中讲经律论重译诸经正趣净戒鲜卑真义国师

南无大方广佛华严经中传译经者救脱三藏鲁布智云国师

南无大方广佛华严经中令观门增盛者真国妙觉寂照帝师

南无大方广佛华严经中流传印造大疏钞者新圆真证帝师

南无大方广佛华严经中开演疏钞久远流传卧利华严国师

南无大方广佛华严经中传译开演自在喻咩海印国师

南无大方广佛华严经中开演流传智辩无碍颇尊者觉国师

南无大方广佛华严经中西域东土依大方广佛华严经十种法行劝

赞随喜一切法师

南无大方广佛华严经中兰山云岩慈恩寺流通忏法护国一行慧觉

法师

四分律行事集要显用记

西夏编集佛教文献。兰山通圆国师智冥集,仁孝皇帝御校。为"四分律"的注释。写本,册叶装。所存为第四卷。

黑水城出土。俄藏编号:TK150。

礼佛大忏悔文

西夏编集佛教文献。亦称《大忏悔文》。西夏护国仁王寺不动金刚法师集。在唐三藏不空法师所译《三十五佛名经礼忏文》基础上,前增五十三佛德号,后缀普贤十大愿偈,共成一百零八礼,期断一百零八烦恼。《嘉兴大藏经》收清代古杭昭庆万寿戒坛传律沙门书玉所做《大忏悔文略解》,内有不动法师所集《大忏悔文》全文,并作略解。

文献来源:《嘉兴大藏经》。

华严经海印道场仪

西夏编集佛教文献。明代写本，所存 1 卷。此与《大方广佛华严经海印道场十重行愿常徧礼忏仪》内容也有所不同，是对《忏仪》的继承和发展。在其"华严十三礼"之后，此《道场仪》多出"南无如来应化护持正法饶益有情贤贤授记一行圆通护法国师"，而无《忏仪》中的"南无大愿掼甲求生净土末浊夏国护持正法护法国师，至心归命礼大方广佛华严经华藏世界海本尊毗卢遮那佛。"《道场仪》中的"一行圆通护法国师"当是一行慧觉国师。[①]

文献收藏地：国家图书馆。

华严海印道场九会请佛仪

西夏编集佛教文献。华严忏法的启请文，一行慧觉国师作。《卍续藏经》将其单列出来，共一卷，前有明末学者钱谦益、刻书家毛凤苞两篇序文。《嘉兴大藏经》则将其与《大方广佛华严经海印道场十重行愿常遍礼忏仪》合刻在一起。

文献来源：《嘉兴大藏经》《卍续藏经》。

佛说三十五佛名礼忏文

西夏编集佛教文献。刻本，卷轴装。存发愿文 3 纸。刻印于夏仁宗乾祐十一年（1180）。后附仁宗施经发愿文，称"近遇名师，重加刊正"，结合《三十五佛忏罪要门》为德慧所造，可以认定夏仁宗推崇的这位名师即德慧。[②]西夏礼忏三十五佛并非仅为了灭所作众罪，还增加了往生净土及其他世俗愿望，从而促进了西夏三十五佛信仰的流行。[③]

---

① 李灿、侯浩然：《西夏遗僧一行慧觉生平、著述新探》，载杜建录主编《西夏学》（第 6 辑），上海古籍出版社 2010 年版。

② 孙伯君：《西夏遗存文献所见藏传佛教的传承世系》，载《中华文史论丛》第 115 辑，2014 年。

③ 公维章：《西夏时期的三十五佛信仰》，载杜建录主编《西夏学》（第 9 辑），上海古籍出版社 2013 年版。

拜寺沟方塔出土。中藏编号：N21·015［F037］。

附仁宗印施《佛说三十五佛名礼忏文》发愿文：

　　朕谓剖裂宗风，方究空□□□□；廓彻心境，始分理性之玄。□□□相好之庄严，罔启修为（下缺）凭圣象，得契玄诠。故我觉皇应身法界，玉毫耀于幽显，金色粲于人天。或成道此方，示救□于他国；或住寿一劫，广演教于恒□。□贤劫以题名，历星宿而莫尽。□□□□□□小数。无穷业障，念□□□□□□菩提树而尊像有□□□□□□法印各别，是皆宣□□□□□□则知勤跪诵以喻成，能殄灾而植福。若有菩萨犯波罗夷，顿起妄□，毁僧残戒，为造（五）无间之大罪，又作十不善业之□□，或堕地狱、畜生、饿鬼、恶趣、边（地、下贱）及蔑戾车，六根不具，如此等罪，皆能忏悔。为苦海之舟航，实群生之恃怙也。故贝书翻译而法苑盛传。近遇名师，重加刊正，增释文之润色，焕佛日之光华。谨镂板以流行，俾赞扬而礼忏。以兹鸿祐，申愿深衷。仰祈艺祖神宗俱游极乐。次祝崇考皇妣早证上乘；中宫储副则冀保荣昌；率土普天而同跻富寿。遍斯花藏之无际，逮此刹种之含灵，悉悟真如，同登胜果，谨愿。时大夏乾祐庚子十一年五月初奉天显道耀武宣文神谋睿智制义去邪惇睦懿恭皇帝谨施。

佛说大白伞盖总持陀罗尼经

西夏编集汉传佛教文献。旧题"元天竺俊辩大师唧哫铭得哩室连得啰磨宁及译主僧真智译"。据译本中陀罗尼用字与西夏译经呈现的梵汉对音规律相合，其应为西夏译经。[1] 题款中的"唧哫铭得哩、室连得啰磨宁"即印度大译师 jinamitra、śīlendrabodhi。

---

① 孙伯君：《真智译〈佛说大白伞盖总持陀罗尼经〉为西夏译本考》，《宁夏社会科学》2008 年第 4 期。

文献来源：《正续大正藏》。

显密圆通成佛心要集

西夏编集佛教文献。密教典籍。辽代五台山金河寺沙门道殿集。刻本，经折装，共4折，7面半。中有梵文字，并提及《护身真言》《六字大明真言》《七俱胝佛母心大准提真言》《一字大轮咒》及称赞持诵功德。尾缺。与入藏本内容差别非常之大，是西夏人的删减本。[①]《密咒圆因往生集》中的《智炬如来心破地狱咒》《观自在菩萨六字大明心咒》即辑自本书。该件表明辽代佛教显密圆通思想对西夏有重要影响。

黑水城出土。俄藏编号：TK270。

亲集耳传观音供养赞叹

西夏编集佛教文献。属修法仪轨。写本，卷轴装。抄写于夏襄宗皇建元年（1210）。共22纸。每纸27行，行18字，或2句七言偈。题记称"皇建元年十二月十五日门资宗密沙门本明依修剂门摄授中集毕"，"皇建二年六月二十五日重依观行对勘定毕。永为真本"。文献首尾完整，乃引导行者如何礼赞、召请、供养、观想观音本尊，并依修持此法所得加持力作勾召亡魂、施财安位、通念五夫、摄授众生等功德的一部完整的修法仪轨。[②]

黑水城出土。俄藏编号：Φ311。

密咒圆因往生集

西夏编集佛教文献。西夏甘泉师子峰诱生寺出家承旨沙门智广、北五台

---

① 沈卫荣：《序说有关西夏、元朝所传藏传密法之汉文文献——以黑水城所见汉译藏传佛教仪轨文书为中心》，载《欧亚学刊》第7辑，中华书局2007年版。
② 沈卫荣：《序说有关西夏、元朝所传藏传密法之汉文文献——以黑水城所见汉译藏传佛教仪轨文书为中心》，载《欧亚学刊》第7辑，中华书局2007年版。

山大清凉寺出家提点沙门慧真编集，兰山崇法禅师沙门金刚幢译定。成书年代为夏桓宗天庆七年（1200）。全书为陀罗尼及念诵法汇编，是少数为传世《大藏经》所收录的西夏文献之一。出土残卷为刻本，经折装，共21面，是在全本基础上辑录的简本。卷首有天庆七年中书相贺宗寿序，卷后有发愿文。现存《大宝楼阁随心咒》《尊胜心咒》《阿弥陀佛心咒》《阿弥陀佛一字咒》《智炬如来心破地狱咒》《文殊菩萨五字心咒》《毗卢遮那佛大灌顶光咒》《七俱胝佛母心大准提咒》《金刚萨埵百字咒》《十二因缘咒》《阿弥陀佛根本咒》《观自在菩萨六字大明心咒》等12道密咒[1]，皆汉文与梵文对照。该件对研究唐、辽、宋以来密教对西夏的影响具有重要意义，书中呈现出的12世纪河西地区陀罗尼对音用字的风格和特点，可以为判断黑水城出土西夏佛经是译本还是翻刻本提供实际参考。[2]

黑水城出土。俄藏编号：TK271。

附一：贺宗寿《密咒圆因往生集序》：

　　窃惟总持无文，越重玄于化表；秘诠有象，敷大用于域中。是以佛证离言，廓圆镜无私之照；教传密语，呈神功必效之灵。一字包罗，统千门之妙理；多言冲邃，总五部之指归。众德所依，群生攸仰，持之则通心于当念，诵之则灭累于此生。妙矣哉！脱流患之三有，跋险趣之七重，跻莲社之净方，埒云朦之沙界。促三祇于顷刻，五智克彰；圆六度于刹那，十身顿满。其功大，其德圆，巍巍乎不可得而思议也。以兹秘典，方其余教，则妙高之落众峰，灵耀之掩群照矣。宗寿夙累所锺，久缠疾疗，汤砭之暇，觉雄是依。爰用祈叩真慈，忏摩既往，虔资万善，整涤襟灵。谨录诸经神验密咒，以为一集，遂命题曰"密咒圆因往生"焉。然欲事广传通，利

---

① 崔红芬：《西夏佛教文献研究论集》，宗教文化出版社2017年版，第4页。

② 孙伯君：《西夏智广编〈密咒圆因往生集〉陀罗尼汇考》，第二届中国密教国际学术研讨会论文，浙江绍兴，2013年。

兼幽显，故命西域之高僧、东夏之真侣，校详三复，华梵两书，雕
印流通，永规不朽云尔。

时大夏天庆七年岁次庚申孟秋望日，中书相贺宗寿谨序。[①]

附二：佚名《密咒圆因往生集后序愿文》：

盖闻至道无私，赴感而随机万类；法身无相，就缘而应物千差。
是以罗身云以五浊界中，洒法雨于四生宅内。唯此陀罗尼者，是诸
佛心印之法门，乃圣凡圆修之捷径。秘中之秘，印三藏以导机；玄
中之玄，加声字而诠体。统该五部，独称教外之圆宗；抱括一乘，
以尽瑜珈之奥旨。土散尸沾，神离五趣，风吹影触，识玩天宫。一
念加持，裂惑障于八万四千；顷克摄受，圆五智而证十身。神功叵
测，圣力难思。睹斯胜利，敬发虔诚。于《圆因往生集》内录集此
咒二十一道，冀诸贤哲诵持易耳。将此功德，上报四恩，下济三
有。生身父母，速得超升；累劫怨亲，俱蒙胜益。印散施主，长福
（消灾；法界含识，同生净土）。[②]

瑜伽集要焰口施食仪

西夏编集佛教文献。西夏护国仁王寺不动金刚法师集。署"唐兴善寺三
藏法师大广智不空译、夏护国仁王寺法师不动金刚重集、清天溪香乳行者受
登诠次"，其文与出土西夏文本残片稍有差异。

文献来源：《嘉兴大藏经》。

① 聂鸿音：《西夏佛经序跋译注》，上海古籍出版社 2016 年版，第 178—179 页。
② 聂鸿音：《西夏佛经序跋译注》，上海古籍出版社 2016 年版，第 179 页。

三、藏文类佛教文献

入中论注疏

西夏藏文佛教文献。哆也阿难捺著，贡噶扎与演义法师遏啊难捺吃哩底合译，成文当在西夏仁宗皇帝天盛年间或之前。译经题记称，此经在黄河岸边五台山附近的一座"殊胜王城"的大佛殿中，与贡噶扎一同翻译成藏文。[①]藏文原题：*Dbu ma la 'jug pa'i 'grel bshad ces bya ba*。

文献来源：《西藏大藏经》，德格本 No.3870，北京本 No.5271。

八十四大成就者传

西夏藏文佛教文献。一部讲述古印度境内八十四位成就者传奇故事的传记文献。该书由印度班智达无畏施（mi 'jigs pa sbyin pa dpal，梵言 Abhayadattaśrī）所编，由西夏僧人如愿慧者 smon 'grub shes rab 翻译成藏文。[②]藏文原题：*Grub thob brgyad cu rtsa bzhi'i lo rgyus*。

文献来源：《西藏大藏经》，北京本 No.5091。

---

① L. W. Van der Kuijp, "Jay ā nanda. A Twelfth Century Guoshi from Kashimir among the Tangut", *Central Asiatic Journal* 373–4, 1993, pp.188–199; 汉译本见陈小强、乔天碧译:《哆也阿难捺: 12 世纪唐古忒的克什米尔国师》，载《国外藏学研究译文集》（第 14 集），第 341—351 页。

② Keith Dowman, *Masters of Mahamudra : Songs and Histories of the Eighty-Four Buddhist Siddhas*, State University of New York Press, 1985, pp.384–386.

圣观自在大悲心总持功能依经录

西夏藏文佛教文献。当嘛也阿难捺所传、演义法师遏啊难捺吃哩底据梵本翻译，成文不晚于天盛元年（1149）。蝴蝶装，刻本，残。一叶分左右两面，即左半叶第一行文字与右半叶第一行文字相连，阅读时需横跨版心。具有古藏文的特征，如有反写的 i 字和未省略的下加 ya 字。存嘛也阿难捺等题款。汉文本、西夏文本，皆据此藏文本翻译。与《胜相顶尊总持功能依经录》合刻，是目前所知最早的藏文刻本。[①] 藏文原题：*'Phags pa spyan ras gzigs dbang phyug thugs rje chen po'i gzungs phan yon dang bcas pa' mdo ltar bsdus pa*。

黑水城出土。俄藏编号：XT67。

圣胜慧到彼岸功德宝集偈

西夏藏文佛教文献。由演义法师遏啊难捺吃哩底据梵本翻译，成文不晚于西夏天庆二年（1141）。明代刻本。作品以偈颂形式呈现，全文共 302 偈，分上、中、下三卷。存传译者题款，汉译"诠教法师、番汉三学院并偏袒提点、嚘美则沙门鲜卑宝源　汉译；显密法师、功德司副使、嚘卧英沙门；演义法师、路赞讹、嚘赏则沙门遏啊难捺吃哩底　梵译；天竺大钵弥怛、五明显密国师、讲经律论、功德司正、嚘乃将沙门嘛也阿难捺亲执梵本证义；贤觉帝师、讲经律论、功德司正、偏袒都大提点，嚘卧勒沙门　波罗显胜；奉天显道耀武宣文神谋睿智制义去邪惇睦懿恭皇帝再详勘。"宝源汉译本，周慧海西夏译本，皆据此译出。[②] 藏文原题：*'Phags pa shes rab kyi pha rol tu phyin pa*

---

① 史金波：《最早的藏文木刻本考略》，《中国藏学》2005 年第 4 期；沈卫荣：《汉、藏文版〈圣观自在大悲心总持功能依经录〉之比较研究——以俄藏黑水城汉文 TK164、165 号、藏文 X67 号文书为中心》，载黄绎勋、William Magee 主编：《第五届中华国际佛学会议论文集——观世音菩萨与现代社会》，台北法鼓文化 2007 年版。段玉泉：《语言背后的文化流传：一组西夏藏传佛教文献解读》，兰州大学 2009 年博士学位论文。

② 段玉泉：《语言背后的文化流传：一组西夏藏传佛教文献解读》，兰州大学 2009 年博士学位论文。苏航：《西夏时期的〈圣胜慧到彼岸功德宝集偈〉研究：以黑水城出土藏文文献 XT.16 及相关藏、汉、西夏文文献为核心》，载聂鸿音、孙伯君主编：《中国多文字时代的历史文献研究》，社会科学文献出版社 2010 年版。

yon tan rin po che bsdud pa tshigs su bcad pa。

文献收藏地：北京房山云居寺。

胜相顶尊总持功能依经录

西夏藏文佛教文献。当嘭也阿难捺所传、演义法师遏啊难捺吃哩底据梵本翻译，成文不晚于天盛元年（1149）。蝴蝶装，刻本，残。一叶分左右两面，即左半叶第一行文字与右半叶第一行文字相连，阅读时需横跨版心。具有古藏文的特征，如有反写的 i 字和未省略的下加 ya 字。存嘭也阿难捺等题款。出土有相应的汉文本、西夏文本，皆据此藏文本翻译。与《圣观自在大悲心总持功能依经录》合刻，是目前所知最早的藏文刻本。[①] 藏文原题：*Gtsug tor rnam par rgyal ma'i gzungs phan yon dang bcas pa'mdo ltar bsdus pa*。

黑水城出土。俄藏编号：XT67。

---

① 史金波：《最早的藏文木刻本考略》，《中国藏学》2005 年第 4 期；沈卫荣：《汉、藏文版〈圣观自在大悲心总持功能依经录〉之比较研究——以俄藏黑水城汉文 TK164、165 号、藏文 X67 号文书为中心》，载黄绎勋、William Magee 主编：《第五届中华国际佛学会议论文集——观世音菩萨与现代社会》，台北法鼓文化 2007 年版。段玉泉：《语言背后的文化流传：一组西夏藏传佛教文献解读》，兰州大学 2009 年博士学位论文。

四、梵文类佛教文献

不空羂索陀罗尼经

西夏梵文佛教文献。梵文一面，中间横书"不空羂索"几个汉字。写本，抄写于夏桓宗天庆元年（1194）。存汉文发愿文一篇。梵文原题缺。

黑水城出土。英藏编号：Or.12380—2880（K.K.II.0240.oo）。

附佚名《不空羂索陀罗尼经》发愿文：

夫陀罗尼者，是诸佛之顶，乃菩萨之心，功能广大，利益无穷。诵持者速圆六度，佩戴者殄灭三毒。其犹还丹一粒，点铁成金；真言一字，转凡成圣。寔可谓脱尘劳之捷径，越苦海之要津。有斯胜益，命工镂板。以此功德，上报四恩，下资三有，法界含灵，同生净□。时天庆元年十月十七日印施。

下篇：传统汉文典籍中的西夏文献卷

　　传统典籍中保存着大量与党项、西夏有关的历史文献，绝大部分是汉文文献，遍及正史、编年、本末、政书、方志、类书、文集、笔记、小说等等。有几部书值得一提，其中《续资治通鉴长编》所保存的西夏史料数量最大，是搜辑有关党项与西夏的人名、族名、地名和官名等专名的渊薮。今本系清修《四库全书》时，从《永乐大典》中辑出，四库馆臣对专名的改译，为后人阅读史籍多增了一重障碍。标点本《长编》系 1979 年中华书局以浙江书局本为底本，校以他书，分册印出。标点本《长编》着手将那些经清人改译的专名予以回改，意在便利学人对该书的使用，但在回改中也存在不少问题。从对专名校勘的角度而言，影印本《长编》的价值要超过现有的标点本。《宋大诏令集》政事门四裔类西夏目，分四卷辑录北宋皇帝降给西夏的各种诏令共计 66 条。从时间跨度上来看，最早的一篇诏令是北宋太宗淳化二年（991）七月丙午所降《赵保吉赐姓名除银州观察使诏》，最晚的一篇是哲宗元符三年（1100）所降《赐夏国主历日诏》，汇编了北宋太宗、真宗、仁宗、英宗、神宗、哲宗六朝皇帝百余年所降诏令。就内容而言，涵盖赐官、赐物、赐佛经、质问、诫饬、答应等诸多方面，多取材于各朝官私所修政书及有关档案。尤为难得的是，《宋大诏令集》所收诏令都是完整的，并不像文集那样往往掐头去尾，仅收录著者自撰的诏令正文，因此一些西夏奏表部分内容，"省表具悉"的形式被套引在诏令的开头，得以保存至今。西夏文献散佚殆尽，这在有限的西夏文存中弥足珍贵。[①] 在清末学者撰写的西夏历史著作中，吴广成的《西夏书事》问世最早[②]，篇幅也最大，加之该书的编写采用了编年纲目体，以编年的形式叙事，但每事皆分为纲要和细节两部分，"立纲仿《春秋》，叙目效《左传》"，阅读起来比较方便。从史源学的角度来讲，吴广成的《西夏书事》属第二手资料，是不能当作第一手资料直接征引的，但该书的确保存有一些我们今天见不到的史料。

本志从传统汉文典籍中辑得西夏表 33、书 5、状 1、疏 1、图 1，共计 41条，其中奏表占绝大部分。

---

① 彭向前：《〈宋大诏令集〉西夏目诏令系年考》，《宁夏社会科学》2006 年第 2 期。人大复印资料《宋辽金元史》2006 年第 3 期。

② （清）吴广成：《西夏书事》，道光五年（1825）小岘山房刻本。

一、表

（一）西夏上宋奏表

李继迁上宋归顺表

太平兴国八年（983），李继迁闻继捧等俱受恩命，遣所部诣麟州贡马及橐驼等物，奉表归顺。文见《西夏书事》卷三太平兴国八年春三月条。

世泽长存，祖功未泯，人心思旧，蕃部乐推，不望通显皇朝，但假余生戎落，克遂肯构肯堂之志，常为不侵不叛之臣云云。

李继迁乞宋禁属羌抄掠表

至道元年（995）三月，李继迁上表与宋，诉属羌掠其所部。文见《太平治迹统类》卷二《太祖太宗经制西夏》。

自去年遣人入朝，敕禁抄掠。今境上戎人，不禀诏旨，频肆攻劫，而本部不敢禁御，恐边吏诬奏，无以自明。

李继迁上宋乞夏州表

至道元年（995）六月，李继迁遣亲校张浦以良马、橐驼来贡，表乞夏州。文见《西夏书事》卷五至道元年六月条。

　　怀携柔远，王者之洪规；裕后光前，子臣之私愿。臣先世自唐初向化，永任边陲，迫僖庙勤王，再忝国姓，历五代而恩荣勿替，入本朝而封爵有加。德并载天，情深拱极。兹以家庭多难，骨肉相仇，遂致帐属流离，箕裘陨越。庭坚之宗，忽焉不祀；若敖之鬼，徒嗟其馁。而臣虽拓跋小宗，身是芪臣后裔。十世之宥，义在褒忠；三代之仁，典昭继绝。聿维夏州荒土，羌户零星，在大宋为偏隅，于渺躬为世守。祖先灵爽，应恋首邱；明发私怀，敢忘宗土？恭惟皇帝陛下，垂天心之慈爱，舍兹弹丸；矜蓬梗之飘零，俾以主器。诚知小人无厌，难免僭越之求。伏祈圣宗宽仁，远降哀全之诏，曲成靡既，再造莫酬，臣不胜惶悚恐惧云云。[①]

李继迁上宋让恩命表

咸平元年（998）正月，李继迁听取谋士张浦的建议，使押衙刘仁谦奉表请让恩命，文见《西夏书事》卷六宋咸平元年春正月条。

　　天子宅中，声教讫于海滨；王者无外，怀柔溥及戎方。恭维皇帝陛下，恩深继绝，度豁包荒。垂念祖祢之功，俾承堂构之旧，全家细小，均沐鸿慈，合族豪酋，同游化宇。从此，以享以祀，在天对越堪依；斯哭斯歌，没世首邱可乐，皆出于皇帝至仁之所赐也。惟是臣远处夷落，贱属草莽，初无汗马之功，克勤王事；继肆凭城之技，屡扰边陲，虽蒙圣主施仁，神武不杀，自念渺躬负罪，梦寐何安？谨遣下臣，拜上恩命。敢尘旒冕，窃冒殿庭。望垂日月之明，使图蚁效；俯鉴狂瞽之渎，藉展葵忱。元造曲全，天恩莫报，臣不胜悚惶待罪之至。

---

① "臣不胜惶悚恐惧"是致"君"文书中的套话，以示臣服。蔡邕《独断》解释"表"时说："表者不需头，上言臣某，下言臣某，诚惶诚恐，顿首。"

李德明上宋归顺表

景德二年（1005）六月，李德明遣牙将王旻奉归顺表。文见《西夏书事》卷八。

> 同轨同文，王者大车书于一统；至神至圣，远人瞻天日于无疆。臣父承闻边陲，蒙恩优渥。方且心乎王室，拱北极而抒诚；靡意难起同袍，纠西蕃而生事。遂致鞠躬尽瘁，赍恨莫伸。然而恋阙深情，平时恳切；作忠遗教，垂没叮咛。臣赋性颛蒙，素怀恭顺，向居苫块，欲进表而无由；今属禫除，敢请臣之或后。恭惟皇帝陛下，德超邃古，道逮大中。海不择乎细流，朝宗者必纳；山岂遗乎土壤，环向者咸依。伏望俯鉴孤忠，得尽小心翼翼；垂怜微末，克遵先训谆谆。存没衔恩，子孙感德云云。

李德明上宋誓表

宋景德三年（1006），太宗德明上宋誓表。文见《元宪集》卷二七《赐西平王赵元昊诏》。《续资治通鉴长编》卷六四景德三年九月丁卯：鄜延钤辖张崇贵入奏，赵德明遣牙校刘仁勖来进誓表，请藏盟府。存文：

> 臣立誓之后，若负恩背义，百神怒诛，上天震伐，使其殃祸仍及子孙。

李德明乞宋禁边臣违约招纳逃亡表

宋大中祥符九年（1016），太宗德明乞宋禁边臣违约招纳逃亡表。文见《续资治通鉴长编》卷八八大中祥符九年冬十月丙子条。

> 伏以蕃陲部落，戎寇杂居，劫掠是常，逋亡不一。臣自景德中进纳誓表，朝廷亦降诏书，应两地逃民，缘边杂掠，不令停舍，皆俾交还。自兹谨守翰垣，颇成伦理。自向敏中归阙，张崇贵云亡，后来边臣，罕守旧制。天庭邈远，微塞阻修，各务邀功，不虞生

事。遂致绥、延等界，泾、原以来，擅举甲兵，入臣境土。其有叛亡部族，劫掠生财，去者百千，返无十数。臣之边吏，亦务蔽藏，俱失奏论，渐乖盟约。臣今欲索所部应有南界背来蕃族人户，乞朝廷差到使臣，就界上交付所有。臣本道亦自进纳誓表后，走投南界蕃户，望下逐处发遣归回，未赐俞允，即望敦谕边臣，悉遵诏约。肃静往来之奸寇，止绝南北之逋逃，俾臣得以内守国藩，外清戎落。岂敢违盟负约，有始无终，虚享爵封，取诮天下？但恐朝廷不委兹事，诏上未察本心，须至剖陈，上干听览。

元昊上宋请称帝改元表

夏天授礼法延祚二年（1039），景宗元昊上宋请称帝改元表。文见《宋史》卷四八五《夏国传上》。《涑水记闻》卷一一、《续资治通鉴长编》卷一二三宝元二年春正月条略同。表明元昊所上表为西夏文，诸本差异是译文出入造成的。

臣祖宗本出帝胄，当东晋之末运，创后魏之初基。远祖思恭，当唐季率兵拯难，受封赐姓。祖继迁，心知兵要，手握乾符，大举义旗，悉降诸部。临河五郡，不旋踵而归；沿边七州，悉差肩而克。父德明，嗣奉世基，勉从朝命。真王之号，凤感于颁宣；尺土之封，显蒙于割裂。臣偶以狂斐，制小蕃文字，改大汉衣冠。衣冠既就，文字既行，礼乐既张，器用既备，吐蕃、塔塔、张掖、交河，莫不从服。称王则不喜，朝帝则是从。辐辏屡期，山呼齐举，伏愿一垓之土地，建为万乘之邦家。于时再让靡遑，群情又迫，事不得已，顺而行之。遂以十月十一日郊坛备礼，为世祖始文本武兴法建礼仁孝皇帝。国称大夏，年号天授礼法延祚。伏望皇帝陛下，睿哲成人，宽慈及物，许以西郊之地，册为南面之君。敢竭愚庸，常敦欢好。鱼来雁往，任传邻国之音；地久天长，永镇边方之患。至诚沥恳，仰俟帝俞。谨遣弩涉俄疾你斯闷、卧普令济嵬崖妳奉表以闻。

元昊上宋誓表

夏天授礼法延祚七年（1044），景宗元昊遣使如宋上誓表。《宋大诏令集》卷二三三《庆历四年十月庚寅赐西夏诏》开头装叙元昊誓表节文。又见《宋史》卷四八五《夏国传》、《续资治通鉴长编》卷一四九庆历四年五月丙戌条。各本文字稍异，表明底本当为西夏文，乃译文出入所致。案岁赐银、绮、绢、茶共二十五万五千，《宋大诏令集》传抄致误，当以《续资治通鉴长编》所载"朝廷岁赐绢十三万匹、银五万两、茶二万斤，进奉乾元节回赐银一万两、绢一万匹、茶五千斤，贺正贡献回赐银五千两，绢五千匹，茶五千斤，仲冬赐时服银五千两、绢五千匹，及赐臣生日礼物银器二千两、细衣著一千匹、杂帛二千匹"为准。

两国不通和好，已历七年，边陲屡经久敌。今立誓之后，其前掠夺过将校及蕃汉人户，各更不取索。自今缘边蕃汉人逃背过境，不得递相袭逐酬赛，并逐时送还宥州保安军，无或隐避。臣近者以本国城寨进纳朝廷，其系栲栳、镰刀、南安、承平四处地分及他处边境，见今番汉人户住坐之处，并乞以蕃汉为界。仍于本界修筑城堡，各从其便。朝廷每年所赐绢一十三万匹、银五万两、茶二万斤。进奉乾元节回赐银一万两、绢一万匹、茶五万斤。进奉贺正回赐银五千两、绢五千匹、茶五千斤。每年赐中冬时服银五千两、绢五千匹。并赐臣生日礼物银器二千两、细衣着一千匹、衣着一千疋。伏乞无致改更，臣更不以他事辄干朝廷。只令本国独进誓文不合，亦乞颁赐誓诏。盖欲世世遵承，永以为好。倘君亲之义不存，臣子之心渝变，使宗祀不永，子孙受诛。其誓表伏请藏于盟府。

谅祚上宋乞赎大藏经表

夏奲都元年（1057），毅宗谅祚上宋乞赎大藏经表。《宋大诏令集》卷二三四《赐夏国主赎大藏经诏》，欧阳修代作，开头装叙谅祚奏表节文。案此诏不当系于嘉祐三年。正文部分答应西夏请求："所载请赎大藏经帙签牌等，已令印造，候嘉祐四年正旦进奉人到阙，至时给付。"贺嘉祐四年正旦进奉人应于嘉祐三年冬到阙，既称之为"来年冬"，必为嘉祐二年（1057）无疑。嘉祐二年，即夏奲都元年（1057）。又见欧阳修《文忠集》卷八六《内制集五》。

伏为新建精蓝，载请赎大藏经帙签牌等。其常例马七十匹，充印造工直，俟来年冬贺嘉祐四年正旦使次附进。至时乞给赐藏经。

谅祚上宋乞用汉仪表

夏奲都五年（1061），毅宗谅祚上宋乞用汉仪表。《宋大诏令集》卷二三四《赐夏国主乞用汉仪诏》，王珪代作，开头装叙谅祚乞用汉仪表节文，收入王珪《华阳集》时，仅存诏令正文。案此诏无系年，据《宋史·夏国传》、《续资治通鉴长编》卷一九八所载，当在嘉祐六年，即夏奲都五年（1061）十一月。该年夏国主谅祚上书自言慕中国衣冠，明年当以此迎使者。奏表中谅祚自称生于七月的记载，与《宋史·夏国传》称谅祚"以庆历七年丁亥二月六日生"不符，这是因为西夏多位皇帝有双重诞节的缘故。中古时期皇帝生日，由于避祖忌辰，避古之俗忌，或因天气原因改期以便外国使者朝贺，或遭遇战争等种种因素而改期受贺。[①]

昨因宥州申覆，称迎接朝廷使命，馆宇隘陋，轩槛阽危，倪不重修，诚为慢易。于是鸠集材用，革故鼎新，来年七月臣生日，用蕃礼馆接使命，十月中冬，用汉仪迎接。

---

① 彭向前、刘青：《西夏皇帝生日之谜》，《西夏研究》2012 年第 1 期。

谅祚上宋乞买物表

夏奲都六年（1062），毅宗谅祚上宋乞买物件表。文见《宋大诏令集》卷二三四《赐夏国主乞买物诏》。王珪代作，开头装叙谅祚乞买物表节文，收入王珪《华阳集》时，仅存诏令正文。案此诏无系年，据《宋史·纪》《宋会要》礼六二之四一、司马光《涑水记闻》、《续资治通鉴长编》卷一九六所载，当在嘉祐七年，即夏奲都六年（1062）。

　　买幞头帽子并红鞓腰带及红鞓衬等物件。乞从今后，凡有买卖，特降指挥，无令艰阻以闻。

谅祚上宋乞赎大藏经表

夏奲都六年（1062），毅宗谅祚上宋乞赎大藏经表。文见《宋大诏令集》卷二三四《赐夏国主乞赎大藏经诏》。王珪代作，开头装叙谅祚乞赎大藏经表节文，收入王珪《华阳集》时，仅存诏令正文。案此诏无系年，据《宋史·纪》、《宋会要》礼六二之四一、司马光《涑水记闻》、《续资治通鉴长编》卷一九六所载，当在嘉祐七年，即夏奲都六年（1062）。

　　请赎佛经《大藏》签牌经帙等，欲乞特降睿旨，印造灵文，以俟至时，幸垂给赐。所有旧例纸墨工直，马七十匹续具，进止以闻。

谅祚上宋乞工匠表

夏奲都六年（1062），毅宗谅祚上宋乞工匠表。文见《宋大诏令集》卷二三四《赐夏国主乞工匠诏》。王珪代作，开头装叙谅祚乞工匠表节文，收入王珪《华阳集》时被略去。案此诏无系年，据《宋史·纪》、《宋会要》礼六二之四一、司马光《涑水记闻》、《续资治通鉴长编》卷一九六所载，当在嘉祐七年，即夏奲都六年（1062）。

　　盖以蕃方素稀工巧，变革衣冠之度，全由制造之功，欲就考工，聊倩庶匠以闻。

惠宗秉常乞宋给还绥州表

夏乾道二年（1068）三月，惠宗秉常上宋乞给还绥州表。文见《宋大诏令集》卷二三五《赐夏国主给还绥州誓诏》。王珪代作，开头装叙秉常乞给还绥州表节文，收入王珪《华阳集》时被略去。奏表中"畏天而事大，勉坚卫国之猷"，语出《孟子》卷二《梁惠王下》"以大事小者，乐天者也；以小事大者，畏天者也。乐天者保天下，畏天者保其国"，这里西夏主动承认自身是"天下"的一个组成部分，在空间上将本民族政权与北宋王朝纳入同一个"天下"之中，表明儒家的"天下观"业已为西夏王朝所接受。案此诏系于熙宁二年二月戊子，月份有误。是岁二月，朔在戊戌，无戊子日。因秉常进誓表，乞班誓诏，及请以安远、塞门二砦易绥州，遂赐以誓书。据《宋史·夏国传》、李埴《皇宋十朝纲要》卷九所载，当在熙宁二年、即夏乾道二年（1068）三月戊子。三月戊辰朔，戊子为二十一日。

> 臣闻固基业者，必防于悔吝；质神祇者，宜务于要盟。考核彝章，讨论典故。河带山砺，始汉室以流芳；玉敦珠盘，本周朝之垂范。庶使君臣之契，邦国之欢，蔚为长久之规，茂著古今之式。矧茂恩于累世，受赐于有年，当竭情诚，仰期宸听。窃以上联世绪，累受列封，本宜存信以推忠，岂谓轻盟而易动？盖此酋戎之画，助成守土之非。然而始有衅端，以归倾逝。昨者期在通欢之美，曾申沥款之诚。爰降绨函，宛垂俞旨，敢陈恳愊，上达至聪：傥给还于一城，即纳归于二寨。惟赖至仁抚育，巨德保安，冀原旧誓之文，用复交欢之永。伏遇尧云广荫，轩鉴分辉，幸宽既往之辜，深察自新之恳。将使庆流后裔，泽被溥天，泪垂赐予之常，恪谨倾输之节。臣敢不昭征部族，严戒酋渠，用绝惊骚，俾无侵轶？非不知畏天而事大，勉坚卫国之猷；背盟者不祥，寅懔奉君之体。若乃言亡其实，祈众神而共诛；信不克周，冀百殃而咸萃。自敦盟约，愈谨守于藩条；深愧僭尤，乞颁回于誓诏。

惠宗秉常再乞宋给还绥州表

夏乾道二年（1068）十月，惠宗秉常再次乞宋给还绥州表。文见《宋大诏令集》卷二三五《赐夏国主不还绥州诏》。王珪代作，开头装叙奏表节文，收入王珪《华阳集》时被略去。案此诏无系年。据《宋史·夏国传》《宋史·纪》所载，当在熙宁二年（1069）冬十月。初西夏请以安远、塞门二砦易绥州，北宋许之。但交地之日却违反盟约，只要交割寨基，四旁土田皆不可得。于是，北宋一面赐诏夏国"其二寨已令延州更不交割，绥州固无给还之理"；一面诏城绥州，改名绥德城。

> 差嵬名挨移等赴塞门地分，与赵秘丞商量分划塞门、安远，交领绥州，虽差人去与赵秘丞一两次相见，终不与定夺了当。兼宥州续得保安军牒，开坐中书枢密院同奉圣旨，安远、塞门蕃族住坐，久已著业，应难起移，任令蕃族依旧住坐所有，绥州更不给还。及云岂将边围之末图，有抗大廷之诚命，愿详悉于云为，免稽留于事理。

惠宗秉常上宋乞以二砦易绥州表

夏天赐礼盛国庆三年（1071），遣使贡宋，表乞绥州。伪学士景珣代作。文见《续资治通鉴长编》卷二二六熙宁四年九月庚子条。

> 臣近承边报，传及睿慈，起胜残去杀之心，示继好息民之意。人神胥悦，海宇欢呼，仰戴诚深，忭跃曷已？恭惟皇上陛下，深穷圣虑，远察边情，念兹执戟之劳，恤彼交兵之苦。岂谓一城之地，顿伤累世之盟？觊斥边吏之云为，乃是天心之恻隐。况此绥州，居族岁久，悉怀恋土之思；积愤情深，终是争心之本。远施命令，早为拔移。得遵嗣袭之封，永奉凝严之德；矧使枕戈之士，翻成执耒之人。顿肃疆场，重清烽堠。顾惟幼嗣，敢替先盟？翘仰中宸，愿依旧约。贡琛赆宝，岂惮于逾沙？向日倾心，弥坚于述职。

惠宗秉常谢宋恩表

夏天赐礼盛国庆四年（1072），惠宗秉常谢宋恩表。文见《宋大诏令集》卷二三六《赐夏国主进誓表答诏》。案此诏无系年，据《续资治通鉴长编》卷二三七可知，当在熙宁五年（1072）八月。该年夏国进表，不依旧式，但谢恩而不设誓，又不言诸路商量地界事，枢密院共以为疑。在王安石的主张下，乃降答诏，并诏陕西毋侵掠夏境。答诏装叙夏国誓表部分如下。

> 臣依准制命，将绥德城下界至打量二十里，明立封堠，交付了当讫者。臣幼叨世绪，遵奉皇猷。宿兵累年，空阻瞻云之望；通盟此日，退陈献土之勤。上奉高明，更无渝变；虔遵圣训，分定戎疆。践土约辞，昭著先朝之誓；推忠纳款，坚持归信之诚。载图方岳之勤，庶答乾坤之施。

惠宗秉常上宋进马乞赎大藏经表

夏天赐礼盛国庆五年（1073），惠宗秉常上宋进马乞赎大藏经表。文见《宋大诏令集》卷二三五《赐夏国主乞赎大藏经诏》。案此诏无系年，据《宋史·夏国传》《续资治通鉴长编》卷二四八可知，当在熙宁六年，即夏天赐礼盛国庆五年（1073）十二月癸巳。诏令装叙夏国奏表部分：

> 乞收赎释典一大藏，并签帙、复帕、前后新旧翻译经文。惟觊宸慈，特降旨命，令有司点勘，无至脱漏卷目。所有印造装成纸墨工直，并依例进马七十匹，聊充资费。早赐近年宣给。

惠宗秉常上宋请修贡事表

夏大安十一年（1084），惠宗秉常上宋请修贡事表。《续资治通鉴长编》卷350元丰七年十一月甲辰条。元丰七年，即夏大安十一年（1084）。《宋史》卷四八五《夏国传上》，文字略同。

> 臣秉常辄罄丹衷，仰尘渊听，不避再三之干渎，贵图普率之

和平。前夏国累得西蕃木征王子书，称南朝与夏国交战岁久，生灵荼毒，欲拟两下依旧通和。缘夏国先曾请所侵疆土，朝廷不从，未便轻许。今于五月内西蕃遣使散八昌郡、丹星等到国，称得南朝语言，许令夏国计会，但当遣使赍表，西蕃自差人引赴南朝前去。切念臣自历世以来，贡奉朝廷，无所亏怠；至于近岁，尤甚欢和。不意憸人诬间，朝廷特起大兵，侵夺疆土城寨，固兹构怨，岁致交兵。今乞朝廷开日月之明，扩天地之造，示以大义，特赐所侵。俾完疆土，通遐域之贡输；用息干戈，庶生民之康泰。倘垂慨许，别效忠勤。

崇宗乾顺上宋谢罪表

夏永安二年（1099），崇宗乾顺遣使如宋上谢罪表。该年年初梁太后卒，崇宗乾顺亲政，九月遣使谢罪请和。宋元符二年，即夏永安二年（1099）。文见《续资治通鉴长编》卷五一五元符二年九月庚子朔条。其文为：

伏念臣国起祸之基，由祖母之世。盖大臣专僭窃之事，故中朝兴吊伐之师，因旷日以寻戈，致弥年而造隙。寻当冲幼，继袭弓裘，未任国政之繁难，又恐慈亲之裁制。始则凶舅擅其命，频生衅端；况复奸臣固其权，妄行兵战。致贻上怒，更用穷征，久绝岁币之常仪，顿削祖先之故地。咎归有所，理尚可伸。今又母氏薨殂，奸人诛窜，故得因驰哀使，附上谢章。矧惟前咎之所由，蒙睿聪之已察；亦或孤臣之是累，冀宝慈之垂矜。特纳赤诚，许修前约。念赦西陲之弊国，得反政之初愿。追烈祖之前猷，赐曲全之大德，俾通常贡，获绍先盟。则质之神灵，更无于背德；而竭乎忠荩，永用于尊王。

崇宗乾顺上宋誓表

夏永安二年（1099），崇宗乾顺遣使嵬名济乃进誓表。文见《续资治通鉴长编》卷五一九元符二年十二月庚子条。因誓表内"诚国人而"字下一字"恒"

犯真宗皇帝庙讳，令保安军移牒宥州，闻知本国。在《宋史·夏国传》中，"恒"字已改为"常"。宋元符二年，即夏永安二年（1099）。其文为：

> 窃念臣国久不幸，时多遇凶，两经母党之擅权，累为奸臣之窃命。频生边患，颇亏事大之仪；增怒上心，恭行吊民之伐。因削世封之故地，又罢岁颁之旧规，衅隙既深，理诉难达。昨幸蒙上天之佑，假圣朝之威，致凶党之伏诛，获稚躬之反正。故得遄驰恳奏，陈前咎之所归；乞绍先盟，果渊衷之俯纳。故颁诏而申谕，俾贡誓以输诚，备冒恩隆，实增庆跃。臣仰符圣谕，直陈誓言。愿倾一心，修臣职以无怠；庶斯百世，述贡仪而益虔。饬疆吏而永绝争端，诚国人而恒遵圣化。若违兹约，则咎凶再降；傥背此盟，则基绪非延。所有诸路系汉缘边界至，已恭依诏旨施行。本国亦于汉为界处以外侧近，各令安立卓望并寨子去处，更其余旧行条例并约束事节，一依庆历五年正月二十二日誓诏施行。

（二）西夏上金奏表

崇宗乾顺遣使诣金上誓表

夏元德六年（1124），崇宗乾顺遣使诣金上誓表。金天会二年正月，乾顺遣把里公亮等来上誓表，以事辽之礼称藩。金天会二年，即夏元德六年（1124）。文见《金史》卷一三四《西夏传》。

> 臣乾顺言：今月十五日，西南、西北两路都统遣左谏议大夫王介儒等赍牒奉宣：若夏国追悔前非，捕送辽主，立盟上表，仍依辽国旧制及赐誓诏。将来或有不虞，交相救援者。臣与辽国世通姻契，名系藩臣，辄为援以启端，曾犯威而结衅。既速违天之咎，果罹败绩之忧。蒙降德音，以宽前罪，仍赐土地，用广藩篱。载惟含垢之恩，常切戴天之望。自今已后，凡于岁时朝贺、贡进表章、使人往复等事，一切永依臣事辽国旧例。其契丹昏主，今不在臣境，

至如奔窜到此，不复存泊，即当执献。若大朝知其所在，以兵追捕，无敢为地及依前援助。其或征兵，即当依应。至如殊方异域，朝觐天阙，合经当国道路，亦不阻节。以上所叙数事，臣誓固此诚，传嗣不变。苟或有渝，天地鉴察，神明殛之，祸及子孙，不克享国。

崇宗乾顺贺金正旦表

夏大德四年（1138），崇宗乾顺贺金正旦表。文见《松漠记闻》卷二。此夏国贺正表，《松漠记闻》不书其年，《西夏书事》以金天会三年（1125）夏始贺金正旦而附于此年，当误。据《系年要录》天眷元年正月乙卯注文，此表附金皇后费摩申氏谢表之后，且"表中有更新谨始之语，则必改元之年"，应系于金主亶既免丧，改元天眷之年（1138）。金天眷元年，即夏大德四年（1138）。其文为：

斗柄建寅，当帝历更新之旦；葭灰飞管，属皇图正始之辰。四序推先，一人履庆。恭惟化流中外，德被迩遐，方熙律之载阳，应令候而布惠。克凝神于奥突，务行政于要荒。四表无虞，群黎至治，爰凤阙届春之早，协龙廷展贺之初。百辟称觞，用尽输诚之意；万邦荐祉，克坚献岁之心。臣无任云云。

仁孝以诛任得敬上金谢表

夏乾祐元年（1170），仁孝以诛任得敬上金谢表。仁宗皇帝八月诛权臣任得敬。该年五月，仁孝曾被迫遣使赴金为任得敬求封楚王，金世宗不许。十一月遣殿前太尉芭里昌祖、枢密直学士高岳等出使金朝，上表陈谢。文见《金史》卷一三四《西夏传》。

得敬初受分土之后，曾遣使赴大朝代求封建，蒙诏书不为俞纳。此朝廷怜爱之恩，夏国不胜感戴。夏国妄烦朝廷，冒求贼臣封

建，深亏礼节。今既贼臣诛讫，大朝不用遣使询问。得敬所分之地
与大朝熙秦路接境，恐自分地以来别有生事，已根勘禁约，乞朝廷
亦行禁约。

仁孝上金请受百头帐表

夏乾祐八年（1177），仁宗皇帝上金请受百头帐表。仁孝深念金世宗恩厚，
献本国所造百头帐，诏不受。百头帐当与吐蕃的"拂庐"有关。金大定十七
年十一月，上表申述情由，言辞恳切。文见《金史》卷一三四《西夏传》。

> 所进帐本非珍异，使人亦已到边。若不蒙包纳，则下国深诚无
> 所展效，四方邻国以为夏国不预大朝眷爱之数，将何所安？

（三）西夏上本朝皇帝奏表

御史中丞薛元礼上乾顺请兴汉学表

西夏贞观元年（1101），御史中丞薛元礼上乾顺请兴汉学表。自曩霄创建
蕃学，国中由蕃学进者诸州多至数百人，而汉学日坏。士皆尚气矜，鲜廉耻，
甘罹文网，乾顺患之。御史中丞薛元礼表请兴汉学，文见《西夏书事》卷
三一建中靖国元年秋八月条。

> 士人之行，莫大乎孝廉；经国之模，莫重于儒学。昔元魏开基，
> 周、齐继统，无不尊行儒教，崇尚《诗》、《书》，盖西北之遗风，不
> 可以立教化也。景宗以神武建号，制蕃字以为程文，立蕃学以造人
> 士，缘时正需才，故就其所长以收其用。今承平日久，而士不兴
> 行，良由文教不明，汉学不重，则民乐贪顽之习，士无砥砺之心。
> 董子所谓"不素养士而欲求贤，譬犹不琢玉而求文采也"，可得乎？

衙头都统军察哥上乾顺请强武备表

西夏贞观三年（1103），衙头都统军察哥表请乾顺加强武备，吸取宋朝在

军事方面的长处，提高军队战斗力。文见《西夏书事》卷三一崇宁二年秋九月条。

> 自古行师，步骑并利。国家用"铁鹞子"以驰骋平原，用"步跋子"以逐险山谷，然一遇"陌刀法"，铁骑难施；若值"神臂弓"，步奚自溃。盖可以守常，不可以御变也。夫兵在审机，法贵善变。羌部弓弱矢短，技射不精。今宜选蕃、汉壮勇，教以强弩，兼以摽牌，平居则带弓而锄，临戎则分番而进。以我国之短，易中国之长，如此则无敌于天下矣。

御史大夫芭里祖仁上乾顺请立皇后表

西夏大德四年（1138），御史大夫芭里祖仁表请立后。任氏庄重寡言，御下有恩意，与曹氏并居妃位。任得敬欲后其女，常以货贿馈朝贵及宗室执政权者。于是御史大夫芭里祖仁上表请立任妃为皇后。文见《西夏书事》卷三五。

> 古者天子娶后，藩国来媵，诸侯一娶九女。盖奉宗庙，广继嗣，阴教之职不可缺，中宫之位不可虚也。伏见陛下两妃并立，位号相夷，而无嫡以统之，则势必近争情，且生妒，岂所以防淫慝、塞祸乱乎？今宜择簪绂名家，勋庸世族，素优才行，配合坤仪，庶几上协神祇之心，下副臣民之望。

静州统军任得敬上仁孝请讨夏州李合达表

大庆元年（1140），静州统军任得敬上表请讨夏州。夏州统军李合达，本萧姓，为辽国挞马，扈成安公主至夏。因不满乾顺臣金，趁仁孝新立于大庆元年四月据城叛。叛军陷盐州，游骑直逼贺兰。八月静州统军任得敬表请率兵平叛。文见《西夏书事》卷三五绍兴十年六月条。

> 贼素无谋，众皆乌合，所恃者契丹余部，以咸里连谋，然其势易离也。陛下诚下令安抚，赦其已往，许其自新，约还旧部，给以

资粮，当必有响应者。又，贼顿兵灵武，已逾两月，今新破盐州，士气骄甚。夏州距灵州五百余里，定然无备，臣请以州兵合诸将袭之，可获全胜。

御史大夫热辣公济上仁孝请拒任得敬入朝表

西夏人庆四年（1147），御史大夫热辣公济上表仁孝，拒绝任得敬入觐。西平公任得敬自以为有大功，冀与国政，使人上表请入觐。御史大夫热辣公济言上表，力谏仁孝拒绝任得敬入朝。文见《西夏书事》卷三六绍兴十七年夏五月条。

窃见戚臣任得敬上表请朝，其心盖为干政地也。从古外戚擅权，国无不乱。得敬虽属懿亲，非我族类，能保其心之不异乎？惟陛下察之。

楚王任得敬上仁孝请废学校表

西夏天盛十二年（1160），楚王任得敬请废学校表。任得敬受封楚王后，凌虐朝士，见仁孝尊崇儒学，深恶之，十月上表请废学校。文见《西夏书事》卷三六绍兴三十年三月条。

经国在乎节俭，化俗贵有权衡。我国介在戎夷，地瘠民贫，耕获甚少。今设多士以任其滥竽，糜廪禄以恣其冗食，所费何资乎？盖此中国之法难以行于我国者，望陛下一切罢之。

御史中丞梁德懿上遵顼罢兵表

夏光定十三年（1223），御史中丞梁德懿上表夏神宗遵顼，劝阻对金发动战争。夏神宗遵顼采取附蒙侵金的策略，使西夏蒙受很大的损失。该年四月遣太子德任攻打金朝，德任不听，遭到幽禁。十月遵顼欲集十二监军司兵图金巩州，梁德懿力谏不可。文见《西夏书事》卷四一嘉定十六年冬十月条。

天人之道，理自相通。国家用兵十余年，田野荒芜，民生涂炭，虽妇人女子咸知国势濒危，而在廷诸臣清歌夜宴，舌结口钳。太子以父子之亲，忧宗社之重，毅然陈大计、献忠言，非得已也。一旦位遭废斥，身辱幽囚。宜乎天垂变异，岁告灾祲。臣望主上抚恤黎庶，修睦邻邦，召还旧宫，复其储位，庶几臣民悦服，危者得安。

二、书

元昊嫚书

夏天授礼法延祚二年（1039）十二月，夏景宗元昊遣贺九言（《宋史》作"贺永年"）赍嫚书于宋。文见《续资治通鉴长编》卷一二五宝元二年闰十二月条。

持命之使未还，南界之兵噪动，于鄜延、麟府、环庆、泾原路九处入界。

南兵败走，收夺旗鼓、符印、枪刀、矛戟甚多，兼杀下蕃人及军将士不少。

既先违誓约，又别降制命，诱导边情，潜谋害主，谅非圣意，皆公卿异议，心膂妄图，有失宏规，全忘大体。

蕃汉各异，国土迥殊。幸非僭逆，嫉妒何深！况元昊为众所推，盖循拓跋之远裔，为帝图皇，又何不可？

鄂特伽回，将到诏书，乃与界首张悬敕旨不同。

元昊与契丹联亲通使，积有岁年。炎宋亦与契丹玉帛交驰，傥契丹闻中国违信示赏，妄乱蕃族，谅为不可。

伏冀再览菲言，深详微恳，回赐通和之礼，洊行结好之恩。

梁太后与崇宗乾顺遗宋鄜延路经略使书

夏天祐民安七年（1096），梁太后与崇宗乾顺率兵 50 万攻宋鄜延路，破金明砦，退还时遗鄜延经略使书一封，文见《宋史》卷四八六《夏国传下》。其文为：

> 夏国昨与朝廷议疆场，惟有小不同。方行理究，不意朝廷改悔，却于坐团铺处立界。本国以恭顺之故，亦黾勉听从，遂于境内立数堡以护耕。而鄜延出兵，悉行平荡，又数数入界杀掠。国人共愤，欲取延州，终以恭顺，止取金明一砦，以示兵锋，亦不失臣子之节也。

夏西南都统、星昂嵬名济乃遗卢秉书

夏大安九年（1082）十一月，夏西南都统、星昂嵬名济乃遗卢秉书。文见《续资治通鉴长编》卷三三一元丰五年十一月条。元丰五年，即夏大安九年（1082）。又见《涑水记闻》卷一五、《宋史》卷四八五《夏国传上》，文字略同。表明原文为西夏文，文字差异是译文出入造成的。文中《孟子》所谓'未有好杀能得天下'者也"，化用《孟子·尽心下》："不仁而得国者有之矣。不仁而得天下者，未之有也。"以此指斥宋朝五路伐夏为"好杀""不仁"之举。

> 十一月八日，夏国南都统星昂嵬名济乃谨裁书致于安抚经略麾下：伏审统戎方面，久向英风，应慎抚绥，以副倾注。昨于兵役之际，提戈相轧，今以书问赞信，非变化曲折之不同，盖各忠于所事，不得不如此耳。夫中国者，礼义之所从出，必动止猷为，不失其正。苟听诬受间，肆诈穷兵，侵人之土疆，残人之黎庶，是乖中国之体，岂不为夷狄之羞哉！昨朝廷暴驱甲兵，大行侵讨，盖天子与边臣之议，谓夏国方守先誓，宜出不虞，五路进兵，一举可定，遂有去年灵州之役、今秋永乐之战。较其胜负，与夫前日之议为何

如哉？且中国祖宗之世，于夏国非不经营之。五路穷讨之策既尝施之矣，诸边肆挠之谋亦尝用之矣，知侥幸之无成，故终归乐天事小之道。兼夏国提封一万里，带甲数十万，西连于阗，作我欢邻，北有大燕，为我强援。今与中国乘隙伺便，角力竞斗，虽十年岂得休息哉？即念天民无辜，被兹涂炭之苦，孟子所谓未有好杀能得志于天下也。况夏国主上自朝廷见伐之后，凤宵兴念，谓自祖先之世，于今八十余年，臣事中朝，恩礼无所亏，贡聘无所怠，何期天子一朝见怒，举兵来伐？令膏血生民，剿戮师旅，伤和气，致凶年，覆亡之由，发不旋踵，朝廷岂不恤哉？盖边臣幸功，上听致惑，使祖宗之盟既沮，君臣之分不交。载省厥由，怅然何已。济乃遂探主意，得移音翰。伏惟经略以长才结上知，以沉谋干西事，故生民之利病，宗社之安危，皆得别白而言之。至于鲁国之忧不在颛臾，而隋室之变生于玄感，此皆明智已得于胸中，不待言而后谕也。方今解天下之倒悬，必假英才钜德，经略何不进谠言、排邪议，使朝廷与夏国欢和如初，生民重睹太平，宁有意也？倘如此，则非唯敝国蒙幸，实天下之大惠也。意鲠词直，尘渎安抚经略麾下。

仁孝回刘锜等檄书

夏天盛十三年（1161），仁宗回刘锜等檄书。绍兴三十一年，金主完颜亮仗恃金朝的强盛，南下发动兼并战争，宋檄告契丹、西夏、高丽、渤海、塔坦诸国合兵讨之，夏仁宗从唇亡齿寒的利害关系出发，积极响应，回书予以声援。宋绍兴三十一年，即夏天盛十三年（1161）。文见《三朝北盟会编》卷二三三绍兴三十一年十月丁未条。全文为：

西夏国檄告大宋元帅刘侯、侍卫招抚成侯、招讨吴侯：十二月二日，承将命传檄书一道。窃以恩宣大国，滥及小邦，远迩交欢，中外咸庆。孤闻丑虏无厌，敢叛盟而失信；骄戎不道，忘称好以和亲。始缘女真，辄兴残贼，窥禹迹山川之广，覆尧天日月之光，将士衔冤，神人共愤。妄自尊大者三十余载，怙其篡夺者七八其人，皆犬豕之所不为，于春秋之所共贬。盖总辫缦缨之众，无阅书隆礼之风，惟务贪残，恣行暴虐。吞并诸国，建号大金。屈邻壤以称藩，率华民而贡赋。驱役生灵而恬不知恤，杀伐臣庶而自谓无伤。虽夷狄之有君，不如诸夏之亡也；待文王而既作，咸兴曰："曷归乎来"！当中兴恢复之初，乃上帝悔祸之日。九重巡幸，昔闻太王之居邠；大驾亲征，今见汉宣之却狄。诏颁天下，抚慰民心。未闻用夏而变夷，第见兴王而黜霸。其谁与敌，将为不战而屈人；莫我敢当，可谓因时而后动。其或恣睢猖獗，抗衡王师，愿洗涤于妖氛，庶荡除于巢穴。勿令秽蘖，重更蕃滋，虽蝼蚁之何殊，亦寇仇之可杀。庙堂御侮，看首系于单于；帷幄谈兵，复薄伐于猃狁。如孤者，虽处要荒，久蒙德泽，在李唐则曾赐姓，至我宋乃又称臣。顷因世猾之凭凌，遂阻输诚而纳款。玉关路隔，久无抚慰之来；葱岭山长，不得贡琛而去。怀归弥笃，积有岁年，幸逢拨乱反正之秋，乃是斩将搴旗之际。顾惟雄贼，来寇吾疆，始长驱急骑以争先，终救死扶伤而不暇，使彼望风而遁，败衄而归。岂知敢犯于皇威，遽辱率兵而大举？期君如管仲，则国人无左衽之忧；待予若卫公，使边境有长城之倚。神明赞助，草木知名。功勋不减于太公，威望可同于尚父。力同剪灭，无与联和。将观彼风声鹤唳之音，当见其弃甲曳兵而走。孤敢不荣观天讨，练习武兵，瞻中原皇帝之尊，望东南天子之气？八荒朝贡，愿同周八百国之侯王；四海肃清，再建汉四百年之社稷。伫闻勘定，当贡表笺，檄至如前，言不尽意。

仁孝报宋将吴璘檄书

夏天盛十三年（1161），仁孝报宋将吴璘檄书。绍兴三十一年，即夏天盛十三年（1161），金主完颜亮仗恃金朝的强盛，发动兼并战争，宋将吴璘檄告契丹、西夏、高丽、渤海、塔坦诸国合兵讨之。仁孝报以书。一面对金朝大加口诛笔伐，一面慷慨声援南宋，引《孟子》语，称其抗金之举为"以至仁伐至不仁，因多助攻其寡助"。文见《西夏书事》卷三六。

　　仰惟巨宋之兴，威托群心之辅，列圣承休于洪祚，深仁克洽于寰区。繄我小邦，赖为盟主，二百年讲修于信息，亿万姓陶冶于淳浓。嗟夫！弗率之女真，不自安于微分，鼠窃一隅之地，狼贪万乘之畿，天地所不容，神明为咸愤，故此用兵薄伐，尚敢肆志不庭，毁先庙以示战士之威，杀君母而杜谏臣之口。似此盈科之罪，难逃负槁之诛。幸使命之来临，快舆情之奋厉，共切驱羊公忿，敢辞汗马勤劳？布告庶邦，退迩傒来苏之后，奋扬师旅，鼓行解倒悬之民。以至仁伐至不仁，因多助攻其寡助。请同李广，勿令一骑生还；毋效丁公，遽听片言返斾。此上天之假手，宜壮士之同心，允穆师言，恭行天讨。尔众士既造于南土，我小国当应于西偏。前冲而九野生欢，左顾而千军振色，从兹歃血，动有余威，誓将灭其众而犁其庭，相与寝其皮而食其肉，成大功于不日，守中夏于历年。不取必有天殃，今其时矣；一征当自葛始，君其念之。余需报捷之临，别候献琛之贺，使还勉报，旨不及酬。

三、状

仁孝乞金止约理索人口财畜状

夏天盛十六年（1164），仁宗皇帝乞金止约理索人口财畜状。金正隆末伐宋，夏乘隙攻取荡羌、通峡、九羊、会川等城寨。金世宗即位，夏人复以城寨来归，而所侵掠人口财畜尚未还，金边吏奏请索之。大定四年二月甲申，夏遣其武功大夫细卧文忠等贺金万春节，入见、附状奏告，乞金止约理索。大定四年，即夏天盛十六年（1164）。文见《金史》卷一三四《西夏传》。

众军破荡之时，幸而免者十无一二，继以冻馁死亡，其存几何？兼夏国与宋兵交，人畜之被俘僇亦多，连岁勤动，士卒暴露，势皆朘削。又坐为宋人牵制，使忠诚之节无繇自达，中外咸知。愿止约理索，听纳臣言，不胜下国之幸。

四、疏

御史大夫谋宁克任上乾顺请隆文治修武备疏

西夏贞观十二年（1112）六月朔，白虹贯日。乾顺命诸臣直言得失，御史大夫谋宁克任疏请乾顺既隆文治，尤修武备。文见《西夏书事》卷三二。

治法之要，不外兵刑；富国之方，无非食货。国家自青、白两盐不通互市，膏腴诸壤寖就式微，兵行无百日之粮，仓储无三年之蓄。而惟恃西北一区与契丹交易有无，岂所以裕国计乎？自用兵延庆以来，点集则害农时，争斗则伤民力，星辰示异，水旱告灾，山界数州非侵即削，近边列堡有战无耕。于是满目疮痍，日呼庚癸，岂氢安民命乎？且吾朝立国西陲，射猎为务，今国中养贤重学，兵政日弛。昔人云："虚美薰心，秦乱之盟"，又云："浮名妨要，晋衰之兆。"臣愿主上既隆文治，尤修武备，毋徒慕好士之虚名，而忘御边之实务也。

五、图

西夏地形图

《西夏地形图》为传世的西夏地图文献中内容最丰富者，绘制者不详。传世本中最重要的有三幅，最早的一幅出现在明朝康丕扬于万历三十六年（1608）刊刻的《宋两名相集·宋文正范先生文集》中。俄藏手稿本《西夏地图》《西夏纪事本末》附图皆源于此。地图提供了很多文字文献中没有提及或者言之不详的西夏地理信息，对考证一些西夏地名的地理位置提供了重要的线索，可以和其他史籍中的记载相互印证。但该图绘制技术比较粗糙，对西夏国地理情况的表达方法比较单调，地图符号种类不多，用一些简单的文字注记来补充说明地图内容。也没有明确的比例尺，图上所表示的地理要素不易度量，属于描述性的地图。关于其绘制时间，有学者认为绘制于宋英宗治平三年至神宗元丰四年（1066—1081）之间，或绘制于宋徽宗大观二年（1108），也有人认为绘制于明朝万历三十六年（1608）《宋两名相集》问世之前的某个时间。

附录一：历代编撰的党项西夏文献

党项之名最早出现于南北朝末期（公元 6 世纪后期），从隋代开始，每个朝代都有关于党项西夏的记载。其中宋元时期的记载，是我们研究党项西夏最基本的汉文史料。

有关反映早期党项羌的资料，主要集中在各纪传体断代史的传记中。其中《隋书》最早为党项作传，此后《北史》《旧唐书》《新唐书》《旧五代史》《新五代史》《宋史》均有《党项传》。宋、辽、金三史分别为西夏立传，与《隆平集》中的《夏国传》、《东都事略》中的《夏国赵保吉传》合称"西夏五传"，五传中以《宋史·夏国传》最为详细、系统，《隆平集》与《东都事略》，系宋人纪宋事，信而有征。《宋史》中既有《党项传》，又有《夏国传》，二者的区别在于：前者记述宋初境内党项族的活动，后者则记载以党项族为主体建立的西夏国家及其历史。

清代是汉文西夏文献的辑编勃兴时期，只有到了清代，才出现了真正意义的西夏专史著作。经过清代史家的钩沉索隐、重修重著，形成了一批汉文西夏史籍。清人编修的西夏文献具有三个优点：第一，体裁多样。有纪传体《西夏书》，有编年体《西夏纪》，有纪事本末体《西夏纪事本末》，有纲目体《西夏书事》，等等。第二，内容丰富。如《西夏书事》有 42 卷，为传世西夏专史中内容最多、也是最丰富的。第三，取材广泛。举凡史部、子部、集部文献，凡与西夏相涉者，都在清人史料取材范围内。但编史的指导思想是正统思想，尊宋贬夏的倾向明显。均为辑录汉文史料之作，尚无法利用西夏国原始文献，故只能在史书编修体裁上花样翻新。①

（一）宋代及其以前编撰的党项西夏文献

《隋书》和《北史》党项传

《隋书》卷八三《党项传》，《北史》卷九六《党项传》。"正史"中《隋书》最早为党项作传，其后有《北史》。《隋书》，唐魏徵撰，成书于贞观十年（636）。《北史》，唐李延寿撰，成书于贞观十七年（643）。《北史》系据《魏书》、《北齐书》、《周书》、《隋书》删补改编而成，《北史》党项传完全因袭《隋书》的党项传，仅在个别字句上稍加改动。内容涉及党项的族称、族源、活动地域、社会组织、生产活动、生活习俗等。传称党项"魏、周之际，数来扰边"，但隋以前党项事不见于魏、周书，隋代又仅见党项归化之事。二史党项传所载过于简略。

新旧《唐书》党项传

《旧唐书》卷一九八《党项羌传》，《新唐书》卷二二一上《党项传》。《旧唐书》为五代后晋时官修，题刘昫撰。成书于开运二年（945），内容多直接取材于唐代史官叙述，因而保存了大量唐代原始史料。到宋代，宋仁宗命欧阳修、宋祁重撰唐史，成书于嘉祐五年（1060），称《新唐书》。二书比较互有长短，旧唐书卷一九八称《党项羌传》，记唐代党项史事，起太宗贞观三年（629）至武宗会昌元年（841），约200余年事。新唐书卷221称《党项传》，记载起自贞观三年至唐昭宗乾宁三年（896），近270余年事。两传所记唐代党项史实内容基本一致，但《新唐书》是在前代官修实录、国史基础上又综

---

① 胡玉冰《传统典籍中汉文西夏文献研究》，中国社会科学出版社2007年版，第225、260—268页。

合其他史料修成，在多数列传中，也增加了一些内容，特别是对唐后期的史料有所增加。如新书《党项传》比旧书的内容增加约三分之一。重要者如郭子仪上表迁徙六府党项事，唐召党项拓跋朝光等五刺史入朝事，宣宗大中四年（850）党项内掠邠、宁被击败而逃奔南山，党项平夏部首领拓跋思恭于咸通末（873）占据宥州称刺史，助唐镇压黄巢起义，以及拓拔思谏时史事。[①]

新旧《五代史》党项传

新旧《五代史》皆设党项传。《旧五代史》宋薛居正撰，成书于开宝七年（974）。《新五代史》原名《五代史记》，宋欧阳修撰，成书于皇祐五年（1053）。新史成而旧史佚，今所存《旧五代史》，乃清修《四库全书》时辑自《永乐大典》，所述内容止于后唐明宗，已非旧史全文。新史增记后周太祖时招抚党项事。在记载早期党项大姓时与唐代史料略有不同，"其大姓有细封氏、费听氏、折氏、野利氏、拓拔氏为最强"，少了往利、颇超、房当、米擒四个，多了一个折氏。表明往利、颇超、房当、米擒，五代时期已不在"大姓"之列。折氏的前身为鲜卑折掘氏，在与党项羌经历了长期的民族融合后，至唐末五代时期逐渐融入党项羌，并开始以党项折氏之名见于史籍。

《东都事略》西夏传

《东都事略》，南宋王称撰，是记述北宋九朝历史的纪传体史书，本纪、世家、列传、附录四部分。共 130 卷。在附录部分中，于卷一二七、一二八立西夏传，记起党项夏州政权建立至夏崇宗止这一时期宋夏关系史事。

《隆平集》夏国赵保吉传

《隆平集》，托名曾巩撰。20 卷。于卷二〇《夷狄传》立《夏国赵保吉传》，

---

① 白滨：《党项史研究》，吉林教育出版社 1989 年版，第 60—61 页。

乃西夏太祖李继迁传，记李继迁至李元昊时事。史料采撷较早，多记载西夏习俗与制度。如"将出兵，先卜四：一、用艾灼羊夹面骨以求兆，谓之炙勃焦；二、擗竹于地，若揲蓍以求数，谓之擗算；三、夜以羊焚香咒之，又烧谷火撒之静处，晨屠羊，视其肠胃通，则兵无阻，心有血则败；四、以矢击弓弦而听其声，知敌至之期及兵之胜负。"《宋史·夏国传》即取材于此。

（二）元明时期编撰的党项西夏文献

《宋史》党项传

宋、辽、金三史中，仅《宋史》于卷四九一立党项传。《宋史》为元脱脱总裁编撰，成书于元至正五年（1345）。因其篇幅庞大，是二十四史中篇幅最大的一部，加以成书时间短促，错漏芜杂，为世所诟病。但其书主要取材于今已亡佚的宋代国史、实录、日历等史籍，保存了大量宋代原始史料，故史料价值很大。其中的《党项传》是研究宋代党项的基本史料之一。内容主要记述北宋建隆二年（961）至天禧五年（1021）六十年间宋朝境内党项族的活动。以党项族为主体建立的西夏国家及其历史，《宋史》则另列《夏国传》详述之。

《宋史》夏国传

《宋史》于卷四八五、四八六分上、下两卷立《夏国传》，是关于党项建国前及西夏历史比较系统、比较详细的记载。传中建国前于李继捧、李继迁、李德明诸传叙事较详，建国后分述景宗元昊、毅宗谅祚、惠宗秉常、崇宗乾顺、仁宗仁孝、桓宗纯祐、襄宗安全、神宗遵顼、献宗德旺、末帝上睍十帝，叙事仿正史本纪体例。传后亦另有夏国地理、官制、兵制、风俗的记载。谅祚以前的内容见《宋史》卷四八五《夏国传上》，秉常以后的内容见《宋史》卷四八六《夏国传下》。传末记云"今史所载追尊谥号、庙号、陵号，兼采《夏国枢要》等书"，可见元代修《宋史》时参考了《夏国枢要》一类的西夏史籍。

《辽史》西夏外记

《辽史》，元脱脱等撰，其卷一一五为《西夏外纪》，起自李继迁至辽亡时夏崇宗乾顺之世，按年系月举其大要，基本是将《辽史》本纪中历朝皇帝与夏国通使朝聘等记载汇编而成。在三史中系记载西夏史事最为简略。其中记述西夏风俗物产的史料为其他宋代史籍所罕见，颇为珍贵。

《金史》西夏传

《金史》，元脱脱等撰，其卷一三四为《西夏传》，起夏崇宗乾顺，止于夏国亡。主要依据金朝历代实录，记述了西夏后期与金国交往的史事。由于金卫绍王和哀宗两朝无实录，这两朝与西夏发生关系的史实也就失载。例如神宗遵顼立于襄宗安全死前一个月，次年受金卫绍王册为夏国主，以及献宗德旺死，南平王晛继立等史实，《宋史》有载，而《金史》西夏传反而失载。卷六〇、六一、六二《交聘表》集中、系统、详细地记载了西夏与金朝交聘的情况。

宋西事案

《宋西事案》，明祁承㸁撰，是一部叙述北宋仁宗明道元年至庆历八年（1032—1048）宋和西夏之间关系的史书。上下两卷，六册。成书于明熹宗天启元年（1621）。在明代的汉文西夏专书中，完整地留存至今的只有《宋西事案》。本书主要取材于《宋史纪事本末》和《历代名臣奏议》，以宋与西夏故事，喻明朝与新兴的努尔哈赤后金汗国事，即以"西事"言"东事"，提醒明廷勿蹈历史覆辙。上卷共有 45 个专题，有 24 个专题部分或全部辑录自明人陈邦瞻的《宋史纪事本末》。下卷作者共辑录宋人 21 篇奏疏，有 19 篇辑录自明人黄淮、杨士奇编撰的《历代名臣奏议》。[①] 每篇之前冠以按语。清乾隆

---

① 胡玉冰《传统典籍中汉文西夏文献研究》，中国社会科学出版社 2007 年版，第 225、229 页。

时列入禁毁书目。今南京图书馆藏有明刻本。2005 年宁夏人民出版社出版杨志高校证本。

（三）清代编撰的西夏文献 ①

西夏书

清朝周春编，15 卷，纪传体断代史，是传世清人著汉文西夏史籍中成书时间最早的一部。传世本为残本，完整的原本应包括《世纪》2 卷、《列传》4 卷、《载记》5 卷、《考》3 卷、《年谱》1 卷，共计 15 卷。传世《西夏书》内容首尾完整者 9 卷，内容残缺者 2 卷，内容全缺者 4 卷。全靠手抄传世，从未刊行过。有三种版本：国家图书馆藏本、北京大学图书馆藏本和上海师范大学图书馆藏本。质量最佳者当属国图本。《中华再造善本》影印国图藏《西夏书》。胡玉冰《西夏书校补》，2014 年由中华书局出版。

西夏书事

清朝吴广成著，42 卷，编年纲目体，叙事起自唐僖宗中和元年（881）春三月宥州刺史拓跋思恭起兵讨贼，迄于宋理宗绍定四年（1231）夏四月夏故臣王立之隐于申州，西夏自夏州政权建立至国亡共 350 余年历史集于一书，是传世的汉文西夏史籍中卷帙最多、内容最丰富者，代表了明清汉文西夏史籍的最高编纂水平。《西夏书事》一直为学界所诟病的是吴广成对西夏史事的叙述加入了他本人的许多演绎的成分，甲乙混杂，是非难辨。至于书中所涉及的大量人名、地名、部族名、职官名等专有名词，则都是吴广成从古书里忠实摘录的。《西夏书事》由小岘山房初刻于道光五年（1825）。1995 年，甘肃文化出版社出版龚世俊等校证《西夏书事》。

---

① 胡玉冰：《十七种清及近代重要汉文西夏文献解题》，载《西夏学》（第 10 辑）。

西夏纪事本末

清朝张鉴编，36 卷，纪事本末体。《清史稿》卷一四六《艺文志·史部·载记类》、《续修四库全书提要》卷五《史部·纪事本末类》等目录均有著录。叙西夏史，起自唐僖宗中和（881—885）年间西夏远祖拓跋思恭居夏州，迄宋理宗宝庆三年（1227）蒙古灭夏。西夏 350 年间的历史被裁并为 36 个专题。是书是清人著西夏史籍中刊印版次最多的一种，传本均为刊印本，绝大多数都以光绪十一年（1885）金陵书局本为底本进行刊印。1998 年，甘肃文化出版社出版龚世俊等校点《西夏纪事本末》。

西夏地图

《西夏地图》一册，手稿本，线装 19 页，地图绘制时间当在清朝乾隆三十三年至道光三十年（1768—1850）间，有学者认为系清朝地理学家徐松绘制。原图现藏于俄罗斯国家档案馆，系俄罗斯人斯卡契夫从中国所获。全册共有地图 13 幅，最后一幅即《西夏地形图》原图。为避免与之重复，前12 幅地图主要以绘制西夏国政区为主，对西夏国的山川地理、道路交通等情况不再涉及。采取计里画方的方法，用黑点、圆圈、黑三角、白三角、白四方形和黑四方形等不同的图形符号来标注西夏国和宋朝陕西五路以及契丹政权交界地区重要的州城堡寨具体位置。在地图的右侧竖行大字标明图题，如《西夏疆域总图》《夏东与宋五路接界图》《夏东北与契丹接界图》。图题下小字注明"每方 ×× 里"的字样。有的地图在空白处还有考证性的文字说明。据各图图题推测，《西夏地图》是一部以西夏国地理为绘制主题的地图集。由于原图未全部公布，故无法做深入研究。参见《西夏地形图》目。

西夏姓氏录

清朝张澍著，一卷。该书是一部研究西夏姓氏的专著。张澍根据《长编》《宋史》《辽史》《金史·交聘表》《元史》《续通志》等历史文献，共析理出西夏姓氏 162 姓，其中一字姓 83 种，二字姓 77 种，三字姓和四字姓各 1 种。每条姓氏之后均注明史料出处，并摘抄原文，有的还加"按"语，说明其他文献中的不同音译名。《西夏姓氏录》有三种抄本传世，其一被伯希和在光绪三十四年（1908）从西安张澍的故居中掠走，现藏法国巴黎国家图书馆。近代著名学者罗振玉曾从巴黎移录原稿，收入他的《雪堂丛刻》中，才使这部重要的西夏姓氏学专著得以在中国传世。陕西博物馆藏有两种《西夏姓氏录》，其中一种不分卷，一册，为张澍手稿本；另一种为清稿本，二卷一册。

西夏志略

清朝人抄编，六卷。约抄成于嘉庆十四年至道光九年（1809—1829）间，抄录者已不可考，抄自《古今图书集成》和《续通志》。前四卷以编年纲目体的形式记载了自唐懿宗咸通末年平夏部拓跋思恭自称刺史至南宋理宗宝庆三年（1227）西夏国亡共 350 余年的历史，来自《古今图书集成》卷七九至卷八二《西夏部汇考》一至四。《载记》用人物列传的形式记述了西夏立国前后16 位重要人物的生平事迹。《载记上》记李彝兴、克睿、继筠、继捧、继迁、德明、元昊、谅祚等 8 人生平，来自《续通志》卷六〇四《载记十一·西夏上》。《载记下》记秉常、乾顺、仁孝、纯祐、安全、遵顼、德旺、睍等 8 人生平，来自《续通志》卷六〇五《载记十二·西夏下》。《西夏志略》在中国民族图书馆、中央民族大学图书馆、日本大阪大学图书馆等单位有藏，均为抄本。1998 年甘肃文化出版社出版胡玉冰《西夏志略校证》。

西夏文缀

清朝王仁俊辑，2 卷。该书属辑佚汇编之作。王仁俊主要从《宋史》《金史》《通鉴长编纪事本末》《西夏纪事本末》《朔方新志》等史书和《东斋录》《桯史》《松漠纪闻》《容斋三笔》《千百年眼》《西清诗话》等笔记、诗话中辑取材料，共辑出汉文西夏诗歌 6 首、汉文西夏公文 21 篇。公文包括《表》

11 篇,《书》4 篇,《奏》《铭》《碑》《序》《露布》《榜》各 1 篇。有目无文者归入卷二《西夏文逸目考》,共 38 篇,见于《宋史》的有 24 篇,见于《辽史》的有 5 篇,见于《金史》的有 7 篇,见于《宋元通鉴》和《东都事略》的各有 1 篇。《西夏文缀》开了辑录专题汉文西夏文献之先河。

西夏艺文志

清朝王仁俊辑,1 卷。是志取材于《宋史》《金史》《续文献通考》《大藏经》、元朝人虞集的《道园学古录》等,为经、史、子、集四部,共著录西夏人译撰之作 18 种,其中经部 5 种、史部 2 种、子部 8 种、集部 3 种。著录文献采用"以书类人"的方法,即著录时以人为主,作者名在书名之前。每一部文献都附有解题,介绍著录的依据,并引用与所著录文献相关的文句,有时对文献的存佚情况还略加说明。《附宋人谈西夏事书目》著录宋人著《夏国枢要》《西夏杂记》《西戎聚米图经》和《西夏须知》共 4 种。弥补了西夏有国而无《艺文志》的缺憾。聂鸿音先生作《补〈西夏艺文志〉》(《古籍整理研究学刊》1990 年第 6 期),辑录西夏人翻译或撰写的文献,共得 74 种,其中经部 22 种、史部 9 种、子部 37 种、集部 6 种。

(四)近代编撰的西夏文献

西夏纪

《西夏纪》,清末民初戴锡章撰,共 28 卷。编年体史书。是书以陈崑《西夏事略》为本,辅以吴广成、张鉴、周春等书,搜集宋元以来有关史籍及西夏文物、文字研究成果编纂而成,征引文献史籍达 300 余种,且多有出处。其编辑内容和编纂体例远胜出《西夏事略》,遂取而代之,渐行于世。有 1924 年北京京华印书馆铅印本。1988 年宁夏人民出版社出版罗矛昆点校本。

宋史夏国传集注

《宋史夏国传集注》14 卷，西夏史料辑录考订之书。罗福苌、罗福颐合撰。福苌初撰，载 1932 年出版的《国立北平图书馆馆刊·西夏文专号》，其文未及五卷，乃弟福颐续成之，石印本八册，收《待时轩丛刊》（1937 年编）中。该书略仿裴松之注《三国志》例，以《宋史·夏国传》为经，旁搜他史之记西夏事者，按照有年可稽、有事可附的原则，采以为注，并记其所从出，便于引用核对。另有双行夹注，多用于备异、纠谬，略相当于校记。最后还编有《西夏世系表》。集注引书有 48 种，以宋元时期史、子、集诸部及《西夏书事》《西夏纪事本末》等为主要征引文献，另外还引石刻文献《芒洛冢墓遗文》《山左冢墓遗文》（两文俱为罗振玉所编）和新近发现的西夏国原始文献《西夏乾祐二十年施经发愿文》、《西夏乾祐二十一年刊〈蕃汉合时掌中珠〉》。2004 年宁夏人民出版社出版彭向前补注本，经济方面、民族关系方面是此次补注的主要内容。

附录二：亡佚西夏文献

古书或毁于鼠盗虫噬，或湮于兵燹人祸，或因私不传，或因人而废，今所见者，百不存一。历代编撰的西夏文献本就不多，但依然散佚严重。以下诸书如昙花一下，仅存书名、著者、卷数，内容不复可知。

（一）西夏时期

实录

《实录》，西夏焦景颜、王佥等撰，卷数不详。成书于夏仁宗天盛年间。《宋史》卷四八六《夏国传下》记载，天盛十三年（1161）夏仁宗"立翰林学士院，以焦景颜、王佥等为学士，俾修《实录》"。《西夏书事》卷36记载，"仁孝命王佥等掌史事，纂修《李氏实录》"。《西夏实录》之类的书在明代仍有流传，钱谦益《牧斋有学集》卷二六《黄氏千顷斋藏书记》载："庆阳李司寇家有《西夏实录》，其子孔度屡见许而终不可得。兵火焚掠，弥亘四方，今之奇书秘册，灰飞烟灭者，又不知其几何也。"

夏国世次

《夏国世次》，西夏罗世昌撰，二十卷。成书于夏献宗乾定年间（1223—1226）。《金史》卷一三四《西夏传》记载，"夏之立国旧矣，其臣罗世昌谱叙世次称，元魏衰微，居松州者因以旧姓为托跋氏"。《西夏书事》卷 42 记载，罗世昌"知国且亡，谱《夏国世次》二十卷藏之"。未见传世。

国史

《国史》，西夏斡扎箦撰，成书年代及卷数不详。《元史》卷一三四《朵儿赤传》："父斡扎箦，世掌其国史。初守西凉，率父老以城降太祖，有旨副撒都忽为中兴路管民官。"未见传世。

周易卜筮断

《周易卜筮断》，西夏斡道冲撰，成书年代及卷数不详。虞集《道园学古录》卷四《西夏相斡公画像赞》记载，斡道冲"八岁以《尚书》中童子举，长通'五经'，为蕃汉教授。译《论语注》，别作解义 20 卷，曰《论语小义》，又作《周易卜筮断》，以其国字书之，行于国中，至今存焉。"据书名中"卜筮断"三字推测，该书应该是根据《易》的卦辞来进行断卦，表明西夏易学的流传主要依附于术数文献而非经学著作，偏重于筮法的易学取向，主要属于象数易学的范畴，与阐发儒家哲理的易学关联不大。未见传世。

论语小义

《论语小义》，西夏斡道冲撰，20 卷。成书年代不详。虞集《道园学古录》卷四《西夏相斡公画像赞》记载，斡道冲"八岁以《尚书》中童子举，长通'五经'，为蕃汉教授。译《论语注》，别作解义二十卷，曰《论语小义》，又作《周易卜筮断》，以其国字书之，行于国中，至今存焉。"《论语小义》是解释《论语》词义或文义之作。未见传世。

尔雅

《尔雅》，"夏译汉籍"之一种。辞书，儒家十三经之一，经学家多据以解经。译者不详，成书于元昊时期。《宋史》卷四八五《夏国传上》记载，元昊"教国人纪事用蕃书，而译《孝经》《尔雅》《四言杂字》为蕃语"。未见传世。

四言杂字

《四言杂字》，"夏译汉籍"之一种，蒙书。译者不详，成书于元昊时期。《宋史》卷四八五《夏国传上》记载，元昊"教国人纪事用蕃书，而译《孝经》《尔雅》《四言杂字》为蕃语"。未见传世。

论语注

《论语注》，"夏译汉籍"之一种，西夏斡道冲译。成书年代及卷数不详。虞集《道园学古录》卷四《西夏相斡公画像赞》记载，斡道冲"八岁以《尚书》中童子举，长通'五经'，为蕃汉教授。译《论语注》，别作解义 20 卷，曰《论语小义》，又作《周易卜筮断》，以其国字书之，行于国中，至今存焉。"未见传世。

（二）宋代

夏国枢要

《夏国枢要》，宋人孙巽撰，二卷。西夏地理著作。《郡斋读书志》卷七《伪史类》著录："《夏国枢要》二卷，右皇朝孙巽寨记夏虏兵屯会要、土地肥饶、井泉涌涸、谷粟窖藏、酋豪姓氏、名位司存，与夫城池之完阙、风俗之所尚，编为两帙，上之于朝。"元人编修《宋史》时亦曾征引该书。《宋史》卷四八六《夏国传下》记载："今史所载追尊谥号、庙号、陵名，兼采《夏国枢要》等书，其与旧史有所抵牾，则阙疑以俟智者焉。"吴广成在《西夏书事凡例》中称："王氏称《西夏事略》、刘氏温润《西夏须知》、孙氏巽《夏国枢要》及《夏台事迹》诸书，言人人殊，较之正史，不无舛错。"似乎《夏国枢要》至清朝犹有传本。①

西夏须知

《西夏须知》，宋人刘温润著，一卷。著者守延州时所撰。全书没有统一的编撰体例，仅分条记事，共 15 条目。《郡斋读书志》卷七《伪史类》著录："《西夏须知》，右皇朝刘温润守延州日编录伪境杂事。"《直斋书录解题》卷五《伪史类》著录："《西夏须知》一卷，内殿承制、鄜延都监刘温润撰，凡十五条目。"据清人赵逢源《西夏书事序》，《西夏须知》记事止于神宗之世。吴广成在《西夏书事凡例》中称："王氏称《西夏事略》、刘氏温润《西夏须知》、孙氏巽《夏国枢要》及《夏台事迹》诸书，言人人殊，较之正史，不无舛错。"似乎《西夏须知》至清朝犹有传本。②

羌尔雅

《羌尔雅》，又名《蕃尔雅》，宋人刘温润著，一卷。成书于嘉祐年间。是一部依《尔雅》体例编撰的、用汉语解读西夏语的字书。《宋史》卷二〇二《艺文志·经类·小学》著录："刘温润《羌尔雅》，一卷。"《郡斋读书志》卷七《伪史类》著录："《蕃尔雅》一卷，右不载撰人姓名，以夏人语依《尔雅》体译以华言。"刘温润将西夏语辞按天、地、山、水、草、木、虫、鱼、鸟、兽等类归类，以汉语释之，以便宋人学习西夏语，更好地了解、研究西夏国。未见传世。③

西夏杂记

《西夏杂记》，撰者及卷数均不详。仅见载于《遂初堂书目·地理类》，从

---

① 胡玉冰：《传统典籍中汉文西夏文献研究》，中国社会科学出版社 2007 年版，第 99 页。
② 胡玉冰：《传统典籍中汉文西夏文献研究》，中国社会科学出版社 2007 年版，第 30 页。
③ 胡玉冰：《传统典籍中汉文西夏文献研究》，中国社会科学出版社 2007 年版，第 31—33 页。

目录分类看，属地理类专书。未见传世。

夏台事迹

《夏台事迹》，撰者及卷数均不详。诸书目中亦未见有著录，从宋朝的某些史籍中仍可辑得零星的佚文。如《长编》卷一二五宝元二年闰十二月条，李焘自注："据《夏台事迹》，有元昊嫚书，称天授礼法延祚二年十二月，盖此年冬末也。嫚书言边兵九处入界，《实录》都不详。当考。"由此推知，《夏台事迹》记事至晚止于宋宝元二年（1039）。吴广成在《西夏书事凡例》中称："王氏称《西夏事略》、刘氏温润《西夏须知》、孙氏巽《夏国枢要》及《夏台事迹》诸书，言人人殊，较之正史，不无舛错。"似乎《夏台事迹》至清朝犹有传本。① 按"夏台"之称始于唐朝，"夏"指"夏州"，"台"应该是"行台"的简称，后用以代指西夏。

契丹夏州事迹

《契丹夏州事迹》，撰者不详，一卷。是书《通志·艺文略第四·地里·蛮夷》中有著录，《宋秘书省续编到四库阙书目》著录在《史类·故事类》中（卷数作 2 卷）。契丹当指称辽朝，夏州则指代西夏，根据书名推测，《契丹夏州事迹》一书记载与夏州政权有关各种历史事件。由于原书已亡佚，具体内容无法详考。②

契丹西夏录

《契丹西夏录》，吴思著，10 卷。吴思，字子正，邵武人，善治吏事，好读书，博学。杨时《龟山集》卷三〇《吴子正（思）墓志铭》载，吴思编有《契丹西夏录》十卷，藏于家中。从书名来看，肯定有西夏事，且内容丰富。

---

① 胡玉冰：《传统典籍中汉文西夏文献研究》，中国社会科学出版社 2007 年版，第 50 页。
② 胡玉冰：《传统典籍中汉文西夏文献研究》，中国社会科学出版社 2007 年版，第 47 页。

惜其书不传，亦不见载于其他文献，具体内容已不可考。①

聚米图经

《聚米图经》，又名《西戎聚米图经》《康定聚米图经》《陕西聚米图经》。赵珣著，五卷。赵珣约生活于宋真宗、仁宗时期，《宋史》卷三二三有传，称其精通地理之学，曾随父赵振参加宋夏战事，访得陕西五路边界以外即夏国境内的山川地理形势，绘之以图，配之以文，借用东汉马援"聚米为图"的典故，于康定二年（1041）成书。《聚米图经》在多家目录书中均有著录，《直斋书录解题》载："《陕西聚米图经》，五卷，阁门通事舍人雄州赵珣撰。珣父振，博州防御使，久在西边。珣访得五路徼外山川道里，康定二年为此书。韩魏公经略言于朝，诏取其书召见。执政吕许公、宋莒公言：'用兵以来，策士之言以千数，无如珣者。'擢泾原都监。定川之败死焉。珣劲特好学，恂恂类儒者，人皆惜之。"② 全书已佚，在《资治通鉴》《长编》等文献中尚可见零星佚文。

（三）明代

韩范经略西夏始末纪

《韩范经略西夏始末纪》，又名《韩范经略西夏纪》，明人李维桢著，一卷。在明代《澹生堂藏书目》卷四《杂史类·野史稗史》就有著录："《韩范经略西夏始末记》，一卷，李维桢《大泌山房集》本。"《明史》卷九七《艺文志·史部·杂史类》著录："李维桢《韩范经略西夏纪》，一卷。"由于原书已亡佚，从书名推测，是书主要记北宋韩琦、范仲淹抗击西夏事。③

①　胡玉冰：《传统典籍中汉文西夏文献研究》，中国社会科学出版社 2007 年版，第 42 页。

②　（宋）陈振孙：《直斋书录解题》，载《中国历代书目丛刊》第一辑，现代出版社 1987 年版，第 1278 页。

③　胡玉冰：《传统典籍中汉文西夏文献研究》，中国社会科学出版社 2007 年版，第 253—254 页。

西夏析支录

《西夏析支录》，编著时代及编著者不详，一册，仅见载于明代书目。杨士奇《文渊阁书目》卷六《史附》载："《西夏析支录》，一部一册，阙。"只能从其书名来推测该书的具体内容。书名中提及的"析支"，也作"赐支"，古地区名，在今青海省东南境河曲之地。《旧唐书》卷一九八《党项羌传》载："党项羌，在古析支之地，汉西羌之别种也。"据此《西夏析支录》很可能是一部介绍党项羌族形成历史的史书。①

西夏民隐志

《西夏民隐志》，编著者、成书时代及其具体内容均无法确考。仅见于明人赵用贤编《赵定宇书目》："《西夏民隐志》，一本。"所谓"民隐"是指民众的痛苦。从书名看，该书很可能是一部记述宋夏战事给西夏百姓带来的痛苦的著作。②

西夏图略

《西夏图略》，编著者及成书年代均不详，共六册，无具体卷数。仅见载于晁琛撰《晁氏宝文堂书目》卷下《图志》："《西夏图略》，六。"从目录分类、书名及册数推断，《西夏图略》当是一部西夏地理专著，有图有文，内容是比较丰富的。③

（四）清代

西夏国志

清朝洪亮吉编，16卷，未刊行。洪亮吉原有编写《西夏国志》的计划，

---

① 胡玉冰：《传统典籍中汉文西夏文献研究》，中国社会科学出版社 2007 年版，第 255—256 页。
② 胡玉冰：《传统典籍中汉文西夏文献研究》，中国社会科学出版社 2007 年版，第 256 页。
③ 胡玉冰：《传统典籍中汉文西夏文献研究》，中国社会科学出版社 2007 年版，第 257 页。

由于史料过于缺乏，并未付诸实施。世无传书，具体内容不得而知。

西夏书

清朝王昙著，4 卷，已佚。王昙（1760—1817），一名良士，字仲瞿，号瓶山，浙江秀水（今浙江嘉兴）人。清人钱泳《烟霞万古楼文集序》称王昙著"《西夏书》四册"。世无传本，其编写体例、内容无法确考。

西夏书

清朝秦恩复编，20 卷，未刊。秦恩复（1760—1843），字近光，一字澹光，号敦夫，晚年自号猎翁，江苏江都（今江苏扬州）人。《（嘉庆）扬州府志》卷六二《艺文·史部·杂史类》著录是书。清人张澍亦见部分书稿。惜未完稿，故世无传本。

西夏地理考

清朝徐松著，已佚。徐松（1781—1848）字星伯，原籍浙江上虞，入籍为直隶大兴（今北京大兴区）人。徐松精通地理之学，尤其对西北地理的研究有开拓之功。《西夏地理考》未完稿而病故，世无传本。国内有学者考证，徐松即俄罗斯藏《西夏地图》手稿本的作者。

西夏事略

清朝陈崑撰，已佚。陈崑字友松，四川开县人，生卒年不详。《清史稿》卷一四六《艺文志·史部·载记类》著录为 16 卷。民国时期戴锡章编修编年体西夏史籍《西夏纪》，正是在《西夏事略》的基础上编校完成的。《西夏纪》问世后，由于它的编辑内容和编纂体例远胜出《西夏事略》,《西夏事略》遂渐渐失传。

后　记

编纂一部多卷本西夏通志是多年的夙愿，2001 年教育部批准建设西夏学重点研究基地时，就将该任务纳入基地建设规划。只是鉴于当时资料匮乏，研究团队也比较薄弱，在上级主管部门和学界的支持下，确定先从基础资料和研究团队抓起，采取西夏文献资料整理出版、西夏文献资料专题研究和大型西夏史著作编纂的"三步走"战略，率先开展教育部基地重大项目"国内藏西夏文献整理研究"。2008 年多卷本《中国藏西夏文献》出版后，开始着手《西夏通志》的编纂，起初取名《西夏国志》，后更名《西夏通志》。经过几年的准备，2015 年获批国家社科基金重大项目，2017 年得到滚动支持，2022 年完成结项。

《西夏通志》编纂团队除史金波等前辈学者外，大多是基地培养出的学术带头人和学术骨干，他们绝大部分主持多项国家社科基金项目和部省级项目，有的承担国家社科基金重大重点项目，研究领域涉及西夏政治、经济、军事、文化、艺术、地理、文字、文献、文物等方方面面，为保质保量完成编纂任务奠定了坚实的基础。

《西夏通志》编纂过程中，得到学界的大力支持，史金波、陈育宁、聂鸿音、李华瑞、王希隆、程妮娜、孙伯君等先生或讨论提纲，或参与撰稿，或评审稿本，提出宝贵的意见。人民出版社赵圣涛编审积极组稿，并获批国家出版基金资助，使本书得以顺利出版，在此表示由衷地感谢！

杜建录

2025 年 3 月 12 日